Fabian Vircnow und
Christian Dornbusch (Hrsg.)

88 Fragen
und Antworten
zur NPD

Weltanschauung, Strategie
und Auftreten einer Rechtspartei
– und was Demokraten
dagegen tun können

WOCHEN
SCHAU
VERLAG

Bibliografische Information der Deutschen Bibliothek

Die Deutsche Bibliothek verzeichnet diese Publikation in der Deutschen Nationalbibliografie; detaillierte bibliografische Daten sind im Internet über http://dnb.ddb.de abrufbar.

www.wochenschau-verlag.de

Titelgestaltung: Ohl Design
Titelbild: Sascha Rheker, attenzione
Gesamtherstellung: Wochenschau Verlag
Gedruckt auf chlorfreiem Papier
ISBN 978-3-89974365-4

Inhalt

Abkürzungsverzeichnis 8
Vorwort..11

I. Entwicklung

Was stand am Anfang der NPD? *Ch. Dornbusch*..................20
Worauf gründeten die ersten Erfolge der NPD?
   A. Häusler 23
Warum scheiterte der Einzug der NPD in den
   Bundestag 1969? *A. Häusler*....................................26
Was unterscheidet die heutige NPD von der NPD
   der 1960er Jahre? *F. Virchow*...................................29

II. Weltanschauung

Steht die NPD in der Tradition der NSDAP? *Ch. Kopke* 36
Welches Gesellschaftsmodell strebt die NPD an? *V. Wölk*....38
Welches Verständnis von Demokratie hat die NPD?
   G. Botsch..42
Welches Geschichtsbild hat die NPD? *M. Sturm* 45
Ist die NPD sozialistisch? *F. Virchow*...............................48
Wer sind die Götter der NPD? *D. Begrich, T. Weber*............50
Bildet der völkische Nationalismus das Fundament der
   NPD? *H. Kellershohn* 53
Ist die NPD antisemitisch? *G. Botsch*...............................56
Will die NPD ein ‚Viertes Reich'? *F. Virchow*.....................59
Was hat die NPD gegen Amerika? *R. Andreasch*..................62
Warum fordert die NPD „die Türkei den Türken"?
   C. Globisch..65

III. Strategie

Hat die NPD eine Strategie der Machtergreifung?
  F. Virchow 70
Was ist das Vier-Säulen-Konzept? *Ch. Schulze* 74
Was ist die „Volksfront von rechts"? *A. Klärner*....................76
Welche Diskursstrategie verfolgt die NPD? *F. Virchow* 79
Was meint die Taktik der „Wortergreifung"? *D. Begrich,*
  T. Weber 82
Wie versucht die NPD Jugendliche anzusprechen?
  J. Raabe 85
Was verbirgt sich hinter der „Schulhof-CD"? *J. Raabe*..........88
Gibt es eine Intellektualisierung der NPD? *F. Krebs*...............91
Was ist eine „national befreite Zone"? *U. Döring*...................94
Sind die Jungen Nationaldemokraten die ‚revolutionäre
  Speerspitze' der NPD? *Ch. Dornbusch*..............................97
Jugendarbeit der NPD – Schein oder Wirklichkeit?
  R. Becker 100

IV. „Kampf um die Straße"

Was bedeutet der „Kampf um die Straße"? *R. Brust*............106
Mit welchen Themen geht die NPD auf die Straße?
  F. Virchow 109
Wie sind NPD-Demonstrationen organisiert? *F. Virchow* ...112
Wie ist das Verhältnis der NPD zur Gewalt? *A. Speit*..........115

V. „Kampf um die Parlamente"

Wird die NPD aus Protest gewählt? *F. Virchow*...................121
Wer wird für die NPD aufgestellt? *Ch. Dornbusch* 124
Was macht die NPD in den kommunalen Parlamenten?
  Ch. Dornbusch, F. Bringt..127
Was leistet die NPD in den Landtagen? *V. Wölk*................130

VI. Positionierungen

Welche Wirtschaftspolitik will die NPD? *R. Ptak* 135
Hat die NPD ein Bildungskonzept? *F. Virchow*...................138
Wie will die NPD die Arbeitslosigkeit beseitigen? *R. Ptak* ...141
Wie geht die NPD mit der Geschichte um? *M. Sturm*........144
Ist die NPD eine Umweltschutzpartei? *F. Virchow,*
    Ch. Dornbusch...147
Wie steht die NPD zur Europäischen Union?
    Ch. Dornbusch...150
Was hält die NPD von der Bundeswehr? *F. Virchow* 153
Wie steht die NPD zum Holocaust? *M. Sturm*...................156
Worin bestehen die ausländerpolitischen Forderungen
    der NPD? *Ch. Dornbusch*...159
Vertritt die NPD die Interessen von Landwirten?
    Ch. Dornbusch...162

VII. Das Führungspersonal der NPD

Woher kommt Udo Voigt? *A. Röpke*...................................169
Ist Holger Apfel so harmlos, wie er aussieht? *A. Speit*.........172
Ist Peter Marx der Strippenzieher im Hintergrund?
    A. Röpke, A. Speit...175
Ist Jürgen Werner Gansel der typische Karrierist
    der NPD? *P. Wellsow* 178
Ist Udo Pastörs der joviale NPD-Abgeordnete
    in Schwerin? *A. Speit*...181
Wird Andreas Molau ein führender Kopf der NPD?
    V. Weiß 184
Warum sorgt Manfred Börm für Sicherheit bei der NPD?
    A. Röpke 187
Ist Jürgen Rieger Anwalt, Finanzier oder Politiker?
    F. Krebs 190
Wer ist das Dreigestirn aus der Kameradschaftsszene
    in der NPD? *J. Raabe*...193

VIII. Geschlechterverhältnis

Welches Geschlechterbild vertritt die NPD? *C. Heß* 199
Welches Männerbild vertritt die NPD? *R. Kenzo,*
    F. Virchow 202
Wie ist das Verhältnis der NPD zur Emanzipation der
    Frauen? *R. Kenzo* 204
Was machen die Frauen in der NPD? *R. Kenzo* 208
Was verbirgt sich hinter dem Ring Nationaler Frauen
    (RNF)? *G. Elverich* 211
Welchen Stellenwert räumt die NPD der Familie ein?
    C. Heß 214

IX. Infrastruktur und Ressourcen

Wie ist die NPD aufgebaut? *H.-P. Killguss* 220
Wer finanziert die NPD? *Ch. Schulze* 223
Wie sieht der Propaganda-Apparat der NPD aus? *H. Buse* ... 226
Was macht der NPD-Ordnungsdienst? *A. Röpke* 229
Warum kauft die NPD Grundstücke und Gebäude?
    A. Röpke 232
Wie schult die NPD ihre Aktivisten? *U. Jentsch* 235

X. Bündnispartner

Hat das Bündnis mit der DVU Bestand? *Ch. Kopke* 241
Will die NPD die Republikaner beerben? *V. Wölk* 244
Was verbindet die NPD mit den neonazistischen
    Kameradschaften? *A. Röpke, A. Speit* 247
Sind Skinheads nützliche Idioten der NPD? *M. Weiss* 250
Was hat die NPD mit RechtsRockern zu tun?
    Ch. Dornbusch, M. Weiss, J. Raabe 253
Welche internationalen Kontakte hat die NPD?
    Ch. Dornbusch, F. Virchow 256
Droht ein Bündnis mit Islamisten? *V. Weiß* 259

XI. Verbotsdebatte

Haben nicht auch Neonazis ein Recht auf
Meinungsfreiheit? *W. Gessenharter*...................266
Welches waren die rechtlichen Bedingungen im
NPD-Verbotsverfahren? *A. Hoffmann* 269
Würde ein Verbot der NPD schaden? *F. Virchow*...............273
Drängt ein Verbot die NPD in den Untergrund? *F. Virchow*..276

XII. Der NPD entgegentreten

Welchen Stellenwert hat der kommunale Kontext?
H. Funke 281
Was heißt eigentlich „die argumentative Auseinander-
setzung in der Öffentlichkeit suchen"? *P. Reif-Spirek* 285
Was kann soziale Arbeit bewirken? *B. Hafeneger* 288
Welchen Beitrag kann die politische Bildungsarbeit
leisten? *B. Hafeneger*.....................291
Die NPD – ein Thema für den Unterricht? *A. Scherr* 293
Wie sollte der NPD im Parlament engegengetreten
werden? *M. Dulig*.....................296
Wie kann der NPD auf der Straße begegnen werden?
F. C. Burschel.....................299
Wie können Medien auf den Umgang der NPD mit
der Presse reagieren? *A. Speit* 302
Wie kann der NPD im Wahlkampf begegnet werden?
K. Reimer, B. Klose.....................306
Welche Aufgaben haben die Gewerkschaften? *M. Fichter*...309
Welche Möglichkeiten bieten Polizei und Justiz in der
Auseinandersetzung mit der NPD? *H.-G. Jaschke*..........312
Warum steigen junge Rechtsextreme aus?
B. Rommelspacher 315
Quellen 318
Literaturverzeichnis.....................319
Autorenverzeichnis.....................327

Abkürzungsverzeichnis

ANR	Aktion Neue Rechte
ANS	Aktionsfront Nationaler Sozialisten
APO	Außerparlamentarische Opposition
BK/O	Berlin Kommandatura Orders
BNP	British National Party
BRD	Bundesrepublik Deutschland
BVerfG	Bundesverfassungsgericht
BVerfGE	Bundesverfassungsgericht-Entscheidung
BverfGG	Gesetz über das Bundesverfassungsgerichtsgesetz
DA	Deutsche Akademie
DB	Deutsche Burschenschaft
DBI	Deutsche Bürgerinitiative
DDR	Deutsche Demokratische Republik
DLVH	Deutsche Liga für Volk und Heimat
DNVP	Deutsche Nationale Volkspartei
DP	Deutsche Partei
DRP	Deutsche Reichspartei
DS	Deutsche Stimme
DVU	Deutsche Volksunion
EB	Europäischer Bund
ENF	Europäische Nationale Front
EU	Europäische Union
EVP	Europäischer Verteidigungspakt
FAP	Freiheitliche Deutsche Arbeiterpartei
FK	Freie Kameradschaften
FN	Front National
GDF	Gemeinschaft deutscher Frauen
GdP	Gesamtdeutsche Partei
GG	Grundgesetz
HDJ	Heimattreue Deutsche Jugend
HIAG	Hilfsgemeinschaft auf Gegenseitigkeit der ehemaligen Angehörigen der Waffen-SS
JF	Junge Freiheit

JN	Junge Nationaldemokraten
KDS	Kampfbund Deutscher Sozialisten
KPV	Kommunalpolitische Vereinigung
LV	Landesverband
MBR	Mobile Beratung gegen Rechtsextremismus
MdL	Mitglied des Landtages
NBZ	Nationaldemokratisches Bildungszentrum
NHB	Nationaldemokratischer Hochschulbund
NPD	Nationaldemokratische Partei Deutschlands
NSDAP	Nationalsozialistische Deutsche Arbeiterpartei
NSDAP-AO	Nationalsozialistische Deutsche Arbeiterpartei/Aufbau-Organisation
NZB	Nationale Zentralbibliothek
OD	Ordnungsdienst
ÖPNV	Öffentlicher Personen Nahverkehr
REP	Die Republikaner
RNF	Ring Nationaler Frauen
SA	Sturm-Abteilung
SDS	Sozialistischer Deutscher Studentenbund
SFD	Skingirl Front Deutschlands
SRP	Sozialistische Reichspartei
SS	Schutzstaffel
SSS	Skinheads Sächsische Schweiz
StGB	Strafgesetzbuch
UNA-UNSO	Ukrainian National Assembly-Ukrainian National Self Defence
UNO	United Nations Organization
USA	United States of America
VersG	Versammlungsgesetz
VGB	Verlagsgemeinschaft Berg
VSBD	Volkssozialistische Bewegung Deutschlands
VVN/BdA	Vereinigung der Verfolgten des Nazi-Regimes/Bund der Antifaschisten und Antifaschistinnen
WJ	Wiking-Jugend
WSG Hoffmann	Wehrsportgruppe Hoffmann

Vorwort

„Und wenn wir zur Macht gelangen, dann besteht darin auch die Verpflichtung jene einer gerechten Strafe zuzuführen, die für diese Ausplünderungspolitik unseres deutschen Volkes Verantwortung tragen und heute noch uns frech ins Gesicht grinsen. Also, liebe herrschende Klasse, seht euch vor, denn wer Wind sät, wird Sturm ernten. Lasst uns Sturm sein!", tönte der mecklenburg-vorpommersche NPD-Fraktionsvorsitzende Udo Pastörs vor rund 200 Neonazis am 16. Juni 2007 in Rathenow (endstation-rechts.de, 20.06.2007) – Worte, die Programm sind.

Die Nationaldemokratische Partei Deutschland (NPD) ist die älteste extrem rechte Partei in Deutschland. Nach ihrer Gründung im Jahr 1964 als Sammlungsbewegung nationalkonservativer und nazistischer Kräfte, von denen die meisten die NS-Diktatur miterlebt hatten oder durch sie geprägt worden waren, sorgte die Partei in der zweiten Hälfte der 1960er Jahre durch Wahlerfolge in mehreren Bundesländern für Aufmerksamkeit und eine Gegenbewegung bei demokratischen und antifaschistischen Akteuren. Nur knapp verfehlte die NPD 1969 den Einzug in den Bundestag. Der daraufhin einsetzende Niedergang der NPD zeigte sich in der weiteren Aufsplitterung des Spektrums der extremen Rechten: neben den ohnehin bereits existierenden Organisationen, die sich der Pflege ‚deutscher Kultur‘ und der völkischen ‚Erziehung der deutschen Jugend‘ widmeten, traten nun Gruppen auf, die zum Teil mit einer offenen Militarisierung, zum Teil in der offenen und provokanten Bezugnahme auf Ideen und Personal der NS-Diktatur Anhang zu finden suchten; andere strebten eine ‚weltanschauliche Modernisierung‘ an, die – zumindest oberflächlich – von der NS-Ideologie verschieden sein sollte. Ein Teil der extrem rechts eingestellten Personen, denen die NPD eine politische Heimat zu geben in Anspruch nahm, fand diese zudem in Organisationen und Parteien wie der

Deutschen Volksunion (DVU) (ab 1971) bzw. in der Partei Die Republikaner (ab 1983). Beiden gelang es seit der zweiten Hälfte der 1980er Jahre in verschiedenen Bundesländern in Landtage einzuziehen, während die NPD nur vereinzelt auf kommunalpolitischer Ebene reüssieren konnte.

Das Zusammentreffen mehrerer Entwicklungen – Übernahme des NPD-Parteivorsitzes durch Udo Voigt, Eintritt von Kadern aus verbotenen neonazistischen Organisationen, Intensivierung der öffentlichen Präsenz, langfristig angelegte Verankerung vor Ort, Prioritätensetzung auf aktuelle politische Themen statt ‚Holocaustleugnung‘, Sicherung der Führungsanspruches in der extremen Rechten mittels Bündnispolitik und Erfolge bei Wahlen – trug zum gegenwärtig zu beobachtenden Wiederaufstieg der NPD maßgeblich bei. Dieser zeichnete sich bei Kommunalwahlen ab, wurde dann insbesondere mit dem Einzug der NPD in den Landtag Sachsens, dem Abschneiden bei der Landtagswahl im Saarland (2004: 4 Prozent) und zuletzt mit dem Einzug von Abgeordneten in den Landtag Mecklenburg-Vorpommerns offenkundig.

Auch wenn die NPD nach Zahl der Parteimitglieder und der Vertreter in den Parlamenten das Niveau der späten 1960er Jahre bei weitem noch nicht erreicht hat, rufen die Wahlerfolge der NPD, aber vor allem auch ihr immer offensiveres Auftreten und ihre gezielte Ansprache von Jugendlichen bei vielen Akteuren des demokratischen und antifaschistischen Spektrums Besorgnis hervor. Mit Blick auf die Landtagswahlen in den kommenden zwei Jahren – in Niedersachsen, Bayern, Hessen, im Saarland und in Sachsen – und angesichts des anvisierten Einzugs in den ‚Reichstag‘ bei der nächsten Bundestagswahl ist es notwendig, der NPD bereits jetzt entschlossen entgegenzutreten, nicht nur in jenen Regionen, in denen sie bereits jetzt sichtbar Unterstützung aus der Bevölkerung genießt. Denn die NPD arbeitet längst daran, ihre Basis auch in denjenigen Regionen auszubauen, in denen dies noch nicht erkennbar ist. Und dort, wo sie bereits im Rathaus, Kreistag oder Landesparlament vertreten ist, bemüht sie sich um eine weitere organisatorische und politische Verankerung.

Seit Gründung der NPD ist eine Vielzahl von Publikationen über sie veröffentlicht worden – Aussteigerberichte, journalistische Recherchen, ‚Abrechnungen' ehemaliger Parteimitglieder, populärwissenschaftliche Darstellungen und wissenschaftliche Studien. Dabei korrespondierte die Anzahl der Neuerscheinungen zur NPD, ihrer Programmatik und ihren Aktivitäten auffällig mit ihrem Abschneiden bei Wahlen beziehungsweise der Wahrnehmbarkeit in der Öffentlichkeit. Derzeit gibt es neben Publikationen aus journalistischer Perspektive eine Reihe von gehaltreichen gegenwartsbezogenen wissenschaftlichen Arbeiten zu Einzelaspekten des Auftretens, der Kandidaturen und der regionalen Verankerung der NPD. Gleichwohl sind diese für jene, die das Auftreten und das Erstarken der NPD mit Sorge beobachten und nach einer Publikation zur NPD suchen, die in überschaubarem Rahmen die wichtigsten Informationen bereitstellt, häufig zu spezialisiert. Dies stellt deren Wert selbstverständlich nicht in Frage, hat jedoch hinsichtlich des vorliegenden Bandes die Entscheidung für das Format maßgeblich mitbestimmt. Das Buch ‚88 Fragen und Antworten zur NPD' will den aktuellen Stand der Forschung und seriöser journalistischer Recherche in einer Form zugänglich machen, die auch dem nicht wissenschaftlich geschulten Publikum einen qualifizierten Zugang zum Thema NPD ermöglicht. Statt eine geschlossene Monographie vorzulegen, sind bewusst Aspekte ausgewählt worden, die in Gesprächen und Diskussionen, im Schulunterricht oder am Arbeitsplatz, der politischen Bildungsarbeit oder im Rahmen politischen Engagements in einer Partei, Gewerkschaft, Bürgerinitiative oder antifaschistischen Gruppe immer wieder auftauchen. Insofern kann mit dem Buch als Einheit ebenso gearbeitet werden wie mit einzelnen Kapiteln oder Beiträgen. Zudem lädt die Struktur zu einem gezielten Nachschlagen ein. Die bewusst überschaubar gehaltenen Beiträge können selbstverständlich nicht jede Variante oder Widersprüchlichkeit in der Weltanschauung und im Auftreten der NPD transparent machen.

Dass sich diese zu insgesamt 88 Fragen summieren, ist kein

Zufall. In der neonazistischen Szene wird die Zahl bevorzugt als Verschlüsselung für die verbotene Grußformel „Heil Hitler" genutzt – die Acht steht dabei für den achten Buchstaben im Alphabet, das H. Diese Verwandlung einer Zahl zu einer Chiffre ist Teil einer allgemeinen diskursiven Strategie der neonazistischen Szene, Zeichen mit einer bestimmten Bedeutung zu versehen oder – wie es Neonazis immer wieder auch hinsichtlich bestimmter Begriffe versuchen – in ihrer gängigen Interpretation umzudeuten. Diese Methodik eindringlich bewusst zu machen, hat bei der Titelwahl eine zentrale Rolle gespielt, geht es doch darum, den verschiedenen Formen des strategischen, taktischen und situativen Auftretens von Neonazis selbstbewusst entgegenzutreten. In der vorliegenden Publikation bildet die Zahl die Summe jener Fragen, mit denen Programmatik und Auftreten der neonazistischen NPD kritisch analysiert werden.

Die Publikation ‚88 Fragen und Antworten zur NPD' ist in zwölf Kapitel gegliedert, in denen jeweils zwischen vier und zwölf Fragen zur NPD behandelt werden. Dem einleitenden kurzen Abschnitt zur Entstehung und zum ersten Höhenflug der Partei Ende der 1960er Jahre folgt eine Auseinandersetzung mit den grundlegenden weltanschaulichen Dimensionen der NPD, um sich dann den verschiedenen Elementen der aktuellen Strategie der NPD zuzuwenden, mit denen die Partei ihren politischen Einfluss ausweiten möchte. Hierzu gehören beispielsweise der „Kampf um die Straße" und der „Kampf um die Parlamente". Mit welchen Themen die NPD bei ihren Aufmärschen, im Wahlkampf und in ihren Publikationen gegenwärtig auftritt, wird im Kapitel ‚Positionierungen' behandelt. Bestimmt werden solche Wortmeldungen der Partei von einer kleinen Gruppe ihres Führungspersonals, zu der neben dem Parteivorsitzenden und dem Generalsekretär auch die NPD-Fraktionsvorsitzenden in Dresden und Schwerin gehören. Für die Entwicklung der Partei spielen zudem jene Akteure eine wichtige Rolle, die ‚theoretische' Positionen entwickeln oder bündnispolitische Aufgaben wahrnehmen. Zwar gehören zum Führungskader der NPD vornehmlich Männer, dennoch lassen sich verstärkte Bemühungen beobachten, auch Frauen für ein politisches Mitwirken in der NPD zu gewinnen.

Politische Tätigkeit ist auch bei der NPD auf finanzielle Ressourcen und Infrastruktur angewiesen; beides hat sich aufgrund der Erfolge bei den Landtagswahlen in Sachsen 2004 und in Mecklenburg-Vorpommern 2006 zugunsten der Partei entwickelt. Zu diesen Erfolgen hat die Bündnisstrategie der NPD beigetragen, in deren Rahmen es zu Absprachen mit der DVU gekommen ist, um konkurrierende Wahlkandidaturen auszuschließen; zudem konnte sich die NPD der Unterstützung der zahlreichen außerhalb der NPD agierenden militanten neonazistischen Gruppen versichern. Das verstärkte Auftreten der NPD und ihrer Bündnispartner sowie die Radikalisierung der Partei hin zu einem weitgehend neonazistischen Charakter hat nach dem Scheitern des Verbotsverfahrens im Jahr 2003 zur erneuerten Forderung nach einem Verbot geführt. Doch weil ein solches auf absehbare Zeit wohl nicht zu erwarten ist und auch bei den Gegnern der NPD – unter anderem aus demokratietheoretischen Gründen – nicht unumstritten ist, muss der NPD dort informiert und entschlossen begegnet werden, wo sie sich öffentlich und organisiert zeigt und wo ihre Ideologieelemente sichtbar werden. Hierzu möchte dieser Band einen Beitrag leisten.

Die Autorinnen und Autoren der vorliegenden Beiträge befassen sich seit mehreren Jahren mit der extremen Rechten und damit auch mit der NPD. Ihren Beiträgen liegt keine einheitliche politikwissenschaftliche Qualifizierung der NPD zugrunde: einige bezeichnen sie als „rechtsextrem", andere als „extrem rechts" oder als „neonazistisch". In der unterschiedlichen Begriffsverwendung spiegeln sich zum Teil auch unterschiedliche theoretische Ansätze wider, deren Diskussion jedoch nicht Gegenstand dieser Publikation sein kann. Die Herausgeber favorisieren in den Kapiteleinführungen und ihren eigenen Beiträgen hinsichtlich der Charakterisierung der NPD den Terminus „neonazistisch", da die offenkundige Bezugnahme auf Vorbilder, Weltanschauungen und politische Konzeptionen des deutschen und europäischen

Faschismus innerhalb der NPD inzwischen dominant ist. Die NPD ist darüber hinaus Teil des weiteren Spektrums der extremen Rechten, das all jene ideologischen und politischen Strömungen und Organisationen umfasst, die nationalistische, rassistische und antisemitische Positionen vertreten, autoritäre und anti-demokratische Gesellschaftskonzepte entwerfen, den Faschismus oder den Nationalsozialismus verherrlichen beziehungsweise relativieren und ein antiegalitäres Menschenbild aufweisen.

Aus Gründen der Lesbarkeit wird die männliche Geschlechts-form verwendet; damit soll weder die Aussage getroffen werden, dass Frauen gegen extrem rechte Ideologeme und das Mitwir-ken in neonazistischen Organisationen immun wären, noch ist beabsichtigt, Frauen als einen Teil der Gesellschaft sprachlich auszugrenzen und unsichtbar zu machen. In der vorliegenden Publikation wird ferner die neue Rechtschreibung verwendet; die Zitate folgen der Schreibweise im Original.

Auf eine Dokumentation zentraler Primärquellen der NPD wurde verzichtet, da diese in der Regel über die Web-Seiten und den Medienserver der Partei sowie ihre Zeitung eingesehen werden können. Stand der Recherchen ist – soweit nicht anders ausgewiesen – der 31. Juli 2007. Für ihre Unterstützung bei der Realisierung der vorliegenden Publikation, insbesondere die Bereitstellung von Originalmaterial der NPD möchten wir uns – auch im Namen zahlreicher Autoren und Autorinnen dieses Bandes – beim Antifaschistischen Pressearchiv und Bildungs-zentrum (apabiz) und dem Verein Argumente & Kultur gegen Rechts e.V. bedanken.

Fabian Virchow und
Christian Dornbusch,
im August 2007

I. Entwicklung

Vor mehr als vierzig Jahren wurde die Nationaldemokratische Partei Deutschlands (NPD) 1964 in Hannover formal gegründet. Ihr ‚runder Geburtstag' rückte im Zuge des erwarteten, dann aber doch überraschend deutlichen Einzugs in den sächsischen Landtag im Herbst 2004 in den Hintergrund. Seitdem ist die NPD damit beschäftigt, ihren zweiten Aufstieg zu realisieren.

Die Geschichte der NPD ist wechselhaft: Sie begann mit ersten Vorgesprächen zur Gründung einer „nationalen Sammlungsbewegung" in den frühen 1960er Jahren, dem Gründungsparteitag im November 1964 in Hannover unter dem Vorsitz von Friedrich Thielen und führte über einen ersten kleinen Erfolg bei der Bundestagswahl 1965 zum Einzug in sieben Landtage, um dann unter dem Vorsitz von Adolf von Thadden eine erste Zäsur mit dem gescheiterten Einzug in den Bundestag 1969 zu erleben. Danach setzt eine Phase der Zersetzung aufgrund innerparteilicher Konflikte ein. 1970 initiierte die Partei die Aktion Widerstand, mit der versucht werden sollte, alle Gegner der neuen Entspannungspolitik zu vereinen. In diesem Zeitraum verließ der bayerische Landesvorsitzende Siegfried Pöhlmann, der auch für die NPD Mitglied des Landtages war, die Partei und gründete im Januar 1972 die Aktion Neue Rechte (ANR). In ihr sammelten sich zunächst die nationalrevolutionären Kräfte der Partei und des weiteren extrem rechten Spektrums dieser

Zeit. „Ihr Hauptaufgabenfeld lag weniger in Aktionen als in der Erarbeitung einer sich von der ‚Alten Rechten' abgrenzenden Theorie" (Mecklenburg 1996: 148). Aus der ANR gingen in den folgenden Jahren weitere Splittergruppen hervor – in der NPD beeinflussten die Diskussionen dieser ‚Neuen Rechten' zunächst vor allem die Jugendorganisation der NPD, die Jungen Nationaldemokraten (JN).

Aus dem Umfeld der NPD entstanden nach 1969 auch kleine neonazistische Gruppen, von denen sich der Parteivorstand 1971 mit einem Unvereinbarkeitsbeschluss erstmals abzugrenzen versuchte. Doch die 1970er Jahren waren von den Versuchen verschiedener Neonazis geprägt, eine Wiederzulassung der NSDAP herbeizuführen. Neben diversen NSDAP-Aufbauorganisationen wurden in dem Jahrzehnt eine Reihe kleiner, aber wichtiger neonazistischer Organisationen gegründet: die Volkssozialistische Bewegung Deutschlands (VSBD) des ehemaligen NPD-Mitglieds Friedhelm Busse, die 1982 verboten wurde, die Deutsche Bürgerinitiative (DBI) von Manfred Roeder, die Wehrsportgruppe Hoffmann (WSG Hoffmann) von Karl-Heinz Hoffmann, 1980 verboten, sowie die Aktionsfront Nationaler Sozialisten (ANS) von Michael Kühnen, der zunächst auch NPD-Mitglied war. Sie wurde 1983 verboten. Da diese Gruppen vor allem von jüngeren NPD-Mitgliedern und JN-Aktivisten Unterstützung erhielten, untersagte der Parteivorstand 1978 „jegliche Mitwirkung, Zusammenarbeit, Mitgliedschaft und Teilnahme" an Veranstaltungen derartiger Gruppen (Schmollinger 1984: 1951).

Unterdessen war im November 1971 der Parteivorsitzende Adolf von Thadden zurückgetreten und Martin Mußgnug zum neuen Vorsitzenden gewählt worden. Nur schwer gelang es ihm, die Partei in den folgenden Jahren zusammenzuhalten, die mehr und mehr Mitglieder verlor und auch bei Wahlen nur noch als eine Splitterpartei neben anderen auftauchte. Das Ergebnis von 0,2 Prozent bei der Bundestagswahl 1983 feierte die Partei als Kehrtwende und tatsächlich gelangen wieder erste bescheidene Erfolge. Bei der Europawahl 1984 erhielt sie zur eigenen Überraschung 0,8 Prozent und eine Wahlkampfkostenerstattung von 1,8 Millionen DM und bei der Bundestagswahl 1987 konnte sie ihr Ergebnis auf 0,6 Prozent verbessern und bekam 1,3 Millionen DM für ihren Wahlkampf erstattet. Doch zunehmend machte die 1983 gegründete Partei Die Republikaner (REP) unter dem Vorsitzenden Franz Schönhuber der NPD das Terrain streitig. 7,1 Prozent erzielten die REP bei der Europawahl 1989, während ein Wahlbündnis der 1987 gegründeten Deutsche Volksunion (DVU), auf deren Liste auch NPD-Funktionäre kandidierten, gerade einmal 1,6 Prozent erhielt. Aufgrund weiterer Wahlniederlagen, zum Beispiel das mit 0,3 Prozent miserable Abschneiden bei der Bundestagswahl 1990, erhielt die NPD kaum noch Wahlkampfkostenerstattung; angesichts der Kosten für ihren „Aufbau Ost" summierten sich die Schulden bis zum Dezember 1990 auf 1,5 Millionen DM. Mußgnug trat im gleichen Monat zurück (Hoffmann 1999: 253). Gemeinsam mit zwei Vertrauten versuchte er daraufhin die NPD in die 1991 gegründete Deutsche Allianz – Vereinigte Rechte (später Deutsche Liga für Volk und Heimat) zu überführen – ein neuerlicher Versuch einer rechten Sammlungsbewegung, der jedoch nach einiger Zeit scheiterte.

Unterdessen wurde auf dem NPD-Bundesparteitag im Juni 1991 Günter Deckert zum neuen Vorsitzenden gewählt. Sein Kontrahent Jürgen Schützinger, ein Befürworter der Fusionspläne Mußgnugs, unterlag. Unter Deckert radikalisierte sich die NPD zunehmend und öffnete sich, im Gegensatz zum früheren Abgrenzungskurs, gegenüber den militanten Neonazis, vor allem aus den Reihen der 1992 verbotenen Deutschen Alternative und der 1995 verbotenen Freiheitlichen Deutschen Arbeiterpartei (Hoffmann 1999: 265). Für Schlagzeilen sorgte Deckert in der ersten Hälfte der 1990er Jahre vor allem aufgrund mehrerer Verurteilungen wegen der Leugnung des Holocaust und Volksverhetzung. Während die Parteimitglieder ihn auf dem Bundesparteitag im Juni 1995 im Amt bestätigten, enthob ihn das Präsidium drei Monate später mit Verweis auf seine Strafverfahren und sprach von unsauberem Umgang mit dem Parteivermögen. Nach Streitigkeiten

vor den Schiedsgerichten wurde der ehemalige Gefolgsmann von
Deckert, Udo Voigt, auf dem Bundesparteitag 1996 zum neuen
Vorsitzenden gewählt.

Er begann die durch massive Mitgliedereinbrüche erodier-
te Partei wieder aufzubauen. Am 1. März 1997 gelang es der
NPD rund 5 000 Neonazis gegen die zu jener Zeit in München
gastierende Ausstellung ‚Vernichtungskrieg. Verbrechen der
Wehrmacht 1941-1944‘ zu mobilisieren. Knapp ein Jahr später
veranstaltete die NPD in Passau ihren ersten ‚Tag des nationalen
Widerstandes‘ mit 4 000 Personen – die seit mindestens 25 Jahren
„größte Hallenveranstaltung der Partei“, die „ihren neuerlichen
Aufschwung“ dokumentiert (Hoffmann 1999: 273).

Zwar wurde Günter Deckert 2006 aus der NPD ausgeschlossen, doch zeigt die (Wieder-)Aufnahme wichtiger neonazistischer
Akteure, wie etwa des 1971 ausgeschlossenen Friedhelm Busse
im Oktober 2006, dass sich die Partei erneut bemüht, zum Sammelbecken der gesamten extremen Rechten zu werden.

Was stand am Anfang der NPD?

„Liebe politische Freunde“, schrieb Friedrich Thielen in seiner
Einladung zur Gründerveranstaltung der NPD 1964, „politisch
nachdenkliche Menschen im In- und Ausland sind sich darüber
einig, dass in dem mehr und mehr zusammengeschrumpften
Parteiengefüge Westdeutschlands eine leistungsfähige Partei
am rechten Flügel fehlt“. Zu diesem Ergebnis war vor allem die
Deutsche Reichspartei (DRP) gekommen, die auf ihrem 13. Parteitag am 20./21. Juni 1964 beschloss, „in einem letzten Anlauf
die Sammlung des nationalen Lagers zu versuchen“ (Smoydzin
1967: 120). Während sich nach der Niederlage des national-

sozialistischen Deutschlands die geschlagenen politischen Kräfte zunächst vor allem in der 1949 gegründeten Sozialistischen Reichspartei (SRP) wiederfanden, zog deren Verbot wegen offener Bezugnahme auf die NSDAP 1952 eine Zersplitterung des extrem rechten Lagers von Nationalkonservativen bis Nationalsozialisten nach sich. Zunächst versuchte sich die DRP an einer Sammlung dieser Kräfte, konnte Anfang der 1950er Jahre auch eine Reihe von Wahlerfolgen vor allem in Norddeutschland erzielen, stagnierte dann aber und verlor nach 1960 deutlich an politischer Bedeutung. Nach ihrem Parteitag 1964 nahm sie Kontakte zu den anderen Organisationen dieses Splitterspektrums auf, so etwa zur Deutschen Freiheits-Partei, zur Gesamtdeutschen Partei (GdP), dem Deutschen Block, der Deutschen Nationalen Volkspartei (DNVP), der Arbeitsgemeinschaft nationaler Politik und der Deutschen Partei, für die der ehemalige langjährige CDU-Mann Thielen als Abgeordneter in der Bremer Bürgerschaft saß. 60 Funktionäre kamen schließlich am 22. August 1964 in Bielefeld unter der Ägide des Bremer Mandatsträgers zusammen und beschlossen die Gründung einer Nationaldemokratischen Union Deutschlands als Wahlpartei (Smoydzin 1967: 121). Auf dem Folgetreffen in Celle am 10. Oktober 1964 wurde Thielen mit den Einladungen zur konstituierenden Veranstaltung der Nationaldemokratischen Partei Deutschlands (NPD) am 28. November 1964 in Hannover betraut.

Rund 700 Personen reisten in die niedersächsische Landeshauptstadt, 473 von ihnen traten der NPD, deren Name mit dem Eintrag ins Vereinsregister zwei Wochen zuvor gesichert worden war, noch während der Gründungsversammlung bei. Vorsitzender wurde Thielen, sein erster Stellvertreter Adolf von Thadden (DRP), Wilhelm Gutmann (GdP) zweiter und Heinrich Fassbender (DNVP) dritter Vertreter. Im Gegensatz zum Vorsitzenden waren die anderen drei früher Mitglieder der NSDAP gewesen, allerdings nicht in exponierter Position. Etliche andere Vorstandsangehörige jedoch hatten noch zwanzig Jahre zuvor in höheren Stellungen der NSDAP und des NS-Staates gedient:

Otto Hess als Gauredner der NSDAP und Obersturmführer der SA, Waldemar Schütz als SS-Hauptsturmführer, Prof. Dr. Hans-Bernhard von Grünberg war Gauamtsleiter der NSDAP in Ostpreußen, Dr. Heinz Schimmerohn SS-Sturmbannführer und Emil Maier-Dorn, Mitglied der Partei seit 1930, war im Krieg Oberstabsfrontführer der Organisation Todt gewesen (Antifa-Kommission 1980: 28 f.).

Die Zahl der Anhänger der NPD nahm rasch zu. Ende 1965 hatte die Partei bereits 14 000 und ein Jahr später 25 000 Mitglieder. „Die NS-Belastung in der Partei wächst von unten nach oben. Eine nazistische Vergangenheit haben 35 Prozent aller NPD-Mitglieder, aber 46 Prozent der Funktionäre auf Orts- und Kreisebene und 66 Prozent auf Bezirksebene. Das Maximum wird in der Parteispitze erreicht: 76 Prozent der obersten Funktionäre waren Mitglieder der NSDAP und hätten häufig leitende Positionen in der NS-Hierarchie eingenommen" (Maier/Bott 1968: 17).

1965 trat die NPD zum ersten Mal bei der Bundestagswahl an. Zwei Prozent der Wähler gaben ihr ihre Zweitstimme. Besser schnitt sie 1966 bei den bayerischen Kommunalwahlen ab. Die Partei kandidierte in 52 von 192 Stadt- und Landkreisen und bekam schließlich 103 Mandate (Schmollinger 1984: 1953). Bei den hessischen Landtagswahlen 1966 erhielt die NPD 7,9 Prozent und bei der baden-württembergischen Landtagswahl 1968 sogar 9,8 Prozent der Zweitstimmen. Insgesamt zog die Partei in dieser Zeit mit 61 Abgeordneten in sieben Landesparlamente ein.

Die Regionen, in denen die NPD besonders gut abschnitt, „waren dominant mittelständisch, ländlich-agrarisch mit – gemessen am Bruttoinlandsprodukt – schwacher Wirtschaftsstruktur und hohen Anteilen von Protestanten an der Bevölkerung; dort hatte auch die NSDAP 1932 in der Regel überaus gute Wahlergebnisse erzielt" (Schmollinger 1984: 1956). Die Wählerschaft bestand beinahe zu zwei Dritteln aus Männern. Insgesamt überwogen jene Jahrgänge, deren Vorstellungswelt vom Nationalsozialismus deutlich geprägt worden war (Kühnl et al. 1969: 238; Maier/Bott

1968: 13). Gemeinsam war ihnen allen in einem hohen Maße die pessimistische Beurteilung der wirtschaftlichen Lage, auf die im Wesentlichen die Wahlerfolge von Hessen und Bayern zurückgeführt werden (Liepelt 1967: 260).

Unterdessen wurde im Frühjahr 1967 Thielen, der als „gutbürgerliches, nationalkonservatives Aushängeschild" (Maier/Bott 1968: 17) der NPD galt, ausgeschlossen. Vorangegangen war unter anderem eine Auseinandersetzung um den hohen Anteil ehemaliger NSDAP-Mitglieder in wichtigen Funktionen der Partei, die Thielen lieber gegen jüngere unbelastete NPD'ler ausgetauscht hätte. Doch die Gruppe um von Thadden – vor allem Hess, Schütz und Maier-Dorn – setzte sich durch. Thadden übernahm den Vorsitz der Partei. Auf dem dritten Parteitag im November 1967 in Hannover beschloss die NPD ihr erstes Parteiprogramm. Erwartungsvoll bestritt die NPD den Bundestagswahlkampf 1969, doch verpasste sie den Einzug mit 4,3 Prozent knapp. Damit begann der Abstieg der NPD, der sie in den folgenden 25 Jahren in die Bedeutungslosigkeit führen sollte.

Christian Dornbusch

Worauf gründeten die ersten Erfolge der NPD?

Unmittelbar nach ihrer Gründung 1964 erzielte die NPD eine Reihe spektakulärer Wahlerfolge: Diese begannen zunächst mit einem Zweitstimmenanteil von zwei Prozent bei den Bundestagswahlen 1965, bei denen die Partei mit dem Slogan „Man kann wieder wählen – Man wählt NPD" antrat. Bei den bayerischen Kommunalwahlen im März 1966 zeigte sich in jenen Landkreisen, in denen die Partei antrat, ein Aufwärtstrend, der sich bei den folgenden Landtagswahlen fortsetzte.

Die NPD-Wählerschaft zu jener Zeit war heterogen und setzte sich aus allen Bevölkerungsschichten zusammen. Die Partei erhielt zudem Zustimmung aus Kreisen, die zuvor noch keiner neofaschistischen Partei ihre Stimme gegeben hatten. Rund zwei Drittel der Wählerschaft war männlich, die mittlere Altersstufe überwog im Altersvergleich stark. Besonders der Mittelstand, Selbstständige und Landwirte, aber auch die Arbeiterschaft in den Großbetrieben stellte die bevorzugte Agitationsklientel der aufstrebenden Partei dar. Ihr Wählerreservoir fand die NPD vor allem in ländlichen Regionen, den Grenzregionen zur DDR sowie Klein- und Mittelstädten.

Thematisch punktete die NPD zunächst mit klassischen Paradigmen extrem rechter Orientierung: Nationalismus, Rassismus und Verklärung des Nationalsozialismus (NS). Relativierung und Leugnung der NS-Staatsverbrechen in der NPD-Propaganda paarten sich mit handfesten Bestrebungen zur Verhinderung der Ermittlung gegen NS-Täter. Kein Wunder, denn die Führungsriege der Partei inklusive ihres Mittelbaus war mit alten NS-Funktionsträgern durchsetzt. Die NPD jener Zeit war zugleich die Partei der alten Nazis, die nach dem Verbot der SRP ein neues extrem rechtes Sammelbecken gefunden hatten – ein Sammelbecken, das allerdings durchaus erfolgreich Anschluss an das konservativ-autoritäre Spektrum einer ,formierten Gesellschaft' (Ludwig Erhard) in der Nachkriegsepoche suchte. Es gelang der Partei, eine Reihe prominenter Personen – auch aus etablierten Parteien – für sich zu gewinnen, wie beispielsweise den Bremer Betonfabrikanten und ehemaligen CDU-Mitstreiter Friedrich Thielen, den ersten Vorsitzenden des Bundes der Vertriebenen und ehemals Gründungsmitglied der CDU Hamburg, Linus Kather, sowie Prof. Dr. Hermann Oberth, den deutschen ,Vater der Raumfahrt'.

Ein ständiges Thema der NPD war früher wie heute die ,nationale Frage'. In ihrem Gründungsaufruf, der als ,Manifest der

NPD' auf dem ersten Parteitag im November 1964 verabschiedet wurde, hieß es: „Nur ein seines eigenen Wertes und seiner nationalen Würde bewußtes Volk kann die Achtung der Welt und die Freundschaft der Völker gewinnen. […] Wir fordern daher die Anspannung aller Kräfte, um den Willen zur Selbstbestimmung der deutschen Nation zu wecken." Auch die großen Parteien bedienten sich eines nationalisierten Sprachjargons. ‚Der Spiegel' (49/1966) kommentierte die Landtagswahl in Bayern 1966: „Der NPD-Erfolg geht in Ordnung, wenn CSU-Chef Franz Josef Strauß Volkssympathien für die NPD wertet als ‚Antwort auf die jahrelange Methode, alles was deutsch ist und was national heißt, in den Dreck zu ziehen.' […] Der so lange verdrängte Nationalstolz begann sich wieder zu regen." Hiervon profitierte die NPD in Form von Wählerstimmen. Zudem bündelte sie das breite autoritäre Potential in der postfaschistischen Nachkriegsgesellschaft mit Kampagnen und ‚Law and Order'-Parolen gegen „Langhaarige", „bolschewistische Krawallmacher" sowie gegen angeblichen „Kultur- und Sittenverfall". Die NPD war mit diesen reaktionären Parolen politischer Krisengewinner einer sozioökonomischen Umbruchsituation, die gekennzeichnet war von der Wirtschaftsrezession 1965/66, von gesellschaftlichem Strukturwandel, einer Integrationskrise der CDU, der politischen Formierung einer ‚Großen Koalition', der Einleitung der Entspannungspolitik und der beginnenden Revolte einer sich neu formierenden Neuen Linke sowie dem antiautoritären kulturellen Aufbruch neuer sozialer Bewegungen. Es sind jedoch weder programmatische Finesse noch Meisterleistungen politischer Führung oder gar geheime personelle Netzwerke, die ihre Wahlerfolge erklärbar machen. Das erste NPD-Parteiprogramm – wie auch sämtliche folgenden – bot programmatisch lediglich eine Ansammlung von Schlagwörtern und Parolen mit der Stoßrichtung, sich als legale und staatstragende rechtsautoritäre Sammlungsbewegung zu vermarkten. Politisch-organisatorisch bewegte sich die Partei in einem Spannungsfeld zwischen anschlussfähigem Rechtskonservatismus und offenem Neonazismus, was schon damals in innerparteilichen Querelen zum Ausdruck kam. Die NPD wurde nicht wegen, sondern trotz ihres innerparteilichen Führungsstils gewählt. Auch von geheimen Strategien kann keine Rede sein. Damals wie heute war die NPD vom Verfassungsschutz durchsetzt. Sämtliche politischen Zirkel, von den Parteivorläuferorganisationen bis in die unterschiedlichen Flügel dieser neuen Sammlungsbewegung der extremen Rechten, standen unter staatlicher Beobachtung.

Der erste Aufstieg der NPD ist vielmehr ein politischer Ausdruck der temporären Zuspitzung von gesellschaftlichen Widersprüchen gewesen, in dessen Rahmen es der Partei gelang, das rechte Wählerpotential etablierter Parteien zeitweise für sich zu gewinnen.

Alexander Häusler

Warum scheiterte der Einzug der NPD in den Bundestag 1969?

1969 verpasste die NPD mit 4,3 Prozent knapp den Einzug in den Bundestag. Ihr Image als ‚nationale Opposition' und rechtsautoritäre Ordnungskraft hatte im Wahlkampf zuvor deutliche Risse bekommen. Verantwortlich war dafür zunächst die schon damals geführte Debatte um ein Verbot der NPD. Im September 1968 bestätigte Bundesinnenminister Benda die Vorbereitung eines Verbotsantrages seiner Behörde. Dies führte zu einer Zuspitzung innerparteilicher Konflikte zwischen dem legalistisch operierenden konservativ-autoritären Führungszirkel um Parteichef von Thadden und den aktivistischen neonazistischen Parteikreisen. Einher ging damit die Erosion der nationalistisch-autoritären Opposition gegen die Außerparlamentarische Opposition (APO),

die Entspannungspolitik und innergesellschaftliche Demokrati-
sierungsbestrebungen durch die linken und sozialliberalen Kräfte
in Politik und Gesellschaft.

Ferner hatte die antifaschistische Mobilisierung der APO
immer wieder den neonazistischen und gewalttätigen Charakter
der Partei thematisiert, der in der breiten Öffentlichkeit zunehmend wahrgenommen und diskutiert wurde. Den Höhepunkt
bildete die so genannte ‚Affäre Kolley‘: Der Bundesbeauftragte des
NPD-Ordnerdienstes Klaus Kolley verletzte am 16. September
1969 bei einer NPD-Kundgebung in Kassel antifaschistische Demonstranten bei Auseinandersetzungen durch mehrere Schüsse.
Der Zwischenfall war die Zuspitzung der Gewalt, mit der NPD-
Mitglieder im Rahmen der fünfwöchigen, als ‚Deutschlandfahrt‘
titulierten Wahlkampfreise auf die häufigen Protestdemonstratio-
nen reagierten, bei der sich der NPD-Ordnerdienst das Image
eines in SA-Tradition stehenden Schlägertrupps erwarb. Diese
als auch ähnliche Auseinandersetzungen zwischen dem Ordnerdienst und öffentlichen Protestierern gegen die Partei sorgten
nicht nur national, sondern auch international für Aufsehen
und schreckten zunehmend das konservative Wählerklientel ab.
Dazu trug ferner das in jener Zeit öffentlich debattierte Szenario
von drohenden ‚Weimarer Verhältnissen‘ bei, so dass viele der
temporären konservativen NPD-Sympathisanten sich wieder
der CDU/CSU zuwandten. Zwar konnte die NPD noch auf
prominente Unterstützung von Teilen des konservativen Establishments verweisen, wie etwa den früheren saarländischen
Ministerpräsidenten Hubert Ney oder den langjährigen Präsidenten des Deutschen Bauernverbandes, Edmund Rehwinkel,
doch das Gros des konservativ-autoritären Lagers der NPD ließ
sich durch rechtsnationalistische Gebärden der CDU/CSU im
damaligen Bundestagswahlkampf wieder ‚rückbinden‘. Diese fanden ihren Ausdruck in Kampagnen gegen den antifaschistischen
SPD-Kandidaten Willi Brandt als „vaterlandlosen Gesellen“, in
Hetztiraden des CSU-Vorsitzenden Franz Josef Strauß gegen die
APO oder in offen am NPD-Jargon angelehnten Parolen wie

jener von Kiesinger, der die Bundeswehr als „Schule der Nation"
bezeichnete (Hoffmann 1999: 121). Die Parteiführung der NPD
wurde hingegen als Zentrale einer „rechten Rabaukentruppe"
angeprangert. Diese ‚Pendelbewegungen' im Wahlverhalten
wie in der Mitgliedschaft lassen sich auch anhand des heutigen
CDU-Oberbürgermeisters von Braunschweig, Gerd Hoffmann,
verdeutlichen: In den 1960er Jahren war er NPD-Mitglied und
Vorsitzender des Nationaldemokratischen Hochschulbundes.
In der Parteizeitung der NPD, den ‚Deutschen Nachrichten',
äußerte er 1969 kurz nach der Bundestagswahl, dass der „APO-
und DGB-Terror" Schuld am Wahlausgang der NPD sei. Nach
seinem Austritt aus der NPD wurde er im Jahr 1970 schließlich
Mitglied der CDU und 2001 Oberbürgermeister.

Die politische Lücke von Rechtsaußen in die ‚Mitte' begann
sich zu schließen. Nicht zuletzt auch deshalb, weil es eben diese
‚Mitte' erfolgreich verstand, mehr und mehr das vorhandene
rechtsautoritäre Potenzial einzubinden. Der gescheiterte Einzug
der NPD in den Bundestag 1969 zog schließlich die erste große
Krise der Partei nach sich, von der sie sich erst 25 Jahren später
langsam wieder erholte.

Alexander Häusler

Was unterscheidet die heutige NPD von der NPD der 1960er Jahre?

In der aktuellen medialen und öffentlichen Darstellung und Kommentierung der Entwicklung der NPD – ihres Einzuges in zwei Länderparlamente, ihres Mitgliederzuwachses, ihres Auftretens – findet sich regelmäßig der Verweis auf die zweite Hälfte der 1960er Jahre; damals war es der NPD – um lediglich einige wichtige Charakterisierungen anzuführen – nach ihrer Gründung im Jahr 1964 gelungen, flächendeckend Strukturen aufzubauen, eine Mitgliederzahl von 28 000 Köpfen zu erreichen, in der Öffentlichkeit wahrgenommen zu werden, einen Rednerapparat zu unterhalten und relativ rasch bei Wahlen erfolgreich zu sein. Nach der langen Phase des organisatorischen Niedergangs und der politischen Randständigkeit seit 1972/73 lässt sich in den letzten Jahren ein zweiter Aufschwung der NPD beobachten, der die Frage nach Gemeinsamkeiten und Unterschieden zwischen der NPD der 1960er Jahre und der des aktuellen Jahrzehnts aufwirft, nicht zuletzt auch hinsichtlich der Frage, ob die NPD im Jahre 2009 erneut den Einzug in den Bundestag verpassen wird.

Die NPD selbst nimmt für sich in Anspruch, die ‚älteste nationale Partei in Deutschland‘ zu sein und bekennt sich zur Parteigeschichte, auch wenn deren Darstellung in einem 1999 anlässlich ihres 35-jährigen Bestehens erschienenen umfangreichen Band nicht frei von gewissen propagandistischen Interessen und konstruierten Erinnerungen ist. Und sicherlich würden Akteure, die die Partei im Dissens verlassen haben, eine andere Darstellung vorlegen.

Zu den politisch-gesellschaftlichen Bedingungen des ersten Aufstiegs der NPD gehörte neben der wirtschaftlichen Rezession der Jahre 1966/67 und dem Ansehensverlust der Regierung Erhard die Konstellation einer Großen Koalition, der lediglich die FDP als parlamentarische Opposition gegenüberstand, die zudem zeitweise zerstritten und deren nationalliberaler Flügel geschwächt war. In dieser Situation konnte sich die NPD breiteren Wählerschichten erstmals als ‚nationale Alternative' präsentieren, die sich in offener Gegnerschaft zur APO positionierte, den einsetzenden ‚Sittenzerfall' und den ‚Rückfall in vergangene Klassenkampfzeiten' beklagte und sich scharf gegen jedes Arrangement mit der DDR verwahrte.

Werden hinsichtlich des Bedeutungsgewinns der heutigen NPD die politischen und gesellschaftlichen Kontextfaktoren in Betracht gezogen, so sind neben der Annäherung der SPD an die marktliberalen Konzeptionen der CDU/CSU, durch die das spezifisch ‚sozialdemokratische Profil' abgeschliffen wurde, auch jene wirkmächtigen Prozesse zu nennen, bei denen – nicht selten in Gestalt einer informellen Großen Koalition – aus der ‚politischen Mitte' die Diskriminierung Asylsuchender und der Abbau demokratischer Grundrechte vorangetrieben wurde. Insbesondere – aber nicht ausschließlich – in sozial deprivierten Regionen Deutschlands, deren ökonomische Basis eine selbsttragende Ökonomie noch auf lange Zeiträume hin ausschließt, treffen NPD-Parolen auf offene Ohren, die den Zumutungen neoliberaler Politik mit der völkischen Aufladung der ‚sozialen Frage' begegnen und nach radikaler ‚Systemkritik' klingen. Damit konkurriert die NPD offensiv mit der Partei Die Linke, deren Bindekraft als Oppositionspartei aufgrund ihrer Regierungsbeteiligungen in einzelnen Bundesländern nachzulassen scheint.

Weltanschaulich und programmatisch wird sowohl im 1964 verabschiedeten ‚Manifest der NPD' als auch im ‚Düsseldorfer Programm' (1973) – das von taktischen Bündniserwägungen bestimmte ‚Wertheimer Manifest' (1970) kann hier unberücksichtigt bleiben – und dem ab 1966 von der Deutsche Nachrichten Verlagsgesellschaft herausgegebenen ‚Politischen Lexikon' neben bürgerlich-konservativen Versatzstücken ein völkischer Nationalismus vertreten, in dem der Gedanke der ‚Volksgemeinschaft' eine ebenso große Rolle spielt wie ein staatsautoritäres Demokratieverständnis. Die meisten dieser ideologischen Grundmuster lassen sich bis heute in den programmatischen Schriften der NPD wiederfinden; gegenüber den Äußerungen aus der Anfangsphase der NPD haben jedoch einerseits die negativ auf Migrationsprozesse bezugnehmenden Aussagen an Umfang und Schärfe zugenommen; und andererseits ist an die Stelle eines dogmatischen Antikommunismus ein aggressiver Antiamerikanismus getreten, dessen antisemitische Komponente kaum verborgen wird. Schließlich findet sich in der aktuellen Propaganda der NPD gelegentlich eine ‚Rhetorik des Sozialismus‘ und die Selbstinszenierung als ‚revolutionäre Kraft‘, die in den 1960er Jahren nicht denkbar gewesen ist.

Bezüglich der Mitglieder der NPD ist zunächst daran zu erinnern, dass selbstverständlich die Zahl der NPD-Mitglieder, die in der Zeit der NS-Diktatur aufgewachsen oder gar maßgeblich sozialisiert wurden, heute verschwindend gering ist, während in der zweiten Hälfte der 1960er Jahre nicht nur das Gros der Mitglieder eigene Erfahrungen im NS-Regime gemacht hatte, sondern in vielen Fällen dem Regime auch treu gedient hatte. Allerdings dürfte bei einem signifikanten Anteil der heutigen NPD-Aktivisten und -Sympathisanten positive Erzählungen von Familienangehörigen über den Nationalsozialismus zur Meinungsbildung beigetragen haben. Gegenüber den 28 000 NPD-Mitgliedern (1967/1969) verfügt die NPD heute über nur gut 7000 organisierte Mitstreiter, wenn auch der aktivistische Teil heute prozentual höher sein dürfte. Eine beträchtliche Fluktuation hat sich freilich in den meisten Phasen der NPD-Geschichte beobachten lassen.

Organisatorisch war die NPD in den 1960er Jahren gut aufgestellt; sie hatte eine starke Medienpräsenz, die beiden Parteivorsitzenden Thielen und Thadden galten vielen als respektable Personen und einige profilierte Übertritte aus der CDU schienen das Bild der Partei als seriöse politische Kraft zu bestätigen. Wie in dieser Phase so fehlt der NPD bisher jedoch auch heute eine wirklich charismatische Führerfigur. Im Unterschied zur Situation der NPD nach der Gründung, wo die am Sammlungsprojekt NPD beteiligten Organisationen zum Teil ihre Strukturen in die Partei einbrachten, ist die NPD heute auf die häufig mühsame und von Rückschlägen begleitete Schaffung von neuen Strukturen in der Fläche angewiesen. In dieser Situation sind die noch eher losen Absprachen der heutigen NPD im Rahmen der so genannten ‚Volksfront von rechts' nur ein schwacher Ersatz. Hinsichtlich des Gewaltpotentials ist zu konstatieren, dass die in den 1960er Jahren am Rande von NPD-Veranstaltungen auftretenden beziehungsweise von NPD-Mitgliedern begangenen Gewalthandlungen – insbesondere die ‚Affäre Kolley' – der Partei geschadet haben; ob dies heute erneut so ist, lässt sich empirisch nicht mit Sicherheit sagen. Allerdings haben auch Gewalttaten, an denen Führungspersonal der NPD Mecklenburg-Vorpommern beteiligt war und über die umfangreich in der Presse berichtet wurde, das Wahlergebnis der NPD offenbar nicht in großem Umfang beeinträchtigt.

Die NPD wird politisch auch in den nächsten Jahren ihren Schwerpunkt auf die Verknüpfung sozialer Problemlagen mit völkisch-nationalistischen Denk- und Argumentationsfiguren legen; ob sie damit weiterhin Erfolg haben wird, hängt – wie Ende der 1960er Jahre – nicht zuletzt auch von der Reaktion der demokratischen Akteure in der bundesdeutschen Gesellschaft ab.

Fabian Virchow

II. Weltanschauung

Überblickt man die aktuellen Schriften der NPD, so ist unschwer zu erkennen, dass die Partei sich zu einer Vielzahl von Themen und aktuellen politischen Kontroversen äußert – gleich ob dies Probleme des Umweltschutzes oder des Arbeitsmarktes sind oder ob es sich um die Situation von eingewanderten Menschen oder Schulschließungen im ländlichen Raum handelt. Die Breite der politischen Themen, mit der die NPD heute an die Öffentlichkeit tritt, hat gegenüber den frühen 1990er Jahren zugenommen – doch lassen sie sich stets auf wenige zentrale Elemente der neonazistischen Ideologie zurückführen.

Im Mittelpunkt steht dabei die Idee von ‚Rassen' und ‚Völkern' mit ihren angeblich „unverwechselbaren Nationaleigenschaften", wie die NPD auf ihrer zentralen Internet-Präsenz im ‚Politischen Lexikon' unter Bezug auf Hans F. K. Günther, einen der führenden Rasse-Ideologen der NS-Diktatur, behauptet.

Dieser Unsinn von der biologischen Ungleichheit (bei der NPD: ‚lebensrichtiges Menschenbild'), derzufolge die Zugehörigkeit zu einem ‚Volk' jeweils bestimmte Charakter- und Verhaltensmerkmale nahelege, setzt sich in der Distanzierung von der universellen Gültigkeit der Menschenrechte fort, das heißt vom Prinzip, dass allen Menschen Würde und gewisse Grundrechte qua Geburt zustehen. Stattdessen heißt es im Parteiprogramm der NPD, dass die Würde des Menschen von „Volkstum und

Kultur" abhänge. Diese Ideologie der Ungleichheit führt die
NPD zur Ablehnung der liberalen Demokratie, sozialistischer
Konzepte und des Christentums, da alle diese – ihrem Anspruch
nach – den Grundgedanken der Gleichheit der Menschen (vor
dem Gesetz, in sozialer Hinsicht, vor Gott) vertreten.

Für die NPD resultiert die Würde des einzelnen Menschen
nicht aus dem freien Willen des Individuums, sondern sie ist von
biologisch-genetischer Teilhabe an der „Volksgemeinschaft" abhängig. Dementsprechend ist das „Allgemeinwohl (Volkswohl)"
stets und bedingungslos höher zu bewerten als das Wohl des
Einzelnen. Diese Unterwerfung unter angeblich natürlich vorge-
gebene ‚völkische Interessen' gilt der NPD als Voraussetzung,
um im ‚Rangordnungskampf der Völker' erfolgreich bestehen zu
können, der ebenso als eine unumstößliche Tatsache behauptet
wird. Dieses „Streben nach Rangordnung" (Politisches Lexikon
der NPD) möchte die NPD auch innerhalb der Gesellschaft
verwirklicht sehen; daher tritt die NPD strikt für Eliten ein,
die über die politischen Entscheidungen im Gemeinwesen zu
befinden haben.

In programmatischen Äußerungen und in ihrem Auftreten in
der Öffentlichkeit belegt die NPD nachdrücklich die Missachtung
wesentlicher Menschenrechte durch ihre rassistische und antisemitische Haltung. Danach werde das ‚deutsche Volk' besonders
durch das ‚internationale Judentum', welches maßgeblich die
Politik der USA bestimme, daran gehindert, einen Schlussstrich
unter die deutsche Vergangenheit zu ziehen und ein gleichbe-
rechtigtes Mitglied in der ‚Völkergemeinschaft' zu werden. Die
Partei versucht zudem, Wahnvorstellungen von einer angeblich
weltweiten jüdischen Vorherrschaft neu zu beleben.

Die rassistische Programmatik ist ebenfalls elementarer Teil
der gesamten Agitation und des Parteijargons. Fremdenfeindlichkeit erscheint danach als legitimes Mittel der „Arterhaltung",
als ein biologisches und verpflichtendes Grundprinzip. In ihrem
Wahlprogramm zur Europawahl am 13. Juni 1999 sah die Partei
in Deutschland einen nationalen Notstand, der unter anderem

Folge einer „systematisch betriebenen ethnischen Überfremdung Deutschlands" sei, durch die aus dem einst „sozial ausgewogenen und geistig-kulturell leistungsfähigen Land der Deutschen" bereits heute ein „mit sozialen Sprengsätzen verminter Vielvölkerstaat auf kleinstem Raum" geworden sei. Unter dem Schlagwort der ,nationalen Solidarität' tritt die NPD für die inhumane Entrechtung, Diskriminierung und Außer-Landes-Schaffung von Millionen Menschen mit Migrationshintergrund ein, die in Deutschland – zum Teil seit Jahrzehnten – ihren Lebensmittelpunkt haben.

Der völkische Nationalismus der NPD, dem es um die Eliminierung alles als ,fremd' definierten geht, findet seine Fortsetzung in der Forderung, dass alle historisch von Deutschen besiedelten Gebiete in einem Nationalstaat zusammengeführt werden müssten. Der Anschluss der DDR an die frühere Bundesrepublik gilt der NPD daher nur als ein erster Schritt; das von ihr angestrebte Großdeutschland soll auch seit Ende des Zweiten Weltkriegs zu Polen, Russland beziehungsweise Tschechien gehörende Gebiete umfassen. Eine mit Machtmitteln ausgestattete NPD-Politik gefährdet daher den Frieden in Europa.

Die NPD ist keine Partei wie viele andere; trotz des demokratischen Anspruchs in ihrem Namen ist sie anti-demokratisch und trachtet das bestehende politische und gesellschaftliche System durch ein anderes auszutauschen, das auf dem Gedanken der ,Volksgemeinschaft' basiert und zentrale Menschenrechte verletzt.

Steht die NPD in der Tradition der NSDAP?

Mit dem Zusammenbruch des Nationalsozialismus im Mai 1945 endete auch die Geschichte der Nationalsozialistischen Deutschen Arbeiterpartei (NSDAP). Begonnen hatte sie als Splittergruppe im Jahr 1919. In der Weimarer Republik war die NSDAP zeitweise verboten, wurde erneut gegründet und entwickelte sich gegen Ende der 1920er Jahre zur stärksten Partei der extremen Rechten mit zunehmendem Masseneinfluss. Der seit 1933 alleinigen Staatspartei im Deutschen Reich gehörten schließlich etwa 8,5 Millionen Deutsche an. Offiziell ist die NSDAP – einschließlich angeschlossener Verbände – vom Alliierten Kontrollrat am 10. Oktober 1945 verboten worden. Organisatorisch ist die 1964 gegründete NPD also keine Nachfolgepartei der NSDAP. Nun lässt sich weiter fragen, inwieweit die NPD inhaltlich, personell, ideologisch oder in ihrem Auftreten der NSDAP folgt, beziehungsweise ob und wie sie sich auf die NSDAP bezieht. Nach dem 1952 erfolgten Verbot der neonazistischen Sozialistischen Reichspartei (SRP), die seit 1949 bestand und sich recht deutlich an Programm und Struktur der NSDAP orientierte, war die organisierte extreme Rechte in verschiedene Vereine, Bünde und Kleinparteien zersplittert. Die NPD entstand als Nachfolgepartei, Sammelbecken und Bündnisprojekt verschiedener ultrakonservativer, national-neutralistischer und völkisch-nationalistischer Kleinstparteien und Splittergruppen. Gerade in den ersten Jahren der Existenz der NPD fällt ein hoher Anteil ehemaliger NSDAP-Funktionäre in den Untergliederungen und im Funktionärskörper der Partei auf. Dennoch sind hinsichtlich Struktur, Ideologie, Programmatik und taktischer Ausrichtung gravierende Unterschiede festzustellen, die verdeutlichen, dass die NPD „keine legal taktierende Ersatzorganisation der NSDAP" (Niethammer 1969: 260) war. Niethammer charakterisierte die Politik der NPD in den 1960er Jahren insofern als „angepassten Faschismus". Auch andere Autoren wiesen schon frühzeitig darauf hin, dass sich die Ideologie der NPD eher an der antidemokratischen Rechten der Weimarer Republik orientiere und nicht direkt dem Nationalsozialismus entstamme (Maier/Bott 1968: 20 f.). Allerdings war es der NS-Bewegung überwiegend gelungen, die unterschiedlichen, zum Teil auch widersprüchlichen Inhalte und Denktraditionen der gesamten extremen Rechten zu integrieren. Ein völkisches Politikverständnis, Verbalattacken gegen das parlamentarisch-demokratische System und die demokratischen Parteien sowie mehr oder minder unverhüllt positiver Bezug auf den Nationalsozialismus sind Bestandteil von Publizistik und Propaganda der NPD von Beginn an.

Niedergang und Krise der NPD seit 1969/1970 hatten auch die Neuformierung einer offen nationalsozialistischen Szene zur Folge, die neben informellen Strukturen eine Reihe von legalen wie illegalen Organisationen und Parteien, so etwa die NSDAP-AO, herausbildete, die zum Teil den legalistischen Kurs der NPD scharf kritisierten und mit ihr konkurrierten, zum Teil aber auch die Kooperation suchten. Nach dem Verbot verschiedener neo-nationalsozialistischer Gruppen und rechtsextremer Vereine in den frühen 1990er Jahren vollzog die NPD unter Führung ihres seit 1996 amtierenden Vorsitzenden Udo Voigt eine deutliche organisatorische und inhaltliche Öffnung zum offen neonazistischen Spektrum. Dies brachte der Partei einen beachtlichen Mitgliederzuwachs und eine deutliche Verjüngung ihrer Mitglieder ein. Zahlreiche ehemalige Mitglieder und Funktionäre verbotener neonazistischer Organisationen traten der NPD bei. Bei Demonstrationen und öffentlichkeitswirksamen Aktionen ist das gemeinsame Auftreten mit bekennenden Neonazis (‚Nationale Sozialisten') mittlerweile die Regel. Eine Reihe führender NPD-Kader entstammt den heute als Freie Kameradschaften oder Freie Kräfte operierenden Neonazistrukturen. Inzwischen kümmern sich offiziell mindestens zwei Vorstandsmitglieder der NPD um die „Verbindung zu" beziehungsweise die „Koordination der freien Kräfte".

Die Frage der „Wesensverwandtschaft zur NSDAP", seit dem SRP-Verbot ein entscheidendes Kriterium zum Verbot einer rechtsextremen Partei, stand auch im Mittelpunkt des aus formalen Gründen 2003 gescheiterten Verbotsverfahrens gegen die NPD. In der Begründung des Verbotsantrages der Bundesregierung beim Bundesverfassungsgericht aus dem Jahre 2000 heißt es: „Gegenwärtig zeigt sich eine Wesensverwandtschaft der NPD mit dem Nationalsozialismus in einer Affinität zur NS-Ideologie, in der Verherrlichung der nationalsozialistischen Diktatur, der Verwendung nationalsozialistischer Diktion sowie in dem Bekenntnis zu Repräsentanten des Nationalsozialismus" (Begründung 2000: 41). Seit dem Scheitern des Verbotsverfahrens lassen zahlreiche Untergliederungen und Funktionäre der NPD auf Demonstrationen und in Publikationen die frühere, offenbar überwiegend taktisch motivierte Zurückhaltung fallen und ihre positive Bezugnahme auf die NSDAP, den Nationalsozialismus und Adolf Hitler immer unverhüllter deutlich werden. In diesem Sinne steht die heutige NPD auch in der Tradition der NSDAP.

Christoph Kopke

Welches Gesellschaftsmodell strebt die NPD an?

Häufig wird in der politischen Auseinandersetzung die NPD als Kopie der NSDAP auf ideologischer, organisatorischer und sozialpsychologischer Ebene betrachtet. Demnach müsste sie in einem hohen Grad mit den gesellschaftspolitischen Vorstellungen des NS-Regimes übereinstimmen oder ihr Weg zur Macht vor

1933 vergleichbar sein. Tendenzen zur völligen Übernahme der beziehungsweise weitgehenden Anlehnung an die Konzeptionen der NSDAP sind bei der NPD zweifellos auszumachen. Allerdings unterscheiden sich diese Tendenzen in ihrer Dominanz und dem Grad der Übernahme in den einzelnen Phasen der Parteigeschichte. Insgesamt ist die NPD keine pluralistische, jedoch eine plurale Partei, in der unterschiedliche antidemokratische Konzeptionen um die innerparteiliche Hegemonie ringen. Lutz Niethammer stellte für die Frühphase der NPD fest: „Fast alle Sachfragen sind innerhalb der Partei kontrovers" (Niethammer 1969: 266). Diese Aussage trifft auch in der Gegenwart zu.

Reinhard Kühnl konstatierte ferner in einer der ersten Studien zur NPD: „Es ist evident, dass die von der NPD angestrebte Gesellschafts- und Wirtschaftsstruktur im Rahmen einer parlamentarischen Demokratie nicht realisierbar ist" (Kühnl et al. 1969: 112). Während jedoch die NPD in den 1960er Jahren – den Zeiten der APO und der einsetzenden Entspannungspolitik – zu vermitteln suchte, nur die Umsetzung ihrer politischen Konzepte könne den Erhalt der Demokratie gewährleisten, präsentiert sie sich heute als systemoppositionelle Partei. Offen sprach Udo Voigt in einem Interview davon, dass es seiner Partei um die Überwindung des Systems gehe, dieses müsse „abgewickelt" werden wie 1989/90 die DDR. Dieser veränderten strategischen Ausrichtung entspricht eine radikal veränderte Programmatik, die inzwischen „revolutionär-antikapitalistisch statt konservativ-antikommunistisch" (Staud 2005: 67) gestaltet wird.

Damit ergibt sich für die NPD erstmals in ihrer Parteigeschichte die Notwendigkeit der Erarbeitung eigener gesellschaftspolitischer Vorstellungen. Diese bleiben zunächst notwendigerweise recht vage und konturlos, da einerseits die mühsam erreichte Geschlossenheit der Partei nicht durch ideologische Auseinandersetzungen gefährdet werden darf und andererseits berücksichtigt werden muss, dass die „Volksfront von rechts" mit der besitzbürgerlichen alten Rechten des Gerhard Frey einerseits und den am Nationalsozialismus orientierten Kameradschaften andererseits nur als mühsamer Spagat durchzuhalten ist. Das Bündnis lebt vom kleinsten gemeinsamen Nenner – dem Streben nach Erfolg.

Ausgangspunkt aller gesellschaftspolitischen Vorstellungen der NPD ist ein Paradox: Ziel ist die Überwindung der Gesellschaft, um zur Gemeinschaft, zur Volksgemeinschaft, zu finden. Die Gemeinschaft repräsentiert das Heile und Ganze, das erst noch herzustellen ist, die Gesellschaft dagegen steht für Spaltungen, Brüche, Widersprüche und Partikularinteressen. Insofern versteht sich die NPD als neuer Typus von Partei, die eben nicht mehr Gruppenegoismen und Teilbereichen der Gesellschaft dient, sondern stets die Gesamtheit der imaginierten Gemeinschaft im Blick hat. Gemeinschaft in diesem Verständnis ist idealistisch, warm, gefühlsstark, nachbarschaftlich und verwandt, während die Gesellschaft materialistisch, kalt, rational und distanziert ist.

Träger dieser zu schaffenden Gemeinschaft ist das biologisch definierte deutsche Volk, dessen Substanz nach Vorstellungen der NPD gegenwärtig vor allem durch drei Faktoren gefährdet sein soll: erstens durch die „Überfremdung" seitens der im Lande lebenden, nicht ‚blutdeutschen' Menschen, zweitens durch den Bevölkerungsrückgang, der durch den Geburtenschwund der Deutschen verursacht wird, und drittens durch den Prozess der kapitalistischen Globalisierung, die das Volk von seiner Heimat und seiner Kultur entfremdet. Um zur Gemeinschaft zu gelangen, müssen, dem Verständnis der NPD folgend, diese drei Prozesse zunächst gestoppt und dann umgekehrt werden.

Doch das ‚parlamentarisch-kapitalistische' System ist, so die Analyse der NPD, dazu weder willens noch in der Lage. Statt der parlamentarischen bedürfe es einer „organischen" Demokratie, die dafür Sorge zu tragen habe, dass nicht mehr jene an die Schalthebel der Macht gelangen, die durch die Vorauswahlprozesse der Parteien gegangen sind, sondern jene, die durch ihre tagtägliche Arbeit nachgewiesen haben, dass sie die Besten sind. Ständestaatliche, korporatistische Gesellschaftsvorstellungen sind folglich in der NPD recht verbreitet. Der Wille des Volkes, so ein weiterer Ansatz, müsse möglichst direkt geäußert und umgesetzt werden. Garant für den Zusammenhang des Volksganzen muss ein starker Staat sein, der in der Lage sein soll, seinen Willen nach innen und außen umzusetzen. Dem NPD-Funktionär Jürgen W. Gansel schwebt deshalb eine „plebiszitäre Präsidialdemokratie" vor. Parlament und Parteien sind in diesem Modell überflüssige oder gar schädliche Einrichtungen, der Präsident wird durch das Volk, den Souverän, direkt gewählt und erhält von ihm ebenso direkt Aufträge. Verkürzt ausgedrückt besteht also die Mehrheitsposition der NPD in den Zielen der Schaffung einer biologisch verstandenen Volksgemeinschaft und eines Führerstaates. Dem Führer/Präsidenten kommt die zentrale Aufgabe zu, die verlorene Identität von Volk und Staat wiederherzustellen. Hauptfeinde bei dieser Rekonstruktion sind der Liberalismus und sein ökonomischer Ausdruck, der Kapitalismus. Diese Gegnerschaft, die in der Propaganda der NPD mit Begriffen wie ‚antikapitalistisch' und ‚sozialistisch' verbunden wird, stellt freilich die bestehende Eigentumsordnung nicht in Frage, sondern stellt eine vormoderne Kapitalismuskritik dar, deren Realisierung hinter die Freiheitsgrade der bürgerlichen Demokratie zurückfällt.

Als Quellen für ihre ideologische Arbeit nutzt die NPD sowohl den historischen Nationalsozialismus, besonders in seiner Bewegungsphase, wie auch die Vertreter der Konservativen Revolution, vor allem ihrer nationalrevolutionären Strömung, und zunehmend Ansätze des europäischen Faschismus.

Volkmar Wölk

Welches Verständnis von Demokratie hat die NPD?

Es ist bemerkenswert, dass sich eine Partei, die überwiegend für anti-demokratisch gehalten wird, „nationaldemokratisch" nennt. Dieser Bezug auf die Demokratie ist für die NPD indes weltanschaulich möglich und sowohl strategisch als auch taktisch wichtig. Ihren Demokratiebegriff grenzt die NPD deutlich von dem ab, was die Substanz der demokratischen Grundordnung in der Bundesrepublik Deutschland ausmacht: eine plurale, demokratisch verfasste Gesellschaft (oder Republik) und einen repräsentativen, parlamentarischen Verfassungsstaat, der den politischen Parteien eine zentrale Bedeutung zuweist.

Das Grundgesetz hält die NPD für völkerrechtswidrig und die bestehende Ordnung („das System") für „liberalistisch". Voraussetzung für „wahre Demokratie" sei demgegenüber ein homogener Volkskörper („Volksgemeinschaft"), der die geforderte Identität zwischen Führern und Geführten erst ermögliche. Der Volksbegriff der NPD wurzelt in der völkischen Weltanschauung und meint eine Abstammungsgemeinschaft. Da das griechische Wort Demokratie „Volksherrschaft" bedeute, sei schon bei Platon die Voraussetzung für Volkssouveränität der Ausschluss der Fremden gewesen. Derartige „identitäre" Demokratie-Modelle werden oft mit den Vorstellungen von Jean-Jacques Rousseau in Verbindung gebracht, zu denen es tatsächlich Überschneidungen gibt. Explizit bezieht die NPD sich aber vor allem auf die autoritären und dezisionistischen Konzepte des Staatsrechtlers Carl Schmitt, der mit seiner Kritik des „Pluralismus" bereits zur Delegitimierung der Weimarer Republik beitrug und ab 1933 die Führerherrschaft Adolf Hitlers begrüßte.

Die NPD kann an reale Legitimations- und Repräsentationsdefizite der Verfassungswirklichkeit anknüpfen. Ihre Kritik trifft indes vor allem Parlament und Parlamentarier – also nach der klassischen Vorstellung von repräsentativer Demokratie die eigentlichen Träger der Volkssouveränität. Nach Auffassung der NPD führe die „einseitige Parlamentszentrierung des politischen Systems zur Oligarchisierung der Gesellschaft und zur Inbesitznahme des Staates durch die Parteien", wie es in der elften Ausgabe der NPD-Schriftenreihe ‚Profil' mit dem Titel ‚Staatspolitische Grundsätze der NPD' heißt. Im Gegensatz zu diesem Bild sind es heute gerade die Parlamente, die an Handlungsspielraum verlieren. Die NPD fordert auch keine antiautoritären Modelle direkter Demokratie, wie sie in den älteren Vorstellungen einer Räterepublik bestanden, oder Konzepte der Bürgerbeteiligung auf kommunaler Ebene. Sie spricht dagegen von Volksentscheiden und direkten Wahlen. In der Praxis der letzten Jahre brachten die meisten Ur-Wahlen real keineswegs ein Mehr an demokratischer Mitwirkung, aber die Forderung nach Stärkung plebiszitärer Elemente klingt für viele Menschen zutiefst demokratisch.

Die NPD will aber gar keine stärkeren Partizipationsmöglichkeiten der Bürger. Sie strebt vielmehr ein „neues Gemeinwesen mit einem volksgewählten Präsidenten und Volksabstimmungen in allen Lebensfragen" an, das bspw. in der Handreichung ‚Argumente für Kandidaten & Funktionsträger' (2006) als „plebiszitäres Präsidialsystem" bezeichnet wird. Nur in der Formulierung von „Grundzie-len des Volkes" soll dieses ein Mitwirkungsrecht haben, denn, so heißt es im ‚Parteiprogramm': „Politische Organisationsformen müssen so geordnet sein, daß sie handlungsfähige Organe ermöglichen". Zwar wird die Austauschbarkeit der Regierungen durch demokratische Entscheidungen gefordert. Da allerdings der „Staat über den Egoismen einzelner Gruppen zu stehen" habe, wird namentlich die Mitwirkung der Parteien an der Ablösung von Regierungen abgelehnt. Die Ernennung des Kanzlers solle nicht dem Parlament, sondern dem volksgewählten Präsidenten obliegen. Die Artikulation divergierender Einzelinteressen durch Parteien und Verbände – etwa Gewerkschaften – wird als gemeinschaftszerstörender Gruppenegoismus diffamiert.

Strategisch entspricht das Bekenntnis zur Demokratie dem Vorgehen der NPD, im Schutz des Parteienstatus für ihre rechtsextreme Politik zu werben, zu Wahlen anzutreten und Parlamente als Plattform zu benutzen. Sie versteht sich dabei weiterhin als „Fundamentalopposition" und will weder innerhalb des demokratischen Verfassungsstaates an der Macht beteiligt werden noch die Mitwirkungsmöglichkeiten der parlamentarischen Opposition konstruktiv nutzen. Zu den Institutionen der parlamentarischen Demokratie hat sie ein rein instrumentelles Verhältnis.

Taktisch soll der Bezug auf die Demokratie die Kritiker der NPD paralysieren, Gegenaktivitäten als ‚undemokratisch' bloßstellen und zugleich den Charakter der bundesdeutschen politischen Ordnung als nur scheinbar demokratisch entlarven. Mit dem Ende einer angeblichen „Einschränkung der Meinungsfreiheit" und „Monopolisierung der verbreiteten Meinungen im Sinne der herrschenden Schichten", von denen im Parteiprogramm die Rede ist, will die NPD mehr Spielraum gewinnen, um an nationalsozialistische und wesensverwandte Politikziele und -inhalte anzuknüpfen.

Insgesamt dient der Bezug der NPD auf die Demokratie also lediglich der Diffamierung der bestehenden politischen Ordnung, ‚gegnerischer Parteien' und Kritiker der NPD und der Forderung, politische Rechte nur ‚ethnisch reinen' Deutschen einzuräumen. Selbst wenn die NPD Parteien nicht verbieten und Parlamente nicht abschaffen würde, bleibt das Ziel ihrer Politik die Beseitigung des parlamentarischen Verfassungsstaates und des Parteienpluralismus zugunsten eines autoritär geführten „Volksstaats".

Gideon Botsch

Welches Geschichtsbild hat die NPD?

Das Geschichtsbild der NPD ist eng mit der völkischen Weltanschauung der Partei verknüpft. Der Mythos der ‚Volksgemeinschaft' bildet den zentralen Referenzrahmen, innerhalb dessen sämtliches historisches Geschehen gedeutet wird.

Geschichtsbilder stellen identitätsstiftende Konstrukte dar, auf deren Grundlage soziale und politische Gruppen, aber auch Institutionen und Staaten nach historischer Selbstvergewisserung suchen. Sie dienen vorwiegend dazu, gegenwärtige oder auf die Zukunft hin ausgerichtete individuelle wie kollektive Erwartungshaltungen durch den Verweis auf vermeintliche historische ‚Wahrheiten' zu begründen. Das Geschichtsbild der NPD ist darüber hinaus durch vier zentrale Merkmale gekennzeichnet:

Erstens erweist sich das nationaldemokratische Geschichtsbild in seinen Kernbestandteilen als ahistorisch. Ausgangs- und Bezugspunkt jeglicher geschichtlichen Entwicklung bildet hier die rückwärtsgewandte Utopie der ‚Volksgemeinschaft'. Deren historische Existenz wird in den Verlautbarungen der Partei nicht durch überprüfbare geschichtswissenschaftliche Erkenntnisse belegt, sondern als ein idealisierter, vor beziehungsweise jenseits der Geschichte gelagerter Urzustand beschworen. Im Mythos der ‚Volksgemeinschaft' spiegelt sich die Fiktion einer angeblich „heilen", nicht näher definierten Vergangenheit, die im Laufe der Geschichte zerstört worden sei.

Zweitens ist das Geschichtsbild der NPD nationalistisch fundiert. Als historische Akteure fungieren nach Auffassung der Partei in erster Linie Nationalstaaten. Mehr noch: In der Perspektive der NPD ist jegliche individuelle wie kollektive historische Existenz langfristig nur im Rahmen ethnisch und kulturell homogener nationaler Gemeinschaften denkbar. Als den Geschichtsverlauf prägendes Prinzip gelten die ständigen Konflikte zwischen den Nationen. Die Geschichtsmächtigkeit anderer Gesellschaftsformationen, wie etwa sozialer Schichten und Klassen, wird von der NPD negiert.

An diese Sichtweise ist ein drittes Merkmal geknüpft. Historische Entwicklungen werden in der Gedankenwelt der NPD nicht als ergebnisoffene Prozesse betrachtet, sondern sind in ein zyklisches Interpretationsraster eingefügt, das den Verlauf der Geschichte als ein permanentes Ringen um den Erhalt nationaler Identität und nationalstaatlicher Souveränität deutet. Im nationaldemokratischen Geschichtsbild konkurrieren jedoch nicht nur verschiedene Nationen miteinander, sondern vor allem zwei gesellschaftliche Ordnungsmodelle. Dieser gewissermaßen als ,überhistorisch' deklarierte Konflikt findet seinen Ausdruck in der Gegenüberstellung der Begriffe ,Kultur' und ,Zivilisation'. Manifestiert sich nach Auffassung der NPD in der angeblich natürlich gewachsenen ,Kultur' die behauptete ,Ursprünglichkeit' und Harmonie der ,Volksgemeinschaft', gelten ,Zivilisationen' als künstliche Gebilde, die geprägt seien von Materialismus und Partikularismus. Diese binäre Sichtweise ist zudem durch antiwestliche Ressentiments gekennzeichnet. Zur idealtypischen ,Zivilisation' und somit zum historischen Gegenpol der beschworenen deutschen ,Volksgemeinschaft' avancieren im Geschichtsbild der NPD die USA.

Mit der Vorstellung einer grundlegenden Differenz zwischen volkstumsbezogener ,Kultur' und ,multikultureller', als ,dekadent' denunzierter ,Zivilisation' rekurriert die NPD auf die nach dem Ende des Ersten Weltkrieges formulierten geschichtsphilosophischen Theoreme Oswald Spenglers. Dieser hatte in der Geschichte menschlicher Gemeinschaften einen endlosen Kreislauf aus kulturellem Aufstieg und zivilisatorischem Zerfall erkennen wollen. In Anlehnung an die Deutungsmuster Spenglers verwirft die NPD in ihrem Parteiprogramm die „Aufklärungsutopien" der vergangenen Jahrhunderte. In dieser Perspektive weist das Geschichtsbild der Partei auch kulturpessimistische Züge auf.

Viertens deutet die NPD die deutsche Geschichte vorwiegend als eine Verlust- und Leidensgeschichte. Dieses viktimisierende

Geschichtsbild findet seinen Ausdruck nicht nur in den Versuchen der NPD, die Verbrechen des Nationalsozialismus zu nivellieren und die deutschen Opfer des Zweiten Weltkrieges ins Zentrum historischer Betrachtungen zu rücken. Vielmehr konstruiert der nationaldemokratische Diskurs die vermeintliche nationale Leidensgeschichte als ein fortwährendes Kontinuum, das mit ständig gebrauchten Schlüsselbegriffen wie „Fremdherrschaft", „Gemeinschaftszerstörung" und „Entkulturalisierung" umrissen wird. So beklagt die NPD in ihrem ‚Aktionsprogramm für ein besseres Deutschland' die von den Siegermächten des Zweiten Weltkrieges angeblich systematisch betriebene Zerstörung der deutschen „Volksgemeinschaft". Dieser Prozess sei neben der „Überfremdung der Wohnbevölkerung" und der „Schaffung anti-deutscher Neurosen" nicht zuletzt durch eine „Amerikanisierung der Kultur" gekennzeichnet (Aktionsprogramm o. J.: 11).

In nationaldemokratischer Perspektive erscheinen diese Entwicklungen als die Fortführung des Zweiten Weltkrieges mit anderen Mitteln. Die kulturellen Transferprozesse, die seit den 1950er Jahren zu einer erkennbaren Verwestlichung der Bundesrepublik geführt haben, werden von der NPD in verschwörungstheoretischem Vokabular als vor allem von den USA forcierte Herrschaftsstrategie denunziert, die darauf abziele, das deutsche Volk dauerhaft zu unterdrücken.

Insgesamt knüpft das deterministische Geschichtsbild der NPD an die seit dem Beginn des 20. Jahrhunderts formulierten ideologischen Grundpositionen extrem rechter Denkformen und Bewegungen an, ohne diesen originäre eigene Aspekte hinzuzufügen.

Michael Sturm

Ist die NPD sozialistisch?

Wiederholt wurden bei NPD-Demonstrationen Transparente mitgeführt, auf denen für ‚Sozialismus' geworben wurde; wie bereits die NSDAP so verwenden auch heute wieder zunehmend große Teile der neonazistischen Bewegung und der NPD diesen Begriff, insbesondere in der Formulierung, sie seien ‚nationale Sozialisten'.

Nach dem Zusammenbruch der realsozialistischen Gesellschaften Osteuropas und dem Bekanntwerden weiterer undemokratischer Herrschaftspraktiken schien die Idee des Sozialismus Anfang der neunziger Jahre dauerhaft erledigt zu sein. Die Abkehr der SPD von klassischen Sozialstaatsmodellen hat jedoch angesichts deutlich zutage tretender Krisenphänomene des Kapitalismus und eines auf Entsolidarisierung setzenden Neoliberalismus eine Vertretungslücke verdeutlicht; dieser politische Ort wird in der Bundesrepublik im Wesentlichen von der Partei Die Linke besetzt; allerdings versucht auch die NPD – insbesondere in Ostdeutschland in bewusster Konkurrenz zur Partei Die Linke – inzwischen offensiv, sich als ‚soziale Interessenvertretung' zu profilieren. Die entsprechende Absicht formulierte der sächsische NPD-Landtagsabgeordnete Jürgen W. Gansel wie folgt: „Begünstigt durch die linke Preisgabe der sozialen Frage werden Nationalisten zukünftig noch leichter die Position des Antikapitalismus aus den Traditionsbeständen der Linken herausbrechen und mit nationalen Inhalten aufladen können" (DS 12/2006: 19). Durch die Wahlerfolge in Ostdeutschland, wo der Begriff ‚Sozialismus' für zahlreiche Menschen noch immer etwas Anrührendes hat, eine tiefe Sehnsucht nach einer besseren, sozial sicheren und friedlicheren Welt verkörpert und mit einer Vergangenheit ohne Arbeitslosigkeit und Existenzangst assoziiert wird, sieht sich die NPD in dieser Taktik bestätigt.

Das Kernanliegen der NPD ist die gedankliche Verknüpfung

des ‚Sozialen' mit dem ‚Nationalen', die in der Idee der ‚Volksgemeinschaft' zusammenfinde. So heißt es im ‚Politischen Lexikon' der NPD: „Nationaler Sozialismus [...] entspringt nicht
dem materialistischen Denken der Linken. Nicht mit dem Ziel
des Klassenkampfes, sondern der Klassenbeseitigung muß der
Sozialismusbegriff aus nationalistischer Sicht wieder als annehm-
barer Begriff besetzt werden." Hinter dem Konzept der ‚Volksgemeinschaft' verbirgt sich dabei die Stärkung der Unternehmer
gegenüber den lohnabhängig Beschäftigten, deren Ansprüche auf
angemessenen Lohn und soziale Absicherung als ‚materialistisch'
diffamiert und eine organisierte und unabhängige Vertretung
ihrer Interessen als ‚Klassenkampf' abgelehnt werden.

‚Sozialismus' im Sinne der NPD ist die ‚Volksgemeinschaft',
ist die NS-Diktatur; dezidiert hatte das NPD-Bundesvorstands-
mitglied Frank Schwerdt in der Sendung ‚Kontraste' (ARD,
10.02.2005) erklärt: „Wir bevorzugen [...] einen Sozialismus, der
sich hier auf dieses Land bezieht, auf die Nation. Deswegen sagen
wir ‚Nationaler Sozialismus'." Auf eine entsprechende Nachfrage,
ob damit der ‚Nationalsozialismus', gemeint sei, antwortete er:
„Man kann das so bezeichnen."

Nach der Machtübernahme 1933 zeigte sich, was mit ‚Nationa-
lem Sozialismus' tatsächlich gemeint war. Sämtliche Arbeiterorga-
nisationen wurden zerschlagen, Sozialdemokraten, Kommunisten,
Gewerkschafter wurden verhaftet, gefoltert und ermordet. In den
Betrieben führten die Nazis ein totalitäres Führerprinzip ein. Während die Reallöhne sanken und die Wochen-Arbeitszeit von 41,5
auf 47 Stunden erhöht wurde, sprudelten die Gewinne der Unternehmer – sie wurden von den Nationalsozialisten weder enteignet
noch substantiell in ihrer kapitalistischen Unternehmensführung
beschnitten. Am imperialistischen Zweiten Weltkrieg verdienten sie
durch die Versklavung von KZ-Häftlingen und Zwangsarbeitern
sowie durch Waffenlieferungen für Wehrmacht und SS Milliarden
Reichsmark – nicht zuletzt deshalb saß der Unternehmer Gustav
Krupp mit auf der Anklagebank im Nürnberger Prozess gegen
die Hauptkriegsverbrecher.

Ob ‚Volksgemeinschaft' oder ‚nationaler Sozialismus' – gemeint
ist bei der NPD nur der „Austausch der Mächtigen" (Punkt 1
des Parteiprogramms der NPD), nicht jedoch der Aufbau einer
egalitären Gesellschaft und die Reduzierung von Machtstruk-
turen und Ausbeutungsverhältnissen. Statt Emanzipation aus
strukturellen Gewaltverhältnissen und gleicher Verteilung des
gesellschaftlichen Reichtums bedeutet der ‚Sozialismus' der NPD
Entrechtung, autoritäre Strukturen und Diskriminierung.

Fabian Virchow

Wer sind die Götter der NPD?

In der NPD ist das Verhältnis zu den beiden in der Partei domi-
nierenden Religionen Christentum und Heidentum ungeklärt.
Mit der unter dem Parteivorsitzenden Udo Voigt vorangetriebenen
Öffnung für den eher jugendkulturell geprägten Neonazismus
gewann die germanisch-heidnische Naturreligion insbesondere
unter den jüngeren Mitgliedern der NPD an Bedeutung. Auf
diese Entwicklung reagierte die Partei mit einer um Thorshammer,
T-Shirts mit dem Aufdruck „Odin statt Jesus" und Publikationen
zum Thema erweiterten Angebotspalette des Deutsche Stimme
Versands. Der seit Mitte der 1990er Jahre zunehmende Einfluss
des Heidentums führt indes immer wieder zu Spannungen und
Auseinandersetzungen zwischen christlichen und heidnischen
Mitgliedern der Partei, aber auch parteiunabhängigen Rechtsextremen, die das Christentum strikt ablehnen. Als der Parteivorsitzende Udo Voigt beispielsweise im April 2007 dem Papst
Benedikt XVI in einem offenen Brief zum achtzigsten Geburtstag
gratulierte, folgte eine heftige Diskussion, die vor allem von einem
allgemeinen Unverständnis vermeintlicher Heiden und Atheisten

hinsichtlich der Glückwünsche des bekennenden Katholiken Voigt geprägt war.

Formal tritt die Partei für eine strikte Trennung von Kirche und Staat ein. Darüber hinaus werden keine programmatischen Aussagen zu religiösen Präferenzen der rechtsextremen Partei deutlich. In der politischen Praxis ist die Bezugnahme der Partei auf heidnisch-germanisches Brauchtum – oder was man dort als solches ausgibt – jedoch allgegenwärtig. Dies reicht von der Verwendung von Runen in Geburts- und Todesanzeigen über Sonnenwendfeiern bis hin zum Tragen von Symbolen wie dem Thorshammer. Hierbei spielt die Vorstellung, wonach die gewaltsame Christianisierung nicht nur das Ende des Heidentums im europäischen Raum bedeutet hat, sondern auch die völkischen Wurzeln durchschnitt, eine herausragende Rolle. In der Gegenwart wird das Christentum als eine weltanschauliche Grundlage des „brD-Systems" identifiziert. Somit kommt dem germanischen Brauchtumskult primär ein politischer Charakter zu. Er bildet die weltanschauliche Grundlage für die von der NPD vertretenen politischen Grundüberzeugungen. Diese sind geprägt von der Ablehnung der Ideengeschichte des jüdisch-christlichen Universalismus. Eine religiöse Praxis wie bei Kirchen und Glaubensgemeinschaften ist damit jedoch nicht verbunden.

Hingegen ist der vor wenigen Jahren gegründete Arbeitskreis Christen in der NPD eher von älteren und ideologisch nationalkonservativen Mitgliedern geprägt. Sprecher des Kreises ist der bekennende Katholik Peter Marx, der nach dem Einzug der Partei in den Landtag von Mecklenburg-Vorpommern von Dresden nach Schwerin übersiedelte. Mithilfe des Arbeitskreises sucht die Partei jenes nationalkonservative Klientel anzusprechen, das sich von dem neonazistischen Erscheinungsbild der Partei eher abgestoßen fühlt. Die Existenz des ohnehin marginalen Arbeitskreises Christen in der NPD ist nicht unumstritten: In einem im Oktober 2001 veröffentlichten Artikel in der ,Deutschen Stimme' (DS) beklagten christliche Mitglieder eine „teilweise offene Feindschaft" von Seiten der Heiden. Im Rahmen einer Tagung suchte der Arbeitskreis nach verbindenden Elementen, die man im Gralsgeheimnis zu finden glaubte. Anfang 2002 wurde der Versuch einer Annäherung beider religiösen Strömungen in der gleichen Zeitung scharf zurückgewiesen: Dem Christentum als „Offenbarungsreligion" wurde das Heidentum als „Natur- und Erfahrungsreligion" entgegengestellt. Nach weiteren Beiträgen wurde die Auseinandersetzung im August 2002 mit einer Anmerkung der DS-Redaktion beendet: „diese Debatte [sollte] nunmehr ruhen, da über allen religiösen Bekenntnissen für Nationalisten der Einsatz für Volk und Vaterland stehen sollte." In die gleiche Richtung ging das in der ‚Deutschen Stimme' im April 2007 veröffentlichte Plädoyer, wonach Heiden und Christen gemeinsam die europäische Kultur verteidigen sollten, denn „der seelenlose globale Kapitalismus und eine Koalition der Willigen in Politik, Kultur und Geschichte schicken sich an, Europa sturmreif zu schießen. […] ‚Odin und Jesus' ist deshalb die Devise." Bezugnehmend auf den Artikel hebt ein Leserbriefschreiber in der darauffolgenden Ausgabe noch einmal hervor, dass „die Ablehnung gegen das Christentum" in Folge der „Handlungsweise vieler kirchlicher Vertreter im 2. Weltkrieg und danach" aufgekommen sei. Gemeint ist damit nicht die Verwicklung der Kirchen in die nationalsozialistischen Diktatur, sondern vielmehr der Widerstand einiger Christen gegen das Unrechtssystem sowie das Schuldbekenntnis der Kirchen nach 1945, wie der Leserbriefautor betont: „Denken wir nur an die Verratshandlungen eines Dietrich Bonhoeffer und an das Stuttgarter Schuldbekenntnis der Kirchen im Jahre 1945". Doch letztlich votiert auch er für ein Ende des „heidnisch-christlichen Bruderzwists" und zitiert Friedrich II.: „Es möge ein jeder nach seiner Fasson selig werden".

Doch ganz so gilt dieser Ausspruch des preußischen Königs nicht für die NPD. Ihre Argumentation gegen Zuwanderer hat eine deutliche antiislamische Komponente. In der Debatte um den EU-Beitritt der Türkei bezieht sich die Partei dabei, trotz der internen Querelen um den richtigen Glauben, unter

anderem auf das auch in der breiten Öffentlichkeit vorhandene
Denkmuster des christlichen Abendlandes und tritt als dessen
Verteidiger auf.

David Begrich, Thomas Weber

Bildet der völkische Nationalismus das Fundament der NPD?

Der völkische Nationalismus, der die Nation auf der Basis eines völkischen Weltbildes konstruiert, wird gemeinhin zu den
‚Wurzeln' des Nationalsozialismus gerechnet. Seine ideologischen
Komponenten reichen bis in die Zeit der antinapoleonischen Be-
freiungskriege und des Kaiserreiches zurück und werden schließlich
bei den Autoren der so genannten Konservativen Revolution breit
rezipiert. „Dieser Nationalismus [...] bezog sich nicht mehr nur
auf die kleindeutsche Reichsnation, sondern grundsätzlich auf alle
Deutschen, wo auch immer sie lebten. Das deutsche Volkstum,
in dem man den Urquell für die Erneuerung des Reiches sah,
war zum Schlüsselbegriff konservativer Intellektueller geworden"
(Alter 1985: 56). Alfred Rosenberg definierte: „Volkstum bedeutet
das Eigenartige und damit Arteigene eines Volkes in bezug auf
sich selbst und zugleich im Gegensatz zum Wesen eines fremden
Volkes" (zitiert nach Schmitz-Berning 2000: 677).

An diese ideologische Traditionslinie knüpft das NPD-Parteiprogramm von 1997 an. Dort heißt es in Frontstellung gegen
Artikel 1 des Grundgesetzes (GG): „Volkstum und Kultur sind
die Grundlagen für die Würde des Menschen" (NPD-Parteiprogramm). Während im GG die Würde des Menschen gerade
in Absehung „seines Geschlechts, seiner Abstammung, seiner

Rasse, seiner Sprache, seiner Heimat und Herkunft, seines Glaubens, seiner religiösen oder politischen Anschauungen" (Artikel 3 GG) als eine Qualität, die dem Menschen schlechthin zukommt, definiert wird, setzt die NPD ihr antiuniversalistisches Menschenbild dagegen, indem sie den Menschen von vornherein als durch „Volkstum und Kultur" determiniert sieht. „Volkstum und Kultur" gelten hier als Attribute eines den Menschen (das heißt den Deutschen, den Italienern, den Franzosen und so weiter) übergeordneten Kollektivsubjekts Volk, das sich der völkischen Vorstellung nach durch eine genealogische Kontinuität und ethnisch-kulturelle Homogenität über Jahrtausende hinweg auszeichnet. Völker seien „Träger der Kulturen" und unterschieden sich essentiell „durch Sprache, Herkunft, geschichtliche Erfahrung, Religion, Wertvorstellungen und ihr Bewusstsein" (NPD-Parteiprogramm): eine Vorstellung, die unterstellt, dass Kulturen wie die sie tragenden Völker exklusive, eindeutig voneinander abgegrenzte und unterschiedene, in sich ethnisch wie kulturell einheitliche und widerspruchsfreie, dem geschichtlichen Wandel in ihrem Kern widerstehende Gebilde seien.

Diese wirklichkeitsfremde, ahistorische Auffassung bildet die Voraussetzung für das Konstrukt der Volksgemeinschaft. „Das deutsche Volk ist Grundlage der deutschen Volksgemeinschaft", heißt es im ‚Aktionsprogramm' der NPD von 2005: „Durch gemeinsame Abstammung, Geschichte, Sprache und Kultur entsteht eine Gemeinschaft, mit der sich der Mensch identifizieren kann und deren Bestandteil er ist." Ohne den Bezug auf diese als homogene Einheit vorgestellte Gemeinschaftlichkeit könne der Mensch keine Identität entwickeln, sei vielmehr ein „Nichts". An die Stelle der Volksgemeinschaft träte dann „eine Ansammlung von Individuen mit egoistischen Zielen", ein Zustand, der für die heutige „BRD" kennzeichnend sei: „Die Volksgemeinschaft wurde in der BRD zerstört"!

Auf der Suche nach den Ursachen der Zerstörung entdeckt das völkische Weltbild der NPD eine Menge innerer und äußerer Volksfeinde. Die inneren Gefährdungen, die die NPD mit drastischen Bildern brandmarkt, gehen von den Kräften in Deutschland aus, die einen mangelnden Gemeinschaftswillen aufweisen, auch wenn sie abstammungsmäßig Deutsche sein mögen. Gemeint sind die ‚undeutschen' Elemente, die einer „gleichmacherischen", egalitären Ideologie anhängen, für die also die Gleichheit der Individuen (im rechtlichen, sozialen oder religiösen Sinne) unabhängig von „Volkstum und Kultur" existiert. An erster Stelle denkt hier die NPD an die „liberalistische Ideologie der herrschenden Parteien" (Aktionsprogramm), in zweiter Linie an sog. internationalistische Sozialisten und das Christentum.

Der Egalitarismus gilt als das Einfallstor für den „multikulturellen Wahnsinn", der „durch bewußt herbeigeführten, fortgesetzten Ausländerzustrom" (Aktionsprogramm) zur Zerstörung der Volksgemeinschaft beigetragen habe. Nicht-Deutsche haben per definitionem keinen Platz in der Volksgemeinschaft und müssen zurückgeführt werden (vgl. den 5-Punkte-Plan zur Rückführung der Ausländer, Aktionsprogramm). Von der Zuwanderung profitierten vor allem „asoziale Großkapitalisten", die den Wert „deutscher" Arbeit auf dem Altar der Globalisierung opfern. Der völkische Nationalismus der NPD wird hier kombiniert mit einem völkischen Antikapitalismus, der in der Tradition des Parteiprogramms der NSDAP von 1920 steht und seit etwa Ende der 1970er Jahre von Teilen der nationalrevolutionären Neuen Rechten in die NPD hineingetragen wurde.

Das Pandämonium der Feinde wird nach außen hin ergänzt durch die Brandmarkung solcher supranationaler Einrichtungen wie der EU und besonders des US-Imperialismus, der das Selbstbestimmungsrecht der Völker missachte. Er versuche, „freie Völker dem Diktat weniger superreicher US-Bürger zu unterwerfen. Angriffskriege, Terror gegen die Zivilbevölkerung, Not, Hunger und Vertreibung sind die Folge" (Aktionsprogramm). Dagegen müsse die NPD eine „antiimperialistische Politik" betreiben. Der sog. Antiimperialismus beruht ebenso wie der völkische Antikapitalismus auf einer gewaltsamen Adaption marxistischer

Theorieelemente, die selektiv auf Teilaspekte des kapitalistischen (Welt-)Systems verengt und darüber hinaus in Propaganda und Agitation der NPD mit bekannten antisemitischen Stereotypen verknüpft werden.

Die NPD konstruiert die Nation also auf der Basis ethnisch-kultureller Homogenität als exklusive Abstammungs- und Volksgemeinschaft. Sie steht damit, wie andere Fraktionen des Rechtsextremismus auch, in der Tradition des völkischen Nationalismus, akzentuiert diesen aber durch eine stärker ausgeprägte Mythisierung von Volk und Volksgemeinschaft sowie eine aggressivere Feindbestimmung.

Helmut Kellershohn

Ist die NPD antisemitisch?

„Antisemitismus meint wohl die Kritik an Juden? Selbstverständlich darf man auch Juden kritisieren", schreibt die NPD in ihrer Handreichung ‚Argumente für Kandidaten & Funktionsträger‘ (2006) auf die Frage, ob die NPD eine antisemitische Partei sei. Es müsse, so heißt es weiter, „endlich Schluß sein mit der psychologischen Kriegsführung [sic!] jüdischer Machtgruppen gegen unser Volk". In dieser Formulierung kommt deutlich zum Ausdruck, welche Perspektive auf Juden für die NPD prägend ist. Sie werden nicht nur als Fremdkörper im deutschen Volk gesehen, sondern es wird angenommen, dass „jüdische Machtgruppen" im Geheimen und hinter den Kulissen der Weltgeschichte als die eigentlichen Drahtzieher agieren. Als Motiv wird „den Juden" pauschal und stereotyp eine angeborene Bösartigkeit, Macht- und Geldgier unterstellt. Dies alles steht zwar nicht im Parteiprogramm, aber ein solcher Antisemitismus durchdringt die Weltanschauung der

NPD auf allen Ebenen. Ihm kommt die besondere Funktion zu, die verschiedenen Elemente rechtsextremer Ideologie miteinander zu verbinden.

Häufig werden in der NPD und ihrem Umfeld Chiffren und Codes verwendet, die antisemitisch konnotiert sind. Während antisemitische ,Insider' an der Basis der NPD die Anspielungen ohne weiteres entschlüsseln können, sind die zugrunde liegenden judenfeindlichen Stereotype Außenstehenden oft nicht bewusst. Gelegentlich wird aber auch offener geredet – etwa wenn in der erwähnten Argumentationshilfe das Wort „Globalisierung" erklärt wird. Diese sei „das planetarische Ausgreifen der kapitalistischen Wirtschaftsweise unter Führung des Großen Geldes. Dieses hat, obwohl seinem Wesen nach jüdisch-nomadisch und ortlos, seinen politisch-militärisch beschirmten Standort vor allem an der Ostküste der USA".

Die Politik der USA, so wird unterstellt, sei von „jüdischen Interessen" geleitet. Aber auch Israel gilt als ein entscheidendes Element der Verschwörung. Zwischen der Politik beider Länder wird manchmal nicht einmal differenziert, wie die Bezeichnung „USrael" zum Ausdruck bringt, die in der Szene verbreitet ist.

Beiden Ländern gehe es um die Destabilisierung und Kontrolle des Nahen Ostens, die als ein Hauptziel der „Weltverschwörung" angesehen werden. Noch wichtiger aber sei die Schwächung Deutschlands, das noch immer kein souveräner Staat sei. Die Deutschen seien nach dem Zweiten Weltkrieg, einem „auf-gezwungenen" Krieg, „umerzogen" worden, das Grundgesetz völkerrechtswidrig und alle Regierungen der „BRD" Formen der Fremdbestimmung, deren Politik sich gezielt gegen die Interessen des deutschen Volkes richte. Manche NPD-Anhänger fantasieren sogar Pläne zur demographischen Vernichtung der Deutschen durch Abtreibungen, Zersetzung des Gebärwillens und der Familien herbei. Wie der deutsche Volkskörper, so werde auch die „deutsche Kultur" nach Auffassung der NPD-Parteigänger zersetzt, um die Deutschen leichter manipulieren zu können. Der Geschichtspolitik in der Bundesrepublik wird ein ähnliches Kalkül

unterstellt: Mit der Erinnerung an nationalsozialistische Gewalttaten, besonders an die Judenvernichtung, solle dem Volk sein
Stolz genommen und von „alliierten Kriegsverbrechen" („Bombenholocaust", „Vertreibungsholocaust") abgelenkt werden. Alle
diese Elemente der Zersetzung, so wird suggeriert, kommen
planmäßig und gezielt zum Einsatz. Hinter einem solchen „Plan"
steht aber entsprechend der antisemitischen Grundvorstellungen,
zumindest in letzter Instanz, „das Judentum".

In der Wirtschafts- und Sozialpolitik besteht ein wichtiger
Anknüpfungspunkt für den Antisemitismus in der Zinsknecht-
schaftsthese – eine Kritik des Kapitalismus, die in der Zirku-
lationssphäre des Geldes ansetzt, den Zinsmechanismus mit
dem angeblich „jüdischen" Finanzkapital identifiziert und zum
Grundübel stilisiert. Sie geht unmittelbar auf die antisemitischen
Vorstellungen Gottfried Feders zurück, der zusammen mit
Adolf Hitler 1920 Verfasser des NSDAP-Parteiprogramms war.
Auch die ausländerfeindlichen Maßnahmen, die den Kern der
‚sozialpolitischen' Forderungen der NPD bilden, lassen sich auf
antisemitische Verschwörungsmythen zurückführen. Zuzugsbe-
grenzung, „Entausländerung" des Arbeitsmarkts und der Sozial-
systeme und „Ausländerrückführung" werden als Antworten auf
das vermeintliche Wirken jener verborgenen Macht betrachtet,
die die „Multikulturalisierung" Deutschlands durch organisierte
Einwanderung betreibe. Im Hintergrund stünden nicht so sehr
ökonomische Interessen, sondern eine ‚biopolitische' Zielsetzung:
der „Austausch des Volkes" (NPD-Parteiprogramm).

Über die Frage, ob dieser codierte Antisemitismus jenseits
des eigenen Lagers für die NPD werbewirksam ist, lassen sich
empirisch kaum eindeutige Aussagen treffen. Meinungsumfragen
zeigen in Deutschland ein bedeutendes Potenzial an latentem und
manifestem Antisemitismus, das sich allerdings weithin „privati-
siert" habe und selten politisch äußere. Die NPD hat indes ein
gutes Gespür, an welche Vorurteile sie anknüpfen kann: An der
verbreiteten Ablehnung des Staates Israel, der Kritik an den USA
und ihrer Politik, auf die angeblich jüdische Lobbyisten einen zu

großen Einfluss nehmen, am Stereotyp vom „reichen Geldjuden" und schließlich am „Entlastungsantisemitismus", der die kritische Auseinandersetzung mit der deutschen Vergangenheit beenden will und den Juden vorwirft, sie würden sich am „Holocaust" bereichern.

Aber selbst wenn Antisemitismus für die NPD nicht werbend wirken sollte, benötigt sie ihr Feindbild des ‚Juden'. Nur so lässt sich die Welt griffig erklären und in die unzeitgemäße, widerspruchsvolle Weltsicht der extremen Rechten integrieren.

Gideon Botsch

Will die NPD ein ‚Viertes Reich'?

In der Bundesrepublik Deutschland findet die Bezeichnung ‚Drittes Reich' für die Terrorherrschaft der NSDAP zwischen 1933 und 1945 breite Verwendung. Im politischen Kontext wurde der Begriff ‚Drittes Reich' 1923 vom antidemokratischen Nationalisten Arthur Moeller van den Bruck geprägt, der damit seiner Wunschvorstellung eines neuen, mächtigen Deutschlands prägnant Ausdruck verleihen wollte. Als die beiden historisch vorhergehenden Reiche gelten dabei das im 10. Jahrhundert entstandene und 1806 aufgelöste erste Deutsche Reich (das Heilige Römische Reich Deutscher Nation) sowie das 1871 gegründete zweite Reich, das Kleindeutsche Kaiserreich. Von den Nazis wurde der Begriff ‚Drittes Reich' zwar zeitweise verwendet, dann jedoch abgelehnt, weil er von demokratischen Kräften in ihrer Agitation stark abwertend benutzt wurde. Das Nazi-Regime sprach lieber vom „Tausendjährigen Reich"; nach der de-facto Besetzung Österreichs 1938 fand – zunächst inoffiziell, ab dem 26. Juni 1943 dann amtlich – der Begriff „Großdeutsches Reich" Verwendung.

Die NPD benutzt die Bezeichnung ‚Viertes Reich' nicht
offiziell. Im Rahmen von Veranstaltungen und in der Parteizeitung wird jedoch die Zentralität der „Reichsidee" betont; diese
sei „neben dem völkischen Prinzip der Dreh- und Angelpunkt
einer nationalen Politik der Deutschen" (DS 2/2000: 14). Auch
Parteichef Voigt äußerte im Rahmen des Bundesparteitages in
Mühlhausen am 18./19. März 2000: „Das Reich ist unser Ziel,
die NPD ist unser Weg" (DS 4/2000: 4). Dass es sich dabei um
ein ‚großdeutsches Reich' handeln soll, wird an der angestrebten
territorialen Ausdehnung sichtbar: „von der Maas bis an die Memel, von der Etsch bis an den Belt" (Der Kamerad 1/1998: 11)
soll es reichen. Die im Parteiprogramm geforderte „Revision der
nach dem Krieg abgeschlossenen Grenzanerkennungsverträge"
genügt in den Augen der Neonazis dem Grundgedanken der
Verwirklichung des ‚völkischen Prinzips', erhöht jedoch zweifelsohne die Gefahr des Krieges in Europa.

Mit der konsequenten Umsetzung des ‚völkischen Prinzips'
sieht die NPD eine weitgehende Neuordnung Europas als notwendig und zwangsläufig an: „der liberalistische ‚multikulturelle'
Misthaufen wird der völkischen Neuordnung Europas weichen
müssen, denn das Reich ist höchster Ausdruck des natürlichen
organisch-biologischen Denkens" (DS 7/1998: 12). Dieses ‚Reich'
soll jedoch nicht einfach nur ‚Staat' sein, sondern „europäische
Ordnungsmacht" (Politisches Lexikon der NPD), das heißt
in Europa die Vorherrschaft ausüben. Dies wird in den Augen
der NPD umso einfacher möglich sein, da die Anwendung des
‚völkischen Prinzips' dazu führen würde, dass zahlreiche Staaten
in Europa – unter anderem Großbritannien, Frankreich, Spanien, Italien und Belgien – in kleinere Staatsgebilde zerfallen
würden, da auf ihren jetzigen Staatsgebieten nach Ansicht der
NPD verschiedene ‚Völker' siedeln würden, denen jedoch ein
je eigener Territorialstaat zustünde. Einer Vielzahl zerfallender
Staaten stände Deutschland gegenüber, welches an Territorium
und Bevölkerungszahl hinzugewinnen würde.

Hinsichtlich der inneren Struktur des ‚Reiches' hat sich die

NPD noch nicht auf jedes Detail festgelegt; explizit wird jedoch ein Staat mit einer „unbedingten und starken Zentralgewalt" (JN-Thesenpapier 1998, zitiert nach NPD-Verbotsantrag des Bundestages vom 29.03.2001, II.1.b)bb) gefordert, das Staatsoberhaupt soll direkt gewählt und mit besonderen Rechten ausgestattet werden. Ein Zentralparlament soll „die organisatorische und politische Oberhoheit und -aufsicht" über das gesamte Reich und seine Organisationen erhalten. Politische Strukturen will die NPD – laut Parteiprogramm – nur in Übereinstimmung mit den diskriminierenden Zielen des völkischen Nationalismus zulassen.

Als historische Vorbilder und Orientierungsmarken gelten vor allem das Staufer-Reich beziehungsweise das Heilige Römische Reich Deutscher Nation, das Bismarck-Reich – nicht zufällig führen NPD-Verbände regelmäßig Feiern zum Reichsgründungstag durch – sowie zentrale Aspekte der NS-Diktatur: zahlreiche positive Verweise auf dessen angebliche Leistungen und dessen Führungspersonal zeugen davon.

Die ‚Reichsidee' steht derzeit nicht im Mittelpunkt der öffentlichen Propaganda der NPD, weil sie sich bewusst ist, dass es dafür nur wenig Unterstützung bei Wahlen gibt; andererseits bekennt man sich freimütig dazu, dass die zur Errichtung des ‚Reiches' notwendige Beseitigung der gegenwärtigen politischen Ordnung der Bundesrepublik Deutschland – ein „Anti-Reich", wie es in der Parteizeitung formuliert wurde – mit dem Grundgesetz unvereinbar ist (DS 2/2000: 14).

Fabian Virchow

Was hat die NPD gegen Amerika?

Das Amerika-Bild der NPD ist ein Feind-Bild voller antiamerikanischer Stereotype. Diesen Antiamerikanismus definierte der
amerikanische Soziologe Paul Hollander als „unbarmherzigen
kritischen Impuls gegenüber amerikanischen sozialen, wirtschaftlichen und politischen Institutionen, Traditionen und Werten"; er
„geht einher mit einer Aversion gegen amerikanische Kultur und
ihren Einfluß im Ausland, verachtet häufig den amerikanischen
Nationalcharakter (oder was dafür gehalten wird) [...] und ist fest
davon überzeugt, daß amerikanischer Einfluss und amerikanische
Präsenz wo auch immer auf der Welt schlecht sind" (Hollander
1992). Der Antiamerikanismus der NPD offenbart sich in einer
besonders radikalen Metaphorik, z.B. in einer Pseudo-Kulturkritik
auf der Internetseite der NPD Göttingen: „Amerika ist ein Land
der Unkultur und der Einfalt. [...] Daß es bei uns an jeder Ecke
US-amerikanischen Unrat und Fraß zu kaufen gibt, daß aus dem
Radio ihre Negermusik dröhnt und daß sich deutsche Jugendliche
dank Fernsehen und Co wie gehirnloses Konsumvieh verhält,
macht uns Angst". Das Ressentiment, Amerika sei durch Kultur-,
Geschichts- und Traditionslosigkeit gekennzeichnet, lässt sich bis
zurück in die deutsche Romantik verfolgen. Auch Adolf Hitler
empfand „Hass und Widerwillen" für die USA, „halb verjudet,
halb vernegert und alles auf dem Dollar beruhend" (Compton,
zitiert nach Diner 2002).

Antiamerikanische Denkmuster bedeuten eine kämpferische
Ablehnung der Ideen der Moderne und einer liberalen Zivilgesellschaft. Sie spiegeln sich in den Gegensatzpaaren Partikularismus
statt Universalismus, eigene Scholle versus Kosmopolitismus,
Volksgemeinschaft gegen Gesellschaft, Nationalismus und Rassismus statt wirklicher Multikultur (Ostendorf 2004). Bei der NPD
gehen sie Hand in Hand mit einem Pseudo-Antikapitalismus:
Geld, die Börse und der Zins werden nicht als vergegenständlichte

gesellschaftliche Beziehungen analysiert, sondern in „Amerika"
reterritorialisiert oder einem unbestimmten „Amerikanismus",
einem erdachten amerikanischen „Wesen", zugeschrieben. US-
Unternehmer bedrohen dann als das personifizierte Böse des
Kapitalismus die deutsche „Volksgemeinschaft" von außerhalb.
Diese Imagination einer skrupellos herrschenden Gruppe ist
extrem antisemitisch aufgeladen, längst spricht die NPD wieder
offen von einer ‚jüdischen Weltverschwörung'. In der internen
NPD-Broschüre ‚Argumente für Kandidaten und Funktions-
träger' wird dies deutlich: „Es handelt sich bei der Globali-
sierung um das planetarische Ausgreifen der kapitalistischen
Wirtschaftsweise unter der Führung des großen Geldes. Diese
hat, obwohl seinem Wesen nach jüdisch-nomadisch und ortlos,
seinen politisch-militärisch beschirmten Standort vor allem an der
Ostküste der USA. Deshalb ist Globalisierung eine unverblümte
Imperialismusstrategie der USA, um der ganzen Welt den von
US-Konzernen ausbeutbaren American Way of Life – besser:
American Way of Death – aufzuzwingen" (NPD-Parteivorstand
2006). Stetig werden auf Transparenten und auf Veranstaltungen
der NPD die USA mit Israel gleichgesetzt (‚USrael') und zusam-
men als die „Todfeinde der Völker" (DS 06/2005: 17) bezeichnet.
Auch die Niederlage des nationalsozialistischen Deutschlands im
Zweiten Weltkrieg hat die NPD den USA bis heute nicht verzie-
hen. Nach dem 11. September 2001 offenbarten sich in der NPD
Schadenfreude und Bestrafungsphantasien gegen die Vereinigten
Staaten. Die Welt sei seit der deutschen Niederlage 1945 den
„Ausplünderungsfeldzügen der US-Ostküste" schutzlos ausge-
liefert gewesen und die Attentate seien daher „eminent wirksam
und daher rechtens" gewesen, rechtfertigten der damalige NPDler
Horst Mahler und die heutigen NPD-Aktivisten Reinhold Oberlercher und Uwe Meenen die Terroranschläge (deutsches-kolleg.
org/hm/texte/independence.html, 12.09.2001). Der Hass auf den
‚Westen' dient – als negative Abgrenzung – auch zur Stärkung der
eigenen Identifizierung mit dem, was die NPD für ‚europäisch'
oder ‚deutsch' hält. Der sächsische NPD-Landtagsabgeordnete

Jürgen W. Gansel schreibt: „Amerika ist die gewalttätige Vormacht des Multikulturalismus und die Verkörperung der Anti-Nation" (DS 04/2006: 19). Er identifiziert so Deutschland mit kultureller und völkischer Reinheit, als Volks-Nation von der „Anti-Nation" USA bedroht.

Antiamerikanismus beansprucht als Denkform ähnlich dem Antisemitismus, alle Phänomene in ihrer Komplexität schlüssig zu erklären. Schon 1950 schrieb Hannah Arendt: „Antiamerikanismus verleiht der Ahnung Gestalt, dass hinter den verwirrenden Erscheinungen einer chaotischen Welt ein stimmiges System walte" (Arendt, zitiert nach Uwer et al. 2003). Eine Quelle antiamerikanischer Vorurteile ist die pathologische Projektion eigener Hoffnungen und Befindlichkeiten. „Amerika" repräsentiert ein verleugnetes Wunschbild, der Hass resultiert dann aus der Abspaltung der eigenen Phantasien von Macht, Stärke, militärischem Erfolg, Reichtum, Individualität und Freiheit. Antiamerikanische Stereotype sind daher nicht nur in der extremen Rechten verbreitet. Andrei S. Markovits, Politikwissenschaftler und Soziologe an der Universität Michigan, bezeichnet Antiamerikanismus bereits als „Lingua franca Europas" (Markovits 2004). Der Hass der NPD auf die USA könnte in der Bundesrepublik auf fruchtbaren Boden fallen, wie eine Studie der Uni Leipzig belegt: „Anti-US-amerikanische Gefühle sind in Deutschland noch wesentlich stärker verbreitet als antijüdische Gefühle" (Brähler 2004).

Robert Andreasch

Warum fordert die NPD „die Türkei den Türken"?

Parolen wie „Überfremdung und Einwanderung stoppen" (NPD-Flugblatt ‚Heimat') oder „Schluss mit Multikulti" (NPD-Massenzeitung, 2006) tragen die wohlbekannte ausländerfeindliche Handschrift der NPD. Gleichzeitig tritt die Partei für vermeintlich positiv klingende Ziele ein und gibt vor, die „Vielfalt der Völker erhalten" (NPD-Flugblatt ‚Heimat') zu wollen und für das „Recht auf Heimat und Schutz vor Vertreibung" (ebd.) einzutreten. In diesem Spannungsfeld steht auch die Aussage „Deutschland den Deutschen, die Türkei den Türken".

Diese Forderungen spiegeln das Ziel der Konstruktion und Stärkung einer Wir-Gruppe, eines ethnisch gedachten Staatsvolkes beziehungsweise einer völkisch definierten Volksgemeinschaft wider. Vordergründig wirkt die Aussage, die „Vielfalt der Völker" erhalten zu wollen, nicht ausländerfeindlich wie etwa die Parole „Ausländer raus". Doch im Kern setzt auch diese neue Formel die Ausgrenzung des als „fremd" Definierten voraus.

Derartige Forderungen basieren auf dem Konzept des ‚Ethnopluralismus', das als „Völkervielfalt" übersetzt werden kann. Es wurde geprägt von dem Franzosen Alain de Benoist, dem Begründer der ‚Nouvelle Droite' und Vordenker der ‚Neuen Rechten', und in Deutschland in den 1970er Jahren insbesondere von Henning Eichberg popularisiert (Stöss 2001; Heni 2007). Der heute in Dänemark lebende Kultursoziologe und Sportwissenschaftler verband das Konzept des ‚Ethnopluralismus' mit einem „revolutionären Befreiungsnationalismus"; letzterem zufolge befinde sich das hoch industrialisierte Deutschland in einer Situation ‚nationaler Unterdrückung', die nicht nur der Lage vieler Länder in Afrika, Asien und Lateinamerika entspreche, sondern die ebenfalls eines ‚antiimperialistischen Kampfes' bedürfe, der sich gegen die ‚Besatzer' zu richten habe. Historisch lassen sich indes zentrale Vorstellungen des Theorems schon bei den Denkern der „Konservativen Revolution" wie Moeller van den Bruck und Carl Schmitt finden.

Beim ‚Ethnopluralismus' handelt es sich um eine rassistische Weltanschauung, die Menschen unter die Kategorie ‚Volk' subsumiert („Wer von den Völkern nicht sprechen will, soll von den Menschen schweigen" (Eichberg 1978: 13)) und die räumliche Separierung der ‚Völker' fordert. Jedem ‚Volk', verstanden als eine durch Abstammung verbundene partikulare Personengruppe, werden eine unverwechselbare „kulturelle Identität" zugeschrieben und ein im Kern unveränderliches Wesen („Volksthum") unterstellt. Laut dieser Weltanschauung setzt „Völkervielfalt" die staatliche Trennung von „Ethnien/Völkern" voraus.

Im Gegensatz zum menschenrechtlichen Universalismus betont der ‚Ethnopluralismus' eine kulturelle und genetische Ungleichheit von ‚Ethnien/Völkern'. Da der Begriff der ‚Rasse' durch den Begriff der ‚Kultur' ersetzt wird, wird das Theorem auch als „Rassismus ohne Rassen" bezeichnet (Balibar 1990: 31).

Auch die NPD geht davon aus, dass gemäß einer ethnischen Differenz Kollektive voneinander abgegrenzt werden müssen, damit es nicht zu „Rassenhass" und „ethnisch bedingten Bandenkriegen" (DS 1995: 5) kommt, wie dies laut NPD in multikulturellen Gesellschaften notwendig der Fall sei. Hier zeigt sich, wie die NPD getarnt als ‚Anti-Rasssismus' eine Ontologisierung der Differenz propagiert. Politik, die zu „multiethnischen Zuständen führt", wird als verbrecherisch bezeichnet, weil sie das Selbstbestimmungs- und Heimatrecht der ‚Völker' nicht respektiere (DS 06/2005: 17).

Die Betonung liegt auch hier auf der Erhaltung der „Vielfalt der Völker", um „die Kultur" zu bewahren, denn „die Völker" seien die „Träger der Kulturen" (NPD-Parteiprogramm). An der gleichzeitigen Verwendung von rassischen wie ethnischen Beschreibungen lässt sich erkennen, dass es sich für die NPD dabei um weitgehend austauschbare Begriffe handelt. Außerdem wird deutlich, dass es nach der Vorstellung der NPD zum einen unterschiedene, homogen gedachte „Volksgemeinschaften" als Träger von Kultur, zum anderen bloße Sozialität gibt, welcher jegliche Kultur abgesprochen wird. Diese wird im Parteiprogramm näher bestimmt: „Bloße Gesellschaften entwickeln keine Kultur, bestenfalls Zivilisation. ‚Multikulturelle' Gesellschaften sind in Wirklichkeit kulturlose Gesellschaften" (NPD-Parteiprogramm).

Legitimer Status wird nur völkischen, mit „sich selbst identischen" Gemeinschaften zuerkannt. Innerhalb dieser darf es laut NPD keine kulturelle Differenz und Heterogenität geben – natürlich begründete Ungleichheit zwischen den Gruppenmitgliedern dagegen schon (NPD-Parteiprogramm).

Mit Berufung auf die Ideen des Ethnopluralismus versucht sich die NPD von der nationalsozialistischen Rassenideologie und ihrem Expansionsstreben abzugrenzen und ist bestrebt, mit Fokus auf die „kulturelle Identität" (npd.de, 22.05.2005) und „Vielfalt der Kulturen" (npd.de, 23.05.2005) ihre Ziele weniger brutal zu verpacken. Anstatt Begriffe aus dem nationalsozialistischen Vokabular wie beispielsweise „Lebensraum" zu verwenden, wird von „angestammten Territorien der Völker" oder „Ethnien" gesprochen, statt von „Rassen" primär von „Völkern" und daran gebundenen „Kulturen" (NPD-Parteiprogramm). Damit lässt sich auch die revanchistische Forderung nach der Rückgabe der ehemaligen „deutschen Ostgebiete" argumentativ begründen, da diese in ihrer Logik „deutscher Kulturraum" sind und damit zum deutschen Volke gehören.

Hinter der NPD-Forderung „Die Türkei den Türken" steht letztlich das Ziel, die angebliche „Identität einer jeden Volksgruppe" (npd.de, 22.05.2005) zu wahren und ein „Europa der Völker" gegen das Feindbild USA und eine „nivellierende Mc World" (DS 06/2005: 17) herzustellen. Konsequenz für die hier lebenden Menschen mit Migrationshintergrund mit und ohne deutschen Pass, also aller der von der NPD als „Ausländer" verstandenen Menschen, wäre die Ausweisung.

Claudia Globisch

III. Strategie

Die NPD sieht sich mit der Situation konfrontiert, dass eine deutliche Mehrheit der Bevölkerung in Deutschland eine neonazistische Partei ablehnt, zugleich jedoch Elemente extrem rechter Ideologie, wie beispielsweise der völkische Nationalismus, der Glaube an die heilsbringende Kraft politischer Autoritätspersonen oder die Idee der ‚Volksgemeinschaft' von signifikanten Minderheiten für unterstützenswert gehalten werden (Decker/Brähler/ Geißler 2006).

Die Chance der NPD, dieses Einstellungspotenzial zur Stimmabgabe zu bewegen oder gar darüber hinausgehend als Mitglieder zu organisieren, hängt vom Auftreten der NPD und den von ihr in den Diskurs eingespeisten politischen Positionen ab. Strategisch plant sie ihr Vorgehen, tritt als Teil einer ‚Volksfront von rechts' auf und hat mit dem so genannten Vier-Säulen-Modell ein strategisches Konzept entwickelt, in dem nicht nur verschiedene Handlungsfelder (Partei, Wahlen, Straße, Bündnisse) zusammengeführt wurden, sondern das zudem für verschiedene andere Überlegungen und Modelle, wie beispielsweise die Mitgliederkampagnen, wichtige Eckpunkte setzt. Gezielt arbeitet die NPD derzeit daran, ihre politische Kampagnenfähigkeit zu erweitern und im Jahr 2008 erstmals wieder in westdeutsche Landtage einzuziehen.

Ihr Erfolg oder Misserfolg hängt jedoch auch von der gesellschaftlichen Entwicklung und der Ab- und Ausgrenzungspolitik demokratischer Akteure gegenüber der neonazistischen NPD ab. Letztere versucht die NPD auf verschiedene Art zu unterlaufen. Ihre Jugendorganisation bietet Schülernachhilfe an, andernorts treten NPD-Mitglieder in lokale Vereine, Elternbeiräte und Bürgerinitiativen ein. Dabei wird die Parteizugehörigkeit zunächst nicht offensichtlich; wenn diese jedoch bekannt wird und eine Mehrheit das Ausscheiden des NPD-Mitglieds fordert, hofft die Partei auf Solidarisierungseffekte. Bei anderen Gelegenheiten führen Neonazis auch Müllsammel-Aktionen durch oder beteiligen sich an lokalen Sportveranstaltungen oder Skatturnieren, um ihr Image aufzubessern. Schließlich besuchen sie Veranstaltungen demokratischer Parteien und fordern dort gleichberechtigte Beteiligung an der Diskussion ein. Um diese Taktiken der ‚selbstverständlichen‘ Präsenz im kommunalen Alltag und der ‚Wortergreifung‘ umsetzen zu können, schult die NPD ihre Kader – wenn auch oft nur mit mäßigem Erfolg.

Ein weiteres Augenmerk legt die Partei auf die Rekrutierung von Jugendlichen: „Musik ist ein ganz großer Toröffner…“, weiß der ehemalige JN-Bundesvorsitzende Stefan Rochow (report, 16.09.2004). Mit der kostenlos an Heranwachsende und junge Erwachsene verteilten ‚Schulhof-CD‘ will die NPD sie ansprechen und für eine Mitarbeit in der Partei oder der JN gewinnen.

Insbesondere durch ein aktionsorientiertes Angebot bestehend aus Aufmärschen, Rechtsrock-Konzerten, Kameradschaftsabenden, Aktivitäten in einzelnen Jugendclubs oder dem Versand einschlägiger Devotionalien ist es der NPD in den letzten Jahren bereits gelungen, den Altersdurchschnitt ihrer Mitglieder zu senken. Mit der Betonung der ‚Jugendlichkeit‘ spekuliert die NPD auch darauf, dass mit ‚Jugend‘ assoziierte Begriffe wie ‚Stärke‘, ‚Virilität‘ oder ‚Zukunft‘ auf die Partei übertragen werden.

Zu den langfristigen strategischen Ansätzen der NPD gehört zudem die Zielsetzung, die eigene Infrastruktur – etwa durch den Kauf von Immobilien – in einem Maße auszubauen und zu verbessern, dass sie nicht auf die Anmietung von Räumlichkeiten für ihre Veranstaltungen angewiesen ist. Die unter dem Slogan ‚befreite Zonen schaffen' diskutierte Strategie geht in ihrer weitesten Form dahin, eigene Wirtschaftskreisläufe zu schaffen beziehungsweise eine extrem rechte Parallelgesellschaft aufzubauen.

Hat die NPD eine Strategie der Machtergreifung?

In den aktuellen Wahlkämpfen tritt die NPD mit der Ankündigung auf, im Falle eines Einzugs ins Parlament ‚knallharte Oppositionspolitik' machen zu wollen. Dieser Schritt ist ein Etappenziel der NPD, das von Parteichef Udo Voigt während des ‚Tags des Nationalen Widerstandes' 1998 in Passau auch als Teil der NAPO, der ‚Nationalen Außerparlamentarischen Opposition in Deutschland', bezeichnet wurde. Explizit wird von der NPD das Ziel formuliert, die gesellschaftlichen Verhältnisse grundlegend nach den von ihr formulierten weltanschaulichen und programmatischen Vorgaben ausrichten zu wollen. So vertrat Voigt 1998 in einem von der NPD vertriebenen Tonbandmitschnitt die Position, es müsse die „neue Ordnung [...] mit einem radikalen Schnitt, mit einem radikalen Bruch des Althergebrachten einher laufen [...] Und um diese Politik natürlich anzustreben, brauchen wir in Deutschland eines Tages nicht 5 %, nicht 10 %, nicht 12 %, sondern wir brauchen in Deutschland 51 %, um die Macht auszuüben. Das ist unser politischer Auftrag und dafür arbeiten wir."

Die beabsichtige Neuordnung der Gesellschaft nach Maßgabe des völkisch-nationalistischen und antisemitischen Programms erfordert die Kontrolle über die Machtmittel einer Gesellschaft

– die politischen, militärischen, medialen und ökonomischen. Auch wenn die NPD derzeit nicht über eine Strategie verfügt, die den komplexen gesellschaftlichen und politischen Veränderungen der kommenden Jahre Rechnung trägt, so werden von ihr doch gewisse Vorstellungen davon formuliert, welche gesellschaftlichen Entwicklungen sie als förderlich für die weitere Gewinnung von Wählern und Mitgliedern betrachtet und wie sie sich zu zentralen Anforderungen stellt, die durch die politischen und juristischen Rahmenbedingungen sowie die augenblickliche Situation des Spektrums der extremen Rechten gesetzt sind.

Die Entscheidung der NPD-Parteiführung, dem Aufbau von Parteistrukturen und der Verankerung vor Ort in den ostdeutschen Bundesländern besondere Aufmerksamkeit und Ressourcen zur Verfügung zu stellen, liegt in der Einschätzung begründet, dass die DDR nachkriegsgeschichtlich ‚deutscher‘ geblieben sei als die ‚alte Bundesrepublik‘, da es keine mit der ‚Amerikanisierung‘ vergleichbare ‚Sowjetisierung‘ gegeben habe. Zudem hätten in der DDR gewisse Elemente eines preußischen Selbstverständnisses, zum Beispiel das Arbeitsethos, einen anerkannten Platz in der Gesellschaft gehabt. Besonders jedoch seien die ökonomischen und sozialen Krisenerfahrungen in den ostdeutschen Bundesländern tiefgehender und verbreiteter als in den westdeutschen Bundesländern, so dass sich daraus gute Möglichkeiten ergäben, aufgrund der damit zusammenhängenden Enttäuschungen, Frustrationen und Parteienverdrossenheit die NPD zunächst als Protest-, dann jedoch als Programmpartei zu etablieren. In den Wahlerfolgen in Sachsen und Mecklenburg-Vorpommern sieht die Partei eine Bestätigung dieser Einschätzung.

Zu den strategischen Entscheidungen der NPD gehört vor diesem Hintergrund auch das Aufgreifen von Themen der ‚politischen Mitte‘. Obwohl für den internen Parteidiskurs weiterhin bedeutsam, stehen in der Propaganda nach außen Themen wie der Geschichtsrevisionismus nicht mehr im Vordergrund. Stattdessen werden konkrete Problemlagen angesprochen, die in der Lebensrealität vieler Menschen einen wichtigen Stellenwert einnehmen, wie zum Beispiel Arbeitslosigkeit, Bildung oder Umwelt, und hinsichtlich der Ursachenzuschreibung und der Lösungsvorschläge mit den ideologischen Grundlagen der NPD verbunden.

Unter der Überschrift „Der Marsch in die Mitte des Volkes. Die Nationalisierung der sozialen Frage verändert das gesellschaftliche Klima" hat der NPD-Funktionär Jürgen W. Gansel formuliert, dass der „Nationalismus das Sektiererhafte und Bürgerschreckhafte früherer Zeiten weit hinter sich gelassen [hat] und erfolgreich an die Alltagsrealität der Menschen an[dockt]" (DS 5/2006: 19). In einigen Regionen der früheren DDR hätten „Nationalisten mit völkisch aufgeladenen Sozialthemen bereits die Meinungsführerschaft errungen" und seien dabei, eine „nationale Dominanzkultur" zu errichten – getreu der Vorstellung des italienischen Kommunisten und von den Faschisten verfolgten Theoretikers Antonio Gramsci, dass „der politischen Machtgewinnung immer die Besetzung des vorpolitischen Raumes vorauszugehen" habe. Auch wenn dem Autor ein gewisses Maß an Selbstüberschätzung unterstellt werden darf, spekuliert die Partei auf die Mobilisierung eines Einstellungspotenzials in der Bevölkerung, welches Sympathien für die Idee der ‚Volksgemeinschaft' oder die Diskriminierung von migrantischer Bevölkerung erkennen lässt, das weit über die derzeitigen Wahlergebnisse für die NPD hinausgeht.

Wird in der NPD auch „die Not als Lehrmeisterin verdummter Massen" bezeichnet, aus der „die Volksgemeinschaft als Mangel- und Solidargemeinschaft wieder auferstehen" (DS 8/2003: 8) werde, so ist man sich doch bewusst, dass es keinen Automatismus gibt, dass die NPD von der erwarteten „radikale[n] Verschärfung der Systemkrise" profitieren wird (ebd.). Insofern legt die NPD seit einigen Jahren besonderen Wert auf die Einigung der extremen Rechten – wenn nicht in Form der organisatorischen Fusion, so doch zumindest in der Vermeidung allzu konkurrenten Auftretens. Die Absprachen mit der DVU unter der Bezeichnung ‚Deutschland-Pakt' und die Kooperation mit neonazistischen Netzwerken sind wesentlicher Ausdruck dieses Vorgehens, welches die Position der NPD im Spektrum der extremen Rechten gestärkt hat und Sogwirkung auf bisher bei den Republikanern oder in der Deutschen Partei organisierte extreme Rechte ausübt. Zur organisatorischen Profilierung der NPD gehören außerdem die Bestrebungen zur Schulung von Kadern und zum Ausbau der Infrastruktur, die nicht frei von Rückschlägen sind, wo sich aber aufgrund der mit den Parlamentsfraktionen verbundenen Finanzressourcen neue Möglichkeiten eröffnen. Dies gilt bis hinunter auf die Ebene der von der NPD stark betonten ‚kommunalen Verankerung', kann doch das von den Fraktionen herausgegebene Propagandamaterial auch dort gezielt eingesetzt werden.

Während die NPD sich also auch der ideologischen Beeinflussung und organisatorischen Einbindung ihres Wählerpotentials widmet, versucht sie andererseits mit Aufmärschen und Konzerten den aktivistisch orientierten Teil des bundesdeutschen Neonazismus, dessen Gewaltpotenzial kaum zu überschätzen ist, anzusprechen. Dabei dienen die Durchführung von öffentlichen Aktionen und die Radikalisierung der Slogans der Inszenierung als ‚systemoppositionelle Kraft', was sie freilich nur im Sinne einer Zuspitzung und Verschärfung gesellschaftlicher Ein- und Ausschlussmechanismen und damit verbundener Teilhabechancen nach Maßgabe völkisch-nationalistischer und elitärer Kriterien ist.

Als nächstes bedeutendes Etappenziel hat sich die NPD den Einzug in den Bundestag im Jahre 2009 gesetzt; das langfristige Ziel jedoch hat Voigt deutlich ausgesprochen: „Es ist unser Ziel, die BRD ebenso abzuwickeln, wie das Volk vor 15 Jahren die DDR abgewickelt hat" (JF 40/2004: 3).

Fabian Virchow

Was ist das Vier-Säulen-Konzept?

Die NPD ist schon seit langem keine Partei mehr, deren Aktivitäten sich auf Mitgliederwerbung und -versammlungen, auf Wahlantritte und Parlamentsarbeit beschränken. Spätestens seit der Wahl Udo Voigts zum Parteivorsitzenden 1996 versteht sie sich als eine „nationalrevolutionäre Erneuerungsbewegung" (Voigt 1999: 474). Um an politischer Macht zu gewinnen, bemüht sich die NPD auf verschiedenen Ebenen gleichzeitig tätig zu sein. Diese Strategie nennt sich „Vier-Säulen-Konzept" und enthält die Elemente „Kampf um die Straße", „Kampf um die Parlamente", „Kampf um die Köpfe" und „Kampf um den organisierten Willen".

Aus dem Jahr 1997 stammt das Strategiepapier des Parteivorstandes, das Pate für jenes bis heute verwandte Säulenmodell steht. Auf dem 27. Bundesparteitag 1998 in Stavenhagen wurde das zunächst nur drei Säulen umfassende Konzept als verbindlich für die gesamte Parteiarbeit verabschiedet.

Mit dem „Kampf um die Straße" meint die NPD ihre Bemühungen, im öffentlichen Raum mittels Demonstrationen präsent zu sein. Die eigene Bedeutung und Mobilisierungsfähigkeit soll sowohl den eigenen Anhängern als auch den politischen Gegnern bewiesen werden. Durch die Demonstrationen will man vor allem „jene Massen von jungen Menschen" erreichen, „die sich wie Fremde im eigenen Land vorkommen" (NPD-Parteivorstand 1999: 360). Der „Kampf um die Straße" ist für die Partei ein Instrument, um für das aktivistisch orientierte Neonazispektrum und in rechtsextremen Subkulturen attraktiv zu sein.

Unter dem „Kampf um die Köpfe" werden verschiedene Aspekte zusammengefasst, wie beispielsweise die Schulungsarbeit für das eigene Fußvolk oder der Versuch, die Parteiarbeit langfristig über eine Intellektualisierung abzusichern. Der nach dem Einzug in den sächsischen Landtag 2004 initiierte Think-Tank Dresdner

Schule ist ein Ausdruck dieser Zielsetzung. Andererseits will die NPD mit ihren Ideen in die Köpfe der breiten Bevölkerung vordringen. Als besonders wichtig wird lokales Engagement von Parteimitgliedern in Bürgerinitiativen und Vereinen erachtet. „Kommunalwahlen müssen unser Fundament bilden", betont etwa Udo Voigt. Vorzeigbare Kader sollen „Gesicht zeigen" und durch seriöses Auftreten die Identifikation mit der Partei und ihren Zielen erleichtern (Voigt 1999: 470). Beim 30. Bundesparteitag Ende Oktober 2004 in Leinefelde wurde der „Kampf um die Köpfe" erneut erweitert: Man müsse mittelfristig „die Köpfe, die es zu gewinnen gilt, erst einmal vom Denken unserer Feinde befreien". Mit gezielter Agitation soll die Demokratisierung der Alliierten nach 1945 rückgängig gemacht werden (Brandstetter 2006b: 1030).

Der „Kampf um die Parlamente" wird laut des NPD-Strategiepapiers betrieben, um sich über Wahlteilnahmen das Parteienprivileg zu sichern und sich so vor staatlicher Verfolgung zu schützen. Zudem seien Wahlteilnahmen ein wichtiges Kriterium für die „Glaubwürdigkeit einer politischen Gruppierung" (NPD-Parteivorstand 1999: 360). Seitdem die NPD Wahlerfolge erzielt, hat sie das Parlament als Bühne zur Verbreitung eigener Inhalte und für öffentlichkeitswirksame Provokationen schätzen gelernt.

Im Jahr 2004 ergänzte die NPD das Drei-Säulen-Konzept um einen vierten Bestandteil: den „Kampf um den organisierten Willen". Damit sind die Anstrengungen gemeint, die extreme Rechte in Deutschland unter der Führung der NPD zur Zusammenarbeit in einer „Volksfront" zu bewegen. Noch im gleichen Jahr traten wichtige Vertreter der bisher betont parteiskeptischen militant-neonazistischen Kameradschaften in die Partei ein. Am 15. Januar 2005 unterzeichneten NPD und DVU schließlich einen „Deutschlandpakt", der eine Kooperation der beiden Parteien festschrieb: Bei Wahlen werde man nicht mehr gegeneinander antreten sowie jeweils Vertreter der anderen Partei auf den eigenen Listen kandidieren lassen.

Diese vier Säulen sind für die Partei von gleichrangiger Wichtigkeit. Sie sollen sich ergänzen und ineinandergreifen. Zum Beispiel soll das durch den „Kampf um die Parlamente" gesicherte Parteienprivileg helfen, Verbote gegen die Demonstrationen beim „Kampf um die Straße" zu verhindern.

Mit dem Vier-Säulen-Konzept will die NPD die eigene Parteiarbeit aktivistisch gestalten, breiten gesellschaftlichen Raum für die eigenen Inhalte schaffen und so möglichst viele Menschen an sich binden. Das Konzept wird verstanden als eine mittelfristig angelegte Strategie, um den Weg zur Macht in Deutschland zu ebnen. Tatsächlich ist es der Partei gelungen, an Handlungsspielraum zu gewinnen. Allerdings tut sie sich in manchen Punkten schwer mit der Umsetzung ihrer Ansprüche. Die NPD verfügt über zu wenig vorzeigbares Personal, um die beabsichtigte kommunale Verankerung flächendeckend erreichen zu können. Der „Kampf um die Köpfe", der Bildungsarbeit für die eigenen Mitstreiter genauso umfasst wie Überzeugungsarbeit in der Bevölkerung, ist zudem ein sehr unscharfes Konzept.

Christoph Schulze

Was ist die „Volksfront von rechts"?

„Volksfront von rechts" ist die rechtsextreme Propagandabezeichnung für den jüngsten Versuch, die nach 1945 organisatorisch zersplitterte und zerstrittene extreme Rechte in Deutschland zu einen. Die Initiative dafür ging im Herbst 2004 von der NPD aus. Im Rahmen ihrer „Vier-Säulen-Strategie" will sie den „Kampf um den organisierten Willen" führen, d.h. die Kräfte des rechtsextremistischen Spektrums bündeln, ob in Parteien organisiert oder nicht. Die Wahl des Begriffs „Volksfront" ist Teil einer von der extremen Rechten betriebenen Umdeutung politischer Begriffe. Ursprünglich bezeichnete „Volksfront" ein von der Kommunistischen Internationalen 1935 propagiertes Bündnis von kommunistischen, sozialistischen und linksbürgerlichen Parteien gegen den Faschismus.

Wenige Tage vor den Landtagswahlen 2004 in Sachsen wurden zunächst mit zwei getrennten Erklärungen vom 18. und 19. September von Vertretern der Freien Nationalisten (Titel: „Eine Bewegung werden…") und des Parteipräsidiums der NPD („Volksfront statt Gruppenegoismus") ein Bündnis zwischen NPD und Teilen der Freien Nationalisten besiegelt. Sie erklärten ihre Absicht, bestehende Konflikte beiseitezulegen und die zwischen ihnen existierenden Spannungen zu entschärfen. Die Initiative ging von der Führungsspitze der NPD aus, vor allem vom Parteivorsitzenden Udo Voigt und seinem Stellvertreter Holger Apfel, sowie von einigen führenden und langjährigen Vertretern der Freien Nationalisten, namentlich Ralph Tegethoff, Thorsten Heise und Thomas Wulff. Für die NPD handelt es sich auch um den Versuch einer Wiederannäherung an das Spektrum der militanten Neonazis. Nach der Übernahme des Parteivorsitzes 1996 hatte Udo Voigt die NPD für dieses Spektrum geöffnet, im Zuge des Verbotsverfahrens 2000/01 sich aus taktischen Gründen aber wieder von den militanten Kräften distanziert.

Im Februar 2005 schloss auch die DVU ein Bündnis mit der NPD. In einer als „Deutschland-Pakt" bezeichneten Vereinbarung verabredeten die beiden Parteien, bei den kommenden Bundestags-, Europa- und Landtagswahlen bis zum 31. Dezember 2009 nicht mehr in Konkurrenz zueinander anzutreten. Dementsprechend durfte die NPD zur vorgezogenen Bundestagswahl 2005 antreten und stellte 15 Kandidaten der DVU auf ihrer Liste auf. Im Gegenzug soll die DVU bei der Europawahl 2009 antreten dürfen und dabei sechs bis sieben Kandidaten aufstellen, die der NPD angehören oder ihr nahestehen. Hinsichtlich der Landtagswahlen wurde beschlossen, dass die DVU in Sachsen-Anhalt, Bremen, Hamburg, Thüringen und Brandenburg antritt. Bei allen übrigen Landtagswahlen bis 2009 werde die DVU jedenfalls dann nicht kandidieren, wenn die NPD dies selbst tut.

Innerhalb der extremen Rechten ist das Bündnis umstritten. Die Republikaner (REP) beteiligen sich bislang nicht daran und wandten sich in mehreren Erklärungen deutlich gegen „die Bildung einer ‚Braunen Volksfront' durch die NPD im Zusammenschluss mit Neonazi-Kameradschaften". Auch Teile der Freien Kameradschaften äußerten sich ablehnend gegenüber der Volkfront-Idee. Christian Worch, eine Führungsperson der Freien Nationalisten, monierte während des Landtagswahlkampfes in Nordrhein-Westfalen im Mai 2005 beispielsweise, dass Teile der Kameradschafts-Szene nicht beteiligt würden und forderte eine finanzielle Beteiligung der Freien Kräfte an der staatlichen Wahlkampfkostenerstattung im Gegenzug für deren Beteiligung an den NPD-Wahlkampfaktivitäten. Punktuell arbeiten jedoch auch Christian Worch und Funktionäre der NPD zusammen.

Von dem Bündnis können sowohl NPD als auch DVU profitieren, wenn sie sich – wie bisher bei den Landtagswahlen in Nordrhein-Westfalen am 22. Mai 2005 und in Mecklenburg-Vorpommern am 17. September 2006 sowie bei der Wahl zur Bremer Bürgerschaft am 13. Mai 2007 geschehen – an die Absprachen halten. Das Bündnis mit den Freien Kameradschaften ist brüchiger, doch die NPD ist auf die Zusammenarbeit mit ihnen angewiesen. Anders als die finanzstarke DVU, die im Wahlkampf in erster Linie auf flächendeckende Plakataktionen und Massenpostwurfsendungen setzt, benötigt die NPD freiwillige Helfer sowohl für den Straßenwahlkampf mit Info-Tischen als auch für die Verteilung von Flugblättern und das Plakatieren. Ein großer Teil dieser Unterstützer kommt mittlerweile aus dem Spektrum so genannter Freier Kameradschaften.

Bisher sind alle Sammlungsversuche der extremen Rechten in der Bundesrepublik an persönlichen Querelen und einem grundlegenden Konflikt zwischen einem „realpolitischen" und einem „fundamentaloppositionellen" Flügel gescheitert. Dieser Konflikt tritt zurück, wenn Wahlerfolge möglich erscheinen; bei deren Ausbleiben brechen die Spannungen aber wieder auf. Aber auch Erfolge, wie etwa der Einzug der NPD in weitere

Landesparlamente, können zu Konflikten führen: Vor allem die ‚Fundis' fordern dann ihren Teil der Macht und ein konsequentes Festhalten an den radikalen Zielsetzungen ein. Jede – auch nur symbolische – Anpassung der ‚Realos' an das verhasste System wird als Verrat an den Idealen der Bewegung gewertet. Vor diesem Hintergrund sind die Bündnisse zur Einigung des zerstrittenen rechtsextremen Lagers stets sehr fragil.

Andreas Klärner

Welche Diskursstrategie verfolgt die NPD?

Als kleine Partei steht die NPD vor dem Problem, sich in der öffentlichen Diskussion Gehör zu verschaffen. Mit den ihr zur Verfügung stehenden – im Vergleich zu den im Bundestag vertretenen Parteien – geringen Mitteln verfolgt sie mehrere Ziele: erstens will sie auf ihre schiere Existenz aufmerksam machen; zweitens ist sie daran interessiert bestimmte Themen in den öffentlichen Diskurs einzuspeisen; drittens will sie ihren Deutungsangeboten Plausibilität verleihen und viertens als politischer Akteur wahrgenommen werden, der zugleich ‚konkrete Sachlösungen' bietet wie die Perspektive der ‚Systemveränderung' glaubhaft vertritt.

Zum propagandistischen Repertoire der NPD gehören angesichts dieser Zielsetzungen eine Reihe von Elementen, die jedoch fein austariert werden müssen, um nicht gewisse Zielgruppen zu bevorzugen, andere dafür zu verschrecken.

Zum Vorgehen der NPD zählt an prominenter Stelle die kalkulierte Inszenierung von politischen Skandalen, um medial präsent zu sein. Ein entsprechendes Beispiel war die Äußerung des NPD-

Fraktionschefs Holger Apfel im Sächsischen Landtag im Januar 2005, als er die Alliierten, ohne deren Einsatz und Opfer Europa nicht vom Faschismus befreit worden wäre, als Massenmörder bezeichnete und die Bombenangriffe vom Februar 1945 einen „Bomben-Holocaust" nannte. Zuvor hatte die NPD den Opfern des Nationalsozialismus demonstrativ die Ehre verweigert. Als sich die Abgeordneten zu einer Schweigeminute erhoben, hatte die zwölfköpfige NPD-Fraktion den Parlamentssaal verlassen. Wollte die NPD kurz nach dem Einzug in den Landtag der Neonazi-Szene beweisen, dass sie diesen ohne taktische Zugeständnisse an den Parlamentarismus als Tribüne für ihre Propaganda nutzt, so kann sie ihre Diskursstrategie nicht auf solche Skandale beschränken, da diese sich einerseits abnutzen und solche geschichtsrevisionistischen Auftritte andererseits für einen Teil der von ihr umworbenen Klientel wenig Bedeutung haben. Daher verfolgt die NPD eine Doppelstrategie: in den Publikationen und internen Versammlungen wird gegen das verhasste ‚liberalistische System' zu den (politischen) Waffen gerufen, in Wahlkampfzeitungen und in zur allgemeinen Verteilung vorgesehenen Flugblättern werden Rassismus, Nationalismus und Antisemitismus in ihrer offenen Form meist zurückgenommen; es wird ‚Kreide gefressen' und stattdessen an konkrete Alltagsprobleme, Unzufriedenheiten und Krisenerfahrungen der Bevölkerung angeknüpft. Nicht selten werden auch politische Initiativen demokratischer Akteure referiert und als Bestätigung der Relevanz der eigenen Position in die NPD-Propaganda eingebaut.

Zur Diskursstrategie der NPD gehört des Weiteren der Versuch der ‚Besetzung' von Begriffen, die in (Teilen) der Gesellschaft einen positiven Klang haben, sowie deren Verknüpfung mit extrem rechten Interpretations- und Deutungsmustern. So soll ‚Solidarität' nur noch im Zusammenhang mit dem Adjektiv ‚national' gedacht werden; so soll ‚Sozialismus' zum Synonym für verschiedene Formen von ‚Gemeinschaft' – allen voran der ‚Volksgemeinschaft' – werden; und unter dem Motto „Bildung für alle" werden politische Konzepte angeboten, die de facto auf

Elitebildung und den Ausschluss von Menschen mit Migrationshintergrund aus dem Bildungssystem hinauslaufen.

Der Versuch der ‚Besetzung' von Begriffen und Themen wird seitens der NPD mit dem Anspruch verbunden, die einzige wirkliche Problemlösungs- und Vertretungsinstanz zu sein, sei es im Bereich der Sozialpolitik, des Umweltschutzes oder in der Frage von Krieg und Frieden. Eine praktische Umsetzung findet dieses Vorgehen in der ‚Wortergreifungsstrategie', mit der öffentliche Präsenz gezeigt und demokratische Akteure ‚demaskiert' werden sollen.

In der Sprache des Neonazismus finden sich im Übrigen zahlreiche Schlagworte, Worterfindungen und Metaphern, die der Feindmarkierung dienen, so etwa ‚USrael' oder ‚amerikanische Ostküste' für das angeblich von Juden dominierte internationale Finanzsystem. Andere Schlagwörter fungieren als Kurzresümees angeblicher geschichtlicher Prozesse, so etwa ‚Überfremdung', ‚Umerziehung' oder ‚Volkstod'. Schließlich sind auch jene Gegenschlagwörter von Bedeutung, mit denen versucht wird, die Wahrnehmung des jeweils konkret zur Debatte stehenden Problems umzuorientieren. Hierzu zählen etwa ‚inländerfreundlich' statt ‚rassistisch', oder auch ‚Antigermanismus' gegenüber ‚Antisemitismus'. Diese ideologisch aufgeladenen Begriffe sollen in die alltägliche Sprachverwendung von NPD-Anhängern und anderen Neonazis übergehen und damit zur Stabilisierung des Weltbildes beitragen, aber auch darüber hinaus wirksam werden.

Fabian Virchow

Was meint die Taktik der „Wortergreifung"?

Die „Wortergreifung" ist ein Mittel der rechtsextremen NPD
in einem breiten Spektrum politischer Aktionsformen, das von
Aufmärschen über Mahnwachen und Informationsstände bis
zur Androhung von Gewalt gegenüber den politischen Gegnern
reicht. Unter dem Begriff „Wortergreifung" versteht die Partei
die öffentlichkeitswirksame und auf Konfrontation angelegte
Präsentation ihrer rechtsextremen Inhalte: „Die [...] Maßnahmen
der Wortergreifung sollten mit mehreren Kameradinnen oder
Kameraden zusammen organisiert werden", erklärte der NPD-
Vorsitzende Voigt 2003 das Konzept: „Natürlich sollte ich nur
solche Versammlungen aufsuchen, wo wir mit unserer Haltung
zum Thema polarisierend eingreifen können. [...] Merke, auch
während der Rede des Vortragenden sind Zwischenrufe und
Unmutsbekundungen erlaubt. Sie dürfen nur nicht so stark
sein, daß der Vortragende seine Rede nicht fortsetzen kann.
Er muß sich aber daran gewöhnen, daß er als im öffentlichen
Leben Stehender auch Kritik vertragen muß" (DS 8/2003: 10).
Ziel dieser politischen Strategie zur Intervention in Diskurse ist,
rechtsextreme Politik als legitime Alternative im demokratischen
Meinungsspektrum erscheinen zu lassen.

Der politische Ansatz der „Wortergreifung" reflektiert die
Erfahrung der NPD, dass explizit rechtsextreme Positionen in
den Medien eine weitgehende Ächtung oder aber keine unkom-
mentierte Dokumentation erfahren. Darin sieht die NPD eine
alle Bereiche der Öffentlichkeit umfassende „Meinungsdiktatur",
die keine wirkliche Meinungsfreiheit zulasse. Vielmehr spiegelten
die Medien lediglich ein Spektrum konformer Meinungen der
verhassten „Altparteien" wider. Diesen Mechanismus gelte es zu
durchbrechen.

Als Begründung gibt der NPD-Vorsitzende Udo Voigt in der
Broschüre ‚Argumente für Kandidaten und Funktionsträger'

(2006) den eigenen Aktivisten für die Diskussion mit dem „politischen Gegner" mit auf den Weg, dass es für die NPD immer schwieriger werde, eigene Veranstaltungen in Deutschland durchzuführen: „Besuchen wir daher im Sinne der Wortergreifungsstrategie die Veranstaltungen des politischen Gegners. [...] Sobald er eine öffentliche Veranstaltung macht, müssen Nationaldemokraten vor Ort sein, um etablierte Politiker und Kandidaten zur Rede zu stellen."

Vor diesem Hintergrund sucht die Partei nach Wegen der direkten politischen Kommunikation gegenüber der breiten Öffentlichkeit und dem Bürger. Mit der „Wortergreifung" soll der politische Gegner gezwungen werden, sich zu nicht selbst gewählten Bedingungen mit den Inhalten der NPD auseinandersetzen zu müssen. Dies bringt eine Pressemitteilung der NPD-Jugendorganisation Junge Nationaldemokraten vom 23. März 2006 wie folgt zum Ausdruck: „In der direkten Konfrontation mit dem Gegner soll dieser nicht mehr in der Lage sein über Nationalisten, sondern nur noch mit ihnen zu diskutieren." Die Veranstaltungen des „politischen Gegners" – gemeint sind Informationsveranstaltungen über Rechtsextremismus oder Veranstaltungen demokratischer Parteien – sollen als Agitationsplattform für die eigenen Inhalte genutzt werden und zugleich Forum sein, um den „politischen Gegner" zu diskreditieren. Es geht der NPD nicht um einen Austausch der Argumente, wie von ihr eingefordert, sondern um die Verbreitung rechtsextremer Propaganda auf Kosten des politischen Wettbewerbers.

Nicht selten üben sich die Anhänger der NPD dabei in der Kunst der Verstellung und wählen Formen der Außendarstellung, die vom Gegenüber und der Öffentlichkeit nicht sofort der extremen Rechten zugeordnet werden. Ihr Auftreten imitiert dabei die Artikulation von berechtigten Bürgerinteressen. Sie fordern Rederecht, Dialogbereitschaft politischer Repräsentanten und Berücksichtigung im weiteren politischen Prozess ein. Erst über die dargestellten Inhalte wird erkennbar, welcher politischen Strömung die rechtsextremen Akteure zuzuordnen sind.

Haben die Rechtsextremen sich erst einmal Zutritt zu einer öffentlichen Veranstaltung verschafft, wenden sie verschiedene Methoden an, um ihre Ideologie kundzutun. Die Erfahrungen zeigen, dass geschulte Neonazis dabei mit inhaltlichen Wiederholungen ebenso arbeiten wie mit demagogischen Zuspitzungen und rhetorischen Vereinfachungen hochkomplexer gesellschaftlicher und politischer Prozesse. Häufig wird die gleiche Aussage rhetorisch so variiert, dass der Gesprächspartner jeweils erneut zu einer differenzierenden Argumentation ausholen muss. Dies verschafft den NPD-Anhängern einen nicht einholbaren Gesprächsvorteil. Denn während sie ihrem Gegenüber nur Essentials rechtsextremer Politik vorhalten müssen, ohne die dahinterstehende Ideologie offenzulegen, ist der Gesprächspartner gezwungen, diesen scheinbar immer neuen Argumenten überzeugend entgegenzutreten. Dadurch gelingt es den rechtsextremen Aktivisten, nicht nur die thematische Agenda zu bestimmen, sondern auch die Rollenverteilung. Die rechtsextremen Aktivisten bestimmen die inhaltlichen Vorgaben, der Gesprächspartner hingegen findet sich in der Rechtfertigungsrolle wieder. In dieser Konstellation kommt es nicht wirklich zu einem Austausch der Argumente, da diese Diskussionsstrategie der Neonazis das Ziel verfolgt, den politischen Gegner vorzuführen und zu delegitimieren. Daher sollte die Diskussion mit organisierten, geschulten Neonazis auch nicht zum Beweis eigener demokratischer Dialogfähigkeit geführt werden. Diese Personen sind weder zu überzeugen noch sind sie im eigentlichen Sinne dialogbereit.

Die Strategie der ‚Wortergreifung‘ zielt letztlich auf den schrittweisen Abbau der zu Recht existierenden Blockaden gegenüber rechtsextremen Positionen ab. Sie ist ein Mittel der Selbstinszenierung der NPD.

David Begrich, Thomas Weber

Wie versucht die NPD Jugendliche anzusprechen?

In ihrem Parteiprogramm als auch im Aktionsprogramm der NPD finden sich keine Abschnitte, die sich besonders mit der Situation Heranwachsender oder junger Erwachsener befassen. Diese jugendpolitische Leerstelle erstaunt umso mehr, da doch gerade Erst- und Jungwähler der Partei ihre Stimme geben und ihrem Ruf zum „Kampf um die Straße" folgen. Zudem heißt es, die NPD habe die jüngste Mitgliederstruktur aller Parteien.

„Unser Wahlkampfkonzept, vorwiegend Jung- und Erstwähler anzusprechen, ist voll aufgegangen", betonte der stellvertretende Parteivorsitzende Peter Marx in einer Presseerklärung zwei Tage nach der Bundestagswahl 2005 und fügte hinzu, dass „die deutsche Jugend" immer mehr erkenne, dass die NPD für die „drängendsten Probleme unseres Landes, nämlich die Überfremdung und die Fremdbestimmung [...] akzeptable Lösungsansätze anbietet". Gekonnt wusste und weiß die NPD diese Themen in Szene zu setzen. Die Songs der gratis verteilten ‚Schulhof-CDs' reflektieren die politischen Positionen und holen Jugendliche da ab, wo sie zumeist stehen: in der Freizeitkultur. Die prominente Besetzung des Tonträgers mit bekannten und beliebten Musikern des RechtsRock-Genres sowie die Publicity um die CD sicherten der Partei mancherorts den reißenden Absatz der CD.

Neben den CDs setzt die NPD auch Flugblätter zur Ansprache von Jugendlichen ein: So fordert sie im Flugblatt ‚Jugend' für jeden „deutschen Jugendlichen" einen „seinen Fertigkeiten und Fähigkeiten" entsprechenden Ausbildungsplatz, die Trennung von Deutschen und Ausländern in unterschiedliche Schulklassen, „solange die von uns geplante Ausländerrückführung noch nicht abgeschlossen ist", und betont das Erfordernis eines staatlichen

Ausbildungssofortprogramms. In einer überarbeiteten Variante dieser Flugschrift unter dem Titel „Jugend ist Zukunft" fordert die NPD ferner „Lernmittelfreiheit und Streichung der Studiengebühren". Gezielt wandte sich die NPD im Landtagswahlkampf in Mecklenburg-Vorpommern 2006 erstmals auch mit einem eigenen Flugblatt an die Erstwähler: „Liebe Freunde, kaum einer von Euch wird das Gefühl haben, von den regierenden Parteien vertreten zu werden", beginnt die Ansprache des Flugblatts ‚Wählt mit 18'. Doch auch hier folgen erneut nur die gängigen politischen Allgemeinplätze, „Ausbildungsplätze für alle Deutschen" etc.; einzig die Forderung „Für Freizeiteinrichtungen" ist jugendspezifisch. Dafür setzt die NPD vor allem darauf, die Konkurrenz als „aalglatte Berufslügner", „etablierte Maulaffen" oder „abgehobene Bonzen" zu diskreditieren und sich selbst zur „einzigen Alternative" zu stilisieren: „Veränderung hat einen Namen: NPD! Wir sind die Partei mit den jüngsten Mitgliedern, mit dem größten Schwung und Idealismus." Markig schließt die Schrift: „Deine Stimme ist eine Waffe!". Besonders hervorgehoben wird die ‚Schulhof-CD', die mit dem Slogan „Verbotene Früchte schmecken am besten!" angepriesen wird. Auch das Flugblatt ‚Rebellion im Klassenzimmer' von der NPD Mittelfranken stellt die Gratis-CD in den Mittelpunkt ihrer Agitation, nachdem auf die steigende Anzahl von Schülern mit Migrationshintergrund verwiesen wurde. Doch wichtiger für die Wahlerfolge der NPD bei den Jungwählern dürfte die Verknüpfung ihrer rassistischen Ideologie mit sozialpolitischen Forderungen sein. Ausbildungs- und Arbeitsplätze zuerst „für Deutsche", ein Mindestlohn von „8,80 Euro" sowie die Abschaffung der Hartz-Gesetze sind Themen, die Jugendliche ansprechen. Hinzu kommt der neue, betont antibürgerliche Gestus der Partei, mit dem sie sich gerne als rebellisch inszeniert.

Doch erst die politische Praxis der NPD macht den Unterschied zu den großen Volksparteien deutlich und lässt erahnen, warum die Partei bei jungen Erwachsenen ankommt. Die NPD ist eine hochgradig aktionistische Partei. Kaum ein Wochenende, an dem

die NPD nicht zu einem Aufmarsch aufruft oder eine Groß-
veranstaltung organisiert. Die Einbindung junger Anhänger
durch Aktionen hat zunächst Vorrang vor der Verfestigung des
Weltbildes durch inhaltliche Auseinandersetzung. Entsprechend
ist es vor allem die Inszenierung der Gemeinschaft, des äußeren
Feindes und der eigenen Macht, die viele Teilnehmer zu den
Aufmärschen zieht. Hinzu kommen jene Veranstaltungen mit
Event-Charakter, die von der NPD vor allem für ihre junge Anhängerschaft organisiert werden: ‚Tag der nationalen Jugend Thüringen', ‚Rock für Deutschland', der ‚Bayerntag', das ‚Sommer-
fest der nationalen Bewegung' sowie diverse RechtsRock-Kon-
zerte. Höhepunkt dieser Eventisierung ist das ‚Pressefest' der
NPD-Parteizeitung ‚Deutsche Stimme', auf dem neben Rednern
vor allem RechtsRock-Bands die wichtigste Attraktion sind.
Zwischen 5000 bis 7000 vorwiegend junge Besucher zog dieses
Festival 2004 und 2006 an.

Die Attraktivität der NPD für junge Menschen wird durch ihre
lokale Präsenz unterstützt, die sich weniger in eigenen Partei- oder
Bürgerbüros zeigt, sondern wesentlich niederschwelliger ansetzt.
Ihre Aktivisten sind Teil der alltäglichen Freizeitkultur. Sie gehören
zu den örtlichen rechten Cliquen und sind zumeist bestimmende
und lenkende Pole dieser Szenen. Bedingt wird das durch das
teilweise junge Alter der NPD-Funktionsträger: Jürgen W. Gansel
und Jörg Hähnel aus dem Bundesvorstand sind Jahrgang 1974
beziehungsweise 1975, der hessische Landesvorsitzende Marcel
Wöll ist 1983 geboren und Thommy Frenck, Vorsitzender des
Kreisverbandes Hildburghausen-Suhl, 1987. Dass sich junge
Menschen eher von einer Partei vertreten fühlen, in der Gleichaltrige als Funktionäre mitreden, erscheint nachvollziehbar. Noch
größer wird der Einfluss, wenn deren Aktivisten und Funktionäre
selbst Teil der extrem rechten Erlebniswelt sind.

Jan Raabe

Was verbirgt sich hinter der ‚Schulhof-CD‘?

Seit einigen Jahren veröffentlicht die NPD Musik-CDs, die kostenlos verteilt werden. Sie erhofft sich davon, insbesondere junge Menschen ansprechen zu können und sie auf jugendgerechte Weise mit den Inhalten der Partei vertraut zu machen.

Erstmals setzte die NPD im Wahlkampf zum Berliner Senat 2001 auf dieses Medium als Propagandamittel. Die CD ‚Sturm auf Berlin‘ wurde ohne Begleitheft verteilt und beinhaltete neben drei kurzen Redebeiträgen zwei Balladen sowie einen kurzen Jingle. Trotz des optimistischen Untertitels ‚Ein Klangwerk, das bewegt‘ kam die CD laut Reaktionen aus der Szene nicht an.

Im ganz anderen Maßstab realisierten 2004 rund 56 Organisationen und Firmen aus dem Spektrum der Freien Kameradschaften und der RechtsRock-Szene die Multi-Media-CD ‚Anpassung ist Feigheit – Lieder aus dem Untergrund‘. Neben 19 Songs bekannter deutscher und internationaler RechtsRock-Bands enthält die CD Anwendungsdateien einer Präsentation, die in einem Webbrowser zu öffnen sind. Darin wird das Projekt vorgestellt, der politische Ansatz anhand verschiedener Aktionsfelder wie der „Kampagne Ausländerstopp" vorgestellt und die Lesenden eingeladen mitzumachen. Ein Beschlagnahmebeschluss des Amtsgerichts Halle an der Saale stoppte jedoch am 4. August 2004 die geplante Verteilung von 250 000 Exemplaren dieser CD vor Schulhöfen und Jugendtreffs.

Die breite mediale Aufmerksamkeit, die diesem Werbeträger entgegengebracht wurde, wusste die NPD für sich zu nutzen. Wenige Wochen vor der sächsischen Landtagswahl am 19. September 2004 veröffentlichte die Partei die CD ‚Schnauze voll? Wahltag ist Zahltag‘ in einer Auflage von 25 000 Stück. „Musik wird im Medienzeitalter für die Vermittlung politischer

Botschaften immer wichtiger", hob der damalige sächsische Spitzenkandidat der NPD, Holger Apfel, hervor. Zehn extrem rechte Liedermacher und Rockbands sind auf der CD mit einem beziehungsweise zwei Songs vertreten. 16 Prozent der Wähler zwischen 18 bis 25 Jahren wählten mit ihrer Zweitstimme die NPD – ein Erfolg für die Partei, der nicht nur, aber auch auf die CD zurückgeführt werden kann.

Von dem Wahlerfolg unter den Jungwählern beflügelt, erlebte die Marketing-Idee im vorgezogenen Bundestagswahlkampf 2005 eine Neuauflage. „Mit der ‚Schulhof-CD' setzen die National-demokraten den politischen Kampf um die Köpfe und Herzen der jungen Deutschen fort", erklärte der Bundeswahlkampfleiter Peter Marx zur Veröffentlichung der CD ‚Der Schrecken aller linken Spießer und Pauker. Schulhof-CD'. Die Auflage betrug nach Angaben der Partei 200 000 Exemplare. Auch auf diesem Tonträger sind zehn Interpreten vertreten, teilweise dieselben wie auf der Edition aus 2004, jedoch mit anderen Titeln.

In überarbeiteter Form wurde die CD unter dem gleichen Titel im Landtagswahlkampf in Mecklenburg-Vorpommern im Herbst 2006 eingesetzt und gemeinsam mit dem extra entwor-fenen Flugblatt ‚Wähl mit 18' verteilt: „Die NPD macht keine abgehobene Politik, sondern spricht den Menschen aus dem Herzen. Unsere Sprache ist nicht die Lügenrede aus Funk und Fernsehen, sondern das freie Wort und das freie Lied. Hört doch einfach mal rein …", heißt es dort mit Verweis auf die Lieder der 14 Liedermacher und Rockbands auf der ‚Schulhof-CD'.

Indirekt referieren die Songs die Politik der NPD: Die baye-rische Gruppe Faustrecht präsentiert beispielsweise das vorder-gründig antikapitalistische, bei genauerer Betrachtung aber deutlich antisemitische Lied ‚Die Macht des Kapitals'. Faktor Widerstand ergeht sich in Klagen über schlechte gesellschaftliche Zustände, prophezeit aber eine Änderung ‚Wenn der Wind sich dreht …'. Frank Rennicke baut in dem pathetischen Lied ‚Das Mädchen mit der Fahne' geschickt einen Opfermythos um ein 15-jähriges Hamburger Mädchen auf, das 1945 vor den Alliierten

Soldaten ihre „schwarz-weiß-rote Fahne" nicht senken will und deshalb getötet wird. Eingewoben ist in den Song indirekt die Hymne der Hitlerjugend, „Uns're Fahne flattert uns voran", in dem die Treue zur Hakenkreuz-Fahne bekundet wird (Arbeitsstelle Neonazismus & Argumente und Kultur gegen Rechts e.V. 2005, 2006).

Offen wirbt ein Comic, der einem Flugblatt der nordrhein-westfälischen NPD entnommen wurde, in allen Begleitheften für die Ziele der NPD: In der Kurzgeschichte wird einem jugendlichen Schulabgänger im beziehungsweise am Arbeitsamt von zwei Erwachsenen und einer Freundin erklärt, dass an seiner Lage ‚die Ausländer', ‚raffgierige Kapitalisten' und die Globalisierung schuld seien. Eine sympathisch dargestellte Gleichaltrige erklärt ihm, und vor allem dem Leser, dass die NPD „nicht nur eine Protestpartei" sei, „sondern eine Partei mit einem konsequenten Weltbild. Die NPD ist eine wirkliche Alternative, nicht nur eine kleine Schönheitskorrektur". Mit Verweis auf einen fröhlich dahinziehenden Marsch Jugendlicher mit NPD-Fahnen und Transparenten fügt sie hinzu: „Wir sind eine verschworene Gemeinschaft, die gemeinsam etwas verändern will!". Die Rückseite des Begleitheftes ist ein Infogutschein. Mit der zu notierenden eigenen Adresse kann Informationsmaterial bestellt, um Einladung zu einer Veranstaltung gebeten oder der Beitritt zur NPD beziehungsweise zu deren Jugendorganisation erklärt werden.

Mit den Gratis-Musik-CDs, die im Übrigen auch auf dem Medienserver der NPD zum kostenlosen Download zur Verfügung stehen, hat die Partei ein jugendgerechtes Medium für sich entdeckt, mit dem sie auf sich aufmerksam machen kann. Erfahrungen aus allen Schulformen und an unterschiedlichsten Orten zeigen, dass das Angebot angenommen wird. Entsprechend macht die NPD auch weiter Gebrauch von diesem Medium.

Jan Raabe

Gibt es eine Intellektualisierung der NPD?

Gelegentlich wird in den Medien davon berichtet, dass sich die NPD um eine ‚Intellektualisierung‘ der Partei bemüht. Besonders die Gründung einer Dresdner Schule als selbst ernanntes Pendant zur Frankfurter Schule sorgte für Aufregung im Feuilleton. Auch Auftritte bekannter Intellektueller bei der NPD, wie etwa von Bernd Rabehl, werden als Indizien gewertet, dass die Partei von der Vorstellung wegkommen möchte, sie biete nur für Arbeiter und Angestellte eine politische Heimat.

Seit der Übernahme des Bundesvorsitzes durch Udo Voigt bemüht sich die Partei um einen strategischen Parteiaufbau. Sie will wieder jene Akademiker der extremen Rechten sammeln, die seit Mitte der 1980er Jahre entweder bei der Partei Die Republikaner, extrem rechten Kulturvereinigungen oder in einer der zahlreichen Zeitschriften ihr politisches Handlungsfeld fanden. Hierzu zählt insbesondere die ‚Junge Freiheit‘ (JF) mit ihrem Rückgriff auf den Ideenfundus der „Konservativen Revolution“ der 1920er Jahre. In der Parteizeitung ‚Deutsche Stimme‘ finden sich seit Ende der 1990er Jahre vermehrt Beiträge über jungkonservative und nationalrevolutionäre Vordenker des Faschismus, die zuvor in der JF porträtiert wurden. Besonders dem JF-nahen Institut für Staatspolitik und dessen Theorie-Zeitung ‚Sezession‘, in der sich zahlreiche positive Bezüge auf Carl Schmitt, Moeller van den Bruck und Ernst Jünger finden, zollt man Respekt. So bezeichnete Arne Schimmer in der DS deren spiritus rector Karlheinz Weißmann als „produktivsten Vertreter dieses ‚ideologischen Konservatismus‘“ (DS 10/2006:16). Der heutige Pressesprecher der sächsischen NPD, Schimmer, war bis 1999 Autor der JF. Auch Andreas Molau, zuständig für das Amt Bildung der NPD und stellvertretender Chefredakteur der DS, arbeitete in der JF-Redaktion ebenso wie Karl Richter, Leiter des parlamentarischen

Berater-Dienstes der NPD. Für die Kulturredaktion der JF war bis 2004 Angelika Willig zuständig, inzwischen schreibt sie für die DS und das JN-Blättchen ‚Hier & Jetzt‘. Ihren Doktortitel verdankt sie einem Promotionsstudium der CDU-nahen Konrad-Adenauer-Stiftung.

Weißmann und Molau, Korporierte der Deutschen Gildenschaft, sowie Richter und Schimmer aus der Deutschen Burschenschaft (DB) eint ihre Herkunft aus völkischen Studentenverbindungen, einem akademischen Reservoir der NPD.

Die DS ist heute global orientiert, professioneller und intellektueller, meint der Politologe Florian Hartleb, der alle Ausgaben seit 1976 analysierte (Hartleb 2007). Durch Bezüge auf prominente Dichter, Denker und Künstler versuche die DS an konservative Kreise anzuschließen. Deren völkische, nationalistische und revisionistische Rezeption ist allerdings noch zu eindeutig, um in konservativen Kreisen anzukommen. Zwar ist die Zeitung inzwischen über den Status eines reinen Verlautbarungsorgans der Partei hinausgekommen, aber die Autoren und Interviewten stammen im Unterschied zur JF ausschließlich aus dem Spektrum der extremen Rechten.

Neben der DS soll auch die Dresdner Schule die „organisierte Intelligenz einer selbstbewußten deutschen Nation" bündeln. Die wenigen vorliegenden Veröffentlichungen lassen daran jedoch zweifeln. „Das heutige BRD-Establishment in Politik, Medien und Kulturbetrieb ist das geistige Deformationsprodukt der Frankfurter Schule" (DS 06/2005: 17), befindet Gansel in einem Grundsatzpapier. Der „charakterlich und geistig verlumpten Klasse, welche die Schaltstellen in Politik, Medien und Kulturbetrieb besetzt hat" (ebd.), will der Think-Tank der NPD Paroli bieten, kommt dabei jedoch bisher nicht über die üblichen Nazi-Tiraden und ein mäßig besuchtes Seminar hinaus. Es gibt kein Veranstaltungsprogramm und keinen Dozentenpool. Einzig nennenswertes Produkt der Schule sind die ‚Argumente für Kandidaten und Funktionsträger‘, vorformulierte Diskussionshilfen für Kameraden am Infotisch. Auch das 2005 gegründete Bildungswerk für Heimat und nationale Identität e.V., das die NPD als offizielle Parteistiftung anerkennen lassen möchte, um zusätzliche finanzielle Ressourcen zu erschließen, ist bisher erfolglos. Ohne finanzielle Förderung konnte der Leiter, Peter Dehoust, Herausgeber des wichtigsten neofaschistischen Theorieorgans ‚Nation & Europa‘, 2006 nur eine Tagung des Bildungswerkes durchführen.

In verschiedenen Gremien und Konferenzen hatte die NPD schon lange vorher an der Intellektualisierung der Partei gearbeitet. Diplom-Politologe Udo Voigt war vor seiner Wahl zum Vorsitzenden Leiter der ehemaligen Partei-Schule in der Toskana. Einen Arbeitskreis Volk und Staat beim Parteivorstand leitete bis vor wenigen Jahren der Ex-Burschenschafter Jürgen Schwab, dessen Arbeit maßgeblichen Einfluss auf die Ideologie der NPD hatte. Schwab, bis 2004 noch im NPD-Vorstand, ist auch treibende Kraft der Deutschen Akademie (DA), welche in Seminaren den ‚Kampf um die Köpfe‘ überparteilich führen will, der NPD jedoch nahesteht. Schwab geriert sich inzwischen als parteiexterner Besserwisser, betreibt mit dem ehemaligen NPD-Präsidiumsmitglied Martin Laus die DA und publiziert gelegentlich in der JN-Zeitschrift ‚Hier & Jetzt‘.

Von einer Intellektualisierung der NPD kann höchstens im Vergleich zum früheren Status quo der Partei gesprochen werden. Über das Spektrum der extremen Rechten hinaus gelang es ihr bisher nicht, Diskurse anzuregen. Innerhalb der extremen Rechten hingegen hat sie als Bezugspunkt für politische Debatten an Gewicht gewonnen. Sie ist attraktiver für neofaschistische Akademiker geworden, nicht zuletzt als potentieller Arbeitgeber. Doch noch fürchten viele Akademiker Nachteile für ihre Karriere durch ein Parteibuch der NPD. Sollten die Erfolge der NPD jedoch anhalten, könnten sich die reaktionären Kräfte im deutschen Konservatismus dem öffentlichen Diskurs mit der NPD öffnen.

Felix Krebs

Was ist eine „national befreite Zone"?

Die ersten aufgefundenen Überlegungen zu „befreiten", später „national befreiten Zonen" im Theoriediskurs der extremen Rechten in der Bundesrepublik gehen auf zwei Artikel in Zeitschriften der Jungen Nationaldemokraten (JN) und des Nationaldemokratischen Hochschulbundes (NHB) zurück. Sie stehen in engem Zusammenhang mit einer materiellen Absicherung rechtsextremer Gesinnungsgenossen. Die Schaffung eigener Wirtschaftskreisläufe sei eine Möglichkeit, sich unabhängig von zivilgesellschaftlichem oder staatlichem Druck finanziell über Wasser zu halten. Diese finanzielle Unabhängigkeit, gekoppelt an eine weitgehende Selbstverwaltung, diene „der Schaffung ‚befreiter Zonen', auf die der Staat und seine Handlanger keinen Einfluss haben werden", heißt es 1990 in der zweiten Ausgabe der Zeitschrift ‚Einheit und Kampf'. In Anlehnung an die Theorie und Praxis linker Bewegungen werden darüber hinaus unter dem Stichwort Bürgernähe Möglichkeiten einer Verankerung in der Bevölkerung und unter dem Stichwort Vernetzung Modelle einer engeren Zusammenarbeit zwischen rechtsextremen Gruppen diskutiert.

Doch in der rechtsextremen Szene wurden diese Beiträge zunächst nicht öffentlich aufgegriffen oder diskutiert. Erst ab 1997 gewann das Thema innerhalb der rechtsextremen Debatte an Popularität, als in seriösen Medien und Schriften aus dem zivilgesellschaftlichen Spektrum die gestiegene Anzahl rechtextremer Gewaltdelikte und andere Aktivitäten der Szene massiv thematisiert und diese Phänomene mit dem Begriff ‚national befreite Zonen' zusammengefasst wurden. Die Diskussion wurde also nicht von rechtsextremen Kreisen nach außen, sondern vielmehr von der öffentlichen Thematisierung nach innen getragen. Infolgedessen kam es vor allem im Umfeld der NPD zu einer ‚Konjunktur' der Begriffsverwendung. Die konzeptionellen Beiträge, die ab

1999 in der Zeitschrift ‚Deutsche Stimme' veröffentlicht wurden, sind heterogen und rufen eher zur Schaffung kommunikativer und ökonomischer Freiräume auf als zur gewaltsamen Vertreibung von Minderheiten. Sie umfassen Überlegungen zum Ankauf von Liegenschaften und deren Ausbau zu ‚nationalen Zentren', die als Rückzugsorte dienen sollen, zur Erhöhung der Akzeptanz in der Bevölkerung mittels Aufgreifen ‚bürgernaher' Themen, um so auf kommunaler Ebene Ausgrenzungen unterlaufen zu können, zur Verankerung oder Verfestigung von rechtsextremen Ideologien in der rechten Jugendkultur, die jedoch mit dem Hinweis versehen sind, dass diese Jugendlichen langfristig gesehen diszipliniert werden müssten, um ihr Bürgerschreckimage zu verlieren.

Eine einheitliche Strategie zur Installierung von „national befreiten Zonen" ist nicht erkennbar. Rechtsextreme verwenden die Formel „national befreite Zone" für ein buntes Allerlei. 1998 eröffnete für kurze Zeit eine JN/NPD-Aktivistin in einer ehemaligen US-Kaserne in Augsburg den Militaria-Laden „Befreite Zone". Öffentliche Proteste verhinderten jedoch eine dauerhafte Inbetriebnahme. Im Sommer 2002 bezeichnete die NPD Jena in einer Pressemitteilung den von der Polizei vor Gegendemonstrant(innen) abgeschirmten Versammlungsort des ‚1. Thüringentag der nationalen Jugend' in Jena, als „national befreit". Und 2005 erkannte der NPD-nahe Bund Frankenland, dass „eigene Räumlichkeiten" für ihre politische Arbeit unumgänglich seien und rief mit den Worten: „Jeder Euro hilft unserem Ziel einer national befreiten Zone [...] näher zu kommen" zu Spenden für ein „Nationales Zentrum" auf.

In der medialen Berichterstattung sowie der öffentlichen Debatte wurde mit dem Terminus „national befreite Zonen" auf Versuche der extremen Rechten hingewiesen, Zonen ‚kultureller Hegemonie' aufbauen zu wollen. Der Zonen-Begriff wurde ausgeweitet auf alle Orte, an denen Rechtsextreme gesichtet wurden. Als Indizien für die Existenz derartiger Zonen galten sämtliche Formen rechtsextremen Agierens: RechtsRock-Konzerte, Aufmärsche, Gewalttaten, NPD-Verbände, Kameradschaften, das

Betreiben von Bekleidungs- oder CD-Läden sowie die Herstellung von Publikationen rechtsextremen Inhalts. Vor allem von einigen ostdeutschen Regionen wurden Schreckensszenarien gezeichnet. Dort sollen rechtsextreme Gruppierungen das öffentliche Leben kontrollieren, während die städtischen Verantwortlichen und die lokale Bevölkerung schweigen würden; die Polizei käme, wenn überhaupt, zu spät und Minderheiten könnten nach Einbruch der Dunkelheit ihre Wohnungen nicht mehr unbeschadet verlassen.

Inzwischen sind „national befreite Zonen" zu einem Symbol geworden, das den Gehalt und die Botschaft von politischen Aussagesystemen verkürzt und sie einprägsam und sozial wirksam macht. Es werden Verknüpfungen zu Narrationen hergestellt, die die Rezipienten kennen und die zugleich viel Platz für Projektionen und Interpretationen bieten. Die Erklärung für Defizite in der Umsetzung formaler Gleichheitsprinzipien und für die Anschlussfähigkeit rechtsextremer Positionen an weit verbreitete Ideologien von Ungleichwertigkeit wie von rechtsextrem motivierter Gewalt, real existierenden Kontrollzonen und schließlich auch für die Angst potenzieller und tatsächlicher Opfer an bestimmten Orten durch die vorgebliche Existenz von „national befreiten Zonen" ist zweifelsohne medienwirksam – spricht jedoch Rechtsextremen mehr Umsetzungsfähigkeit zu, als tatsächlich vorhanden ist. Die Engführung der genannten Phänomene mit dem Begriff ‚national befreite Zone' erschwert die genaue Analyse regionaler Formierungsprozesse einer rechtsextremen Szene. Derartige Analysen jedoch würden die Entwicklung von Interventionsstrategien gegen rechtsextremes Agieren im lokalen Kontext erleichtern.

Uta Döring

Sind die Jungen Nationaldemokraten die ‚revolutionäre Speerspitze‘ der NPD?

Seit 1969 bestehen die Jungen Nationaldemokraten (JN) als Jugendorganisation in der NPD. Von ihr könne sie, wie der einstige JN-Bundesvorsitzende Sascha Roßmüller 2001 gegenüber der ‚Deutschen Stimme‘ behauptete, „charakterlich gefestigte, politisch geschulte und organisatorisch erfahrene Mitglieder“ (DS 08/2001: 3) übernehmen. Nachweislich bekleideten einige der heutigen NPD-Funktionsträger vorher wichtige Ämter bei der JN.

Gegliedert ist die Organisation in einen Bundesverband, mehrere Landesverbände (LV) – wobei sie derzeit nicht in allen Bundesländern präsent ist – und regional oder lokal gegebenenfalls in Stützpunkte. Aktiv ist die JN momentan vor allem im Süd-Osten und Westen Deutschlands, während sie im Norden, von wenigen Ausnahmen abgesehen, kaum von Bedeutung ist. In Baden-Württemberg existieren zehn, in Sachsen sowie Sachsen-Anhalt je sieben, in Bayern sechs und in Thüringen vier Stützpunkte (Stand: 30.06.2007). Diese quantitativen Angaben sagen indes weniger etwas über die Qualität der Arbeit aus als vielmehr über die Aktivitäten der JN in jenen Bundesländern; der LV Sachsen wurde beispielsweise formal erst im Mai 2005 gegründet, der LV Sachsen-Anhalt im August 2005. Die meisten Stützpunkte sind erst innerhalb der vergangenen zwei Jahre gegründet worden, oft kommen diese Neuzugänge aus dem Spektrum der offen neonazistischen „Freien Kameradschaften“. 2006 wurde Norman Bordin zum bayrischen Landesvorsitzenden gewählt – fünf Jahre zuvor hatte er noch die Kameradschaft Süd/Aktionsbüro Süddeutschland gegründet und war nach einer Haftstrafe Stützpunktleiter des Kampfbund Deutscher Sozialisten in München geworden. Im sächsischen Landesverband der JN ist Thomas Rackow stellvertretender Landesvorsitzender und Thomas Satrelberg leitet das Referat Politische Strategien. Beide gehörten in führender Position der 2001 verbotenen Gruppierung Skinheads Sächsische Schweiz (SSS) an. Diese offenkundige systematische Öffnung spiegelt den Integrationskurs der Mutterpartei NPD wider, die seit Jahren versucht, die zumeist jungen und oftmals hoch motivierten Aktivisten der Freien Kameradschaften an sich zu binden.

Zum Auffangbecken wurde die JN aufgrund ihres radikal klingenden Auftretens und Selbstverständnisses. „Ein revolutionärer Geist! Eine sozialistische Idee! Eine aktivistische Jugend!" lautet ihr Leitspruch. Doch geht es ihr nicht nur darum, Jugendliche als Mitglieder zu gewinnen, sondern sie auch im Sinne der JN zu formen. „Es liegt an uns, die Protesthaltung der Jugend in eine widerständige Haltung umzuwandeln", sagte Stefan Rochow nach seiner Wahl zum JN-Bundesvorsitzenden im November 2002 im Interview mit der ‚Deutschen Stimme' und betonte: „Politische Arbeit [...] verlangt ein hohes Maß an Disziplin und Entschlossenheit. Jeder Funktionär unserer Partei weiß, dass politischer Kampf immer auch ein Stück Unterordnung des eigenen Ichs unter die größere Notwendigkeit und des gemeinsamen Nutzens bedeutet."

Entsprechend liegt mittlerweile ein Gewicht der Jugendarbeit der JN auf der Formung und Schulung der Mitglieder zwischen 14 bis 35 Jahren – ob im Rahmen von Veranstaltungen und Vorträgen oder der Selbstschulung mittels eigener kleinerer Schriften sowie den Zeitschriften ‚Hier & Jetzt' der sächsischen JN und dem – nach längerer Pause – wieder aufgelegten ‚Aktivisten' des JN-Bundesverbandes. Dessen „Schriftleiter" Sebastian Richter hat sein Handwerk als Führungskader bei den Freien Aktivisten Hoyerswerda sowie bei der Herausgabe der neonazistischen ‚Mitteldeutschen Jugendzeitung' gelernt, bevor er 2006 in den JN-Bundesvorstand gewählt wurde.

Aber die JN setzt auch auf Aktionen, sie organisiert kleinere Aufmärsche und ‚Mahnwachen', verteilt Flugblätter oder gestaltet Balladenabende und RechtsRock-Konzerte. In ihrer Selbstdarstellung kapriziert sich die JN als Jugendorganisation mit „revolutionärer Ausrichtung", wie Hagen Brunner im ‚Aktivist‘ schreibt: „Revolution heißt für uns [...] Angriff auf die bestehenden Verhältnisse", betont er und hebt hervor: „Ein wirklicher Revolutionär [...] steht keinesfalls loyal zur heutigen politischen Ordnung" (Aktivist 1/2007: 4). Hinter diesen Phrasen von der ‚Revolution‘ verbirgt sich offensichtlich die Ablehnung der parlamentarischen Demokratie und des Grundgesetzes mit seinen allgemeingültigen Menschenrechten.

Die ideologische Basis dafür bildet die Wiederaneignung nationalrevolutionärer Theorien durch die so genannte Neue Rechte in den 1970er Jahren in Verbindung mit ethnopluralistischen Ideen, einem vordergründigen Antiimperialismus und einem kleinbürgerlichen Antikapitalismus in der Tradition von Gregor Strasser, einst Reichsorganisationsleiter der NSDAP.

Der Nationalismus der JN baut – dem Manifest ‚Die 25 Punkte zum Nationalismus‘ folgend – auf der Annahme auf, dass alle Menschen ungleich sind und sich die Welt in „1000 Völker" aufteile. Ihnen stünden der „Imperialismus der Großmächte und der multinationalen Konzerne" entgegen – gemeint sind die „Supermacht USA" samt „ihren Hintermännern", womit in der Regel eine vermeintliche jüdische Verschwörung angedeutet wird. Der Nationalismus hingegen, heißt es weiter in völliger Verkehrung sämtlich Lehren aus der Geschichte, „ist der größte und stärkste Feind des Imperialismus". Und der Nationalismus erstrebe die „soziale Gerechtigkeit und nationale Solidarität" und „bekämpft den Klassenkampf von ‚oben‘ und von ‚unten‘." Ideologisch bewegt sich die JN mit dieser Idee der ‚Volksgemeinschaft‘ dicht am Nationalsozialismus, für den sie wenig verklausuliert votiert: „In der von uns angestrebten Volksgemeinschaft werden die Widersprüche und Unzulänglichkeiten des bestehenden politischen und wirtschaftlichen Systems überwunden werden. Wir deutsche Nationalisten sind Sozialisten." Offensichtlich ist die JN ein Scharnier der NPD zur offen neonationalsozialistischen Szene in Deutschland.

Christian Dornbusch

Jugendarbeit der NPD –
Schein oder Wirklichkeit?

„Visionen für die Jugend" offeriert die NPD auf ihrer Website; dass es bei solchen Verlautbarungen alleine nicht bleibt, zeigen die Bemühungen der Partei und ihrer Jugendorganisation Junge Nationaldemokraten (JN), die ‚rechte' Ansprache gegenüber Jugendlichen zu finden. Das besondere Interesse der NPD an Jugendlichen steht in der Kontinuität der bundesrepublikanischen extremen Rechten seit den 1950er Jahren: Gruppen wie Jugendbund Adler, Wiking Jugend, Bund Heimattreuer Jugend oder Heimattreue Deutsche Jugend orientierten ihre Jugendarbeit am Ideal einer „Erziehung zum Kämpfer" (Dudek/Jaschke 1984: 135 ff.). Bereits in den 1970er Jahren dienten viele dieser Gruppen als ‚Durchlauferhitzer' für extrem rechte Karrieren, doch die Eingangsschwellen dieser Jugendorganisationen stellten sich für informelle Jugendcliquen mit eher diffuser Affinität zur organisierten extremen Rechten als zu hoch dar (ebd.: 164 ff.). An diese Erkenntnis knüpfen die gegenwärtigen Bemühungen der NPD und JN an, Jugendliche für die ‚rechte' Sache zu gewinnen: Ein attraktives Angebot für Jugendliche zu schaffen, das „niedrigschwellig" und umfassend ist. Das ‚klassische' Repertoire von Kameradschaft, Lagerleben und Orientierungsmärschen (jn-buvo.de, 29.03.2007) besitzt mit seinen ‚erlebnispädagogischen' Elementen nach wie vor einen hohen Stellenwert in der Partei, doch probiert sie sich zunehmend in neuen Formen aus und zielt dabei auf die jugendkulturelle Dimension von Rechtsextremismus, um hierin das Anschluss- und Bindungspotential der ‚rechten' Jugendcliquen auszuschöpfen (Hafeneger 2006a). Exemplarisch kann dabei auf die Bemühungen der hessischen JN verwiesen werden, die in Analogie zum Vier-Säulen-Konzept der NPD eine eigene „Vier-Säulen-Strategie" (jn-hessen.de, 12.03.2007) entwickelt hat: „1. Kampf um die Dörfer", „2. Kampf um die Schulen", „3. Kampf um die Kameradschaften", „4. Kampf um die Intellektualisierung der Jugend". Während der „Kampf um die Dörfer" meint, Jugendliche vor Ort persönlich anzusprechen und in Dörfern und kleinen Städten so genannte Stützpunkte zu errichten, bezeichnet der „Kampf um die Schulen" den anvisierten Einflussgewinn an öffentlichen Bildungsstätten – nicht nur durch die Verteilung der ‚Schulhof-CDs', sondern auch durch den Versuch, Klassen- und Schulsprecher zu stellen. Der dritte Punkt spiegelt indes das allgemeine Bemühen, die Kontakte zwischen den Freien Kameradschaften und der JN zu intensivieren, derweil die „Intellektualisierung" auf die interne Schulung ihrer Aktivisten und Unterstützer abzielt.

Die persönliche Ansprache von Jugendlichen vor Ort ist dabei das wichtigste Stilmittel im Repertoire ‚rechter' Jugendarbeit. Hierbei bedienen sich die Aktivisten des Lockmittels ‚Musik' und versuchen damit eine „niedrigschwellige Kommstruktur" (Münchmeier 1998) zu schaffen, denn Rechtsrock ist schon seit Jahren ein wichtiger Faktor für den Einstieg in die extrem rechte Szene und dient dabei der Verbreitung extrem rechter Ideologie (Flad 2006). Neben der Verteilung der ‚Schulhof-CD' werden Jugendliche auch mit der Teilnahme an Konzerten rechtsextremer Bands geködert, die zumeist konspirativ organisiert und durchgeführt werden (Becker 2007). Weiterhin setzt die NPD mancherorts auf Schülerzeitungen wie das Blatt ‚perplex' in Sachsen oder den ‚Schinderhannes' in Rheinland-Pfalz, um einen „wichtigen Schritt für die Verankerung des Nationalismus in der denkenden Jugend" (npd-rlp.de; 03.06.2007) zu vollziehen. Die „Hilfe bei schulischen Problemen" scheint der Partei ein besonderes Anliegen zu sein; so wirbt Stefan Rochow, ehemaliger Bundesvorsitzender der JN, für das Angebot einer ‚rechten' Schülerhilfe als erweitertes Jugendpflegeangebot der JN (jn-buvo.de; 29.03.2007). Allerdings bestehen Zweifel, ob die NPD-Schülerhilfe oder auch die breit propagierte „NPD-Jugendhilfe" (zur Hilfe bei Lehrstellensuche, Vorbereitung auf Vorstellungsgespräche, Hilfe bei Suchtfragen usw.; vgl. npd-mainkinzig.de, 12.03.2007) von Jugendlichen auch tatsächlich angenommen werden oder eher dem Wunschdenken der parteiinternen PR-Maschinerie entsprechen. Denn Kenntnisse über eine größere Nachfrage dieser letztgenannten Angebote liegen nicht vor – allerdings scheint bereits ihre bloße Ankündigung und ihre zum Teil breite Rezeption in der Öffentlichkeit für die Partei Werbung genug zu sein.

Trotzdem gilt es zu konstatieren, dass sich die NPD in der ‚rechten' Ansprache gegenüber Jugendlichen lernfähig zeigt: Programme und Leitlinien alleine sprechen Jugendliche nicht mehr an (was wohl für die meisten politischen Parteien gilt); stattdessen unternimmt die NPD den Versuch, Jugendlichen „Rechtsextremismus als Erlebniswelt" zu suggerieren (Pfeiffer 2007) und dabei die Partei als Interessensverwalter der Jugend zu stilisieren, die „nationale Geborgenheit, Identität und Größe" (Hafeneger 2006b: 511) anbietet. Nicht jede Internetverlautbarung der NPD ist hier ernst zu nehmen, wohl aber ihre Versuche, die Partei als Ort sozialer Wertschätzung (Honneth 1992) für desorientierte Jugendliche zu profilieren.

Reiner Becker

IV. „Kampf um die Straße"

Das Ziel, ‚die Straße' als Raum öffentlichkeitswirksamer politischer Aktionen zu erobern, gehört zum ursprünglich so genannten ‚Drei-Säulen-Konzept' der NPD und ist die ‚Säule', die zunächst am meisten Aufmerksamkeit erfahren hat. Tatsächlich betrachtet die NPD die drei (beziehungsweise mittlerweile vier) ‚Säulen' als aufeinander bezogene Elemente der „operativen Gestaltung des politischen Kampfes" (NPD-Parteivorstand 2002: 57) und verweist auf die ‚Schlacht um die Straße' als wichtigen Beitrag für eine dauerhafte Etablierung der NPD in den Parlamenten (DS 6/2000: 2).

Für die NPD und die mit ihr bei vielen Gelegenheiten kooperierenden neonazistischen Netzwerke geht es dabei in einem ersten Schritt darum, den öffentlichen Raum so ungehindert nutzen zu können, wie dies auch anderen politischen Akteuren möglich ist. Dies meint beispielsweise, dass Informationsstände, mit denen die Partei ihre völkisch-nationalistischen und sozialdemagogischen Schriften unter die Bevölkerung bringen möchte, nicht von Gegendemonstranten umlagert werden oder dass die von ihr angemeldeten Aufmärsche auch in den Stadtzentren und den von der NPD ausgewählten Wohngebieten abgehalten werden können. Dieses Ansinnen, bei dem die NPD regelmäßig darauf verweist, dass sie nicht verboten und daher gleich zu behandeln sei, dürfte freilich nur ein Etappenziel sein; da die

Partei politisches Handeln, das sich an den Werten der Aufklärung und den demokratischen Grundrechten im Grundgesetz
orientiert, als ‚volkszerstörend' ansieht, wird sie solches wohl zu
unterbinden trachten, soweit ihr dies ihre Machtmittel erlauben.
Nicht zufällig haben Vertreter der demokratischen Parteien aus
den Wahlkämpfen in Mecklenburg-Vorpommern und Berlin
im Jahr 2006 von der Zerstörung von Wahlkampfmaterial ihrer
Parteien und tätlichen Angriffen auf deren Wahlkämpfer durch
Neonazis berichtet.

Schon die NSDAP hat der Strategie des ‚Kampfes um die Straße'
einen zentralen Stellenwert beigemessen, ging es doch darum,
öffentlich Durchsetzungsfähigkeit und Stärke zu demonstrieren
und damit den politischen Gegner, insbesondere die Arbeiter-
bewegung und die politische Linke, einzuschüchtern. Auch wenn
weder die gegenwärtige gesellschaftliche Lage noch die Art der
Durchführung der Aufmärsche deckungsgleich sind – etwa weil
das Tragen von Uniformen bei öffentlichen Versammlungen zur
Demonstration der politischen Ideologie gesetzlich untersagt ist
und das Marschieren in Formation regelmäßig durch polizeiliche
Auflagen unterbunden wird –, so ist das grundsätzliche Anliegen
doch ähnlich.

Die politische Aktionsform ‚Demonstration' wird von der NPD
seit etwa 1997 systematisch genutzt; in vielen Fällen konnte sie
diese wirkungsvoll einsetzen und sich – insbesondere gegenüber
ihren Anhängern und Sympathisanten – als handlungsfähige
‚Kraft der Zukunft' inszenieren. Das bewusste Einsetzen von
Demonstrationen zur Vergrößerung des politischen Spielraums
in der Gesellschaft sowie zur Stabilisierung und Dynamisierung
der neonazistischen Bewegung ist dabei durch höchstrichterliche
Urteile erheblich erleichtert worden. Dies galt zuletzt etwa für
den von der NPD im Juni 2004 organisierten antisemitischen
Aufmarsch in Bochum, dessen Durchführung von der zuständigen Kammer des Bundesverfassungsgerichts als Teil der Meinungsfreiheit angesehen und damit möglich gemacht wurde.
Auch die damit verbundenen Polizeieinsätze, bei denen häufig

mit Wasserwerfern, schwerem Gerät und zum Teil erheblichem Gewalteinsatz den Neonazis die Straße freigehalten beziehungsweise -gemacht wird, haben zu den ‚Erfolgserfahrungen‘ von NPD und ihren Anverwandten der neonazistischen Bewegung beigetragen. Vor diesem Hintergrund ist mit einer Fortsetzung der Demonstrationspolitik zu rechnen.

Gewisse Einschränkungen der Handlungsmöglichkeiten von NPD und anderen neonazistischen Akteuren beim ‚Kampf um die Straße‘ ergeben sich aus einer Änderung des Versammlungsgesetzes und des Strafgesetzbuches (Ergänzung des § 130 StGB: ‚Volksverhetzung‘), die am 11. März 2005 mit den Stimmen der Fraktionen der SPD, der CDU/CSU und von Bündnis 90/Die Grünen im Bundestag beschlossen worden ist. Diese Erweiterung zielt insbesondere darauf, jene öffentlichen Versammlungen leichter verbieten zu können, bei denen es in unmittelbarer Nähe zu Gedenkstätten für die Opfer des Nationalsozialismus zu deren Beleidigung und Herabsetzung kommen kann. In den Jahren 2005 bis 2007 wurde auch der jährliche europaweit besuchte Aufmarsch in Wunsiedel zu Ehren des NS-Kriegsverbrechers Rudolf Hess untersagt. Der Rechtsanwalt und Hamburger Landesvorsitzende der NPD Jürgen Rieger betreibt ein Verfahren, mit dem die Verfassungswidrigkeit der Änderung des § 130 StGB festgestellt werden soll.

Was bedeutet der
„Kampf um die Straße"?

Der „Kampf um die Straße" ist Bestandteil des „Drei"-beziehungs-
weise „Vier-Säulen-Konzepts" der NPD, das der Parteivorstand
erstmals im Oktober 1997 als strategische Richtlinie präsentier-
te. Darin deklarierte er die Umsetzung dieser ersten „Säule" als
Vorbedingung für die Realisierung der anderen. In erster Linie
solle mittels öffentlichkeitswirksamer Demonstrationen, Mahnwachen und Info-Tischen massive und offensive Präsenz gezeigt,
dem politischen Gegner wie auch den staatlichen Institutionen
die politische Macht streitig gemacht und die eigene signalisiert
werden. Durch die angestrebte Dominanz des öffentlichen Raums
lasse sich zumindest kurz- und tendenziell auch langfristig eine
„National befreite Zone" realisieren, schrieb der Österreicher
Christian Rogler im NPD-Organ ‚Deutsche Stimme' im Oktober 1999.

Der „Kampf um die Straße" erfüllt zudem eine entscheidende
szeneinterne Funktion. Durch den Eventcharakter und das aktionistische und kämpferische Moment der Aufmärsche sollen vor
allem jüngere Aktivisten mobilisiert und an die NPD gebunden
werden. Diesbezüglich ist die unter Udo Voigt vollzogene, explizite
Öffnung der NPD gegenüber dem parteiungebundenen Spektrum
der neonazistischen Freien Nationalisten und rechtsextremen
Skinheads von entscheidender Bedeutung. Ebenfalls im Konzept vom Oktober 1997 war, entgegen der bisherigen offiziellen
Parteistrategie, eine prinzipielle Kooperationsbereitschaft mit
diesen Kräften erklärt worden: „Die NPD hat keine Probleme
mit solchen Gruppen zusammenzuarbeiten" (NPD-Parteivorstand 1999). Der Vorstand hatte erkannt, dass die Freien Nationalisten für die Mobilisierung der jüngeren, eher unverbindlichen
und aktionistisch orientierten Teilnehmenden von entscheiden-

der Bedeutung sein würden. Allerdings erhob Voigt einen nicht unumstrittenen Führungsanspruch der NPD im „Kampf um die Straße", den diese als „Speerspitze der ‚Nationalen Außerparlamentarischen Opposition' aufgenommen" habe, wie er es im April 2000 in der ‚Deutschen Stimme' formulierte.

Zwar sollen direkte Gewaltanwendungen seitens der Demonstrationsteilnehmenden durch einen taktischen Gewaltverzicht unterbunden werden, jedoch bevorzugen Teile der Freien Nationalisten ein militant-aggressives Auftreten (bis hin zur Formation eines ‚Black Block') und verleihen den Demonstrationen eine „Aura der Gewalt" (Virchow 2006: 93). Gelegentlich führt dies zu Konflikten mit vor allem älteren und ‚gemäßigten' NPD-Kadern. Aufgrund der Bedeutung der Freien Nationalisten hinsichtlich der Mobilisierung wird dieses Verhalten in den meisten Fällen letztlich aber akzeptiert oder zumindest toleriert. Es müssten auch „Negativ-Schlagzeilen in Kauf" genommen werden, um „weiterhin in aller Munde zu bleiben", schrieb Klaus Beissner von der NPD-Hannover im Februar 2007 in der ‚Deutschen Stimme'.

Der dem „Kampf um die Straße" seitens der Partei beigemessene Stellenwert wird am starken Anstieg rechtsextremer Demonstrationen mit NPD-Beteiligung deutlich. Von 1997 bis 2001 hat sich deren Anzahl mit jeweils mehr als 50 Beteiligten durch einen Anstieg von 25 auf 107 mehr als vervierfacht. Nach einem zeitweiligen Rückgang während des NPD-Verbotsverfahrens pendelte es sich bei jährlich ca. 100 Demonstrationen mit durchschnittlich 250 bis 300 Teilnehmenden ein. Es kann also von einer regelrechten ‚Demonstrationspolitik' der NPD gesprochen werden, in deren Rahmen mit Hilfe unterschiedlicher Aktionsformen und Propagandamittel zu den verschiedensten Themen Stellung bezogen wird (Virchow 2006: 68 ff.). Diese hohe Frequenz bei teilweise geringer Beteiligung und gleichzeitig massiven Gegenprotesten hat allerdings ob der fraglichen Effektivität sowie sich abzeichnender ‚Demonstrationsmüdigkeit' zu Kritik in den eigenen Reihen geführt. Voigt nahm dies zum Anlass, auf dem NPD-Bundesparteitag 2004 eine leichte Reformierung

des Konzepts einzuleiten: „Er [der „Kampf um die Straße";
d. Verf.] wird sicher auch weiterhin richtig und notwendig sein.
[…] Wir müssen bei künftigen Demonstrationen den Grundsatz
berücksichtigen, daß manchmal lieber weniger und dafür seltener
aber qualitativ besser mehr für die gemeinsame Sache bringt".
Infolgedessen habe es angebliche „Anweisungen der Parteiführung an ihre Verbände [gegeben], nicht ohne Kampagne
wahllos Versammlungen anzumelden". Auch wenn dies nicht
hinreichend berücksichtigt worden sei, dürfe keinesfalls ein
„Demonstrations-Verzicht" die Konsequenz sein, so Beissner.

Bis heute hält die NPD an ihrem Strategiekonzept von 1997
fest. Trotz der Kritik steht der „Kampf um die Straße" nicht
grundsätzlich zur Debatte. In der ‚Deutschen Stimme', in Partei-
Publikationen und Reden wird dessen anhaltende Gültig- und
Dringlichkeit gemäß der Aussage betont: „Eine nationale Fundamentalopposition im Parlament braucht eine starke Kraft auf
der Straße", so Udo Voigt in einem Interview in der ‚Deutschen
Stimme' vom April 2004. Auch in Zukunft wird der „Kampf um
die Straße" demnach ein wichtiger Bestandteil des strategischen
Konzepts der NPD sein, auch wenn er „weiter diskutiert werden"
müsse, wie der Spitzenkandidat der NPD für die niedersächsische
Landtagswahl 2008, Andreas Molau, im Dezember 2006 in der
‚Deutschen Stimme' schrieb.

Roland Brust

Mit welchen Themen geht die NPD auf die Straße?

Die NPD nutzt die Aktionsform ‚Demonstration' seit über zehn Jahren systematisch; zwar hatte es bereits in den 1970er Jahren zahlreiche Versammlungen der NPD/JN auf öffentlichen Plätzen gegeben, es versammelten sich dabei allerdings – von wenigen Ausnahmen abgesehen – meist nur wenige Dutzend NPD-Aktivisten um eine Lautsprecheranlage. Die heutzutage mit Aufmärschen verbundenen Möglichkeiten sind der NPD insbesondere im Zusammenhang mit einem Aufmarsch in München am 1. März 1997 bewusst geworden. Dieser richtete sich gegen die Ausstellung ‚Vernichtungskrieg: Verbrechen der Wehrmacht 1941 bis 1944'; an ihm nahmen etwa 5000 Anhänger der extremen Rechten teil. Zwei der an der Durchführung der Veranstaltung beteiligten NPD-Kader resümierten: „Psychologisch ist durch München ein großer Durchbruch erzielt worden. Nach 4 Jahren Verboten und zunehmender Repression hat die Szene wieder Tritt gefaßt. […] Der Staat kann viele Jahre Einschüchterungsversuche zu den Akten legen und sich eine neue Taktik überlegen. München hat ein neues Selbstbewußtsein geschaffen, das sich auf jeden einzelne Teilnehmer ausgewirkt hat und noch größere Bahnen ziehen wird" (Einheit und Kampf 18/1997: 8).

Als Teil des ‚Kampfes um die Straße' führt die NPD inzwischen Aufmärsche zu einer Vielzahl von Themen durch. Zum Teil handelt es sich dabei um Motive, die die NPD aus dem lokalen Kontext ableitet, wie zum Beispiel im bayerischen Dorfen, wo die NPD eine Kampagne gegen das örtliche Jugendzentrum führte, weil dieses angeblich Treffpunkt von ‚Gewalttätern' gewesen sei (NPD-Aufmarsch am 11.12.2004). Bei anderer Gelegenheit bezieht sie sich auf historische Ereignisse, wie etwa die Bombardierung deutscher Städte durch die Alliierten im Zweiten Weltkrieg, und

führt – an den jeweiligen Jahrestagen beziehungsweise in deren
Nähe – Aufmärsche in verschiedenen Städten durch. Zu den
politischen Fragestellungen, denen die NPD in jüngster Zeit
besondere Aufmerksamkeit – auch in Form von Aufmärschen
– widmet, gehören die Themen Arbeitslosigkeit und Globalisierung, die im Rahmen der Aufzüge völkisch-nationalistisch und
antiamerikanisch/antisemitisch gewendet werden. Besonderes
Interesse zeigt die NPD seit einigen Jahren an der Besetzung
des symbolträchtigen 1. Mai. An diesem Tag führt sie entweder
dezentral an mehreren Orten oder zentral – meist in Berlin
– einen Aufmarsch durch, mit dem sie sich als ‚Arbeiterpartei'
zu inszenieren versucht.

Aufmärsche sind zudem Teil von Kampagnen, die mit einem
thematischen Schwerpunkt und Motto über einen längeren
Zeitraum durchgeführt werden; in diesem Sinne veranstaltete der
niedersächsische Landesverband der NPD in mehreren Städten
des Landes im Jahre 2003 Aufmärsche, die jeweils unter dem
Motto „Heimreise statt Einwanderung" das migrationsfeindliche
Programm der Partei verbreiten sollten.

Zu solchen Aktionen, deren Zeitpunkte weitgehend von der
Partei bestimmt waren, traten andere hinzu, die aus Sicht der NPD
als Reaktion auf äußere Ereignisse nötig wurden; hierzu gehören
etwa die Aufmärsche gegen den Irak-Krieg, mehr noch aber die
Aufmärsche, mit denen die NPD gegen das gegen sie gerichtete
Verbotsverfahren protestierte. Neben einigen regionalen Aktionen
fand ein zentraler Aufmarsch in Berlin statt, an dem sich am 25.
November 2000 unter dem Motto „Deutschland lässt sich nicht
verbieten" etwa 1700 Personen beteiligten.

Schließlich führt die NPD auch Aufmärsche durch, mit denen
sie besonders provoziert und bundesweit in die Schlagzeilen der
Medien gerät, obwohl es sich zunächst um regionale Veranstaltungen
handelt. Dies gilt etwa für einen vom nordrhein-westfälischen
Landesverband zunächst für den 13. März 2004 in Bochum angemeldeten Aufmarsch unter dem Motto „Stoppt den Synagogenbau
– 4 Millionen fürs Volk!"; diese Aktion wurde wegen ihres unverhüllt

antisemitischen Charakters zweimal verboten, konnte dann jedoch am 26. Juni 2004 unter dem Motto „Keine Steuergelder für den Synagogenbau! – Für Meinungsfreiheit!" durchgeführt werden.

Die Aufmärsche der NPD zielen zum einen nach innen, in die Bewegung, indem sie zu deren Stabilisierung, Qualifizierung und Weiterentwicklung beitragen sollen. Ferner stellen sie ein wichtiges Vergemeinschaftungsmoment dar, bei dem zeitweise ein Emotionskollektiv geschaffen wird. Und die Aufzüge sollen nach außen, in die Gesellschaft, wirken. Als ein zentrales Ziel der Aufmärsche gilt den Organisatoren noch immer die juristisch und politisch abgesicherte Durchsetzung des Rechts auf gleichberechtigte Teilnahme am öffentlichen Diskurs – einschließlich derzeit noch strafbewehrter Inhalte. Zugleich will sich die NPD öffentlich als politisch handlungsfähige Kraft präsentieren, die zu einer wachsenden Bandbreite von Themen ausgearbeitete Standpunkte vorlegen kann. Jürgen Schwab formulierte in seinem Buch ‚Deutsche Bausteine', dass solche Aufmärsche deutlich machen sollen, „wer in den eigentlichen Lebensfragen des deutschen Volkes hierzulande wirklich die Opposition darstellt – wenn es um Themen geht, die alleine anzusprechen bedeutet, den Tabubruch zu wagen. Die Medien werden gezwungen, sich mit dezidiert nationalen Themen und Positionen auseinanderzusetzen – wenn diese dann auch negativ kommentiert werden" (Schwab 1999: 149).

Fabian Virchow

Wie sind NPD-Demonstrationen organisiert?

In den vergangenen zehn Jahren hat die NPD zahlreiche Aufmärsche in allen Regionen der Bundesrepublik durchgeführt – mit unterschiedlichem Erfolg, was die Zahl der Teilnehmenden und die öffentliche Resonanz angeht. Die Entscheidung zu einem Aufmarsch kann auf unterschiedlichen Ebenen der Partei fallen: Wenn es sich um einen Aufmarsch von bundesweiter Bedeutung handelt, zu dem einige Tausend Teilnehmende erwartet werden, ist dies im Regelfall eine Entscheidung des Parteivorstandes. Dies schließt nicht aus, dass eine andere Parteigliederung als Anmelderin auftritt und die organisatorische Arbeit trägt. Auf der regionalen Ebene gibt es zudem zahlreiche Aufmärsche, die von Parteiaktivisten der örtlichen oder regionalen Ebene initiiert werden; diesen stehen dann jedoch nur begrenzte Ressourcen zur Verfügung.

Im Regelfall zeigen die Vertreter der NPD vor der öffentlichen Bekanntmachung auf den Internetseiten der Partei oder in der Parteizeitung die Aktion beim zuständigen Ordnungsamt an; diese Anmeldung erfolgt mal sehr kurzfristig, insbesondere bei den größeren Aufmärschen jedoch häufig bereits einige Monate vor dem Veranstaltungstermin. Zu ihren Aufmärschen veröffentlicht die Partei zum Teil inhaltliche Aufrufe, zum Teil begnügt sie sich mit einem Motto und den Angaben über Ort, Datum, Beginn und voraussichtlich sprechende Gesinnungskameraden.

Zwar kommt es auch bei von der NPD angemeldeten Aufmärschen zu Verboten durch die Polizei oder Versammlungsbehörden, diese werden im Regelfall jedoch von Instanzen der Verwaltungsgerichte beziehungsweise vom Bundesverfassungsgericht aufgehoben, da sich die NPD erfolgreich auf das ‚Parteienprivileg' beruft. Allerdings werden regelmäßig umfangreiche Auflagenkataloge erlassen, die die

NPD bei der Durchführung des Aufmarsches zu beachten hat. Hierzu gehört häufig das Verbot, sich in Marschformation zu bewegen sowie bestimmte Parolen zu rufen, die Personen oder Institutionen des NS-Regimes verherrlichen. Meist kommt es im Vorfeld des Aufmarsches zu einem Gespräch zwischen der Polizei oder Vertretern des zuständigen Ordnungsamtes einerseits und der NPD andererseits; darin wird unter anderem über die Route des Aufmarsches verhandelt. Während die NPD gerne durch bevölkerungsreiche Stadtteile oder an symbolischen Orten laufen möchte, geht es der Polizei darum, antifaschistische Proteste nicht zu dicht an die NPD-Aufmärsche gelangen zu lassen. Häufig ist mit der polizeilichen Vorgabe, den neonazistischen Aufmarsch räumlich von den demokratischen Gegenaktionen zu trennen, eine Veränderung des Aufmarschweges unter polizeitaktischen Gesichtspunkten verbunden.

Hierzu gehört aus Sicht der Polizei und der NPD die ungestörte Anreise; insbesondere in den Fällen, in denen mit umfangreichen und entschlossenen antifaschistischen Protesten zu rechnen ist, empfiehlt die NPD auf eine individuelle Anreise zu verzichten und bietet Vorab-Treffpunkte (zum Beispiel Autobahnraststätten, ÖPNV-Haltestellen) an, von denen aus die Neonazis dann gemeinsam zum Ort der Auftaktkundgebung reisen. Auf dieser selbst folgt nach der Begrüßung im Regelfall die Verlesung der Auflagen; gehört zu diesen auch das Verbot, bestimmte Symbole, die sich in der Neonazi-Szene großer Beliebtheit erfreuen, öffentlich zu zeigen, so werden diese dann mit Klebeband oder im Falle von Tätowierungen mit Pflastern überklebt. Gelegentlich führt das dazu, dass mancher Teilnehmer an den Armen und Beinen sowie im Nacken mit Pflastern übersät ist. Verstöße gegen die Auflagen werden nicht immer von der Polizei unterbunden; beispielsweise wurden bei einem von der NPD mitorganisierten Aufmarsch in Frankfurt am Main am 7. Juli 2007 antisemitische Parolen gerufen, ohne dass die Polizei die Personalien der Täter feststellte, um Verfahren gegen diese einleiten zu können.

Im Rahmen der Auftakt-, Zwischen- und Abschlusskundgebung sprechen neben – mehr oder weniger bekannten – NPD-Funktionären oder -Aktivisten häufig auch Neonazis, die der Partei nicht angehören. Dies soll das Bündnisinteresse der NPD unterstreichen.

Bei den Aufmärschen werden regelmäßig Transparente mitgeführt; diese sind zum Teil professionell hergestellt und weisen oft neben einer Parole den Kreis- oder Landesverband der NPD aus. Bei den großen Aufmärschen der NPD gibt es ein Leittransparent an der Spitze des Aufmarsches, das das zentrale Thema des Aufmarsches formuliert. Hinter diesem sammelt sich die Parteiprominenz und posiert für die Fotografen der großen Agenturen und Tageszeitungen.

Wo die Polizei ein Zusammentreffen der Neonazis mit demokratischen Protestlern befürchtet, wird der Neonazi-Aufmarsch von starken Polizeikräften begleitet; häufig laufen dann vor dem Zug Greiftrupps der Polizei, die etwaige Straßenblockaden auflösen, und Wasserwerfer und gepanzerte Fahrzeuge werden mitgeführt. Auch wenn bei manchen Aufmärschen in Ostdeutschland die Begleitung durch die Polizei eher spärlich ist, laufen in den meisten Fällen Polizisten am Rande des Aufmarsches mit.

Nach Abschluss der Veranstaltung wird die Heimreise angetreten; wo die antifaschistischen Proteste stark sind, erfolgt auf Veranlassung der Polizei der Abtransport der Neonazis in Bussen städtischer Unternehmen. Nach der Durchführung eines Aufmarsches verbreitet die NPD in der Regel Erfolgsmeldungen; ist es ihr nicht gelungen, die angestrebte Teilnehmerzahl zu erreichen, so wird häufig der Polizei oder dem ‚Terror der Antifa' die Schuld gegeben.

Die juristischen Auseinandersetzungen um die Aufmärsche finden gelegentlich ihre Fortsetzung in Dienstaufsichtsbeschwerden oder Anzeigen gegen Einsatzleiter der Polizei, die nach Ansicht der NPD nicht hart genug gegen Antifaschisten vorgegangen sind. So konnte die NPD einen Urteilsspruch erwirken, demzufolge die Polizei bei einem Aufmarsch in Nürnberg am 20. Oktober 2001 gegen eine gewaltfreie Blockade ihrer Demonstrationsroute, an der sich auch lokale Politikprominenz beteiligt hatte, nicht energisch genug eingeschritten sei.

Fabian Virchow

Wie ist das Verhältnis der NPD zur Gewalt?

Das Urteil vor dem Landgericht Itzehoe war schnell gefunden. Am 22. März 2007 sprach der Richter im Berufungsverfahren die NPD-Funktionäre Stefan Köster, Ingo Stawitz und Marion Indorf schuldig. Wegen gemeinschaftlicher gefährlicher Körperverletzung verurteilte er den stellvertretenden NPD-Fraktionsvorsitzenden in Mecklenburg-Vorpommern Köster, den stellvertretenden NPD-Landesvorsitzenden in Schleswig-Holstein Stawitz und den Angehörigen des Parteiordnerdienstes Indorf zu Geldstrafen. „Notwehr" nennt die NPD den Übergriff – ein Recht, auf das sich deren Parteiführer oft berufen.

Den Angriff verübte das Trio bei einer Wahlveranstaltung im schleswig-holsteinischen Steinburg. Am 4. Dezember 2004 protestierten rund 70 Demonstranten vor dem Veranstaltungsort, vereinzelt flogen Steine aufs Gebäude. „Alle kräftigen Männer raus!", rief Bundessprecher Klaus Baier in den Saal. Bewaffnet mit Flaschen und Stühlen griffen die NPD-Freunde an. Als ein Rechter einen am Boden liegenden Demonstranten mit einem Stuhl anging, gab ein Polizist zwei Warnschüsse ab. Im Saal erklärte der NPD-Bundesvorsitzende Udo Voigt später: „Wir haben ein Recht auf Selbstverteidigung, wir schlagen zurück".

Dass Parteiführer Angriffe als Verteidigung umdeuten, verwundert wenig, möchte die NPD doch als bürgernah und wählbar erscheinen. In einer „Handreichung" empfiehlt sie auf die Frage zum Verhältnis der Partei zur Gewalt denn auch zu antworten: „Die NPD hat das Gewaltmonopol des Staates zu keinem Zeitpunkt in Frage gestellt und lehnt Gewalt als Mittel der politischen Auseinandersetzung ab. Jede Form der Gewalt ist politisch kontraproduktiv und ein Ausdruck geistiger Schwäche und fehlender Argumente" (NPD-Parteivorstand 2006: 28).

Manchen Freunden der Partei gehen aber die Argumente aus. Am 6. Januar 2007 verübten drei Männer und eine Frau in Sangerhausen einen Brandanschlag auf ein Asylbewerberheim. Zuvor waren sie bei einer Party von Enrico Marx, Stützpunktleiter der NPD-Jugendorganisation Junge Nationaldemokraten. „Geistige Schwäche" zeigen auch einige Bundesvorstandsmitglieder – neben Köster sitzen dort noch andere Gewalttäter. Am 31. Mai 2007 verurteilte das Landgericht Magdeburg Jürgen Rieger wegen Körperverletzung, da er bei einem Aufmarsch einen Passanten mit einem Faustschlag verletzte. Mehrere Strafen wegen Körperverletzung erhielt Thorsten Heise, den schon 1991 das Landgericht Göttingen zu einer Bewährungsstrafe verurteilte. 1994 schoss er mit einer Gaspistole bei einer Abiturfeier auf einen Schüler. Polizisten ging er 1997 während einer „Vatertagstour" an. Für 18 Monaten musste er dann im Jahr 2000 unter anderem deswegen in Haft. Als „gewaltbereiter Führungsaktivist" schätzt der Berliner Verfassungsschutz Eckert Bräuniger ein, der 2004 bei einer Wehrsportübung festgenommen wurde. Ende der 1970er Jahre war Manfred Börm an einem Überfall auf das Nato-Lager Bergen-Hohn beteiligt. Zu sieben Jahren Haft wurde das Bundesvorstandsmitglied 1978 wegen Beteiligung an einer „kriminellen Vereinigung" verurteilt.

In den unteren Parteirängen führten Anfang 2007 Bilder von Wehrsportübungen zu Untersuchungen. Die Staatsanwaltschaft Osnabrück nahm Ermittlungen gegen den NPD-Verantwortlichen Christian Fischer aus Vechta wegen Verdachts der Bildung einer bewaffneten Gruppe auf.

In einer Studie zu „rechtsextremen Einstellungen" stellten Sozialwissenschaftler fest, dass „Rechtsextreme" eine „höhere Gewaltbereitschaft" haben (Decker/Brähler/Geißler 2006: 159). Verehren doch auch politische Aktivisten, wie der stellvertretende NPD-Bundesvorsitzende und sächsische Franktionschef Holger Apfel, die „Soldaten der Waffen-SS". Und beschönigen ebenso auch NPD-Mitglieder, wie der Rechtsrocker Michael Regener alias Lunikoff, Gewalt gegen Migranten und politische Gegner. Im

RechtsRock, den auch Heise mit seinem WB-Versand vertreibt, finden sich immer wieder gewaltlegitimierende Songs: „Sein Kiefer zersplittert durch die Doc's-Stahlkappe, jetzt noch 'nen Eiertritt und dann liegt er auf der Matte", heißt es im Song ‚Punk' von Kraftschlag und selbststilisierend bei Lunikoff: „Mundschutz und Schienbeinschoner gehören zu unserer Garderobe. [...] Wir sind die Jungs fürs Grobe". Im WB-Versand bietet Heise zudem Schlagstöcke und Schutzbekleidung an.

Die Gewaltbereitschaft schlägt auch in den eigenen Reihen in Taten um. Im Juli 2005 verhandelte das Amtsgericht Neumünster gegen Martin E., der 2004 in Steinburg sein Parteibuch erhielt, wegen gefährlicher Körperverletzung. Mit einem Kameraden schlug er einen Rechten schwer zusammen, der in seinem Haus keine rechte Wohngemeinschaft einziehen lassen wollte. Der NPD-Kreisvorsitzende Maik Spiegelmacher aus Greifswald misshandelte im März 2003 gemeinsam mit drei Gesinnungsgenossen einen Kameraden. Der 15-Jährige hatte zu seiner Ex-Freundin Kontakt gehalten, mit der der 30-jährige Spiegelmacher inzwischen liiert war. Vor der Verurteilung zu zwei Jahren und neun Monaten Haft legte er alle Ämter nieder (Speit 2005: 34 f.).

Bei Verfahren geht die NPD bei ihren Mitgliedern auch schon mal auf Distanz. Verurteilte Gewalttäter stellt sie dennoch als Kandidaten bei Wahlen auf. In dem Milieu finden Personen zusammen, die Gewalt ideologisch nahelegen und/oder praktisch verüben. „Das Spektrum reicht", betont Michael Kohlstruck, „vom einfachen Schläger bis zum geschulten Ideologen" (Kohlstruck 2002: 81). Gewalt wird in diesem Milieu zum politischen Mittel, ideologisch legitimiert und praktisch verübt.

Andreas Speit

V. „Kampf um die Parlamente"

Der „Kampf um die Wähler" ist neben dem „Kampf um die Straße" und dem „Kampf um die Köpfe" die dritte Säule des 1997 entworfenen strategischen Konzeptes der NPD, die darunter die „zielgerichtete Wahlteilnahme" verstanden wissen will. Verstärkt wendet sich die Partei unter dem Vorsitz von Voigt den Wahlen auf allen parlamentarischen Ebenen zu: die NPD kandiert zum Europaparlament und für den Bundestag und tritt bei Landtagswahlen und Kommunalwahlen an, insofern der „Deutschlandpakt" mit der DVU dieser nicht den Vortritt einräumt.

„Ich habe immer wieder betont, dass es zu billig wäre, nur um des Geldes wegen zu Wahlen anzutreten", betonte Voigt im Interview mit der ‚Deutschen Stimme' im Juli 1999: „Hauptsächlich geht es uns bei den derzeitigen Wahlteilnahmen darum, die ‚Schlacht um die Straße' zu führen und dabei den ‚Kampf um die Köpfe' aufzunehmen. Die vielen Tausend NPD-Mitglieder müssen im Zuge dieser Wahlkämpfe lernen, sich auf der Straße, bei den Demonstrationen, Kundgebungen und Informationsständen durchzusetzen, um dort in direkter Konfrontation mit dem politischen Gegner ‚ihren Mann beziehungsweise ihre Frau zu stehen' und in argumentativen Gesprächen mit dem Bürger zu überzeugen. Wir müssen raus aus den verqualmten Hinterzimmern

und die Mentalität ablegen, sich im eigenen ‚Mief‘ wohlzufühlen"
(Sonderbeilage zur Europawahl 1999: 3).

Zudem setzt die NPD neben diesem Schulungseffekt für die
eigenen Aktivisten darauf, in der Öffentlichkeit weiter bekannt
und als ernsthafte politische Kraft wahrgenommen zu werden.
Immerhin ermöglicht ihr der Antritt bei Wahlen beispielsweise
im Fernsehen und Radio, für die eigene Politik zu werben.

Sachsen wurde zunächst das ‚Versuchsterrain‘ der NPD; dort
bündelte sie ihre Kräfte. Bei den Landtagswahlen 1999 erzielte sie
1,4 Prozent, bei den Kommunalwahlen im gleichen Jahr jedoch
bereits erste Mandate. Eine Legislaturperiode später, im Herbst
2004, versechsfachte sie das Ergebnis. Mit 9,2 Prozent und 12
Abgeordneten zog sie in den sächsischen Landtag ein. Zwei Jahre
später errang sie bei den Landtagswahlen am 17. September 2006
in Mecklenburg-Vorpommern 7,3 Prozent und damit sechs Sitze
im Schweriner Schloss. So knüpft die NPD an die Erfolge ihrer
Anfangszeit an: Zwischen 1966 und 1972 saß die Partei mit 61
Abgeordneten in sieben Landesparlamenten. Vor dem Hintergrund der jüngsten Ergebnisse peilt die Partei den Einzug in die
Landtage in Niedersachsen, Hessen und Bayern 2008 und in
den Bundestag 2009 an.

Häufig wird bei der Fixierung auf die Abgeordnetenhäuser der
Länder und des Bundes nicht beachtet, dass die NPD seit ihrer
Gründung in zahlreichen Rathäusern und Kreistagen mit einem
oder mehreren Sitzen vertreten war und versucht, sich mit ihrem
Profil in die kommunale Arbeit einzubringen. Die NPD behauptet
von sich, dass der Ausgangspunkt ihrer Arbeit die Kommune sei:
„Den Kampf um die Wähler müssen wir folgerichtig verstärkt in
den Kommunen führen, um dort das Fundament unserer künftigen Arbeit zu legen", schrieb Voigt 1999 in einem Buch zum
35-jährigen Bestehen der NPD: „Kommunale Mandate müssen
die Grundlage für unsere weitere politische Aufbauarbeit sein,
denn hier können wir dem Wähler zeigen, daß die NPD keine
Briefkastenpartei ist, sondern von Menschen repräsentiert wird,
die sich mit ihrer ganzen Persönlichkeit für die Interessen der

deutschen Bürger einsetzt!" (Voigt 1999: 470). Als solche nutzen
die kommunalen Abgeordneten ihre Mandate, um Präsenz zu
zeigen und die nationalistische, rassistische und geschichtsrevisionistische NPD-Propaganda in das lokale politische Geschehen
einzubringen.

Der Einzug in Landesparlamente, wie in Sachsen und Mecklenburg-Vorpommern geschehen, eröffnet der NPD weitere
Möglichkeiten. Die Abgeordneten erhalten Diäten, die Fraktion
eigene Räume, Gelder für einen Mitarbeiterstab und mancherorts
richtet die NPD Bürgerbüros ein. Den Landtag bezeichnete Holger Apfel auf dem Neujahrsempfang des NPD-Landesverbandes
im Januar 2007 als „Politik-Werkstatt", wo die NPD ihre Arbeit
professionalisieren und sich Fachwissen auf unterschiedlichsten
Gebieten aneignen könne. Vor allem aber bietet ihnen die Kulisse
des Parlaments die Möglichkeit, ihre eigenen politischen Ansätze
publik zu machen. Doch das Demokratieverständnis der NPD
unterscheidet sich deutlich von dem der demokratischen Parteien:
„Auch wir gehören zu dieser Demokratie", erklärt Jörg Hähnel,
NPD-Bezirksverordneter in Berlin-Lichtenberg, „mit dem feinen
Unterschied, daß wir die real existierende Parteiendiktatur nicht
als das Endziel jeder historischen Entwicklung betrachten."

Ihren politischen Ansatz, ob im Kommunalparlament oder im
Landtag, bezeichnet die NPD als Fundamentalopposition – nicht
konstruktive Mitarbeit, sondern das zu beseitigende System ‚entlarven' zu wollen, sieht sie dabei als ihre Aufgabe an.

Udo Voigt, von Jürgen Distler 1999 im Interview für die
‚Deutsche Stimme' gefragt, mit welchem Anspruch sich die
Partei dem Wählervotum stelle, antwortete: „Mit dem Anspruch
Deutschland einmal regieren zu wollen und auf den Trümmern
des Liberalkapitalismus ein neues Deutschland zu errichten." Oder
wie er auf dem 29. Bundesparteitag in Königslutter 2002 sagte:
„Unser Ziel ist das Reich – unser Weg die NPD! Der Kampf um
Deutschland hat begonnen!"

Wird die NPD aus Protest gewählt?

In den politischen und medialen Bewertungen von Wahlerfolgen extrem rechter Parteien ist die These vom ‚Protestwähler‘ häufig anzutreffen. Diese besagt, dass ein entsprechendes Wahlverhalten nicht auf die Übereinstimmung mit den Inhalten der gewählten Partei zurückzuführen ist, sondern auf den Wunsch, der eigenen Unzufriedenheit dadurch Ausdruck zu verleihen, dass einer Partei die Stimme gegeben wird, die weitgehend als ‚nicht wählbar‘ angesehen wird.

Parteien der extremen Rechten verwenden in ihren Wahl-kämpfen bewusst Parolen, die Wähler ansprechen sollen, die sich weder von den jeweiligen Regierungsparteien noch von der parlamentarischen Opposition vertreten fühlen. In diesem Sinne wird mit Slogans wie ‚Jetzt Protest wählen‘ oder ‚Schnauze voll? Wahltag ist Zahltag!‘ zur ‚Denkzettel-Wahl‘ aufgerufen.

Tatsächlich spielen bei Wahlentscheidungen für bisher nicht in den Parlamenten vertretene Parteien zahlreiche Faktoren eine Rolle, so beispielsweise die Aussicht auf das Scheitern an der Fünf-Prozent-Hürde – entsprechend der Überlegung, dass zwar ‚Protest‘ gewählt, aber auch kein Schaden angerichtet wird – oder auf den Einzug ins Parlament und damit verbundene Hoffnungen auf Veränderung. Aber auch der persönliche Eindruck des Kandi-daten, die Bewertung der – häufig nur parolenhaft – bekannten politischen Aussagen der Partei oder das als alternativlos bewertete Angebot sind von Bedeutung.

Die Wahl einer Partei wie der NPD kann Protest sein; sie ist aber nicht Ausdruck einer inhaltslosen Kritik, sondern wird in der Regel durch gewisse Berührungspunkte und Übereinstimmungen zwischen den politischen Ansichten des Wählers möglich. Nimmt man die von der NPD in den Landtagswahlkämpfen in Sach-sen und Mecklenburg-Vorpommern in großer Zahl verbreitete Parole ‚Grenze dicht für Lohndrücker!‘ als Beispiel, so wäre die

Wahlentscheidung für die NPD als Protest gegen eine Politik zu
verstehen, die auf kontrollierte Grenzöffnung und Arbeitsmigra-
tion setzt, statt sich an einer eindeutig völkisch-nationalistischen
Bevorzugung ‚deutscher Arbeitnehmer' zu orientieren.

Im Falle der NPD ist die Frage der ‚Protestwahl' vor allem
hinsichtlich der Wahlen in Sachsen und in Mecklenburg-Vorpommern relevant, da sie dort in einem Umfang Wahlzustimmung
organisieren konnte, die deutlich über die andernorts erzielten
Ergebnisse hinausgeht.

In beiden Bundesländern lässt sich bei den Wahlen zu den parlamentarischen Vertretungen auf kommunaler und Landesebene ein
kontinuierlicher Anstieg der für die NPD abgegebenen Stimmen
feststellen. In Sachsen erzielte die NPD bei den Landtagswahlen
im Jahr 1999 1,4 Prozent; lediglich bei den Erstwählern kam sie
mit 6,4 Prozent über die Fünf-Prozent-Hürde. Bei den Kommunalwahlen im selben Jahr gelang es der NPD in einigen Regionen
– etwa in der Sächsischen Schweiz und im Muldentalkreis –, bereits bis zu 11,8 Prozent der Stimmen einzuwerben. Diese lokale
Verankerung vertiefte sich und weitete sich in den folgenden
Jahren aus und trug nicht nur zum guten Abschneiden der NPD
in ihren Hochburgen bei den Gemeinderatswahlen (beispielsweise
Reinhardtsdorf-Schöna 25,2 Prozent, Königstein 21,1 Prozent,
Sebnitz 13,2 Prozent), sondern auch maßgeblich zum Einzug der
NPD in den sächsischen Landtag (9,2 Prozent) bei.

Das Wahlverhalten in Reinhardtsdorf-Schöna verdeutlicht,
worauf die Stärke der NPD in Sachsen beruht: ihre Kandidaten
sind als Arzt, Fahrschullehrer oder Klempnermeister etablierte
Bürger; die NPD-Wähler kommen aus allen Altersgruppen, fühlen
sich von den gesellschaftlichen Entwicklungen benachteiligt und
haben kein Problem mit extrem rechter Ideologie. In Dresden
erzielte ein von der NPD geführtes Nationales Bündnis 20 564
Stimmen und erhielt mit diesen 4,02 Prozent drei Mandate. Einigen Prognosen zum Trotz ist dieses Wählerpotential der NPD
auch drei Jahre nach dem Einzug in den Landtag weitgehend
stabil (Forsa-Umfrage vom 12.07.2007).

In Mecklenburg-Vorpommern hatte die NPD 1994 bei der Kommunalwahl lediglich in ausgewählten Kreisen kandidiert und dabei in Schwerin 1,4 Prozent und in Boizenburg/Hagenow 1,49 Prozent der Zweitstimmen erhalten. Hatte die Partei bei der Landtagswahl 1994 nur 0,1 Prozent erreichen können, so waren dies bei der Landtagswahl 1998 bereits 1,07 Prozent der Stimmen. Bei den 1999 wieder stattfindenden Kommunalwahlen konnten im Landesschnitt 0,5 Prozent, in ausgewählten Kreisen jedoch deutlich höhere Ergebnisse erzielt werden (Greifswald: 1,9 Prozent; Kreistag Mecklenburg-Strelitz: 1,8 Prozent; Kreistag Ludwigslust: 1,6 Prozent; Stralsund: 1,5 Prozent; Rostock: 1,2 Prozent). Bereits bei der Bundestagswahl im Jahr 2005 kam die NPD dann im nordöstlichen Bundesland auf durchschnittlich 3,5 Prozent der Zweitstimmen – in den an der polnischen Grenze liegenden Wahlkreisen sogar auf 4,5 Prozent. Schließlich zog die NPD im Herbst 2006 mit 7,3 Prozent der abgegebenen Zweitstimmen in den Landtag Mecklenburg-Vorpommerns ein; auch in diesem Fall trugen die von ihr beziehungsweise neonazistischen Gruppen und Netzwerken systematisch und kontinuierlich mit Publikationen und lokalen politischen Interventionen aufgebauten Schwerpunktregionen überdurchschnittlich zum Wahlerfolg bei.

Lässt sich also zumindest für einige Regionen dieser beiden Bundesländer begründet die Entstehung einer Stammwählerschaft der NPD vermuten, die die NPD aufgrund der von ihr formulierten Ziele und ihres Auftretens vor Ort wählt, so muss bei der These von der ‚Protestwahl' auch bedacht werden, dass sozialwissenschaftliche Untersuchungen von einem relativ stabilen extrem rechten Einstellungspotenzial in Höhe von bundesweit 15 Prozent ausgehen. Insofern scheint es vor allem so zu sein, dass es der NPD in einigen Bundesländern gelingt, dieses Potenzial anzusprechen und zur Stimmabgabe zu motivieren.

Fabian Virchow

Wer wird für die NPD aufgestellt?

Immer schon hat sich die NPD bemüht, zu Wahlen vorzeigbare
Personen aufzustellen, die aus der ‚Mitte des Volkes' kommen.
Bessere Aussichten, zur Wahl nominiert zu werden, haben
zunächst Männer. Von 25 Bewerbern bei der saarländischen
Landtagswahl 2004 waren 21 Männer und vier Frauen. Bei den
Wahlen zum Kommunal-, Landtags- und Europaparlament in
Sachsen traten im gleichen Jahr 122 Bewerber an, unter ihnen
16 Frauen (Steglich 2005: 84). Von den 113 Bewerbern bei der
Landtagswahl in Nordrhein-Westfalen 2005 waren lediglich
sieben Frauen und nur eine befand sich unter den 37 Listen-
bewerbern und Kreiswahlvorschlägen bei den Landtagswahlen
in Mecklenburg-Vorpommern 2006. Etwas anders gestaltete
sich das Verhältnis bei der kleinen Kommunalwahl 2007 in
Sachsen-Anhalt, dort waren 11 von 49 Kandidaten Frauen, drei
von ihnen traten sogar als Spitzenkandidatinnen an. Der Anteil
der weiblichen Kandidaten zur Bundestagswahl 2005 betrug
11,6 Prozent, knapp die Hälfte von ihnen kam aus den neuen
Bundesländern. Das heißt, während der Frauenanteil unter den
Bewerbern in den alten Ländern bei 9,2 Prozent lag, betrug er in
den fünf neuen Ländern 16 Prozent, mit Schwerpunkt in Sachsen
und Sachsen-Anhalt. Obwohl statistisch gesehen daraus abgeleitet
werden könnte, dass Frauen in den ostdeutschen Ländern eine
höhere Wahrscheinlichkeit haben zur Wahl aufgestellt zu werden,
sind Frauen jedoch insgesamt betrachtet bei der Kandidatenauf-
stellung nach wie vor deutlich in der Minderheit.

Gerne stellt sich die NPD in der Öffentlichkeit wie auch in
ihren eigenen Medien als ‚Partei der Jugend' dar. In Sachsen soll
das Durchschnittsalter der Mitglieder nach Angaben der Partei bei
36 Jahren liegen – 18 Jahre unter dem der CDU (Steglich 2005:
86). Bei der Aufstellung der Kandidaten für Wahlen zeigt sich ein
ähnlicher Trend. Im Wahljahr 2004 lag das Durchschnittsalter

aller 122 nominierten Kandidaten bei 39,5 Jahren. Aus der Alters-
kohorte zwischen 25 und 35 Jahren kamen mit 36,1 Prozent
überproportional viele Kandidaten. Bei der Bundestagswahl
2005 betrug der Altersdurchschnitt 43,6 Jahre, bei der Landtagswahl in Nordrhein-Westfalen nur 38,5 Jahre. Dort waren
53,1 Prozent der Bewerber jünger als 35 Jahre, während es bei
der Bundestagswahl nur 38,8 Prozent der Kandidaten waren.
Offensichtlich setzt die NPD bei den Wahlen zum Bundestag
eher auf ältere und damit vielleicht auch erfahrenere Kandidaten
als bei den Landtagswahlen.

Der soziale Status scheint kein entscheidendes Auswahl-
kriterium für die Aufstellung von Kandidaten zu sein. Die größte
Gruppe unter den sächsischen Bewerbern der NPD im Wahljahr
2004 machten Arbeiter mit 37,7 Prozent aus, gefolgt von den
Angestellten mit 28,7 Prozent, den Selbstständigen mit 13,9
Prozent, der Gruppe der Studenten, Schüler, Auszubildenden und
Wehrdienstleistenden mit 6,5 Prozent und den Rentnern mit 5,7
Prozent. Mit 2,5 Prozent waren Arbeitslose und Akademiker unter
den 122 Kandidaten indes sehr gering vertreten (Steglich 2005:
89). Zum Vergleich: der Anteil von Arbeitern an der Gesamtbevöl-
kerung betrug laut Statistischem Bundesamt 2005 29,4 Prozent,
der von Angestellten 52,2 Prozent und der von Selbstständigen
11,2 Prozent (Statistisches Bundesamt 2006: 85).

Wer tatsächlich zur Wahl und auf welchem Listenplatz aufgestellt wird, hängt von verschiedenen Faktoren ab. Zunächst
davon, wie viele Kandidaten aufgestellt werden können beziehungsweise müssen. Für kleine Parteien wie die NPD sind die
Kommunalwahlen eine Herausforderung. Angesichts der Vielzahl
zu wählender Interessenvertretungen – Nordrhein-Westfalen
hat beispielsweise 396, Sachsen 505 und Thüringen sogar 992
politisch selbstständige Städte und Gemeinden – reichen die
Mitgliederzahlen in der Regel nicht aus, um flächendeckend
anzutreten. Während die NPD in Sachsen im Verhältnis zur
Anzahl der Gemeinden mit rund 1000 Mitgliedern noch relativ
gut aufgestellt ist, verfügt sie in Nordrhein-Westfalen nur über

750 (Stand 31.12.2006) und in Thüringen über 500 Mitglieder
(Stand: 30.06.2007). Auch Landtagswahlen stellen die NPD,
wenn auch nicht im gleichen Umfang, vor ein derartiges Problem.
Doch mit stetem Mitgliederzuwachs und durch die Unterstützung
aus den Reihen der Freien Kameradschaften erhöhte sich in den
letzten Jahren die Chance der NPD, flächendeckend antreten zu
können. Stolz verkündete die NPD Mecklenburg-Vorpommern
im Vorfeld der Landtagswahl 2006, dass sie neben der mit 15
Bewerbern besetzten Landesliste auch in allen 36 Wahlkreisen
einen Direktkandidaten aufgestellt habe. Manche der aus den
Freien Kameradschaften stammenden Kandidaten waren erst
2005 der NPD beigetreten.

Offen ist die Partei aber auch für andere prominente Nicht-
mitglieder. Bei der Bundestagswahl 2005 kandidierte auf der
Hamburger Landesliste der neonazistische Rechtsanwalt Jürgen
Rieger, der erst 2007 der NPD beitrat, und auf der bayerischen
Liste Reinhold Oberlercher, einst Aktivist des Sozialistischen
Deutschen Studentenbundes (SDS) und heute aktiv beim neo-
nazistischen Think-Tank Deutsches Kolleg.

Wer schließlich konkret aufgestellt wird, ist Ergebnis eines parteiinternen Findungsprozesses und folgt verschiedenen Kriterien.
Auf den vorderen Listenplätzen werden Kandidaten bevorzugt,
die in den Medien bereits bekannt sind und ein gewisses Cha-
risma besitzen und/oder über eine lokale Verankerung verfügen
und/oder aufgrund ihrer beruflichen oder anderen Tätigkeit (Arzt,
Dachdeckermeister, Fahrschullehrer, Kirchenvorstandsmitglied
etc.) vor Ort bekannt sind. Berücksichtigt werden ferner jene, die
sich für die Partei engagieren und deren bisheriger Lebenswandel
der NPD nicht zum Schaden gereichen kann, etwa durch allzu
hohe Vorstrafen. Die Abstimmung über die Kandidatenaufstel-
lung erfolgt letztlich auf den Mitgliederversammlungen und
den Parteitagen.

Christian Dornbusch

Was macht die NPD in den kommunalen Parlamenten?

Mehr als 200 000 kommunale Mandatsträger sitzen in Gemeinde- und Stadträten und Kreistagen – über rund 125 Mandate verfügt dabei derzeit die NPD (Stand: 31.07.2007). 1971 konnte sie noch 426 Kommunalmandate vorweisen (Beier et al. 2006: 24).

In den meisten Kreisen und Gemeinden gibt es heute keine parlamentarische Vertretung der NPD, während andernorts, insbesondere dort, wo die Partei besonders stark agiert, oft gleich zwei oder drei Mandatsträger im kommunalen Parlament aktiv sind. Ihre Wahl geht teilweise auf eine Übereinstimmung der Wähler mit programmatischen Aussagen der NPD zurück, teilweise liegt sie in den Sympathien für die Kandidaten begründet, die beispielsweise als Handwerker, Arzt, Fahrschullehrer oder Landwirt mit Sitz im örtlichen Kirchenvorstand in der Bevölkerung integriert und anerkannt sind.

Ein einheitliches Auftreten in den Kommunalparlamenten gibt es nicht. Einzelne Abgeordnete verhalten sich eher ruhiger und stellen zurückhaltend Anträge. Ihr Stimmverhalten gestaltet sich dabei zumeist individuell und weniger an der Parteilinie orientiert als vielmehr an den eigenen Positionen zu verschiedenen Themen. Unter Umständen stimmen diese Abgeordneten mal mit der CDU, der FDP oder der SPD, den Grünen oder der Partei Die Linke ab. Sobald es sich aber bei dem Abgeordneten um einen exponierten Aktivisten der Partei handelt, oder um eine Gruppe von zwei oder mehr Personen, verändert sich das Auftreten. Ihr Stimmverhalten ist dogmatischer, ihre Redebeiträge, Anfragen und Anträge mehren sich. Allerdings entspricht auch heute noch mancher Abgeordnete dem Klischee des laienhaften Stümpers, dessen seltene Wortmeldungen kaum über die Wiedergabe einfacher Parteislogans hinausgehen.

Eine Studie zum kommunalpolitischen Engagement der NPD in Mecklenburg-Vorpommern sortiert die Anträge und Stellungnahmen in sechs Kategorien (Beier et al. 2006: 79 f., 162 ff.): Sozial- und Wirtschaftspolitik, inklusive Arbeitsmarkt- und Strukturpolitik; Selbstthematisierung, vor allem hinsichtlich des Umgangs mit der NPD vor Ort oder der extremen Rechten allgemein; Geschichtspolitik; Ausländer- und Deutschtums- politik, Behörden- beziehungsweise Systemkritik sowie schließ- lich unspezifische Anträge und Stellungnahmen, die auch von anderen Parteien gestellt werden können, beispielsweise der Bau einer Fußgängerampel. In Sachsen widmen sich die Kommunal- politiker mittlerweile vor allem der Systemkritik und der Ausein- andersetzung mit politischen Gegnern.

Die meisten derzeitigen Mandatsträger der Partei sind zum ersten Mal in einem solchem Amt und sondieren zunächst die Situation. Damit sie zukünftig schneller in die Arbeit einsteigen können, versucht die am 26. Juni 2003 gegründete Kommunal- politische Vereinigung (KPV) der NPD bei der Auswahl der Kandidaten mitzuwirken und sie auf ihr Amt vorzubereiten. Ferner übernimmt die KPV die Aus- und Weiterbildung der Gewählten. „Der Umgang mit der Kommunalverfassung, der jeweiligen Geschäftsordnung und der Kreisordnung muß ebenso thematisiert werden, wie das Auftreten vor dem Auditorium und vor der Presse", betonte Stephan Meise, Kreistagsabgeordneter im Rhein-Sieg-Kreis auf der Jahreshauptversammlung der KPV im Februar 2006 (DS 05/2006: 13).

Zur Bedeutung der KPV hatte deren Mitbegründer und ehemalige Vorsitzende Ralf Haschke im Februar 2004 in der ‚Deutschen Stimme' (DS) darauf verwiesen, „dass eine politische Führungsrolle in Deutschland nur dann erreicht werden kann, wenn Nationaldemokraten in den Städten und Gemeinden eine feste Größe darstellen. Nach dem Motto: ‚Zuerst die Kommunen, dann die Landtage und dann der Bundestag'." Drei Monate später fügte er in einem Interview in der DS hinzu, dass „die nationale Fundamentalkritik am BRD-System an der Basis, also in der

Gemeinde und dem Kreis beginnen" müsse. Ferner bietet die Kommunalpolitik durch das direkte Zusammentreffen mit den Bürgern Möglichkeiten, für sich zu werben: „Wir haben Gesicht gezeigt und damit Vorurteile ausgeräumt", behauptete der Dachdeckermeister Andreas Karl, Mandatsträger im Burgenlandkreis in der DS im April 2004.

Eigene Akzente möchte der im Mai 2007 neu gewählte KPV-Vorsitzende Hartmut Krien setzen. Er hob auf der Jahresvollversammlung hervor, dass „es ab sofort eine intensivere Vernetzung und Betreuung der gewählten Kommunalabgeordneten geben" werde. „Unsere Mandatsträger müssen sich untereinander austauschen und gegenseitig aufbauen" (DS 06/2007: 4). In den Berliner Bezirksvertretungen scheint das bereits zu funktionieren; so beantragten gleich zwei NPD-Fraktionen die Umbenennung der Integrationsbeauftragten in Ausländerrückführungsbeauftragte.

Entsprechende ‚Tipps und Tricks' werden auch in der DS weitergegeben. Im Mai 2007 schrieb dort beispielsweise der Abgeordnete im hessischen Lahn-Dill-Kreis, Alfred Zutt, dass angesichts der prekären Finanzlage der Gemeinden die Stellen zu streichen seien, „die ihren Ursprung in der verfehlten Familien-, Ausländer-, Zuwanderungs- und Gleichstellungspolitik" hätten. Entsprechende Anträge hatte er gestellt. Obwohl die NPD im Vergleich mit den demokratischen Parteien deutlich weniger aktiv ist, versucht sie den Eindruck zu erwecken, ihre Abgeordneten seien die aktivsten, kritischsten und oppositionellsten.

Mancherorts bereiten sich Aktivisten der NPD bereits auf die Kommunalwahlen und ihren möglichen Einzug ins Kommunalparlament vor. Fleißig schreiben sie in den öffentlichen Ratsversammlungen und Ausschusssitzungen mit. Sie sondieren die Lage und versuchen, die wichtigsten Themen zu identifizieren. Sie beobachten die Fraktionen, notieren Forderungen und Argumente und hoffen so, Schwachstellen zu entdecken. Und sie verfolgen aufmerksam, wie ein adäquates Auftreten funktioniert.

Christian Dornbusch, Friedemann Bringt

Was leistet die NPD in den Landtagen?

Zwischen 1966 und 1972 war die NPD in sieben Landtagen mit mehr als 60 Abgeordneten vertreten. Lutz Niethammer urteilt: „Auf die politischen Anforderungen, die in den Landtagen an sie gestellt würden, war die NPD nur sehr begrenzt vorbereitet. […] Der Einzug in die Landtage kam … so überraschend und so massiv, dass die schmale Personalbasis der DRP/NPD-Führungsgruppe überfordert war" (Niethammer 1969: 96). Er spricht gar von einem „Bumerang ihres Erfolges", denn die Parteiführung sei auf die Ergebnisse nicht vorbereitet gewesen und habe „vorzeigbare, gutbürgerliche Leute" auf die Spitzenpositionen gesetzt, während die erfahrenen Parteipolitiker dahinter rangierten. Lediglich in den Fraktionen in Bayern und Baden-Württemberg sei „eine wirklich regsame politische Tätigkeit festzustellen". Dort sei das Bildungsniveau am höchsten, der Altersdurchschnitt ebenso wie die NS-Belastung niedriger und die Agitation am aggressivsten gewesen (Hoffmann 1999: 401). In den anderen Landtagen war der Ton der NPD eher gemäßigt.

Die Anträge bezogen sich häufig auf „leicht überschaubare Einzelfragen". Einige wenige Routiniers kaschierten „die Unfähigkeit ihrer sich in Schweigen hüllenden Hinterbänkler". Eine gewisse Aufmerksamkeit konnte durch populistische und eher an die Öffentlichkeit als an das Parlament gerichtete Forderungen wie die nach Kürzung der Diäten, Einstellungsstopp in der Verwaltung oder Reduzierung der Repräsentationskosten der Landesregierung erzielt werden. Andere Anträge, wie die Forderung nach Schließung der Zentralstelle zur Aufklärung der NS-Verbrechen, waren vorwiegend zur Bedienung des eigenen Kernklientels gedacht. Zusammenfassend spricht Uwe Hoffmann von einer mittelmäßigen bis schlechten Parlamentsarbeit.

Einige der Befunde für die Parlamenttätigkeit der NPD von 1966 bis 1972 treffen auf die heutigen Landtagsfraktionen in Sachsen und Mecklenburg-Vorpommern zu. Zumindest in Sachsen wurde die NPD von der Höhe ihres Erfolges überrascht. Die für Parteien der extremen Rechten nicht unübliche starke Fluktuation hat dazu geführt, dass die Liste der möglichen Nachrücker erschöpft ist. Die NPD hatte bei einer 15 Personen umfassenden Landesliste zwölf Mandate errungen. Auch hier rangierten inhaltlich profilierte Parteipolitiker zum Teil auf hinteren Listenplätzen; der heute beispielsweise zum Spitzenpersonal gehörende Jürgen W. Gansel war gerade noch in den Landtag gerutscht. Er zählt zu den besten Rednern, während der Landesvorsitzende Winfried Petzold kaum in der Lage ist, seine Wortbeiträge vom Blatt abzulesen. Petzold war, ebenso wie die inzwischen ausgetretenen Abgeordneten Klaus Baier, Jürgen Schön und Mirko Schmidt, vorwiegend wegen seines langjährigen Parteiengagements auf einem vorderen Listenplatz gelandet. Insgesamt lässt sich feststellen, dass sich Redehäufigkeit, Ausschussarbeit und Initiative wie in den 1960er Jahren auf eine Minderheit der NPD-Parlamentarier beschränken. Im Gegensatz zur Vergangenheit wird dieses Manko allerdings dadurch ausgeglichen, dass die NPD-Fraktion gezielt daran gearbeitet hat, sich mit einem Stab qualifizierter wissenschaftlicher Mitarbeiter zu umgeben, wobei Parteimitgliedschaft als zweitrangig angesehen wurde. Ein deutlicher Unterschied zu früheren Zeiten ist auch im Ton auszumachen. Eher vergleichbar mit der NSDAP setzt man auf gezielte Regelverletzungen, kassiert bereitwillig Ordnungsrufe und sogar den Ausschluss von Sitzungen. Provokationen wie die Rede vom „Bombenholocaust" in Bezug auf die Bombardierung Dresdens 1945 werden besonders dann eingesetzt, wenn die öffentliche Aufmerksamkeit einzuschlafen droht.

Insgesamt müssen die aktuellen NPD-Fraktionen als fleißig in der Plenararbeit eingeschätzt werden. In den Ausschüssen dagegen ist häufig sogar nur ein Fraktionsmitarbeiter anwesend, um die Streitpunkte und den Debattenverlauf zu kennen. Ansonsten wird diese Arbeit vernachlässigt, da die Ausschüsse nicht öffentlich tagen. Dagegen nutzt die NPD besonders die zu einer medienträchtigen Tageszeit stattfindenden aktuellen Debatten zur Eigenprofilierung. Eine hohe Zahl an Kleinen Anfragen deckt alle Themenbereiche ab, wobei ein Schwerpunkt der Wissbegier bei Fragen nach dem direkten politischen Gegner, Antifaschisten und der Linken, auszumachen ist.

Ein inhaltlicher Schwerpunkt der NPD liegt auf der sozialen Frage, der außerparlamentarisch durch die ‚Antikapitalismus-Kampagne' ergänzt wird. Dies ist der deutlichste Unterschied zur alten NPD, zu der Niethammer feststellte: „Antikapitalismus spielt in der NPD kaum eine nennenswerte Rolle. Entsprechende Meinungen beschränken sich auf Ressentiments gegen hohe Einkommen; selbst aus der Gefährdung des Mittelstandes werden keine ernsthaften wirtschaftspolitischen Folgerungen gezogen" (Niethammer 1969: 268). Das Gegenteil trifft für die Gegenwart zu. Die entsprechenden Gesetzesanträge sind handwerklich sauber und in sich logisch. Teilweise werden in ihnen Forderungen und Kritikpunkte anderer Parteien aufgegriffen. Die NPD pflegt dabei den Kontakt mit den Betroffenen und mobilisierte beispielsweise zu einer Plenardebatte über die drohende Schließung eines Textilwerkes Teile der Belegschaft.

Die bisherige Parlamentstätigkeit in Sachsen scheint vorwiegend am Ziel der Wiederwahl ausgerichtet zu sein. An diesem Ziel muss die Leistung der Fraktionen gemessen werden. Trotz der offenkundigen und nur schwer behebbaren personellen und konzeptionellen Mängel können die gewählten Methoden und Inhalte sowie das Auftreten dazu führen, dass das Erreichen dieses Ziels nicht aussichtslos ist.

Volkmar Wölk

VI. Positionierungen

Mit Aufmärschen, Transparenten, Flugblättern und in Reden positioniert sich die NPD politisch. Zentral ist dabei ihre deutsche Volkstumspolitik, die zunächst die Kernthemen Ausländer- und Vergangenheitspolitik bestimmt. Die NPD müht sich unter dem Motto „Unsere Großväter waren keine Verbrecher" um die Ehrenrettung von Wehrmacht und Waffen-SS und übt sich dabei in der Rehabilitierung des Nationalsozialismus. Zugleich tritt sie für die Abschiebung aller Migranten ein und fordert die rigorose Erhöhung des Kindergeldes für deutsche Familien – gemäß dem Credo der extremen Rechten, den ‚Kampf um das Volk' auch über die Kreißsäle zu führen.

Deutlich wahrnehmbar basieren diese Positionen auf der Weltanschauung der NPD, die sich auch in anderen Themen spiegelt, die von der Partei in gewisser Regelmäßigkeit aufgegriffen werden. Ob bei der Wirtschafts- und Sozialpolitik, dem Umweltschutz, der Landwirtschaft, der Bundeswehr, der Bildung oder beim Thema Europa, zu sagen hat die NPD immer etwas. Oftmals reicht dies indes nicht über plakative Parolen hinaus; nur in wenigen Fällen hat die Partei eigene Konzepte entwickelt, die sie als ihre Alternative in den politischen Diskurs einzuführen sucht. Doch diese sind stets von derart grundsätzlichem Charakter, dass zunächst das bestehende System beseitigt werden müsste.

Für Stellungnahmen und Verlautbarungen greift die NPD in

erster Linie auf ihr eigenes schmales ‚intellektuelles' Potential zurück. Einzelnen Mitgliedern und Funktionsträgern, die sich in ein
Thema eingearbeitet haben, wird eine vermeintliche Expertenrolle
zugebilligt. Darüber hinaus versucht die NPD, andere ‚kluge' Köpfe
der extremen Rechten oder ihnen auf andere Weise Wohlgesonnene
zu gewinnen, wie beispielsweise Prof. Dr. Rabehl von der Freien
Universität Berlin, der von der Partei als Sachverständiger zu Anhö-
rungen im Landtag zu Dresden und Schwerin eingeladen wurde.

Publiziert wurden die Grundsatzpositionen der NPD im
‚Parteiprogramm' von 1997, das zuletzt 2004 in zehnter Auflage
erschien, dem ‚Aktionsprogramm' (o. J.) sowie dem ‚Europaprogramm' von 2003. Themenflugblätter beinhalten die Standpunkte zu ausgewählten Problemfeldern, wobei die populistische
Aufmachung in erster Linie Werbezwecke verfolgt. Regelmäßig
kommentiert der NPD-Parteivorsitzende Udo Voigt in der
monatlichen erscheinenden Parteizeitung ‚Deutsche Stimme'
wichtige aktuelle Ereignisse, während die Redakteure des Blat-
tes, Parteifunktionäre und Gastautoren auf weitere politische
Geschehnisse eingehen. Pressemitteilungen nutzt die Partei
hingegen, um gegebenenfalls schnell auf Ereignisse reagieren zu
können, aber auch, um grundsätzlichere Positionen vorzustellen.
Veröffentlicht werden sie zunächst auf der zentralen Web-Seite
der NPD sowie auf denen der Partei-Untergliederungen. Rund
36 Meldungen erschienen im Durchschnitt im ersten Halbjahr
2007 monatlich auf der Seite der Bundespartei.

Auffallend ist bei Durchsicht der Kommentare und Positionierungen der Partei, dass sie über einen begrenzten Kanon an
Themen nicht hinausreichen, in ihnen komplexe Zusammenhänge
bewusst verkürzt und stets nur plakative Antworten formuliert
werden. Doch geschickt weiß die NPD dies zu kaschieren. An-
knüpfend an aktuelle Debatten oder wichtige gesellschaftliche
Themen setzt sie zunächst auf große Worte. Dabei vereinfacht
sie grob die politischen Zusammenhänge und schematisiert sie.
Im Anschluss identifiziert sie einen vermeintlichen Verursacher,
markiert ihn als einzigen Schuldigen und attackiert ihn. Schließlich

präsentiert sie sich selbst beziehungsweise die ‚nationale Bewegung' als Heilsbringer, der durch radikal klingende Vorschläge (‚System- wechsel') eine Überwindung der Krise verspricht; Lösungen oder konstruktive politische Ideen, die sich mit der ganzen Breite der grundgesetzlich fixierten Gleichheits- und Freiheitsrechte einerseits und den von der Bundesrepublik Deutschland unter- zeichneten internationalen Abkommen andererseits vertragen, sucht man bei der NPD vergeblich.

Welche Wirtschaftspolitik will die NPD?

Neoliberale Globalisierung, die marktwirtschaftliche Durch- dringung der Gesellschaft, die Demontage des Sozialstaates und die selbst erklärte Machtlosigkeit der Politik gegenüber der Ökonomie erfordern auch von der extremen Rechten eine Neuorientierung von Programm und Praxis (Ptak 1996). Anfang der 1990er Jahre begann die NPD das bis dahin vernachlässigte Feld der Wirtschafts- und Sozialpolitik programmatisch zu füllen und ökonomische Themen in ihre Propaganda zu integrieren. Im Unterschied zu anderen Kräften der extremen Rechten hat die NPD von Beginn an auf eine Strategie *gegen* den Neoliberalismus gesetzt und versucht – teilweise durchaus mit Erfolg –, sich als oppositionelle Kraft der ökonomischen und sozialen Verlierer zu etablieren. Ihre Vorstellungen zur Wirtschaft bilden kein eigenständiges Politikfeld, sondern sind stets mit den Kernideologemen Nationalismus, Rassismus, Antisemitismus und Sozialdarwinismus verknüpft. In enger Anlehnung an die NSDAP verficht die NPD ein Primat der Politik, das heißt wirtschaftliche Fragen sind der politischen Strategie untergeordnet, also letztlich Mittel zum Zweck. Insoweit ist kaum von einer originären Wirt- schaftskonzeption der NPD zu sprechen.

Trotz der grundsätzlichen Aufwertung hat sich die inhaltliche
Substanz der wirtschafts- und sozialpolitischen Programmatik der
NPD kaum verändert. Zwei Aspekte sind festzustellen: Erstens hat
die NPD ihre Programmaussagen in der Form überarbeitet, d.h. vor
allen Dingen knappere, unverbindlichere und moderatere Formulierungen gewählt. Eine deutliche NS-Orientierung wird auf sprachli-
cher Ebene vermieden, wenngleich sie in der konkreten Praxis (z.B.
anlässlich der „Hartz IV"-Proteste oder in der Globalisierungskritik)
unübersehbar ist. Zweitens hat die Wirtschafts- und Sozialpolitik
rein quantitativ ein stärkeres Gewicht im Parteiprogramm erhalten,
4 von 15 Programmabschnitten widmen sich inzwischen diesem
Komplex. Zentral ist das bereits erwähnte Primat der Politik in völkischer Einbettung: „Nicht das Volk dient der Wirtschaft, vielmehr
muss die Wirtschaft dem Volke dienen" (4. Abschnitt). Leitlinie der
Wirtschaftspolitik soll „die Synthese von unternehmerischer Freiheit
und sozialer Verpflichtung" (4. Abschnitt) sein. Handlungsfeld dafür
ist die „Betriebsgemeinschaft", das wirtschaftliche Gegenstück zur
„Volksgemeinschaft", in der die Unternehmer mit uneingeschränkter
Führungsmacht ausgestattet sein sollen, ohne auf Gewerkschaften
und Mitbestimmung Rücksicht nehmen zu müssen.

Mit antikapitalistischer Geste werden Produktionsverlage-
rungen ins Ausland angeklagt und deren politische und steu-
erliche Ächtung gefordert. Die Zielgruppe dieser Aussagen
sind vor allem Beschäftigte aus Unternehmen, die im scharfen
Wettbewerb der neoliberalen Globalisierung stehen, beispielsweise in der Automobilindustrie bei VW oder Opel. Als zweites
Standbein baut die NPD auf den selbständigen Mittelstand
(v.a. Kleinbetriebe und Landwirtschaft), der ebenfalls unter
verschärften Konkurrenzbedingungen leidet und im Programm
als „lebenswichtiger Bestandteil" (4. Abschnitt) der deutschen
Wirtschaft hervorgehoben wird. Für diese Unternehmen fordert
die NPD „die Steuerfreiheit für Gewinne, die im Unternehmen
in Deutschland verbleiben" – allerdings nicht im Programm,
sondern im aktuellen Propagandamaterial.

Versucht man den materiellen Kern der wirtschafts- und

sozialpolitischen Programmatik zu erfassen, sind im Prinzip zwei Grundvorstellungen zu erkennen: die sogenannte „raumorientierte Volkswirtschaft" (5. Abschnitt) und ein Rumpf-Sozialstaat im Rahmen einer „nationalen Volksgemeinschaft" (7. Abschnitt). Die „raumorientierte Volkswirtschaft" ist als Antwort der NPD auf die scharf von ihr kritisierte Globalisierung zu verstehen und wurde 2006 im Rahmen einer 135-seitigen „Profil-Broschüre" nochmals aufgewertet. „Die NPD lehnt die in der kapitalistischen Wirtschaftsordnung betriebene Internationalisierung der Volkswirtschaften entschieden ab" (5. Abschnitt). In diesem Sinne fordert die NPD die Abkehr vom Modell einer offenen, in den Weltmarkt integrierten Volkswirtschaft und orientiert sich ohne spezifische Festlegungen an den seit den 1920er Jahren diskutierten Vorstellungen einer wirtschaftlichen Autarkie.

Letztlich steht ein solches Konzept für eine Politik des aggressiven Außenhandels, die deutsche Exporte massiv fördert und zugleich die Importe durch Zölle, Regulierungen und Substitution möglichst weitgehend beschränken will, also eine Außenwirtschaftspolitik, die nur zu Lasten anderer Volkswirtschaften umzusetzen wäre. Die sozialpolitischen Vorstellungen entsprechen dieser Logik einer Politik auf Kosten Anderer. Dabei formuliert die NPD zunächst ganz in Übereinstimmung mit dem neoliberalen Mainstream, dass „eine Sozialpolitik nach dem Traumbild des totalen Wohlfahrtsstaates" (7. Abschnitt) falsch und unsozial sei. Die NPD will offensichtlich einen auf wenige Kernfunktionen reduzierten Sozialstaat, der darüber hinaus ethnisch homogen ausgerichtet sein soll und damit die nichtdeutsche Bevölkerung von der Teilhabe ausschließt: „Ausländer sind aus dem deutschen Sozialversicherungswesen auszugliedern" (7. Abschnitt). Man braucht nicht viel Phantasie, um sich vorzustellen, wie die NPD – sofern die Machtverhältnisse dies zuließen – beispielsweise die von den Arbeitsmigranten und -migrantinnen erworbenen Rentenansprüche konfiszieren würde, um auf diese Weise das Wohl der „nationalen Volksgemeinschaft" zu finanzieren.

Ralf Ptak

Hat die NPD ein Bildungskonzept?

„Bildung für alle" forderte die NPD im Frühjahr 2007 in einer in Thüringen verteilten Zeitung, mit der sie neue Mitglieder zu werben versuchte. Die im Parteiprogramm, in zahlreichen Beiträgen in der Parteizeitung sowie in Flugblättern formulierten bildungs-politischen Vorstellungen der NPD beziehen sich einerseits auf die Strukturen des Bildungssystems und die Rahmenbedingungen, andererseits auf die Bildungsinhalte.

Die NPD führt die von ihr beklagten Mängel im Bildungssys-tem ursächlich auf dessen Demokratisierung und auf Migrations-prozesse zurück. Aus den PISA-Studien, die unter anderem die Notwendigkeit der Förderung von Schülern mit Migrations-hintergrund verdeutlicht haben, schließt der NPD-Funktionär Molau schlicht „Multikulti macht blöd" (DS 8/2005: 1). Statt sich den besonderen pädagogischen Herausforderungen durch Schulklassen zu stellen, in denen verschiedene Migrations-hintergründe und Sprachenkenntnisse zusammentreffen, setzt die NPD auf den Ausschluss der Migranten aus dem Schulsystem, denn – so heißt es in einem Flugblatt der Partei – „Bildungsziel muß die Förderung der deutschen Jugend" sein.

Hinsichtlich des Spracherwerbs macht die NPD unter anderem die Rechtschreibreform für Schwächen in der Lesekompetenz „deutscher Schüler" verantwortlich; das biologistische Grund-verständnis der NPD, wonach Sprache untrennbarer Bestandteil der ‚nationalen Identität' sei (DS 12/2006: 5), führt im Übrigen zur Ablehnung schulischer Ansätze, Kindern schon frühzeitig auch das Erlernen von Fremdsprachen zu ermöglichen. Wenn die NPD beklagt, „dass Deutsch im internationalen Leben nicht die Rolle einnimmt, die ihm zusteht", weil es von „fast 100 Mio. Menschen" gesprochen würde, so verdeutlicht dies zudem die Instrumentalisierung der Sprachfrage für machtpolitische Zielsetzungen.

Die NPD tritt für das dreigliedrige Bildungssystem ein und lehnt sowohl Gesamt- als auch Ganztagsschulen ab. Hintergrund dieser Positionierung ist bei letzteren die Überhöhung der Familie als exklusiver Ort der persönlichen Entwicklung von Kindern und bei ersteren der Wunsch nach „Auslese": Die NPD tritt offen für die Förderung von ‚Eliten' ein. Die Universitäten sollen – geht es nach der NPD – zu „Eliteschulen" werden. Gegen die mit dem Ausbau des Hochschulsystems Ende der 1960er/Anfang der 1970er Jahre zeitweise (v)erfolgte Demokratisierung der Universitäten formuliert die NPD eine „Auslese nach Leistung" (DS 3/2005: 6). Hauke Nanninga sah die NPD in einem Beitrag in der Parteizeitung gar an der Spitze derjenigen politischen Akteure, die für eine „Elitenförderung" (DS 2/2004: 4) eintreten.

Weil die NPD behauptet, Intelligenz sei im Wesentlichen genetisch festgelegt, hat in ihren Volksgemeinschaftskonzepten jede Person ihren festen Platz; so „müsste mit dem Märchen aufgeräumt werden, dass eine unbegrenzte Menge von Menschen akademische Grade erwerben könne. Universität sollte schon per se Elite rekrutieren. Andere Talente werden in einem Volk anders gebraucht und müssen auch entsprechend gewürdigt werden" (ebd.). So hat denn der Arbeiter Arbeiter zu bleiben …

Im Rahmen der Diskussion um die Einführung von Studiengebühren vertritt die NPD eine ablehnende Position; sie schlägt stattdessen eine sog. ‚Akademikersteuer' vor, das heißt einen Aufschlag auf die Einkommenssteuer, sowie eine systematische Benachteiligung von Studierenden mit Migrationshintergrund: Gebührenfreiheit für Deutsche einerseits und Gebühren für Nicht-EU-Ausländer andererseits (DS 10/2006: 8). An der Universität Trier trat die NPD-nahe Hochschulgruppe Freiheitlich-Soziale Liste gegen die Einführung von Studiengebühren auf.

Neben einer Politik, die auf den Ausschluss von Migranten aus dem Bildungssystem zielt und das Universitätsstudium einer „Elite" vorbehalten möchte, tritt die NPD in einem Flugblatt zur ‚Lage der Jugend' für die „uneingeschränkte Freiheit der Wissenschaft an den Universitäten und Fachhochschulen gegen ideologische Bevormundung" ein. Hierunter versteht die NPD auch die Freiheit, die Verbrechen der NS-Diktatur öffentlich in Zweifel ziehen oder vollständig leugnen zu können, indem behauptet wird, dass die historische Forschung noch nicht zu eindeutigen Ergebnissen gekommen sei. Zudem müsse es nach Ansicht der NPD um die Vermittlung „unseres geistig-kulturellen Erbes" gehen. Hierzu zählen – werden das Ideologieangebot und die Traditionsbezüge der NPD in ihrer Breite berücksichtigt – das Konzept der Volksgemeinschaft und wohl auch Rasse-Konzepte aus der Zeit der NS-Diktatur. Wenn die NPD die Schulen für die „Wertelosigkeit" der deutschen Gesellschaft verantwortlich macht, dann ist angesichts der rassistischen und antisemitischen Ideologie der NPD unschwer vorzustellen, welche ‚Werte' dort wieder Einzug halten sollen.

Schließlich hat die NPD in jüngster Zeit wiederholt die in mehreren Bundesländern geplanten Schulschließungen kritisiert; diese Entwicklung, die den Schülern immer längere Schulwege aufbürdet, instrumentalisiert die Partei insbesondere zur Popu-larisierung ihrer bevölkerungspolitischen Vorstellungen, denen zufolge mehr ‚deutsche Kinder' geboren werden müssen. Dann würden auch wieder mehr Schulen gebaut. Unter Berufung auf den extrem rechten Autor Volkmar Weiss müssten insbesondere Akademikerinnen, deren Studium „ein sehr effektives Mittel zur Empfängnisverhütung" sei (DS 1/2005: 7), wieder in erster Linie Mütter sein.

Bildung für alle wird es mit der NPD nicht geben – stattdessen den Ausschluss von Menschen mit Migrationshintergrund aus dem Bildungssystem und eine an ‚Elite'-Kriterien orientierte Selektion.

Fabian Virchow

Wie will die NPD die Arbeitslosigkeit beseitigen?

Arbeit und Arbeitslosigkeit sind zentrale Themen in der Mobilisierungsstrategie der NPD. Dabei orientiert sich die Partei an den nationalsozialistischen Kampagnen der NSDAP in der sogenannten Kampfzeit, also in der Phase vor der Machtübernahme. Die Massenarbeitslosigkeit während der Weltwirtschaftskrise von 1929-1932 und die verfehlte Sparpolitik der Regierung Brüning waren wichtige Anknüpfungspunkte für den nationalsozialistischen Aufstieg (Ptak 1999). Vor diesem Hintergrund veranstaltet die NPD seit einigen Jahren zusammen mit Freien Kameradschaften und Autonomen Nationalisten Aufmärsche zum „nationalen Tag der Arbeit" am 1. Mai. Verwirrung löste ihre Beteiligung an Sozialprotesten wie den Montags-Demonstrationen gegen die Arbeitsmarktreformen der Schröder-Regierung aus. Auch in den letzten erfolgreichen Wahlkämpfen in Sachsen und Mecklenburg-Vorpommern stand Arbeit im Mittelpunkt der offiziellen Parteipropaganda: „Quittung für Hartz IV" war eine der zentralen Losungen. Dabei baut sich die NPD stets als oppositionelle Kraft gegen Sozialabbau auf und fordert „Vollbeschäftigung und soziale Sicherheit". Aber wie will die NPD diese Ziele erreichen?

Grundsätzlich verfolgt die NPD eine Arbeitsmarktpolitik (analog zur Sozialpolitik), die auf fundamentaler Diskriminierung beruht. Aus ökonomischer Perspektive besteht der rationale Kern der NPD-Vorschläge aus drei Säulen: 1. der massiven Reduktion des Arbeitskräfteangebots; 2. der Verbesserung der Angebotsbedingungen insbesondere für Unternehmen des selbständigen Mittelstands und 3. der Finanzierung von Arbeitsmarktprogrammen durch die Umschichtung von Haushaltsmitteln entlang nationalistischen und rassistischen Kriterien.

Die erste Säule besagt, dass die Zahl derjenigen, die den

Unternehmen ihre Arbeitskraft anbieten, durch Ausgrenzung bestimmter Bevölkerungsgruppen gesenkt werden soll. Zwar vertritt die NPD in ihrem Parteiprogramm ein „Recht auf Arbeit", das aber nur für Deutsche gelten soll (5. Abschnitt). An anderer Stelle heißt es: „Unser Programm: Arbeitsplätze zuerst für Deutsche." Die NPD spekuliert also darauf, etwa drei Millionen gemeldete ausländische Arbeitskräfte und eine Million vermutete illegale Arbeitsmigrantinnen und -migranten aus dem Land zu treiben („konsequente Rückführung der Ausländer"), wobei die Partei offenlässt, mit welchen Mitteln sie dieses Ziel erreichen will. Vage spricht die NPD in diesem Zusammenhang von einem „nationalen Arbeitsplatzsicherungsgesetz". Eine weitere Minderung des Arbeitskräfteangebots würde sich durch ein Zurückdrängen der Frauen aus dem Berufsleben ergeben. Die NPD fordert mehr Teilzeit für Frauen und eine „Aufwertung" der Frau als Hausfrau und Mutter.

Bei der Verbesserung von Angebotsbedingungen der mittelständischen Unternehmen, der zweiten Säule, geht es zunächst um die Steuerfreiheit für in Deutschland verbleibende Gewinne, die dann „für Investitionen und Schaffung neuer Arbeitsplätze zur Verfügung stehen". Die NPD hält sich allerdings bedeckt, wie gewährleistet werden soll, dass aus den Gewinnen tatsächlich auch beschäftigungswirksame Investitionen folgen, und befindet sich damit im Einklang mit den Versprechen wirtschaftliberaler Interessenpolitik. Durch die Abschottung der deutschen Volkswirtschaft soll zudem die Wettbewerbssituation der deutschen Unternehmen gestärkt werden, die dann mehr ‚nationale' Produktion absetzen könnten. Die NPD fordert außerdem, dass „die Arbeitnehmer am Produktivvermögen zu beteiligen (sind)" – eine Forderung, die unter dem Begriff des Investivlohns insbesondere auch von Konservativen aufgestellt wird, um das Eigenkapital der Unternehmen zu speisen und Löhne in Abhängigkeit von der Gewinnsituation zu gewähren. Last but not least zielt die antigewerkschaftliche Politik der NPD auf die Auflösung der Tarifautonomie und die Zerstörung des Flächentarifvertrags. Das würde die Verhandlungsmacht der Unternehmer stärken und den Druck auf Löhne und Arbeitsbedingungen massiv erhöhen.

Die dritte Säule der Arbeitsmarktpolitik muss wiederum unter zwei Gesichtspunkten betrachtet werden. Einmal hat die NPD in Anlehnung an faschistische Ideologie ein autoritäres und extrem übersteigertes Arbeitsverständnis („Arbeit ist Leben"), das auf Zwang aufbaut und mithin die grundgesetzlich gesicherte freie Berufswahl in Frage stellt. Die Finanzierung derlei Maßnahmen will die NPD durch „die Ausgliederung der ausländischen Arbeitskräfte aus der deutschen Sozialversicherung" gewährleisten, wobei zu vermuten ist, dass die NPD auch auf die erarbeiteten Rentenversicherungsansprüche von Migrantinnen und Migranten zurückgreifen will. Eine weitere Finanzierungsquelle wäre die Reduzierung oder Einstellung von Beiträgen zu internationalen Organisationen wie der EU, UNO oder der Internationalen Arbeitsorganisation (ILO).

Für die politische Auseinandersetzung mit der NPD ist es wichtig, diesen rationalen Kern offenzulegen. Die Bekämpfung von Arbeitslosigkeit bei der NPD bedeutet systematische Ausgrenzung von Arbeitsmigranten, die Verdrängung von Frauen vom Arbeitsmarkt, die Verschlechterung der Arbeits- und Einkommensbedingungen von Beschäftigten und eine isolationistische Wirtschaftspolitik, die nicht nur Konsumfreiheit beschränken, sondern vor allen Dingen eine Vielzahl von internationalen Konflikten provozieren würde.

Ralf Ptak

Wie geht die NPD mit der Geschichte um?

Obgleich die NPD ein unhistorisches und deterministisches Geschichtsbild kultiviert, spielen historische Bezüge für ihre Argumentationsmuster eine zentrale Rolle. Diese zielen im Wesentlichen darauf ab, die Bundesrepublik als ein von den Siegermächten des Zweiten Weltkriegs geschaffenes „vasallistisches" Gebilde zu diskreditieren.

Die Aktionsfelder der NPD-Geschichtspolitik bilden die vielfältigen Versuche, die NS-Zeit zu beschönigen, die Verbrechen des Regimes zu relativieren und die deutschen Opfer des Zweiten Weltkrieges ins Zentrum erinnerungskultureller Diskurse zu rücken. Die geschichtspolitischen Vorstöße der NPD entsprechen dem erweiterten „Drei-Säulen-Konzept" der Partei. In Sachsen und Mecklenburg-Vorpommern nutzt sie die Landtage als Arena, um ihre geschichtsrevisionistischen Auffassungen zu verbreiten. Besonders die sächsische Landtagsfraktion der NPD widmet sich geschichtspolitischen Themen. Diesen Initiativen liegt kaum die Intention zu Grunde, die hegemonialen Erinnerungskulturen in Sachsen zu beeinflussen. Vielmehr bedient sich die NPD der parlamentarischen Öffentlichkeit, um ihre geschichtspolitische Fundamentalopposition durch gezielte Provokationen medienwirksam zu inszenieren.

Ihren spektakulärsten Ausdruck fand die Strategie anlässlich einer „aktuellen Stunde" am 21. Januar 2005 zum Gedenken an die Bombardierung Dresdens durch die Alliierten im Februar 1945. In diesem Kontext bezeichnete der NPD-Abgeordnete Jürgen W. Gansel die Bombardierung der Stadt als „Bomben-Holocaust". Bei gleicher Gelegenheit lamentierte der NPD-Fraktionsvorsitzender Holger Apfel über die angeblich einseitige „Sühnekultur" in Deutschland. Auch in weiteren Anträgen der NPD-Fraktion spiegeln sich deren Bemühungen, der wissenschaftlichen und erinnerungskulturellen Auseinandersetzung mit der NS-Zeit einen aggressiven deutschen Opferdiskurs entgegenzusetzen.

Die Versuche, die Vergangenheit im Sinne ihres völkischen Geschichtsbildes zu konstruieren, finden sich in der ‚national-demokratischen' Publizistik und damit im „Kampf um die Köpfe". Das Parteiorgan ‚Deutsche Stimme' widmet sich regelmäßig historischen Themen. Das Spektrum der Artikel reicht von rasse-kundlichen Abhandlungen über die „nordischen Völker" der Antike, bis hin zu apologetischen Darstellungen rechtsautoritärer Regime des 20. Jahrhunderts, wie etwa der Franco-Diktatur in Spanien. Einen Schwerpunkt bildet die revisionistische Deutung des Zweiten Weltkriegs. Während sich ein Teil der Artikel um die „Ehrenrettung" der Wehrmacht bemüht, stilisieren andere Texte die Deutschen zu den Hauptleidtragenden des Krieges. Die Dimensionen des deutschen Vernichtungskrieges bleiben demgegenüber unerwähnt.

Einen weiteren Ansatzpunkt im geschichtspolitischen „Kampf um die Köpfe" soll die im Mai 2005 angekündigte Gründung der Dresdner Schule darstellen. Das Personennetzwerk im Umkreis der sächsischen NPD-Landtagsfraktion verfolgt erklärtermaßen das Ziel, die angeblich von den „alliierten Umerziehern" begonnene und von der Frankfurter Schule fortgesetzte „irrwitzige Vergangen-heitsbewältigung" zu beenden und somit zur „Neubegründung der Deutschen als selbstbewusste Nation" beizutragen.

Insgesamt ist weder der Dresdner Schule noch der ‚Deutschen Stimme' daran gelegen, mehrheitsfähige geschichtspolitische Positionen zu formulieren. Vielmehr geht es darum, der eigenen Anhängerschaft identifikationsfähige Geschichtsbilder zu vermit-teln, worauf nicht zuletzt der radikale Duktus verweist, mit dem die NPD ihre historischen Thesen verbreitet.

Diese Feststellung trifft auch auf ein weiteres Aktionsfeld der Geschichtspolitik der NPD zu. Im „Kampf um die Straße" mit seinen nahezu wöchentlichen Aufmärschen finden die stereo-typen Parolen der NPD ihren wohl spektakulärsten Ausdruck.

Vor allem in den Jahrestagen der Bombardierungen deutscher
Städte während des Zweiten Weltkriegs sieht die NPD geeignete
Demonstrationsanlässe. Gerade diese „Trauermärsche" bieten die
Gelegenheit, den Topos vom „Bombenholocaust" in plakativer
Form zu aktualisieren.

Während die NPD einerseits die Alliierten zu Kriegsverbrechern
stilisiert, versucht sie andererseits das ‚Dritte Reich' und dessen
Eliten zu rehabilitieren. Beispielsweise veranstaltete die NPD
im Oktober 2006 in Nürnberg eine Demonstration unter dem
Motto: „Recht statt Rache – Revision der Nürnberger Prozesse".
In seiner Rede klagte der Parteivorsitzende Udo Voigt darüber,
dass das Internationale Militärtribunal einen „einzigartigen europäischen Lebensentwurf" – gemeint war der Nationalsozialismus
– abgeurteilt habe. Mit ihrem geschichtspolitischen Aktivismus
will die NPD auch andere rechtsextreme Spektren wie etwa die
Freien Kameradschaften und die DVU ansprechen. Der radikale
Geschichtsrevisionismus der Partei ist demnach auch im Kontext
der um eine vierte Säule erweiterten „Drei-Säulen-Strategie" zu
betrachten, die unter dem Slogan „Kampf um den organisierten
Willen" eine Einigung des rechten Lagers unter der Fahne der
NPD anstrebt.

Es lässt sich feststellen, dass die NPD „Geschichte" zum
einen als identitätsstiftende Ressource betrachtet, zum anderen
als „Waffe" nutzt, um konträre weltanschauliche Positionen zu
delegitimieren.

Die Geschichtspolitik der NPD trägt deren völkisches Geschichtsbild nach außen. Die historischen Argumentationsmuster
der Partei verschließen sich größtenteils den Erkenntnissen seriöser
geschichtswissenschaftlicher Forschung. In ihrem Umgang mit
Geschichte folgt die NPD daher in erster Linie ideologischen
Prämissen sowie funktionalen und strategischen Erwägungen.

Michael Sturm

Ist die NPD eine Umweltschutzpartei?

Öffentlichkeitswirksam bezieht die NPD im Parlament von Mecklenburg-Vorpommern seit dem Herbst 2006 umweltpolitische Positionen und der Landesverband Thüringen behauptet von der NPD in einer Pressemitteilung vom 27. Mai 2007 gar, diese sei die „einzige ernsthafte ökologische Partei". Doch mit einer das komplexe Verhältnis von Natur und Kultur angemessen bestimmenden Position haben die Stellungnahmen der NPD zum Umgang mit ökologischen Problemen nichts zu tun; vielmehr werden in der extrem rechten Vorstellung von Ökologie eine Vielzahl von Entwicklungen, die als individuelle Krisenerfahrungen wahrgenommen werden, im Kollektivmythos des ‚bedrohten deutschen Volkes' zusammengeführt. Wirtschaftliche, politische und technische Verursachungszusammenhänge werden umgedeutet in den Verlust der ‚natürlichen Ordnung' und ‚nationaler Identität'.

„Die Natur ist die allgemeine Lebensgrundlage" überschreibt die NPD den zwölften Punkt ihres Parteiprogramms von 2004. Hinter dieser allgemeinen Aussage verbirgt sich die Sichtweise der NPD, dass in der Natur ‚eherne Gesetze' walten, wie etwa das ‚Recht des Stärkeren' oder der ‚Territorialtrieb', denen sich der Mensch nicht entziehen könne. Solch ein biologistisches Menschenbild stellt die Freiheit des menschlichen Verstandes beziehungsweise Willens in Abrede und dient der NPD zur Rechtfertigung ihres völkischen Nationalismus, des Antisemitismus und einer Politik der Expansion. Für die Umweltprobleme und die „Zerstörung der natürlichen Lebensgrundlagen" macht die NPD ursächlich ‚den Materialismus' verantwortlich, den sie mit der Globalisierung und damit mit den USA in Verbindung bringt. Im Kern geht es ihr jedoch darum, dass die Eingriffe der Menschen in Natur und die Verwendung ihrer Ressourcen nicht von individuellen Interessen und Möglichkeiten bestimmt werden, sondern vom ‚völkischen Kollektiv'.

Wo ,deutsche Natur' geschädigt wird, sieht die NPD auch eine Bedrohung der ,Substanz des Volkes'; denn in der Sichtweise der NPD prägen Aussehen und Gestalt von Natur und Landschaft das ,Bewusstsein eines Volkes'. Dahinter verbirgt sich die bereits in der Blut-und-Boden-Ideologie der Nazis propagierte Vorstellung, dass ,Ethnien' einem bestimmten geografisch begrenzten Gebiet mit der jeweiligen Landschaft verhaftet sind – gleichsam also mit ihrem Blute am Boden beziehungsweise der ,Scholle' hängen. Diese Vermutung wird nicht kulturell-sozialisatorisch, sondern biologistisch begründet. Wenn also die historisch entstandene Gestalt einer Landschaft – etwa durch Anlagen zur Erzeugung von Windenergie – zerstört wird, würden auch die ,Wurzeln des Volkes' zerstört. Vor diesem Hintergrund spricht die NPD in ihrem Themenflugblatt ,Natur und Umwelt' davon, dass Umweltschutz Heimatschutz sei.

Vor dem Hintergrund einer derartigen ideologischen Unterfütterung ihres Naturschutz-Verständnisses ist es nicht verwunderlich, dass die NPD beim Problem der zunehmenden Bodenversiegelung, das heißt der Bebauung des natürlichen Bodens durch Menschen, auf das Thema ,Ausländerrückführung' kommt. Hauke Nanninga argumentiert in der ,Deutschen Stimme' (DS) beispielsweise, dass Deutschland überbevölkert sei und die „zugebaute Fläche" bereits jetzt schon zu groß sei. Die von ihm propagierte Antwort lautet „Einwanderungsstopp und gezielte Ausländerrückführung" (DS 02/2003: 4).

„Zum Schutz der Natur gehört auch der Schutz des Tieres und der Erhalt der Artenvielfalt in der Tier und Pflanzenwelt", heißt es im ,Aktionsprogramm' der NPD: „Die Vermeidung unnötiger Tierquälerei ist eine menschliche Selbstverständlichkeit." Entsprechend deutete Holger Apfel bereits 2002 in der DS an, gegebenenfalls für „die Deutschen Tiere als schützenswerte Mitgeschöpfe" demonstrieren zu wollen; bleibt zunächst ungeklärt, was denn „deutsche Tiere" sein sollen, so hat die NPD weniger Tierversuche, -transporte oder Massentierhaltung im Blick, sondern in erster Linie die „Tierquälerei im Namen Allahs" (DS 02/2002:

5) und das Schächten, das an anderer Stelle auch als „archaisches Religionsritual" der Juden dargestellt wird (DS 04/2002: 21). Tierschutz wird so zum Aufhänger einer antimuslimischen und antisemitischen Agitation.

Von einer vermeintlichen Kapitalismus-Kritik und Ablehnung der Globalisierung ist die Ablehnung der grünen Gentechnik motiviert. Sie würde von sechs Konzernen, darunter einem US-amerikanischen „Oberriesen", beherrscht, welche die Bauern weltweit versklaven und die „Ernährungssouveränität der Völker" bedrohen, behauptet ein NPD-Öko-Bauer aus Mecklenburg-Vorpommern (DS 09/2006: 3). In weiteren Verlautbarungen macht sich die Partei indes die Argumente anderer, vor allem linker Gentechnik-Gegner zu eigen und kleidet sie in ihre eigene ideologisch überfrachtete Sprache: „Gentechnisch veränderte Pflanzen und Tiere machen nicht an Zonengrenzen halt. Sie lassen sich nicht durch eine Berliner Mauer oder durch Selbstschuss-anlagen von Landwirten einsperren. Sie haben die Eigenschaft, sich auszubreiten. Sie stehen in einem Überlebenskampf nach darwinschen Gesetzen", erklärte der NPD-Abgeordnete Raimund Borrmann im Rahmen einer Beratung im Schweriner Landtag im Dezember 2006 und verstieg sich darauf, dass es „keine friedliche Koexistenz in diesem antagonistischen Rassengegensatz von Arten geben" könne (Plenarprotokoll 5/9: 38).

Im Landtag wandte sich im Frühjahr 2007 die NPD-Frak-tion auch gegen das „Oligarchentum" der Energieproduzenten und plädierte für alternative Energiegewinnung. Zuvor war das Thema bereits in der DS angesprochen worden: Sascha Rossmüller warnte vor „kostspieliger Auslandsabhängigkeit" und verwies darauf, dass das NS-Regime „während des Zweiten Weltkriegs" mit Holzvergasungsmotoren und einem Kraftstoff mit Bioethanolbeimischung den „Versorgungsengpässen" zu begegnen suchte (DS 1/2006: 10). Und Lutz Dessau wusste in dem Blatt zu berichten, dass im Nationalsozialismus bereits 1939 eine „Arbeitsgemeinschaft Windkraft" gegründet worden war (DS 10/2002: 8). Doch ganz so einig ist sich die Partei bei

ihrer Befürwortung der Windkraft nicht, denn Uwe Schröter
kritisierte die Anlagen als „die größten Landschaftszerstörer aller
Zeiten" (DS 01/2005: 8). Unglaubwürdig macht ihr Votum für
eine Energiewende ferner auch die gleichzeitige Forderung nach
Aufgabe der Ökosteuer und Senkung der Benzinpreise. Allzu
deutlich wurde daran schon 2005, dass Umweltschutz für die
NPD nur Vorwand ist, ihre Kernthemen – völkisches Weltbild,
absolute Souveränität der Volksgemeinschaft respektive der Nation
– in anderer Aufmachung zu präsentieren.

Fabian Virchow, Christian Dornbusch

Wie steht die NPD zur Europäischen Union?

Die Europäische Union (EU) ist für die NPD ausschließlich negativ
besetzt. Mal bezeichnet Jürgen W. Gansel sie als einen riesigen
„Umverteilungsapparat insbesondere deutscher Steuergelder"
und behauptet, der deutsche Steuerzahler wäre die „Melkkuh der
Eurokraten" (DS 11/2005: 16); ein anderes Mal schreibt er, die
im Zuge der EU-Osterweiterung beigetretenen Länder brächten
„AIDS als tödliches Gastgeschenk" mit (DS 01/2005: 15). Andreas
Molau skizziert das Europaparlament als „Marionetten-Veranstal-
tung" (DS 01/2007: 4) und Udo Voigt beklagt die Freizügigkeit
für EU-Bürger, die freie Wahl des Wohn- und Arbeitsplatzes (DS
06/2004: 5). Für ihn ist das Europa der EU nur ein ‚globalisierter
fremdbestimmter Bundesstaat', den „Interessen raumfremden
Kapitals" unterworfen (DS 5/2003: 2). Gemeint sind damit die
USA beziehungsweise, der antisemitischen Argumentation der
NPD folgend, das jüdisch dominierte Kapital mit Sitz an der

Ostküste der Vereinigten Staaten. Letztlich spiegelt sich auch in der EU-Kritik der NPD deren völkisch fundierte und von Antisemitismus sowie Rassismus durchzogene Weltanschauung wider, die den völkischen Nationalismus zur zentralen politischen Kategorie erhebt. Der Kern des Übels bei der EU ist für die NPD die Abgabe eines Teils der politischen Macht der Nationalstaaten an die Union beziehungsweise das europäische Parlament, das in bestimmten Bereichen den nationalen Regierungen und Gesetzen übergeordnet ist. Entsprechend stellt die NPD seit ihrem ersten Antritt zu einer Europa-Wahl 1984 die Forderung auf, die Mitgliedschaft in der EU aufzukündigen.

Gleichzeitig hält sie aber in spezifischer Weise am ‚europäischen Gedanken' fest: „Grundlage einer europäischen Neuordnung muß das Bekenntnis zum nationalstaatlichen Ordnungsprinzip, zur Anwendung des Selbstbestimmungsrechts der Völker und zum Prinzip der Volksabstammung sein", heißt es im ‚Parteiprogramm' von 2004. Das „EU-Europa" wäre „durch ein Europa der Völker zu ersetzen", das explizit nur aus vermeintlich europäischen, ‚hellhäutigen Völkern' bestehen soll. Zuwanderer anderer Hautfarbe haben darin generell keinen Platz.

Die Verwirklichung eines „Europas der Völker" nach den Vorstellungen der NPD würde zunächst eine territoriale Neuordnung Europas nach sich ziehen. Belgien würde beispielsweise in Flandern und in die Wallonie zerfallen und Spanien mindestens in Katalonien, Galicien und das Baskenland. Deutschland würde hingegen wachsen. Zum „deutschen Volk" – und damit zum angestrebten Staatsgebiet – gehören auf Basis der biologistischen Argumentation der NPD mindestens die ehemaligen deutschen Ostgebiete (Ostpreußen und Schlesien, heute teilweise russisch oder polnisch), das Sudetenland (heute Tschechien), Österreich und einige andere Regionen in Europa. Deutschland würde damit zum mächtigsten Land in Europa mit einem Staatsvolk von rund 100 Millionen Menschen.

Ferner würde dieses ‚neue' Europa auf einer „völkerrechtlichen Großraumordnung mit Interventionsverbot für raumfremde

Mächte" basieren, wie die NPD in ihrem ‚Europaprogramm' von
2003 schreibt. Entlehnt ist diese Bezeichnung bei Carl Schmitt,
dem nationalsozialistischen Kronjuristen, der mit seiner Publikation ‚Völkerrechtliche Großraumordnung und Interventionsverbot für raumfremde Mächte. Ein Beitrag zum Reichsbegriff im
Völkerrecht' (1939) das imperialistische Großmachtstreben des
‚Dritten Reiches' rechtfertigte. Auch Europa würde so zu einem
machtvollen Bund werden – unter der Dominanz Deutschlands
und in Frontstellung gegen die USA, Israel, die Türkei und bedingt
Großbritannien, die die NPD alle als „raumfremde Mächte"
deklariert (Europaprogramm 2003: 9).

In diesem Programm führt die NPD schließlich auch aus, wie
dieses „Europa der Völker" institutionell konstruiert werden soll.
Ein Europäischer Bund (EB) soll als Zusammenschluss „souveräner
europäischer Nationalstaaten" die Alternative zur gegenwärtigen
Struktur der EU darstellen. Als zentrales Beschlussgremium
entstünde ein Europäischer Rat, in den jede Mitgliedsregierung
einen Vertreter entsenden soll. Dieser Rat erarbeitet und beschließt
Verträge, die allerdings erst durch die Ratifizierung einer qualifizierten Mehrheit „der zuständigen nationalen Gremien" in Kraft
treten solle. Zuständig wäre der EB nur für Angelegenheiten, die
grenzüberschreitend sind und daher nicht auf nationaler Ebene
zu lösen wären. Hierzu zählt die NPD beispielsweise die Themen Bevölkerungspolitik, Wirtschaft, Kultur, Innere Sicherheit,
Technologieförderung und Naturschutz.

Der EB wäre nicht – wie das dann nicht mehr bestehende Eu-
ropa-Parlament – demokratisch legitimiert, sondern bestünde nur
aus einer Art Ministerrat. Die gängige EU-Kritik der NPD, die
Strukturen der Union seien nicht demokratisch, ist angesichts dieses Gegenentwurfs verlogen. Gleichzeitig mit dem Beitritt zum EB
würden die Staaten auch Mitglied des Europäischen Verteidigungs-
paktes (EVP). Dieser träte an die Stelle der NATO, da diese nach
NPD-Interpretation Instrument einer „raumfremden Macht"
– gemeint sind die USA – sei. Deutschland fiele, hebt die NPD
hervor, „bei der Schaffung eines starken Europas eine besondere

Rolle zu" (ebd.: 9) – als ‚Großdeutschland' hätte es aufgrund seiner territorialen Größe und Bevölkerungszahl die Vormachtstellung in Europa inne.

Dass die NPD trotz der Ablehnung der EU zu den Europa-Wahlen antritt, erklärt sie vordergründig stets damit, sie wolle dort „deutsche Interessen" vertreten. Vor allem aber passen die Wahlteilnahmen strategisch gut ins Konzept der Partei, denn es werden ihr einmal mehr eine Propagandaplattform und ein Anlass geboten, um ihre Mitglieder zu mobilisieren und sie so enger an die Partei zu binden. Und schließlich wirkt sich ein gutes Wahlergebnis auch zugunsten der Parteienfinanzierung der NPD aus.

Christian Dornbusch

Was hält die NPD von der Bundeswehr?

Als die Bundeswehr sich im März 1999 am Militärangriff auf Jugoslawien beteiligte, gehörte die NPD zu jenen politischen Akteuren, die dies scharf kritisierten. In einer Erklärung in der Parteizeitung wurde zudem mitgeteilt, dass die Partei gegen Regierungsmitglieder Strafanzeige wegen Verstoß gegen Artikel 80 Grundgesetz (‚Verbot des Angriffskrieges') gestellt habe (DS 4/1999: 2). Auch in der Folgezeit – insbesondere im Zusammenhang mit dem Irak-Krieg im Jahr 2003 – trat die Partei mit öffentlichen Verlautbarungen und Aktionen, zum Beispiel vor Kasernen der US-Armee in der Bundesrepublik, als Kritikerin auf.

Die Kritik der NPD an einigen Militäreinsätzen der Gegenwart ist nicht zu verwechseln mit einer grundsätzlichen Ablehnung der Institution Militär und der Gewaltförmigkeit des Konfliktaustrags und zielt nicht auf die grundlegende Beseitigung struktureller

Gewaltverhältnisse. Die Ablehnung der Auslandseinsätze der
Bundeswehr ist nationalistisch motiviert. Heißt es im Partei-
programm aus dem Jahr 2004, dass „die Wehrpolitik eine nationale
Grundlage" haben müsse, so glaubt die NPD, dass in der aktuellen
Außen- und Militärpolitik Deutschlands deren ,Vasallenstatus'
gegenüber den USA zum Ausdruck kommt.

Das weltpolitische Auftreten der USA wird von den Neonazis
abgelehnt, weil schon das Eingreifen der USA in den Zweiten
Weltkrieg maßgeblich zur Niederlage des Nazi-Regimes beigetragen hat. In der Weltanschauung der NPD ist der Globus in
verschiedene Großräume eingeteilt; folgt man der Parole der
NPD, nach der die USA in Europa als ,raumfremde Macht'
nichts zu suchen haben und ,die Europäer' die europäischen
Angelegenheiten selbst zu regeln hätten, so wäre das Terror-
regime der Nazis wohl kaum besiegt worden. Auch heute geht es
der NPD darum, ein starkes Europa zu schaffen, das den USA
ökonomisch und militärisch entgegentreten kann. So heißt es
im ,Politischen Lexikon' der NPD, dass ein „Europa der Völker
beziehungsweise Nationen [...] als Kraftzentrum gegen ideologisch wie biologisch raumfremde Kräfte angestrebt" werde. Mit
Blick auf die (militärische) Auseinandersetzung mit den USA
forderte der NPD-Vorsitzende bereits den Besitz von Atomwaffen
für Deutschland (DS 6/2003: 2).

Während es bezüglich der aktuellen Außenpolitik und der
Auslandseinsätze der Bundeswehr bei der NPD heißt, deutsche
Soldaten sollten ,Kein deutsches Blut für Öl' vergießen und
nicht als „Söldner fremden Interessen" (NPD-Parteiprogramm)
dienen, so sind Kriegsbeteiligungen unter anderen Rahmenbedingungen selbstverständlich. Heißt es im NPD-,Parteiprogramm',
dass die „Nationale Sicherheitspolitik [...] dem Ziel zu dienen
[hat], den Frieden in Europa zu erhalten", so verbirgt sich hinter
dem wohlklingenden Begriff des ,Friedens' bei der extremen
Rechten eine nach völkischen Kriterien gestaltete Staatenwelt.
Denn in der Vorstellung des völkischen Nationalismus führt jede
,Vermischung von Völkern' notwendig zu Konflikten; erst eine

‚Entmischung', die in ein apartheidähnliches Modell führt, schafft dieser Sichtweise nach dauerhaften ‚Frieden'. Realistischerweise ist eine solche ‚Entmischung' nicht ohne schwere Konflikte und Vertreibungen zu erreichen.

Die Beteiligung der Bundeswehr an Einsätzen der Vereinten Nationen (UNO) macht die NPD von der Streichung der so genannten ‚Feindstaatenklauseln' in der UNO-Charta abhängig; in diesen waren am Ende des Zweiten Weltkrieges Maßnahmen formuliert worden, die gegen ein Wiederaufleben der rassen-imperialistischen NS-Politik gerichtet waren. Obwohl deren Gültigkeit von den ehemaligen Kriegsgegnern längst als erloschen bezeichnet worden ist und die beiden deutschen Staaten Mitglied der UNO wurden und damit der Gewaltverzichtsgrundsatz gilt, tut die extreme Rechte weiterhin so, als könnten andere Staaten aufgrund dieser Klauseln jederzeit in Deutschland militärisch eingreifen.

Jenseits der Ablehnung der Auslandseinsätze der Bundeswehr steht die NPD dieser ausgesprochen positiv gegenüber. Die Ableistung des Kriegsdienstes wird als „Ehrendienst" bezeichnet, den die männlichen NPD-Mitglieder mehrheitlich auch ableisten. In der Bezirksversammlung des Berliner Bezirks Lichtenberg forderte die NPD im Mai beziehungsweise Juni 2007 die Abhaltung einer Gedenkminute für drei in Afghanistan gefallene Bundeswehr-soldaten, da sie „Opfer einer internationalen Aggressionspolitik" geworden seien, die „die Interessen der Vereinigten Staaten von Amerika" verfolge.

Ginge es nach der NPD, dann wäre die Bundeswehr jedoch aufzurüsten und zu militarisieren. Zum Zweck der Waffen-beschaffung wären Einsparungen bei den Zivilbediensteten der Bundeswehr vorzunehmen (DS 9/1997: 11); zudem tritt die NPD in ihrem Parteiprogramm einerseits für die Wiedereinfüh-rung eines ‚deutschen Generalstabes' und einer eigenen Militär-gerichtsbarkeit ein, auf die bei der Gründung der Bundeswehr angesichts ihrer herausgehobenen Rolle bei der NS-Aggressions-politik beziehungsweise des verbrecherischen Handelns der

Wehrmachtsjustiz verzichtet worden war. Andererseits fordert die NPD im Parteiprogramm, dass die „tapfere Haltung deutscher Soldaten aller Zeiten Vorbild der Bundeswehr" sein muss. Ein Blick in die Parteizeitung macht deutlich, dass es sich bei den gewünschten Vorbildern fast ausschließlich um Soldaten der Wehrmacht und der Waffen-SS handelt, von denen ein Großteil dem NS-Terrorregime bis zum Schluss die Treue gehalten hat. Ohne deren ‚Tapferkeit' hätte die Vernichtungspolitik der Nazis ein früheres Ende gefunden.

Fabian Virchow

Wie steht die NPD zum Holocaust?

In ihren offiziellen Verlautbarungen leugnet die NPD den Holocaust nicht grundsätzlich. Eine ernsthafte Auseinandersetzung mit den NS-Verbrechen wird von der Partei jedoch abgelehnt, da dadurch die „Bildung eines Selbstwertgefühls der heranwachsenden Deutschen" (NPD Aktionsprogramm o. J.: 58) zerstört würde. Gleichzeitig versucht die NPD die nationalsozialistischen Verbrechen zu nivellieren, ohne dabei gegen strafrechtliche Bestimmungen zu verstoßen.

Die aktuellen Veröffentlichungen der NPD beschäftigen sich, anders als noch in der ersten Hälfte der 1990er Jahre, indes kaum mit dem Holocaust. Der von 1991 bis 1996 amtierende Parteivorsitzende Günther Deckert hatte noch die Existenz der Gaskammern im Vernichtungslager Auschwitz in Frage gestellt. Die gegenwärtige NPD-Führung vermeidet es jedoch, derartige geschichtsrevisionistische Thesen ins Zentrum ihrer Agitation zu rücken. Dieser vermeintlich gemäßigtere Kurs ist nicht zuletzt juristischen Erwägungen geschuldet, sieht doch §130 Absatz 3

Strafgesetzbuch (StGB, Volksverhetzung) Freiheitsstrafen von bis zu fünf Jahren für das öffentliche Leugnen des Holocaust vor. Den Verdacht, dass die Haltung der NPD vorwiegend eine Reaktion auf die strafrechtlichen Bestimmungen darstellt, belegen auch die Sympathieerklärungen der Partei für den iranischen Präsidenten Ahmadinedschad, der den Holocaust mehrfach angezweifelt hat. Die NPD macht sich dessen Position zu eigen, ohne dabei selbst mit der Justiz in Konflikt zu geraten. Zudem fordert die NPD in ihrem ‚Aktionsprogramm' die Abschaffung des als „Gesinnungs-strafrecht" bezeichneten § 130 StGB (ebd.: 46).

In jüngster Zeit richtet sich die Polemik der NPD verstärkt gegen die geschichtskulturelle Be- und Verarbeitung des Holo-caust. Die Ausdrucksformen einer mehr oder minder kritischen Vergangenheitsbewältigung erscheinen in der Perspektive der Partei als geschichtspolitische Manipulationen. Hierfür seien be-sonders die Siegermächte des Zweiten Weltkrieges verantwortlich, die über die Implementierung und die ständige Aktualisierung eines „einseitigen" Geschichtsbildes das Ziel verfolgen würden, Deutschland dauerhaft zu unterdrücken. Beispielsweise heißt es in der vom NPD-Landtagsabgeordneten Jürgen W. Gansel verfassten Erklärung zum „Wesen und Wollen der ‚Dresdner Schule'": „Durch den Dauereinsatz der Auschwitz-Keule [...] wurden die Deutschen in eine Schuldknechtschaft gezwungen, die es in- und ausländischen Kreisen bis heute ermöglicht, die Deutschen moralisch zu demütigen, wirtschaftlich auszunehmen und politisch zu bevormunden".

Neben der seit jeher von der extremen Rechten vertretenen Forderung nach einem Ende der Vergangenheitsbewältigung, sind die geschichtspolitischen Verlautbarungen der NPD zunehmend von den Versuchen gekennzeichnet, den Begriff „Holocaust" aus seinem historischen Kontext zu lösen und die daran geknüpften Assoziationen für das eigene Geschichtsbild nutzbar zu machen. Ihren spektakulärsten Ausdruck fand diese Strategie anlässlich einer am 21. Januar 2005 von der NPD-Fraktion im Sächsischen Landtag beantragten aktuellen Stunde. In seinem Redebeitrag

bezeichnete Jürgen W. Gansel die Bombardierung Dresdens im
Februar 1945 als „Bomben-Holocaust", dessen historische Ursachen in einem angeblichen „eliminatorischen Antigermanismus"
zu suchen seien. Der NPD-Fraktionsvorsitzende Holger Apfel
sprach bei gleicher Gelegenheit von einem „kaltblütig geplanten
industriellen Massenmord".

Deutlich wird hier der Versuch, die den Holocaust charakte-
risierenden Kategorien in ein Geschichtsbild zu überführen, das
ausschließlich um die deutschen Opfer des Zweiten Weltkriegs
kreist. Die von Gansel gewählte Formulierung vom „eliminatorischen Antigermanismus" spielt auf die in der Geschichts-
wissenschaft diskutierte These an, der Holocaust sei das Resultat
eines in der deutschen Gesellschaft verbreiteten „eliminatorischen
Antisemitismus" (Daniel Goldhagen) gewesen und wendet diese
in ihr Gegenteil. Unter Ausblendung der eigentlichen Kausalitäten
denunziert die NPD die Kriegsführung der Alliierten als einen
Vernichtungsfeldzug gegen die deutsche Bevölkerung. Die im
Holocaust Ermordeten werden verschleiernd als „jüdische Opfer
des Zweiten Weltkriegs" bezeichnet, als seien diese im Rahmen
von Kampfhandlungen und nicht durch die Vernichtungspolitik
des NS-Regimes ums Leben gekommen.

Obgleich die NPD mit ihrem bewusst provozierten Skandal
im Sächsischen Landtag auf entschiedene Ablehnung in der
Öffentlichkeit stieß, zeichnen sich in den gegenwärtigen erinnerungskulturellen Diskursen Entwicklungen ab, die dem Geschichtsrevisionismus der NPD punktuell eine gewisse Anschlussfähigkeit eröffnen könnten. Es ist zu bemerken, dass seit der
Jahrtausendwende die deutschen Opfer des Zweiten Weltkrieges
eine größere Aufmerksamkeit erfahren. In diesem Kontext kann
sich die NPD auf eine auflagenstarke Publizistik beziehen, die,
oftmals mit dem Gestus des Tabubruchs, Analogien zwischen
deutschen Leidenserfahrungen etwa in Folge des Bombenkrieges
und dem Schicksal der vom NS-Regime Verfolgten herstellt.

Insgesamt ist jedoch nicht zu erwarten, dass die NPD-Interpretation des Holocaust in Zukunft nennenswerten Einfluss auf die

Erinnerungskulturen in der Bundesrepublik haben wird. Diese entwickeln und transformieren sich als vielschichtige Aushandlungsprozesse in einem globalisierten Rahmen. Die Aggressivität, mit der die NPD ihr hermetisches Geschichtsbild propagiert, beabsichtigt nicht, in diesen Diskursen hegemoniale Positionen zu erzielen, sondern dient in erster Linie der historischen Selbstvergewisserung der eigenen Anhängerschaft.

Michael Sturm

Worin bestehen die ausländerpolitischen Forderungen der NPD?

Der ausländerfeindliche beziehungsweise rassistische Charakter der NPD ist unbestritten – auch wenn sie diesen zumeist mit einer ethnopluralistischen Argumentation zu vernebeln weiß. Konkrete Pläne, wie die Partei ihre Ausländerpolitik gestalten würde, sind im September 2001 auf einer Parteivorstandssitzung als ‚5-Punkte-Rückführungsprogramm‘ beschlossen worden (DS 09/2001: 10). Dieser Name macht die grundsätzliche Ausrichtung bereits deutlich. Zuerst fordert die NPD ein „nationales Arbeitsplatzschutzsicherungsgesetz"; ihm zufolge dürfen Arbeitsvermittlungsstellen „nur dann Arbeit für eine begrenzte Zeit an Ausländer vergeben", „wenn keine gleichqualifizierte deutsche Arbeitskraft zur Verfügung" stünde. Um die entstehenden Lücken am Arbeitsmarkt aufzufüllen, heißt es in der Reihe ‚Politische Handreichungen‘ im NPD-Organ ‚Deutsche Stimme‘ im Dezember 2005, müssen Sofortmaßnahmen zur Fort- und Weiterbildung getroffen werden, hätten Deutsche ohne qualifizierte Berufsausbildung auch einfache Arbeiten zu machen, dürften ältere Fachkräfte nicht „bereits mit 50 ausgesondert werden" und wären Sozialleistungen für Deutsche an deren Arbeitswilligkeit zu koppeln. In der Quintessenz vertritt die NPD damit – von der völkischen Grundlinie abgesehen – Forderungen, die mit ‚Hartz IV' festgeschrieben wurden, einschließlich eines Arbeitszwangs.

Zweitens fordert die Partei in dem ‚5-Punkte-Rückführungsprogramm' die „sofortige Ausgliederung der in Deutschland lebenden und beschäftigen Ausländer aus dem Sozial- und Rentenversicherungssystem". Von der Erstattung der einbezahlten Beiträge spricht die NPD nicht – stillschweigend sollen so wohl einige Milliarden Euro von den ausländischen Arbeitnehmern und freiwillig versicherten Selbstständigen geraubt werden. Ferner verlangt die Partei, dass „Ausländer ohne Arbeit" spätestens nach drei Monaten abgeschoben werden sollen. Viertens dürfen „Ausländer kein Eigentum an Grund und Boden in Deutschland erwerben, bereits erworbenes Grund- und Wohneigentum ist zurückzuübertragen". Deutlich erinnert diese Forderung an die „Verordnung über den Einsatz des jüdischen Vermögens" vom 3. Dezember 1938, mit der der Besitz von Juden ‚arisiert' wurde. In ihrem letzten Punkt fordert die NPD schließlich die „ersatzlose Streichung" des im Grundgesetz verankerten Asylrechts und die „Ausweisung aller ‚Scheinasylanten'" – wobei heute schon zahlreiche Asylsuchende abgelehnt und abgeschoben werden, deren Fluchtgründe im engen Reglement des deutschen Asylrechts nicht anerkannt sind. Während die UN-Flüchtlingskonventionen bei einigen abgelehnten Asylsuchenden unter ganz bestimmten Bedingungen zur Aufschiebung der Abschiebung verpflichten, ist bei der NPD-Forderung zu vermuten, dass sie die Abschiebung jedes abgelehnten Asylbewerbers umsetzen will, ungeachtet dessen, was ihm im Herkunftsland droht oder ob dort Bürgerkrieg oder Hungersnot herrschen.

An anderer Stelle formuliert die NPD weitere, teilweise über das ‚5-Punkte-Rückführungsprogramm' hinausgehende Ziele. Sie lehnt das Ausländerwahlrecht grundsätzlich ab (npd.de,

23.03.2005), fordert die „Streichung aller Gelder für das Ausland und Ausländer, seien es Sozialhilfe, Kindergeld, Wiedergutmachung, Entwicklungshilfe, Weltbank, Weltwährungsfonds, EU usw." und die „Ausweisung sämtlicher arbeitslosen Ausländer, aller kriminellen Ausländer nach Verbüßung ihrer Strafe und aller abgelehnten Asylbewerber", wie es im Flugblatt ,Nicht meckern – Handeln' heißt. In einem an die ,Jugend' gerichteten Pamphlet tritt die Partei für die „Einführung getrennter Schulklassen von Deutschen und Ausländern" ein, „solange die von uns geplante Ausländerrückführung noch nicht abgeschlossen ist, um die kulturelle Identität jeder Volksgruppe zu wahren." Obwohl die NPD in der Öffentlichkeit so genannte Parallelgesellschaften von Migranten anprangert, ist sie bei genauer Lesart ihrer Publikationen und ihrer ethnopluralistischen Forderungen doch genau für diese. Die NPD möchte ,die Ausländer' von ,den Deutschen' separieren und schrittweise außer Landes schaffen. Wenn sie öffentlich dennoch ablehnend von ,Parallelgesellschaften' redet, will sie damit die Vorstellung von der Unmöglichkeit des interkulturellen Zusammenlebens bedienen.

Falsch ist es daher, die von der NPD beantragte Umbenennung des Integrationsbeauftragten in „Ausländerrückführungsbeauftragten", wie im sächsischen Landtag als auch in den Berliner Bezirksvertretungen von Lichtenberg und Treptow-Köpenick geschehen, nur als Provokation des Establishments zu werten. Der Antrag ist vielmehr konsequenter Ausdruck der NPD-Programmatik.

Offen bleibt jedoch, wie die NPD mit eingebürgerten Ausländern verfahren möchte. Die Definition der Partei, wer als Deutscher gilt, beruht auf dem absoluten Abstammungsprinzip, deutsch wäre nur, wer ,deutschen Blutes' sei. Eingebürgerte Ausländer und Deutsche, deren Eltern oder Großeltern als Einwanderer ins Land kamen, wertet die NPD daher nicht als Deutsche, sondern bezeichnet sie beispielsweise in ihrer Parteizeitung als „Wunschdeutsche", „entwurzelte Halbdeutsche" oder „Papier-Deutsche". Was die NPD für sie vorgesehen hat, wird nur schemenhaft deutlich. „Wer nicht fließend die Amtssprache Deutsch spricht, kann keine Schule oder sonstige öffentliche Einrichtungen bzw. auch soziale Absicherung nutzen", fordert Dr. Michael Petri beispielsweise im Dezember 2006 in der ‚Deutschen Stimme' und unterscheidet nicht zwischen Ausländern und Deutschen mit Migrationshintergrund. Vermutlich würde die NPD den sozialen und rechtlichen Ausschluss in dieser oder anderer Form von jenen Deutschen vorantreiben, von denen sie glaubt, diese anhand der Sprache, der Glaubenszugehörigkeit, des Namens oder einer dunkleren Haut-, Augen- oder Haarfarbe als Nachkommen von Einwandern ausmachen zu können. Oder die Partei orientiert sich an der NSDAP, die 1935 mit der Neufassung des Reichsbürgergesetzes aus jüdischen Deutschen jüdische Staatenlose machte.

Christian Dornbusch

Vertritt die NPD die Interessen von Landwirten?

Die Situation in der Landwirtschaft ist im Gegensatz zu den 1960er und 1970er Jahren heute kein zentrales Anliegen der NPD mehr. Aufgegriffen wird es zumeist im Zusammenhang mit den Themen ‚Umwelt- und Heimatschutz' sowie im Rahmen ihrer vermeintlichen Kapitalismuskritik und der nationalistisch motivierten Ablehnung der Globalisierung. Das Thema Landwirtschaft dient der Partei dabei der Illustration ihrer völkischen Ideologie: „Der Materialismus" – „hemmungsloses Wirtschaftswachstum, radikale Landschaftsveränderung, [...] Industrialisierung der Landwirtschaft, Verstädterung von Dörfern" – habe die „Zerstörung der natürlichen Lebensgrundlagen" vorangetrieben und führe „zur Vernichtung der traditionellen Bindungen und Kulturen. Der Mensch wird entfremdet und entwurzelt, er verliert seine Identität", heißt es im NPD-Parteiprogramm von 2004. Die eng aufeinander bezogenen Schlagworte bewegen sich im völkischen Kanon der Partei: Das ethnisch definierte Volk verfüge über eine kollektive Identität, die geprägt werde durch die Blutslinie, Familie, Traditionen, Kultur und Landschaften und die sich im Individuum widerspiegele. Dabei gilt die Landbevölkerung im klassischen völkischen Denken, so auch bei der NPD, als positiver Bezugspunkt. Jürgen W. Gansel, einer der jüngeren NPD-Ideologen, idealisiert sie als „identitätsstark", „ortsverwurzelt" und „solidaritäts-fähig" und stellt ihr als Gegenbild den „identitätskastrierten, wurzellosen und gemeinschaftsunfähigen Konsumbürger, wie er gerade in anonymen und multiethnischen Großstädten gedeiht", entgegen (DS 06/2007: 20).

In der ‚Deutschen Stimme' (DS) entwarf Siegfried Härle, seinerzeit stellvertretender NPD-Landesvorsitzender aus Baden-Württemberg und seit über 20 Jahren Landwirt, zuletzt 2001 einige agrarpolitische Ziele der NPD. Er votierte im Einklang mit den allgemeinen protektionistischen wirtschaftspolitischen Vorstellungen der Partei für eine „raumorientierte bäuerliche Landwirtschaft", die „im regionalen wirtschaftlichen, sozialen und kulturellen Leben" verankert sein soll, und fordert die Ersetzung der Agrarpolitik durch eine „nationale Agrarmarktordnung" (DS 03:2001: 13). Das hätte weitreichende Auswirkungen: Der Landwirt soll seine Produkte nur noch regional vertreiben und der Binnenhandel würde über genossenschaftliche Märkte organisiert werden; die Lebensmittelindustrie, der Einzelhandel und die Gastronomie wären gezwungen, ihre Waren über diese Strukturen zu beziehen. Nach Härle müsse die „Nahrungsmittelfreiheit" gesichert werden, das heißt, Deutschland solle sich unabhängig machen von Importen – damit in „Krisenzeiten" eine „ausbau-fähige nationale Grundlage" für die Ernährung vorhanden wäre. Welche Auswirkungen das auf die Endverbraucherpreise hätte oder was mit jenen Bauern beziehungsweise landwirtschaftlichen Betrieben geschehen soll, die nicht gewillt sind, sich diesen rigiden Umstrukturierungsplänen zu unterwerfen, bleibt offen.

Ferner fordert Härle, die Landwirtschaft solle extensiv wirtschaften. Doch dafür wäre, um die derzeitigen Ertragsquoten halten zu können, wesentlich mehr Fläche als bisher nötig – und dieser Bedarf würde um ein Vielfaches steigen, sollte sich Deutschland, wie Härle vorschlägt, vom Ausland abkoppeln. Allerdings scheint er diesen Widerspruch erkannt zu haben, spricht er in der Parteizeitung im Folgenden doch schließlich wieder von Nettoeinfuhren, um die Versorgung der Bevölkerung zu sichern. Ohne internationalen Handel kommt offensichtlich auch die NPD nicht aus.

Dezidierte agrarpolitische Forderungen stellt die Partei selten. „Deutschen Wein als Qualitätsprodukt erhalten! Unsere Winzer müssen vor minderwertigen US-Importen geschützt werden!", verlangt der Umwelt- und agrarpolitische Sprecher der NPD-Fraktion im Dresdener Landtag, Matthias Paul, in einem Flugblatt und gibt dem protektionistischen Schutz ‚deutscher Interessen' Vorrang vor der Formulierung allgemein verbindlicher Verbraucherschutzrichtlinien für die Weinherstellung. Der dabei deutlich zu vernehmende antiamerikanische Grundtenor findet sich auch in den NPD-Positionen zur ‚grünen Gentechnik'. Sie wird von der Partei im Gleichklang mit der generellen Kritik an der Anwendung der Biotechnologie in der Pflanzenzüchtung als ein in seinen Folgen nicht abzuschätzender Eingriff in das Erbgut von Pflanzen kritisiert. Und während linke Umweltschützer zudem dessen generelle kapitalistische Verwertungslogik kritisieren, sieht die NPD das Übel in der „kapitalistischen Globalisierung".

„Beherrsche die Energie, und du beherrschst die Nation. Beherrsche die Nahrung, und du beherrschst die Menschen", gibt Roland Wuttke in der DS ein Zitat wieder, das er dem ehemaligen US-Außenminister Kissinger zuschreibt. Er will damit ‚beweisen', dass es beim Thema ‚grüne Gentechnik' auch wieder die USA seien, die eine antideutsche Politik machen.

Diese Perspektive unterstreicht Wuttke mit einer Aufstellung vor allem US-amerikanischer Saatguthersteller (DS 06/2006: 10). Insgesamt sind die Positionen der NPD zum Thema Gentechnik jedoch von Nichtwissen geprägt. „Unvereinbares wird munter zusammengerührt [...] Wissenschaftliche Studien oder begründete Erfahrungen aus dem Gentechnikanbau in anderen Ländern werden [...] nicht erwähnt. Die NPD-Ablehnung der Gentechnik taugt als Lippenbekenntnis, nicht jedoch als fundierte Kritik" (Striegel 2007: 58).

Als „Ressourcenbasis" sieht Sascha Rossmüller, stellvertretender NPD-Parteivorsitzender, die Landwirtschaft und den Bauern als „Energiewirt". Angesichts „schädlicher Emissionen und kostspieliger Auslandsabhängigkeit" mahnt er eine „ökologische Energiewende" an. Dabei weist er Landwirten eine zentrale Rolle als Produzenten von Zuckerrüben und Raps zur Bioethanolherstellung zu und verweist auf die Autarkie-Bestrebungen des Nazi-Regimes. Das hätte bereits „während des Zweiten Weltkriegs" versucht, mit Holzvergasungsmotoren und einem Kraftstoff mit Bioethanolbeimischung „Versorgungsengpässen" zu begegnen (DS 1/2006: 10) – eine Idee, der heute wieder die NPD anhängt.

Werden die verschiedenen Konzepte der NPD zum Thema Landwirtschaft zusammengedacht, so wird rasch deutlich, dass diese sich widersprechen. Denn eine extensive Landwirtschaft benötigt mehr Fläche für die nachwachsenden Rohstoffe als die derzeitige konventionelle Methode, gleichzeitig soll sie aber nicht nur die Versorgung der Bevölkerung sicherstellen, sondern auch noch als Rohstofflieferant für die Energiegewinnung fungieren, für die wiederum enorme Erträge nötig wären. Vor allem aber ist die vermeintliche Sorge der NPD um die Bauern eine Folie für ihre völkische Agitation, die im angeblich ‚unverdorbenen ländlichen Leben' eine Basis für die „nationale Identität", die „deutsche Volksgemeinschaft" und die Ernährung des „deutschen Volkes" sieht.

Christian Dornbusch

VII. Das Führungspersonal der NPD

Der Führungsriege der NPD ist überschaubar. Formal besteht sie aus dem Bundesvorstand und den sechzehn Landesvorständen. Davon sind in der bundesdeutschen Öffentlichkeit nur wenige Namen bekannt: Udo Voigt als Parteivorsitzender, Peter Marx als Generalsekretär, Holger Apfel als Vorsitzender der NPD-Fraktion in Sachsen und Udo Pastörs im gleichen Amt in Mecklenburg-Vorpommern.

Doch der Bundesvorstand, wie ihn die NPD im Internet präsentiert, besteht aus 22 Männern und zwei Frauen. Im Schnitt sind sie knapp 45 Jahre alt, wobei mehr als ein Drittel in den 1970er Jahren geboren wurde. Daran ist deutlich abzulesen, wie der junge Nachwuchs in der Partei nach oben drängt: Der stellvertretende Fraktionsvorsitzende in Schwerin, Tino Müller, ist Jahrgang 1978 und Patrick Wieschke aus dem Landesvorstand Thüringen ist Jahrgang 1981. Jüngster Funktionsträger ist derzeit der Vorsitzende des NPD-Kreisverbandes Hildburghausen-Suhl, Tommy Frenck, geboren 1987.

Der Erfolg der NPD bei den Landtagswahlen in Sachsen 2004 wirkte wie ein Magnet auf die extreme Rechte in Deutschland – nicht zuletzt hinsichtlich der zu besetzenden Stellen als Mitarbeiter oder Berater bei der Fraktion. Der Waldorflehrer

Andreas Molau wurde ihr schulpolitischer Berater und Arne Schimmer wechselte von der ‚Deutschen Stimme' zur Fraktion. Beide schrieben in den 1990er Jahren noch für die ‚neu-rechte' Wochenzeitung ‚Junge Freiheit'. Wissenschaftlicher Mitarbeiter wurde ferner Karl Richter, Vielschreiber in diversen Periodika der extremen Rechten und mehrere Jahre Chefredakteur des Ideologieorgans ‚Nation & Europa'. Im Jahr 2005 stellte sich der – inzwischen verstorbene – Gründer der Partei Die Republikaner, Franz Schönhuber, der NPD als „medien- und europapolitischer Berater" zur Verfügung und ein Jahr später stellte die sächsische NPD-Landtagsfraktion den Historiker Olaf Rose, Vorstandsmitglied der extrem rechten Gesellschaft für freie Publizistik als Parlamentarischen Berater ein.

Den Weg in höhere Parteiämter finden Aktivisten, die sich über ihr jahrelanges Engagement hochgedient haben, sowie junge Aufsteiger und Quereinsteiger, die sich um die ‚nationale Bewegung' an anderer Stelle verdient gemacht haben.

Der sächsische Landtagsabgeordnete René Despang, Jahrgang 1972, trat beispielsweise bereits 1996 der Partei bei, war ab 2000 im Landesvorstand aktiv, seit 2003 Beisitzer im Vorstand des Nationalen Bündnisses Dresden und seit 2004 stellvertretender Ortsbeirat in Dresden-Cotta. In sein Amt als Landtagsabgeordneter kam er indes nur als Nachrücker für den 2006 tödlich verunglückten Uwe Leichsenring. Marcel Wöll hingegen, Jahrgang 1983, ist einer der führenden Neonazis im Spektrum der so genannten Freien Kameradschaften in der Rhein-Main-Neckar-Region und wurde bei seiner ersten Kandidatur für die NPD bei der Kommunalwahl am 26. März 2006 in die Stadtverordnetenversammlung der Stadt Butzbach gewählt. Nur zwei Monate später, am 27. Mai 2006, kürte ihn die hessische NPD zum neuen Landesvorsitzenden.

Als Kaderschmiede fungieren teilweise auch Studentenverbindungen. Jürgen W. Gansel, Arne Schimmer sowie die Brüder Stefan und Mathias Rochow gehör(t)en beispielsweise der Gießener Burschenschaft Dresdensia-Rugia an, die sich von den Zielen

der NPD indes distanziert. Bis September 2007 war Stefan Rochow
nach einem Werdegang durch weitere Organisationen Bundesvorsitzender der NPD-Jugend, der Jungen Nationaldemokraten, und
sein zwei Jahre jüngerer Bruder deren Bundesgeschäftsführer. Die
NPD-Jugend ermöglicht ihren Funktionären später auch einen
Karrieresprung zur Mutterpartei. Andreas Storr, JN-Vorsitzen-
der von 1992 bis1994, ist heute Landesvorsitzender von Berlin.
Sein Nachfolger bei den JN, Holger Apfel, wurde im Jahr 2000
stellvertretender Parteivorsitzender. Sascha Rossmüller, der die
Spitzenposition bei der JN 1999 übernahm und 2003 an den
derzeitigen Vorsitzenden abgab, wurde 2006 zum stellvertretenden
Parteivorsitzenden gewählt.

Als weibliche Kaderorganisation könnte zukünftig der Ring
nationaler Frauen fungieren. Stella Paul, beim NPD-Bundesvorstand mit dem Referat Familie betraut, ist deren Pressesprecherin.
Bundessprecherin ist Gitta Schüßler, Abgeordnete der NPD im
sächsischen Landtag. Ihre Stellvertreterin bei der RNF ist Judith
Rothe, die im Kreistag Mansfeld-Südharz in Sachsen-Anhalt
sitzt. Auch die im Juni neu gewählte NPD-Landesvorsitzende
von Sachsen-Anhalt, Carola Holz, ist RNF-Mitglied.

Doch während sich für manche der Aufstieg in Spitzenämter
schnell vollzog, kam der Abstieg für andere genauso überraschend:
1998 wurde der zu jener Zeit bereits seit annähernd fünfzehn
Jahren in der Neonazi-Szene aktive Steffen Hupka in den Parteivorstand gewählt und mit dem Referat Schulung betraut. Anfang 2000
gründete er die Revolutionäre Plattform mit einer eindeutigen
neonazistischen Ausrichtung, zu der sowohl NPD-Mitglieder als
auch Aktivisten Freier Kameradschaften gehörten. Während des
Verbotsverfahrens gegen die NPD ging die Parteiführung jedoch
auf Distanz zu den „revolutionären" und militanten Kräften in
der Partei. Am 8. Januar 2001 wurde Hupka wegen parteischädi-
genden Verhaltens ausgeschlossen. Auch bei Anja Zysk folgte dem
Aufstieg ein rascher Fall. Sie wurde am 27. November 2005 zur
neuen Landesvorsitzenden der Hamburger NPD gewählt. Doch
bereits ein Jahr später mehrten sich die Konflikte im Hambur-

ger Landesverband. Zysk sprach später in einer Stellungnahme von „massiven Drohungen und einer beispiellosen Mobbingkampagne", an dessen Ende der gesamte Landesvorstand am 4. Januar 2007 geschlossen zurücktrat. Bei den Neuwahlen am 25. Februar stellte sie sich ihren Widersachern, unterlag aber mit drei gegen 18 Stimmen dem neuen Landesvorsitzenden Jürgen Rieger. Einen Monat später trat Zysk aus der NPD aus.

Die Entwicklung der letzten Jahre hat verdeutlicht, dass die Zahl der politischen Kader der extremen Rechten im Allgemeinen und in der beziehungsweise um die NPD im Besonderen größer geworden ist und deren Durchschnittsalter gesunken ist; gleichwohl ist deren Zahl noch immer begrenzt.

Woher kommt Udo Voigt?

Der Bundesvorsitzende der NPD stammt aus Viersen am Niederrhein. Als Einzelkind wuchs der 1952 geborene Voigt in einem vom ‚deutschen Soldatentum' geprägten Haushalt auf. Der Vater, nach dem Zweiten Weltkrieg als Fahrer für die britische Rheinarmee tätig, gehörte als Stabsgefreiter der Wehrmacht an und war noch nach dem Ende des Nationalsozialismus überzeugt von deren militärischen Idealen. Udo Voigt erinnert sich, in seiner Heimatstadt Viersen „nahezu täglich auf den Straßen Besatzersoldaten" begegnet zu sein. Der Junge empfindet das „als Schmach und Schande", er träumt davon, „die Ehre Deutschlands und seiner Soldaten wiederherzustellen".

Nach der Volksschule absolviert Voigt eine dreijährige Ausbildung als Metallflugzeugbauer. Er besucht die Fachoberschule, fiebert einer Karriere bei der Bundeswehr entgegen, denn nach eigenem Bekenntnis in einem Interview für ‚Die Zeit' (2004) wäre er „lieber Offizier als Parteivorsitzender" geworden. 1972 verpflichtet sich der 20-Jährige für zwölf Jahre bei der Bundeswehr; für eine Offiziersausbildung in der Luftwaffe geht er für einige Zeit nach Texas und später als „Sicherheitsoffizier" nach Griechenland. Sein letzter Dienstgrad ist der eines Hauptmanns der Bundeswehr, als 1984 das unfreiwillige Ende seiner Dienstzeit naht.

Wegen aktiver Mitgliedschaft in der extrem rechten NPD verweigert ihm die Bundeswehr eine Übernahme als Berufsoffizier. Udo Voigt ist bereits als 16-jähriger Schüler in die NPD eingetreten. Bereits zwei Jahre später gehört er dem NPD-Kreisvorstand in Viersen an. Nach Bayern übergesiedelt, übernimmt er zunächst den Vorsitz des Kreisverbandes in Freising, seit 1982 ist Voigt im Landesvorstand tätig. Das Ende von Voigts Bundeswehrkarriere ist besiegelt, als das Bundesverwaltungsgericht seine Klage 1984 verwirft.

In der NPD dagegen geht es jetzt für den ehrgeizigen Nationalisten aufwärts. 1986 wird Voigt Leiter des Amtes Bildung im Nationaldemokratischen Bildungszentrum im oberitalienischen Iseo; er gründet damit „das erste systematische Bildungswesen" von „vornehmlich jüngeren Führungskräften in der NPD". Zeitgleich hat der unscheinbar und oftmals unbeteiligt wirkende Voigt es auf leisen Sohlen bis in den Bundesvorstand der Partei geschafft. Nebenher studiert er zehn Semester lang bis 1987 an der Hochschule für Politik in München.

Innerhalb der braunen Hierarchie steigt Voigt 1992 zum bayerischen NPD-Landesvorsitzenden auf. Beim Bundesparteitag im pfälzischen Bad Dürkheim im März 1996 wird er denkbar knapp, mit nur zwei Stimmen Mehrheit, zum neuen Bundesvorsitzenden gewählt. Seitdem besetzt der grauhaarige Schnauzbartträger dieses Amt. Unterstützt durch einen Führungsstab führt er aus der Parteizentrale in der Seelenbinderstraße in Berlin-Köpenick die NPD. Verborgen hinter Sicherheitstüren aus Stahl und vergitterten Fenstern, umgeben von engen Vertrauten und parteitreuen Bodyguards, gibt der misstrauische Rheinländer Kampagnen gegen ausländische Mitbürger in Auftrag, reaktiviert NS-Begriffe wie

‚Volksgemeinschaft' für anstehende Wahlkämpfe oder entsendet Partei-Anwälte für straffällig gewordene Parteimitglieder. Unter Voigt ist die NPD zur Partei von Neonazis in Nadelstreifen geworden. Aber die Gewalt in der rechten Szene steigt um 20 Prozent. Auch gegen Voigt laufen immer wieder polizeiliche Ermittlungsverfahren.

Voigt ist Parteisoldat. Seit 1996 als Reisender in Sachen NPD unterwegs, besucht er regelmäßig Faschisten in Europa und einen NPD-Stützpunkt in Spanien. 2006 wird er als NPD-Abgeordneter in die Bezirksvertretung Berlin-Köpenick gewählt.

Voigt ist ein Wolf im Schafspelz. Ist es opportun, dann gibt er den gemäßigten Nationaldemokraten. In einem Interview mit der rechten Zeitung ‚Junge Freiheit' ließ er 2004 verlauten: „Natürlich ist der Nationalsozialismus als Strömung in Deutschland auch heute vorhanden. Für die NPD ist er nicht maßgebend, aber wir versuchen, neben Nationalliberalen und Nationalkonservativen eben auch die nationalsozialistische Strömung zu integrieren, da eine Abgrenzung nur dem politischen Gegner hilft". Unter Voigts Regentschaft hat die NPD an Mitgliedern gewonnen. Rund 7000 sollen es inzwischen sein, darunter viele neonazistische Skinheads und bekennende Nationalsozialisten.

Kein Grund zur Euphorie für Voigt. Gegenüber Kameraden betont er immer wieder, dass erst von „dauerhaftem Erfolg und politischem Einfluß" geredet werden kann, wenn die NPD „fünfzehn- oder zwanzigtausend Mitglieder" habe. Tatsächlich wird die NPD trotz der Wahlerfolge in Sachsen und Mecklenburg-Vorpommern immer wieder von Krisen geschüttelt. Zurzeit befindet sich die Partei in einer prekären finanziellen Situation, denn wegen Falschangaben in Rechenschaftsberichten muss die NPD Rückforderungen bei der staatlichen Parteienfinanzierung in Höhe von rund 870 000,– Euro abzahlen. Zudem nimmt der Einfluss des nationalsozialistischen Flügels, vertreten durch die Freien Nationalisten, zu. Eine Gratwanderung für Voigt und seine Berater, denn gerade versuchen sie mehr Rückhalt „in der Mitte der Gesellschaft" zu erringen. Imageverbesserung und

gemäßigte braune Töne sind angesagt. Doch gerade die fallen
auch Voigt oft schwer. Wenn er über die „Ehre der deutschen
Wehrmacht" spricht oder Adolf Hitler einen „großen deutschen
Staatsmann" nennt, dann lässt auch der braune Biedermann die
Maske fallen.

Andrea Röpke

Ist Holger Apfel so harmlos,
wie er aussieht?

Im sächsischen Landtag gibt sich Holger Apfel gegenüber den
Angestellten höflich. Ein Lächeln für den Pförtner, ein Witz
mit der Küchenhilfe; ganz der Parteilinie folgend, will sich der
NPD-Fraktionsvorsitzende als Vertreter der „einfachen Arbeiter",
der „kleinen Angestellten" und der „enttäuschten Arbeitslosen"
gerieren. Im Plenarsaal aber tritt der 1970 in Hildesheim Geborene vor den Abgeordneten der anderen Parteien kämpferisch auf.
Mit rhetorischer Eloquenz glänzt Apfel, mittelgroß gewachsen
und untersetzt, in seinen Reden nicht. Am Rednerpult weiß er
jedoch die Provokation zu setzen. Den „kalkulierten Tabubruch"
(DS 10/2005: 3) sucht er gerne.

Keine vier Monate nach dem Einzug in den Landtag 2004
inszenierte Apfel im Plenum gleich einen Skandal. Anlässlich
des 60. Jahrestags der Bombardierung Dresdens 1945, sprach
er im Parlament am 21. Januar 2005, wie sein Fraktionskollege
Jürgen W. Gansel, vom „Bombenholocaust". Das mediale Echo
auf die Relativierung der Vernichtung der europäischen Juden war
einkalkuliert. Das Plenum dient Apfel regelmäßig als Bühne. Am
9. Mai 2007 schimpft er: „Wer nur noch – völlig unterschiedslos

– ‚Menschen‘, aber keine Deutschen mehr kennt, den kann es auch nicht empören, wenn er [...] verarmte deutsche Rentner in Mülleimern nach Pfandflaschen angeln sieht, während hinter ihnen staatsalimentierte orientalische Großfamilien, oder der arrogante Wohlstands-Neger daherstolzieren!" (Pressemitteilung der NPD-Fraktion, 09. Mai 2007).

Der gelernte Verlagskaufmann betont aber – ganz „Volksvertreter" –, dass er „Klamauk um des Klamauks willen" ablehne und hebt hervor: „Wir werden daran gemessen, was wir zur Lösung der sozialen Fragen beigetragen haben" (DS 10/2005: 3). Unter dem Bundesvorsitzenden Udo Voigt hat sich die NPD verstärkt den sozialen Themen zugewandt. Den Freien Kameradschaften ging sie zudem offener entgegen. Eine Kurswende, die Voigt in der Partei eng mit Apfel durchsetzte. Durch die politische und persönliche Nähe wird der 18 Jahre jüngere Apfel in der Szene oft als Ziehsohn Voigts gesehen. Der Einzug in die Landtage von Sachsen und Mecklenburg-Vorpommern ließ Kritik am gemeinsamen Kurs leiser werden.

Früh schlug Apfel eine rechte Karriere ein: schon als Schüler arbeitete er beim NPD-nahen Studentenbund Schlesien mit. Voigt glaubt, dass das schlesische Elternhaus Apfel prägte und er „die Teilung Deutschlands" als „Schande" empfand (Voigt 1999: 330). Im Anschluss ans Abitur leistete er seinen Wehrdienst ab. Als 18-Jähriger trat er 1988 in die NPD und in die NPD-Jugend, die Jungen Nationaldemokraten (JN) ein. Von 1990 bis 1997 war er in Hildesheim Kreisvorsitzender und gehörte von 1993 bis 1997 dem Niedersächsischen Landesvorstand an. Die niedersächsische JN baute er als dessen Vorsitzender von 1990 bis 1994 zur stärksten Landesstruktur auf. 1992 wurde er stellvertretender Bundesvorsitzender und 1994 Bundeschef – bis 1999. Voigt schwärmt: Apfel gelang der „Wiederaufbau" der JN und sie wurde zur „Speerspitze der NPD" (ebd.).

Bereits 1996 gab Apfel, der mit Jasmin Langer, Geschäftsführerin der NPD-Frauenorganisation Ring Nationaler Frauen, liiert ist und eine Tochter hat, seinen Beruf auf, um der angeschlagenen NPD-

Zeitung ‚Deutsche Stimme' (DS) zu helfen. Bis 2004 leitete er die in Riesa ansässige DS-Verlag GmbH, zuletzt als Geschäftsführer. Unter seiner Regie entstand ein „seriöser, umsatzstarker nationaler Verlag", wie Voigt betont (ebd.). Seit 1993 sitzt Apfel, der auch Chefredakteur der ‚Deutschen Stimme' ist, im Parteivorstand. In Anzug und mit Krawatte kommt Apfel auch zu Aufmärschen. Der „brave" Eindruck sollte nicht täuschen. Ganz im Sinne Voigts trieb er in der NPD die Radikalisierung des Programms und die Öffnung zu den Kameradschaften voran. Schon 1993 war er einer der Redner bei dem Gedenkmarsch für den NS-Kriegsverbrecher Rudolf Heß in Fulda, den militante Neonazis veranstalteten. Drei Jahre später beteiligt er sich an der Vorbereitung des Heß-Marsches und hielt in Worms die Hauptrede. Seine Reden, bei denen Apfel oft ins Stakkato und Kreischen fällt, offenbaren seine feste Gesinnung. Am 28. November 1998 führt er bei einem Landeskongress der JN zu deren Vorbildern aus, dass sie sich „einzig und alleine" an der Wehrmacht und den „Soldaten der Waffen SS" zu orientieren hätten. Auf dem ‚2. Tag des nationalen Widerstandes' verkündete er am 27. Mai 2000: „Ja, wir sind eine verfassungswidrige Partei. Ja, wir arbeiten mit verfassungsfeindlichen Organisationen zusammen" (zitiert nach: Cremet 2001: 7).

Zu der Zeit ist er bereits stellvertretender Bundesvorsitzender. Im Juni 2002 soll Apfel, laut Sächsischem Verfassungsschutz, ein Deutschland „von der Maas bis an die Memel, von der Etsch bis an die Bell" gefordert haben. Nichts hält der Parlamentarier, seit 2003 zudem Vorsitzender des Nationalen Bündnis Dresden, von der parlamentarischen Demokratie. „Wir sind nicht der Reparaturbetrieb eines untergehenden Systems" erklärte er (DS 10/2005: 3). „Jeder Ordnungsruf" im Landtag, verkündete Apfel im Mai 2007 stolz, „den ich von den Überfremdungspolitikern der Blockparteien für meinen Einsatz im Kampf für ein deutsches Deutschland erhalte, ist für mich Bestätigung […], den eingeschlagenen Weg konsequent weiterzuführen". Eine Kampfansage eines nur harmlos erscheinenden Gesinnungstäters.

Andreas Speit

Ist Peter Marx der Strippenzieher im Hintergrund?

Der gebürtige Pfälzer ist nicht nur Multifunktionär mit zahlreichen Parteiämtern und Reisekader. Er ist vor allem eines: ‚Spin Doctor' seiner Partei. Als moderner PR-Netzwerker bemüht sich der Bundesvizechef und Generalsekretär der NPD verunglückte Statements, politische Fehltritte oder interne Querelen seiner Parteikameraden rechtzeitig aufzufangen und zurechtzurücken. „Marx verkörpert wie kein anderer, was neu ist an der NPD", urteilt die Tageszeitung ‚Die Welt' und bescheinigt ihm „taktisches Geschick und eine organisatorische Straffheit".

Unauffällig hat sich der 50-Jährige aus Saarbrücken an die Spitze seiner Partei geschoben. Laute Töne oder vollmundige Bekenntnisse verkündet Marx, der auch den Landesvorsitz in Rheinland-Pfalz innehat, in der Öffentlichkeit kaum. Nachdem die NPD 2006 in Fraktionsstärke in den mecklenburg-vorpommerischen Landtag einzog, folgte Marx als Geschäftsführer und Pressesprecher. Bereits 2004 hatte er in der sächsischen NPD-Fraktion – seit den 1960er Jahren die erste Fraktion der Partei in einem Landtag – die Geschäftsführung inne. Aus dem Hintergrund bereitete der untersetzte Mann mit Haarkranz öffentliche Auftritte vor, die oft in strategische Überlegungen eingebettet schienen. Den NPD-Abgeordneten legte Marx Rhetorikkurse nahe und bereite die Materialien für die Plenarsitzungen vor. Zusätzlich versuchte Marx Intellektuelle aus der rechten Szene für die Parteiarbeit zu gewinnen. Seit 2006 baut er in Mecklenburg-Vorpommern erneut ein kommunikatives Netzwerk um die NPD-Fraktion auf.

Seine politische Karriere begann der 1956 in Elmstein-Speyerbrunn geborene Marx als 15-Jähriger bei den Jungen Nationaldemokraten. Sein Studium der Rechtswissenschaften beendete Marx ohne Abschluss, später arbeitete er als „freier Marketingberater". Im NPD-nahen Nationaldemokratischen Hochschulbund (NHB) war er Bundesvorsitzender. Dessen Publikation NHB-Report erhielt unter seiner Führung in den 1980ern ein professionelles Illustrierten-Design. Erste Erfahrungen als Fraktionsgeschäftsführer der NPD sammelte Marx 1989 in der Frankfurter Stadtverordnetenversammlung. Später wechselte er in gleicher Funktion in den Darmstädter Kreistag.

„Peter Marx war einer der Ersten, die begriffen haben, welches Potential für die Rechtsextremen in den neuen Bundesländern steckt", konstatierte Michel Friedman. Marx, dieser „deutschnationale Überzeugungstäter", wie ihn ‚Die Zeit' nennt, zog bereits 1989 nach Leipzig. Aus dem Kofferraum verteilte er Propagandamaterial bei den Montagsdemonstrationen. „Riesigen Absatz" habe das gefunden, so Marx, der auch die NPD in Sachsen mitgründete.

Zu den dunklen Seiten in der Vita des NPD-Strippenziehers gehört eine Verurteilung wegen Wahltäuschung. Das Landgericht Darmstadt bestätigte 2001 ein Urteil des Amtsgerichts Michelstadt, nach dem Marx im hessischen Kommunalwahlkampf 1997 Unterstützer-Unterschriften für die NPD unter dubiosen Umständen gesammelt habe. Die Staatsanwaltschaft erklärte, Marx habe „vor allem ältere Menschen" angesprochen und behauptet, es gehe um eine Unterschriften-Aktion gegen den weiteren Zuzug von Ausländern. Faktisch habe es sich aber um eine Wahlliste für die NPD gehandelt. Marx räumte den Fall später ein, bezeichnete die Vorwürfe aber als „haltlos". Das Urteil wurde 2001 rechtskräftig, die Geldstrafe war mit 160 Tagessätzen so hoch, dass Marx als vorbestraft gilt.

Unter seiner Führung scheiterte die NPD im Saarland bei den Landtagswahlen 2004 mit vier Prozent nur knapp an der 5-Prozent-Hürde. Beim Bundesparteitag in Berlin im Herbst 2006 übernahm Marx den Posten des Generalsekretärs. Trotz seines Parteivorsitzes in Rheinland-Pfalz liegt der Tätigkeitsschwerpunkt seit dem Wahlerfolg in Mecklenburg-Vorpommern. Marx überlässt nur ungern etwas dem Zufall. Akribisch verfolgt er jede Landtagsdebatte. Im ‚System Marx' werden die Abgeordneten um Udo Pastörs inhaltlich vorbereitet und geschult. Ein kurzer Blick der Abgeordneten im Plenarsaal nach hinten, dorthin, wo Marx sitzt und kurz mit den Kopf nickt oder schüttelt, offenbart das Zusammenspiel.

Nicht jeder Coup verläuft aber wie erhofft. In der ‚Deutschen Stimme' rief Marx 2007 „zum Jahr des volkstreuen Globalisierungs-Widerstands" aus. Den G8-Gipfel wollte die NPD für sich nutzen, um sich als „einzige authentische Anti-Globalisierungspartei" zu gerieren. Kleinere Aktionen liefen. Am geplanten zentralen Aktionstag, dem 2. Juni 2007, unterband ein Verbot allerdings eine größere Kundgebung. „Auf die Straße!" verkündete Marx daraufhin. Rund 1500 Neonazis in mehreren Städten folgten seiner Parole. Die Aktionen deutete er dann auch als Erfolg.

Marx' Macht ist nicht unumstritten. Immer wieder gerät der vierfache Familienvater und bekennende Katholik in die Kritik. Im Herbst 2005 warf ihm der Völklinger NPD-Stadtradt Ottmar Best vor, Marx habe „Kameraden dem Verfassungsschutz zugeführt". Marx selbst bezeichnete die Vorwürfe er sei „Zuhälter" des Verfassungsschutzes als „absurd". Im internen Streit um die Abwahl der Hamburger NPD-Landesvorsitzenden Anja Zysk kam es im Januar 2007 zu Anfeindungen mit antisemitischen Untertönen gegen Marx. Das neonazistische Störtebeker-Netz verpasste ihm den Zusatznamen „Peter Jacob Marx" – ‚Jacob' gilt laut alttestamentarischem Verständnis als dritter Stammvater Israels.

Beliebt scheint Marx in der ‚nationalen Bewegung' wenig zu sein. Doch seine Bemühungen, die Partei zu professionalisieren und zu intellektualisieren, werden geschätzt.

Andrea Röpke, Andreas Speit

Ist Jürgen Werner Gansel der typische Karrierist der NPD?

Jürgen Werner Gansel inszeniert sich als rechter Intellektueller. Der schmächtige, 1974 geborene Landtagsabgeordnete der Sächsischen NPD verweist gerne auf seinen Universitätsabschluss im Fach Geschichte und publiziert seit Jahren in den Zeitschriften der deutschen Neonazi-Szene ausschweifende Artikel über das Preußentum, faschistische Theoretiker oder die Epoche der Romantik. Journalisten und Politiker übernehmen diese Selbstdarstellung bereitwillig. Er gilt als einer der Cheftheoretiker der NPD.

Vergleicht man Gansel mit anderen neonazistischen Funktionären, scheint das Bild zu stimmen. Er verfügt über Fertigkeiten, die vielen von ihnen fehlen. Doch seine Ideen sind nicht neu. Vielmehr grast er gleich einem braunen Trüffelschwein das politische Terrain nach verwertbaren Themen und Theoretikern ab.

Seine Karriere begann in den Organisationen des deutschen Konservatismus – typisch für viele Neonazis. Er war bis 1993 Mitglied der CDU sowie der Jungen Union und engagierte sich in der Jungen Landsmannschaft Ostpreußen. Während seines Studiums trat er der Burschenschaft Dresdensia-Rugia Gießen bei. 1998 wurde Gansel NPD-Mitglied und übernahm schnell Spitzenämter. Unter anderem war er stellvertretender Parteivorsitzender in Hessen und Mitglied des Vorstandes des Nationaldemokratischen Hochschulbundes. Nach kurzer Tätigkeit als Redakteur der rechtsextremen Zeitschriften ‚Deutsche Geschichte‘ und ‚Opposition‘ wechselte er 2001 hauptberuflich in die Redaktion der NPD-Parteizeitung ‚Deutsche Stimme‘ (DS) nach Riesa und engagiert sich seitdem in einflussreichen Parteiämtern auf der Kommunal-, Landes- und Bundesebene. Seit 2004 ist er Landtagsabgeordneter in Sachsen.

Geschichtspolitische Provokationen zur Relativierung der

NS-Verbrechen sind ein Schwerpunkt seiner Fraktion. Gansels Rede über den „Bomben-Holocaust von Dresden" sorgte für einen Skandal. Damit wollte er nach eigener Aussage „mächtige Schneisen in das Dickicht antideutscher Geschichtslügen [...] schlagen", wie Gansel 2005 im Sächsischen Landtag sagte. Die Grundlage dieser Geschichtsbetrachtung sind ein völkisch interpretiertes Deutschland, das zum Opfer eines imaginierten „Antigermanismus" wurde. „Die Pläne zur Vernichtung des Deutschen Reiches existierten nämlich schon lange, bevor in Versailles der erste Nationalsozialist geboren wurde", glaubt er. Angereichert wird diese Betrachtung um antisemitische Verschwörungstheorien und einen positiven Bezug auf den Nationalsozialismus.

Die Besetzung der „sozialen Frage" ist für Gansel die Grundlage langfristiger Erfolge der NPD: „Adolf Hitler und die NSDAP sind Vergangenheit, Hartz IV, Globalisierung und die Verausländerung aber bittere Gegenwart", schrieb er in der internen Schulungsbroschüre ‚Argumente für Kandidaten & Funktionsträger'. Daher setzt er auf sozialpolitische Themen wie die Förderung der Berufsschulen, den Erhalt lokaler Firmen und die Ablehnung von Hartz IV. „Die konsequente Verknüpfung der nationalen mit der sozialen Frage" sei „der Schlüssel künftiger Erfolge", schreibt Gansel in der DS.

Die theoretische Grundlage für solche Thesen ist ein vorgeblicher „Antikapitalismus" von rechts, mit dem er sich schon seit Jahren befasst. 1999 schrieb er seine Magisterarbeit über „Antikapitalismus in der ‚Konservativen Revolution' in Deutschland 1918-1932". Er baut auf einen „preußischen oder nationalen Sozialismus" und stellt der marxistischen eine nach eigenen Aussagen „konservativ-revolutionäre Kapitalismuskritik" entgegen. Nicht der Kapitalismus an sich wird kritisiert, sondern allein dessen Auswüchse, die als US-amerikanisches und jüdisches Produkt gedeutet werden. Gansel setzt auf die Nation als „Schutzmacht der kleinen Leute" und schwärmt vom „Frontsozialismus" im Ersten Weltkrieg. Im Schützengraben seien die „bestehenden Schranken von Parteien, Klassen, Konfessionen" aufgehoben worden. Das deutsche Volk sei als geschlossene Einheit einschließlich seiner sozialdemokratischen Arbeiterschaft aufgetreten, „um für das Vaterland den höchsten Einsatz zu wagen", schreibt Gansel.

Seit Jahren bemüht er sich erfolglos um eine Intellektualisierung seiner Partei. In expliziter Gegnerschaft zur Frankfurter Schule um Theodor W. Adorno gründete er mit seiner Fraktion die so genannte Dresdner Schule. In ihr soll sich die „organisierte Intelligenz einer selbstbewussten deutschen Nation" zusammenfinden, wie Gansel 2005 schrieb. Mittlerweile zeigt die Gruppe kaum mehr Aktivitäten.

Gansels besonderes Interesse gilt den Theoretikern der „Konservativen Revolution", wie Oswald Spengler, Arthur Moeller van den Bruck, Ernst Niekisch, Armin Mohler, Ernst Jünger sowie italienischen und französischen Faschisten. Die Idee einer antiliberalen, antidemokratischen und antimarxistischen Gesellschaftsveränderung, getränkt von Nationalismus und militaristischem Pathos, die das „Volk" in einer heroischen Bewegung vereint und vor dem moralischen Untergang errettet – das sind die Visionen, für die sich Gansel begeistert. Die Rezeption dieser Autoren, die nicht direkt in die mörderische Herrschaftspraxis des NS verstrickt waren, dient auch der Erweiterung des neofaschistischen Handlungsfeldes. Sie bieten die Möglichkeit, die Nähe zum Nationalsozialismus zu verschleiern, ohne dessen Ideen preiszugeben.

Gansel ist für die NPD ein Glücksfall. Doch der typische Vertreter einer kommenden Parteielite ist er nicht, denn die Partei kann bisher nur vereinzelt ähnlich qualifizierte Personen vorweisen, da sie für die Karriereplanung von jungen Rechtsintellektuellen noch nicht interessant genug ist.

Paul Wellsow

Ist Udo Pastörs der joviale NPD-Abgeordnete in Schwerin?

Vorne rechts ist sein Platz. Im Plenarsaal des mecklenburg-vorpommerischen Landtags sitzt Udo Pastörs an der Spitze der NPD. Abschätzige Blicke wirft der Fraktionschef dem Landtagspräsidium bei den Sitzungen zu. Von den Abgeordneten der anderen Parteien hält der 1952 in Wegberg Geborene ebenso wenig. Der bieder wirkende Herr, meist mit Hemd und Anzug, verschweigt nicht, dass er den Landtag für eine „Quassel-" und „Theaterbude" voll von „Banditen" hält. Schon bei der Wahlauftaktveranstaltung am 18. Juni 2006 tönte der gelernte Uhrmacher und Juwelier in seinen Wohnort Lübtheen mit Blick auf den Schweriner Landtag: „Machen wir den Anfang, mit einen Besen mit Stahlborsten werden wir den Müll, das ganze Kruppzeug aus den Amtsstuben fegen".

Solchen ‚Sprüche' wollen die Lübtheener vor der Wahl von dem „netten Herrn" nie gehört haben. „Immer freundlich", „immer zuvorkommend", heißt es in der Kleinstadt. In seinem früheren Juwelierladen soll Pastörs auch nie gemeint haben, dass „kein Techniker" ihm „bis heute erklären" kann, „wie das mit den Gaskammern technisch funktioniert hat" (Vanity Fair 1/2007: 174). Nie hätte er damals wie bei der ARD – ebenso vermeintlich wertfrei – von Adolf Hitler geschwärmt: „Er ist ja ein Phänomen gewesen, dieser Mann, militärisch, sozial, ökonomisch – er hat ja wahnsinnige Pflöcke eingerammt auf fast allen Gebieten".

Ende der 1990er Jahre erwarb die Familie im Ortsteil Benz-Briest ein 50 Hektar großes Gelände. Aus dem niedersächsischen Bad Zwischenahn war Pastörs, verheiratet und Vater einer Tochter, zugezogen. Ein pompöses Familienhaus errichteten sie; seine Tätigkeit als langjähriger Geschäftsführer der ‚Orbis Edelmetallgesellschaft GmbH' war offenbar einträglich. Der Landkreis machte der Familie Pastörs aber wegen des Anwesens etwas Ärger, denn die Baugenehmigung in dem Naturpark Mecklenburgisches Elbetal hatte sie nur erhalten, weil er angegeben hatte, dort eine Buchsbaum-Farm betreiben zu wollen. „Wenn er dem nachkommt, ist aber alles geregelt", erklärt Lübtheens Bürgermeisterin Ute Lindenau (SPD) die Bedingung.

In die NPD trat der ehemalige Offizier 2000 ein. Gegenüber dem NPD-Organ ‚Deutsche Stimme' begründete er im Juli 2006 diesen Schritt: „Das Verbotsverfahren gegen die NPD war Unrecht, mein Eintritt war der pflichtgemäße Widerstand". Im Jahr 2005 bestimmte die Partei ihn zum stellvertretenden Landesvorsitzenden und 2006 wählte sie ihn mit 95, 35 Prozent zum Spitzenkandidaten für die Landtagswahl.

Seinen politischen Werdegang zur NPD umreißt Pastörs in der ‚Deutsche Stimme' knapp. In „bündischen Gruppierungen" sei er aktiv gewesen, später in der Deutschen Liga für Volk und Heimat. Der Mitgründer und spätere Bundesvorsitzende der NPD, Adolf von Thadden, und sein Nachfolger im Amt des Vorsitzenden, Martin Mußnug, hätten ihn geprägt. Unerwähnt bleibt, dass Pastörs 1998 zu den Unterzeichnern einer in Bremen beschlagnahmten rassistischen Broschüre mit dem Titel ‚Völkermord am deutschen Volk' gehörte.

Ganz wie die Ex-Bundesvorsitzenden will Pastörs sich vermeintlich national-konservativ gerieren. Dieses Image dürfte ihm die lokale Verankerung erleichtert haben. Gern gesehen war er beim Mittelstandsunternehmer-Stammtisch und lange auch bei der Lübtheener Bürgerinitiative Braunkohle Nein. Erst im März 2007 schloss die Initiative ihr Gründungsmitglied aus. Ohne allzu große Übertreibung kann Pastörs daher behaupten: „Hier wächst eine Kernmannschaft der nationalen Opposition zusammen mit den Menschen, die hier leben". Bei der Wahl erreichte er in Lübtheen für die NPD 16 Prozent. Die politische Ausrichtung, die er verkörpert, dürfte der Partei auch die zehn Prozent Stimmen der Selbstständigen, Handwerker und Kleinunternehmer landesweit mitbeschert haben. Die angestrebte „Verbürgerlichung" der NPD versucht Pastörs vor Ort stetig zu verkörpern. Gezielt ging er bürgernah – ganz der Bundesparteilinie folgend – auf die „kleinen Sorgen" im Wahlkampf ein: vom Thema Schulschließung bis zu Fragen der Mittelstandsförderung.

Nach der Wahl trug Pastörs seine Gesinnung offener und ungenierter vor. Sein einst hölzerner unsicherer Redestil ist durch die Auftritte flüssiger und sicherer geworden. In Rathenow wetterte er am 21. Juni 2007: Die „Demokratenfratzen" würden, wenn die NPD die Macht hätte, „einer gerechten Strafe" zugeführt; „Also, liebe herrschende Klasse seht euch vor, denn wer Wind sät, wird Sturm ernten. Lasst uns Sturm sein!". Im Parlament, so die NPD, würde er „mit seiner geschliffenen Rhetorik" Arbeitslosigkeit, Verarmung und Abwanderung thematisieren. Die sozialen und ökologischen Themen greift die NPD auch wirklich regelmäßig auf – wie die Kosten des G8-Gipfels im Lande, die Erhöhung des Renteneintrittsalters oder den Anbau von gentechnisch verändertem Mais. Allerdings lädt die Partei die Themen völkisch-nationalistisch und rassistisch auf. Seine Reden, die Pastörs sich ereifernd vorträgt, lösen denn auch regelmäßig Ordnungsrufe der Landtagspräsidentin aus, da sie die Würde und Ordnung des Landtags verletzen. Ihn schert es wenig. In der DVU-nahen ‚National Zeitung' kündigte er im September 2006 an: „Wir werden knallharte Oppositionspolitik betreiben". Im Wahlkampf versprach er auch, dass die „nationale Parlamentsfraktion" mit der ‚nationalen außerparlamentarischen Opposition' eng zusammenarbeiten würde. Ein Versprechen, das die Fraktion hält. In dem Landesverband verschwimmen längst die Grenzen zwischen NPD und Freien Kameradschaften. Pastörs antwortete beim NDR auf die Frage, ob er politische Gewalt ablehne: „Das kommt darauf an, in welchem Grad das deutsche Volk verelendet". In seinem ehemaligen Juweliergeschäft hat er ein Bürgerbüro einrichten lassen. Auf einem Transparent im Schaufenster steht ein einfacher Satz: „Wir kümmern uns".

Andreas Speit

Wird Andreas Molau ein führender Kopf der NPD?

Der 1968 in Braunschweig geborene Lehrer Andreas Molau gehört seit 2006 zum Bundesvorstand der NPD, er ist stellvertretender Vorsitzender des niedersächsischen Landesverbandes und dessen Spitzenkandidat für die Landtagswahl 2008.

Molau ist routiniert im Umgang mit Medien. Er wurde bei der Bundeswehr in ‚Psychologischer Verteidigung‘ geschult, kann publizistische Erfahrung vorweisen und fungierte in Braunschweig als NPD-Pressesprecher. Er hat die geradlinige Biographie des Überzeugungstäters: Mit 16 stieß er zu den Jungen National-demokraten (Stern 5/2005: 54.). Nach Abitur und Wehrdienst studierte er Germanistik und Geschichte in Göttingen und wurde 1989 auch Mitglied der Deutschen Hochschuldgilde Trutzburg Jena zu Göttingen. 1990 begann er für die ‚neurechte‘ ‚Junge Freiheit‘ (JF) zu arbeiten, doch seine Nähe zu geschichtsrevisionistischen Positionen und Auseinandersetzungen um kulturpolitische Strategien führten 1994 schließlich zu seiner Entlassung.

Neben weiterer Autorenschaft in rechten Periodika (u.a. ‚Criticón‘ und ‚Nation & Europa‘) arbeitete Molau publizistisch eng mit der rechtsextremen Verlagsgemeinschaft Berg (VGB) des Revisionisten Gert Sudholt zusammen. Für die VGB gab er 1993-1996 das „geistig-kulturelle Jahrbuch" ‚Deutscher Alma-nach‘ heraus, edierte ab 1995 die Zeitschrift ‚Deutsche Geschich-te‘ und schreibt bis heute in den revisionistischen ‚Deutschen Annalen‘. 1995 publizierte er bei der Verlagsgemeinschaft auch seinen Sammelband ‚Opposition für Deutschland‘. Galt er auf-grund seines völkisch-traditionellen Repertoires bei der JF noch als Vertreter der „alten Rechten", so berief er sich in dem Buch nunmehr selbst auf den französischen Vordenker der ‚Neuen Rechten‘, Alain de Benoist, und dessen Adaption des Konzepts der „kulturellen Hegemonie" des italienischen Kommunisten Antonio Gramsci. Es müsse das Ziel der gesamten Rechten sein, den „Kulturkrieg" um die „langsame Umformung der Geister" (Molau 1995: 166 f.) zu gewinnen. Heute streift Molaus Kanon konservative Klassiker ebenso wie die Theoretiker des Neuen Nationalismus (Moeller van den Bruck, Edgar J. Jung), völkische beziehungsweise nationalsozialistische Literatur und kulturelle Größen der Nachkriegsrechten (Armin Mohler, Hans-Jürgen Syberberg). Die völkische und nationalsozialistische Ausrichtung weiter Teile seiner Weltanschauung verteidigt er mit dem Hinweis, es „leuchtet nicht ein, warum ein Prinzip schlecht sein soll, weil es im Dritten Reich Konjunktur hatte" (Molau 1995: 182).

1996 verschwand Molaus Name zunächst aus der Öffentlichkeit, er unterrichtete Deutsch und Geschichte an der Waldorfschule Braunschweig. 2004 kündigte man ihm dort, nachdem er bekannt gegeben hatte, für die sächsische Landtagsfraktion der NPD als Berater aktiv zu werden. Seitdem agiert er als Parteifunktionär, zunächst für die sächsische Landtagsfraktion und als stellvertretender Chefredakteur der ‚Deutschen Stimme'. 2006 kandidierte er bei den niedersächsischen Kommunalwahlen für die NPD im Kreis Wolfenbüttel.

Im Zentrum von Molaus politischem Denken steht ein vom deutschen Idealismus (v.a. Herder und Schiller) und der philosophischen Anthropologie Gehlens geprägter Kulturbegriff sowie der Grundgedanke, dass der Mensch durch „Zucht" dem „Formenzwang der Kultur" unterworfen werden müsse. Der rhetorisch kluge, defensive Stil des erfahrenen Publizisten vermag es dabei, die autoritären Implikationen zu kaschieren. Auch seine Texte und Ämter zeugen vom Schwerpunkt Kultur: Bereits 1990-1992 war er im Bundesvorstand der Deutschen Gildenschaft Referent für Erziehung und Bildung. Bei der JF leitete er das Kulturressort. Seit 2005 steht er der größten Kulturvereinigung der extremen Rechten vor, der Gesellschaft für freie Publizistik, die er an die NPD annäherte. In Sachsen beriet er die NPD-Fraktion in bildungspolitischen Fragen, heute leitet er im Bundesvorstand das Amt

Bildung und ist zudem wissenschaftlicher Mitarbeiter von Parteichef Udo Voigt. Er erregte auch Aufmerksamkeit durch Solidaritätsbekundungen gegenüber Islamisten, profilierte sich in antiwestlicher Agitation und spielt auf der Klaviatur des Antisemitismus und Antiamerikanismus.

Molau hat die Fähigkeit zur Integration anderer rechter Strömungen in sein politisches Wirken. Die Taktik, zunächst die nationalen Kräfte zu sammeln, entspricht dabei dem Vorgehen der NPD. Schon im Vorwort des Sammelbands ‚Opposition für Deutschland' formulierte er, diese Opposition beinhalte „die Anerkennung der Notwendigkeit, alle Rechten, Konservativen, Nationalen, Nationalkonservativen usw. gedanklich an einen Tisch zu bringen" (Molau 1995: 14 f.). Dabei ist er auch für radikale Strömungen offen. Im Vorfeld der niedersächsischen Landtagswahlen 2008 trug er zur Einigung der Partei mit den militanten Freien Kameradschaften bei, die vor dem Wahlkampf mit mehreren Veranstaltungen und einem gemeinsamen Wahlkampfauftakt am 15.9.2007 in Hannover bekräftigt wurde.

Bereits 1996 beschrieb das Handbuch ‚Deutscher Rechtsextremismus' Molau als eine „der entscheidenden Nachwuchskräfte des deutschen Rechtsextremismus" (Mecklenburg 1996: 494). Tatsächlich ist er mittlerweile zu einem der zentralen Kader des reorganisierten Nationalsozialismus geworden. Als Vertreter einer aufstrebenden Generation dürfte er die NPD in den nächsten Jahren entscheidend prägen.

Volker Weiß

Warum sorgt Manfred Börm für Sicherheit bei der NPD?

Manfred Börm gilt in der NPD-Führung als „Mann fürs Grobe". Seit er 2001 in den Bundesvorstand der NPD berufen wurde, befehligt er den Ordnungsdienst der Partei. Gut gedrillt tritt der braune Wach- und Saalschutz bei NPD-Aufmärschen oder Parteiveranstaltungen in Erscheinung. Unter den Kameraden führt Börm ein strenges Regiment: Ordnerkräfte, die zu spät zum Dienst erscheinen oder nachlässig mit der Kleidung sind, werden von ihm mit schnarrender Stimme, aber scharfen Worten zusammengestaucht. Manfred Börm wird in den eigenen Reihen als autoritär, militant, aber zuverlässig geschätzt und gefürchtet. Ein Faible für Kampf und Militär scheint der 1950 in Schleswig-Holstein geborene Neonazi bereits seit seiner Jugend zu haben. 1978 tauchte sein Name zum ersten Mal im Zusammenhang mit einer Saalschlacht zwischen Neonazis und Polizei in der Öffentlichkeit auf. 1979 war der gelernte Hochbautechniker gemeinsam mit anderen Aktivisten der so genannten Werwolf-Untergrundorganisation an einem bewaffneten Überfall auf einen NATO-Stützpunkt in Bergen-Hohne beteiligt. Wegen Mitgliedschaft in einer kriminellen Vereinigung wurde Manfred Börm zu sieben Jahren Freiheitsstrafe verurteilt. Nach Behördenangaben folgten später Verurteilungen unter anderem wegen Verstößen gegen das Versammlungsgesetz.

Nach der Haftentlassung stieg Börm zum Gauführer Niedersachsen/Bremen der militanten Wiking-Jugend (WJ) auf. Die rund 500 Mitglieder starke Truppe unter dem Wimpel der Odalrune bildete seit 1952 Kinder und Jugendliche im nationalsozialistischen Sinne der Hitler-Jugend aus. Ziel der Wiking-Jugend war die Wiederbelebung von „Elitegeist und Volksgemeinschaft". Zu diesen Zwecken wurden zahlreiche bundesweite Zeltlager

mit politischen Schulungen und „körperlicher Ertüchtigung"
durchgeführt. Seit ihrer Gründung lag die Führung der WJ in
den Händen der Familie Nahrath aus Stolberg. Manfred Börm,
der eine Tochter der Familie Nahrath heiratete, gehörte als Be-
auftragter des Bundesführers zum inneren Kreis der WJ. 1994
nahm er mit den Bundesführern Wolfgang und Wolfram Nahrath
an einem Pfingstlager im damals größten Neonazi-Zentrum in
Hetendorf in der Lüneburger Heide teil. Börm ließ Jugendliche
in Uniform antreten; in Stellung gebracht erklärte er ein militäri-
sches Planspiel. Zahlreiche heutige NPD-Aktivisten durchliefen
diese Lager, gedrillt von Manfred Börm. Im November 1994
wurde die WJ unter anderem wegen ihrer „Wesensverwandtschaft
zum Nationalsozialismus" verboten. Börm aber blieb ihren ge-
fährlichen Idealen treu. 1999 organisierte er eine als „Erntefest"
bezeichnete Veranstaltung in Wittorf bei Lüneburg, an der Behörden zufolge auch ehemalige WJ-Mitglieder teilnahmen. Das
neue politische Betätigungsfeld wurde für Börm, wie für viele
ehemalige WJ-Funktionäre auch, die NPD. „Börm versucht dort
jedem seine Wehrsportgeschichten aufzudrücken", berichtete
ein NPD-Aussteiger. Ihm sei der Bauunternehmer aus Handorf
viel zu militant gewesen, „aber wer nichts davon hält, der gilt
für Börm als Feigling".

Bei einer Sonnenwendfeier der niedersächsischen NPD, an der
im Jahr 2000 zahlreiche Skinheads teilnahmen, wurden Haken-
kreuzfähnchen verteilt. Manfred Börm trat als „Feuerredner"
auf. Anfang des Jahres 2000 hatte Börm bereits den harmlos
klingenden Arbeitskreis für Kultur und Geschichte mitgegrün-
det. Der Verein orientiert sich am nordischen Brauchtum und
will eine „ganzheitliche nationale Lebensweise" unter Deutschen
verbreiten. Im Sommer 2000 wurden die Mitglieder zu einem
konspirativen Julfest in die Nähe von Bleckede eingeladen.

Wie selbstverständlich ist die Familie Börms auch in der Heimattreuen Deutschen Jugend (HDJ) aktiv, einer Organisation, die
im Verborgenen in die Fußstapfen der verbotenen WJ getreten
ist. Dabei werden anscheinend von Lüneburg aus die nieder-

sächsischen HDJ-Aktivitäten gelenkt, deren Ziel es laut internem Schreiben ist, „dieses kranke System zu beseitigen". Wieder üben Jugendliche „germanischen Sechskampf" oder marschieren 150 Kilometer mit Gepäck durch die Lüneburger Heide. Viele der HDJ-ler sind auch in Börms Ordnertruppe aktiv.

2002 kandidierte Börm auf der niedersächsischen Landesliste der NPD. Als NPD-Landesvorstandsmitglied ist er mitverantwortlich für die rassistische Aufmarsch-Kampagne „Heimreise statt Einwanderung – Denn deutsche Kinder braucht das Land", mit der Neonazis 2003 durch die Straßen zogen.

Im November 2005 sorgte Manfred Börm für parteiinterne Querelen, als er „in Eigenregie" dem Redner des Kampfbund Deutscher Sozialisten (KDS), Axel Reitz, bei einer NPD-Demonstration Redeverbot erteilte, da er einem „Schwulenverein" angehöre. Börm trat Reitz gegenüber und drohte damit, ihn von der Veranstaltung auszuschließen. Im Januar 2006 dann unterrichtete Börm Bremer Kameraden im Rahmen einer internen Schulungsveranstaltung „Ordnung und Disziplin – Stützen des Nationalen Widerstandes". Auch beruflich huldigt Börm der NS-Symbolik, so prangen gut sichtbar im Mauerwerk seines Anwesens Odalrune und Wolfsangel statt Firmenwerbung. In seinem Handorfer Bauunternehmen beschäftigt er Gleichgesinnte. Aufträge kommen aus der Szene; seine Firma errichtete beispielsweise die Villa von Udo Pastörs im ehemaligen NS-Reichsmusterdorf Benz-Briest. Der Bundesordnungsdienst ist Börms ureigene Truppe. Und deren biederes Aussehen kann nicht über eines hinwegtäuschen: ob NPD-Anhänger im Dezember 2004 eine Straßenschlacht gegen politische Gegner in Schleswig-Holstein führen oder NPD-Kader sich wie im März 2006 Polizisten in der Oldenburger Fußgängerzone widersetzen – Börm und seine Ordner sind dabei.

Andrea Röpke

Ist Jürgen Rieger Anwalt, Finanzier oder Politiker?

Der 61-jährige Rechtsanwalt Jürgen Rieger ist seit beinahe vierzig Jahren einer der aktivsten Neonazis Deutschlands. Obwohl er führende Positionen in diversen neofaschistischen Organisationen besetzt, hohes Ansehen bei den militanten Freien Kameradschaften und langjähriges Vertrauen bei noch lebenden Altnazis genießt, hat er erst vor kurzem den Weg in die NPD gefunden.

Der alten NPD stand Rieger distanziert gegenüber, weil ihm deren legalistische Führung nicht entschlossen genug hinter straffällig gewordenen Mitgliedern stand. Erst mit der Öffnung der Partei für die Freien Kameradschaften, der Radikalisierung ihrer Programmatik und ihres Auftretens wurde die NPD für Rieger interessant. Nachdem er zuvor schon für die Hamburger NPD referierte, kandidierte Rieger im Sommer 2005 als parteiloser Spitzenkandidat in der Hansestadt zur Bundestagswahl und wurde dabei von Freien Kameradschaften unterstützt. Im September 2006 trat er dann der Hamburger NPD bei. Gegenüber der NPD-Parteizeitung erklärte der Millionär aus dem noblen Hamburg-Blankenese, wegen der „sozialen" Programmatik der NPD beigetreten zu sein: „Mir gefällt der Begriff ‚Solidarismus'. Der beinhaltet die Idee der Volksgemeinschaft, Überwindung von Klassenkampf und Klassenhass" (DS 10/2006: 13).

Während in Riegers Beitritt zur NPD ein gewachsener Machtanspruch zum Ausdruck kommt, der sich auch auf seine Führungsposition im Netzwerk der Freien Kameradschaften stützt, verspricht sich die NPD-Führung von ihm wohl in erster Linie juristische und finanzielle Hilfe sowie eine nähere Anbindung der Freien Kameradschaften. Im November 2006 wählte man Rieger in den Bundesvorstand, nicht jedoch in das Präsidium. Er wurde mit dem Referat Außenpolitik und Finanzbeschaffung betraut.

Außerdem ist er seit Februar 2007 mit Hilfe des kameradschafts-
nahen Flügels der Hamburger NPD zum Landesvorsitzenden
gewählt worden.

Jürgen Rieger konnte unter anderem durch Erbschaften
von verstorbenen Gesinnungsgenossen und aus Aktien- und
Immobiliengeschäften ein beträchtliches Vermögen anhäu-
fen. Er ist Strippenzieher in diversen kleinen Organisationen,
wie der germanentümelnden Artgemeinschaft und dem NS-
apologetischen Nordischen Ring, der rassistischen Gesellschaft
für biologische Anthropologie, Eugenik und Verhaltensforschung,
oder dem harmlos klingenden Mütterdank. Diese sind in der
Öffentlichkeit kaum bekannt, arbeiten fast konspirativ und
haben teilweise noch personelle und organisatorische Wurzeln
im Nationalsozialismus. Diese verschworenen Gemeinschaften
dienen der Selbstbestätigung der faschistischen Weltanschauung,
der Schulung und der rechtlichen Absicherung von Infrastruktur,
so etwa von Immobilien.

Außer einem Landgut in Schweden besitzt Rieger mindestens
ein ehemaliges Hotel in Pößneck, ein Haus in Hummelfeld
bei Eckernförde, einen ehemaligen Kinokomplex in Hameln
sowie weitere Häuser in Hamburg-Harburg, Hannover und im
Landkreis Schaumburg. 1998 schlossen die Behörden Riegers
Nazi-Zentrum „Hetendorf 13" in Niedersachsen, sein Ersatz-
objekt Heisenhof bei Dörveden soll der „Fruchtbarkeitsforschung"
dienen. „Rassenmischung" ist dabei unerwünscht.

Im Bundestagswahlkampf 2005 wurde das ehemalige Bundes-
wehrgelände zur niedersächsischen Wahlkampfzentrale der NPD.
Von der Bereitstellung solcher Infrastruktur profitiert die NPD in
jedem Fall. Insider berichten, dass Rieger 2006 ein Darlehen für die
NPD kündigte, weil ihm kein sicherer Listenplatz in Mecklenburg-
Vorpommern zugesichert wurde. Es bleibt abzuwarten, ob er mit
seinem Vermögen und Knowhow die hochverschuldete Partei
sanieren kann und will.

Als Anwalt hat der am Hanseatischen Oberlandesgericht
zugelassene Rieger schon die halbe Naziszene verteidigt, ob NS-

Verbrecher oder Auschwitzleugner, RechtsRock-Musiker oder
gewalttätige Schläger. Das mit ihm verbandelte Deutsche Rechtsbüro stellt Broschüren, Urteilssammlungen und Anwälte für die
gesamte extreme Rechte zur Verfügung. Besondere Anerkennung
genießt Rieger, seit es ihm im Jahr 2001 gelang, ein jahrelang
bestehendes Verbot des Aufmarsches in Wunsiedel anzufechten.
Erneut entwickelte sich der Aufmarsch zum Kristallisations-
punkt der internationalen Neonazi-Bewegung. Seit 2005 ist der
Aufmarsch indes verboten, eine Sachentscheidung des Bundesverfassungsgerichts über das Verbot steht aus.

Gerichtsverfahren nutzt Rieger geschickt als Tribüne für
volksverhetzende Propaganda, wissend, dass er als Verteidiger
besondere Freiheiten genießt. Mit endlosen Beweisanträgen und
Zeugenvorladungen versucht der Nazianwalt immer wieder Verfahren zu verschleppen. Gelegentlich gelingt es ihm, Freisprüche
zu erstreiten. Rieger ist zwar selbst mehrfach wegen Verwendung
verfassungsfeindlicher Symbole, Volksverhetzung und Körperverletzung verurteilt worden, die Strafen reichten jedoch bisher
nicht für einen Entzug der Anwaltszulassung.

Parteipolitische Erfahrung hat das Bundesvorstandsmitglied
bisher wenig. Mit seinen eindeutig rassistischen, antisemitischen,
eugenischen und NS-apologetischen Positionen ist Rieger ein
Vertreter der Alten Rechten. Zwar rühmt er sich, Scharnier im
‚Deutschland-Pakt‘ zwischen NPD und DVU zu sein, andererseits
steht seine radikale, bisweilen cholerische Art einem moderaten
Auftreten von NPD und DVU in der Öffentlichkeit entgegen.
Er ist jedoch für die NPD aufgrund seiner weitreichenden Kon-
takte, als Integrationsfigur für die Freien Kameradschaften, als
potentieller Finanzier und erfahrener Jurist schwer verzichtbar.
Sein ehrgeiziges Ziel ist es, als Bundestagsabgeordneter in den
‚Reichstag‘ einzuziehen.

Felix Krebs

Wer ist das Dreigestirn aus der Kameradschaftsszene in der NPD?

Im September 2004 erklärten Thomas „Steiner" Wulff, Thorsten Heise und Ralph Tegethoff, drei zentrale Führungspersonen des militanten Neonazismus, ihren Eintritt in die NPD. Zuvor hatten die drei im Rahmen ihrer Wahlkampfunterstützung für die NPD in Sachsen gemeinsam mit anderen Vertretern Freier Kameradschaften Gespräche mit Udo Voigt und Holger Apfel vom Bundesvorstand der Partei geführt. Es wurde „das bisher Trennende" erörtert, die „Vorbehalte und Differenzen" aufgezeigt und festgestellt, dass „die Parteiführung aus dem gescheiterten Verbotsverfahren wesentlich gereifter herauskam", hieß es in ihrer Erklärung: „Es war der Wille zu spüren, die einmal gemachten Fehler nicht zu wiederholen und sich als Partei deutlich in das Gesamtgefüge einer Bewegung des Widerstandes einzufügen. Auf dieser Grundlage konnten wir einen Neubeginn in der Zusammenarbeit mit der Partei glaubwürdig auch gegenüber vielen freien Nationalisten vertreten." Unter der Parole „eine Bewegung werden" warben die Neonazis im Weiteren für ein gemeinsames Agieren von NPD und den Freien Kameradschaften. Von ihrer Erklärung ging eine Signalfunktion aus.

Zurückzuführen ist diese vor allem auf die Stellung der drei Führungskader im Spektrum des außerparlamentarischen Neonazismus: „Seit rund 25 Jahren ist jeder einzelne von uns dreien innerhalb des nationalen Widerstandes aktiv", schreiben sie in ihrer Erklärung. Der Spitzname „Steiner" von Thomas Wulff, Jahrgang 1963, geht zurück auf den SS-Obergruppenführer Felix Steiner. In Norddeutschland ist Wulff einer der wichtigsten Aktivisten des militanten Neonazismus. Seit Anfang der 1980er Jahre ist er aktiv, zunächst im Umfeld der 1983 verbotenen Aktionsfront Nationaler Sozialisten/Nationaler Aktivisten, dann bei der 1995

verbotenen Freiheitlichen Deutschen Arbeiterpartei (FAP), in
der er bis zum Hamburger Landesvorsitzenden aufstieg. 1991
war er Gründungsmitglied der Nationalen Liste, deren Vorsitz
er bis zum Verbot 1995 innehatte. Sein Stellvertreter war einer
der heute bekanntesten norddeutschen Neonazis, Christian
Worch. Mit ihm arbeitete er bis zum Jahr 2001 eng zusammen.
Nach den Verboten 1995 propagierte Wulff gemeinsam mit
anderen inzwischen ‚Parteilosen' das neue Konzept der Freien
Kameradschaften. Wulff gilt als ‚politischer Soldat', als aktiver,
hart arbeitender Aktivist, der nicht sich, sondern ‚die Sache' in
den Vordergrund stellt. Seit November 2006 ist er offiziell im
Bundesvorstand der NPD und zuständig für die Koordination
mit den Kameradschaften.

Thorsten Heise, 1969 in Göttingen geboren, wurde nach
Eigenangaben schon mit 14 Jahren Skinhead. Er war das ‚Zieh-
kind' des österreichischen Neonazis Karl Polacek, der 1992
aus Deutschland ausgewiesen wurde. Um das Jahr 1986 trat
Heise der FAP bei und stieg bis zum niedersächsischen Landesvorsitzenden auf. Nach dem Verbot gehörte er zu den Mitbegrün-
dern der Kameradschaft Nordheim, deren Anführer er wurde.
Wegen schwerer Körperverletzung, Landfriedensbruch, Nötigung
und Volksverhetzung sowie Verwendung verfassungswidriger
Symbole ist Heise mehrfach vorbestraft. Seit Mitte der 1990er
Jahre organisiert Thorsten Heise immer wieder RechtsRock-
Konzerte, stieg bereits 1986 in den Versandhandel mit extrem
rechten Rock-CDs ein, gründete 1999 den WB-Versand und
veröffentlichte seitdem ca. 30 einschlägige CDs. Seit 2004 sitzt
Heise, der im thüringischen Fretterode wohnt, im Bundesvorstand
der NPD mit dem gleichen Aufgabengebiet wie Wulff. Er gilt als
kumpelhafter Typ mit hoher Szene-Credibility.

Aus dem nordrhein-westfälischen Bad Honnef-Aegidienberg
kommt Ralph Tegethoff, der mit 14 Jahren 1977 der neonazistischen Wiking-Jugend beitrat und dort zum Horstführer
und Gauführer Bonn aufstieg. Bereits 1984 fungierte er im
Raum Bonn/Rhein-Sieg als Kreissekretär der FAP. Nach deren

Verbot organisiert auch er sich in Kameradschaften und gilt bis heute als ‚Führer‘ der Kameradschaft Bonn/Rhein-Sieg, auch bekannt unter dem Namen Sturm 8/12. Unter seinem eigenen Namen schreibt er seit 2002 für die NPD-Parteizeitung ‚Deutsche Stimme‘. Seine Artikel, zumeist Porträts einzelner ‚Helden‘ aus Waffen-SS und Wehrmacht, sowie seine beiden Bücher über den Kommandeur einer Wehrmachtseinheit Otto Ernst Remer und die Ritterkreuzträger des Panzerkorps Großdeutschland verherrlichen den Angriffskrieg und die Verbrechen der Nationalsozialisten. Regelmäßig schreibt Tegethoff für die Zeitschrift ‚Der Freiwillige‘, ehemals das Magazin der Hilfsgemeinschaft auf Gegenseitigkeit der ehemaligen Angehörigen der Waffen-SS (HIAG), das sich heute verstärkt jüngeren Lesern zuwendet. Zudem betreibt er einen Versandhandel für militärische Ausrüstungsgegenstände von Wehrmacht, Waffen-SS, Bundeswehr und Polizei. Als Amateurhistoriker hat er gute Kontakte zur ‚Erlebnisgeneration‘, den noch lebenden Angehörigen von Wehrmacht und SS.

Das ‚Dreigestirn‘ Wulff, Heise und Tegethoff hat seine Wurzeln im militanten Neonazismus, der der NPD lange Jahre kritisch gegenüberstand. Idealtyptisch repräsentieren sie verschiedene Spektren dieser Bewegung: der militante Straßenkämpfer, der aggressive RechtsRocker und die Brücke zur Erlebnisgeneration. Ihr Eintritt nach dem gescheiterten Verbotsverfahren gegen die NPD 2003 ist ein Zeichen dafür, wie sich die an Selbstsicherheit gewonnene Partei wieder der neonationalsozialistischen Bewegung öffnet. In vielen Bundesländern gibt es inzwischen eine enge Kooperation, nicht zuletzt da zahlreiche Aktivisten aus den Freien Kameradschaften inzwischen der NPD beigetreten sind. Nur noch wenige Führungskader der Freien Kameradschaften verschließen sich grundsätzlich einer Zusammenarbeit mit der NPD.

Jan Raabe

VIII. Geschlechterverhältnis

Die NPD ist seit jeher eine Partei, in der Männer den Ton angeben und in der Öffentlichkeit sprechen. In dem von der Partei anlässlich ihres 35-jährigen Bestehens herausgegebenen großformatigen Band ‚Alles Große steht im Sturm' – immerhin über 470 Seiten stark – sind lediglich sechs Autorinnen mit insgesamt 17 Seiten Text vertreten. Ellen Doris Scherer, zeitweise NPD-Landesvorsitzende im Saarland, eröffnet darin ihren Beitrag zum Thema ‚Frauen in der NPD' – und dies klingt fast wie eine Selbstvergewisserung – mit dem Satz „JA, es gibt sie, Frauen in der Nationaldemokratischen Partei Deutschlands, die allgemein in der Öffentlichkeit als reine Männerpartei gilt" (Scherer 1999: 310).

Ihre dann folgenden Ausführungen nennen zwar eine Reihe von Frauen, die sich in den über vier Jahrzehnten des Bestehens der NPD in deren Reihen engagiert haben, und verweisen auch auf einige öffentliche Auftritte der Autorin, wissen aber nichts darüber zu berichten, ob und wenn ja, in welcher Situation Frauen tatsächlich Einfluss auf die Entwicklung der Partei genommen hätten. Mehrheitlich hat sich die Mitwirkung von Frauen auf die Übernahme vermeintlich ‚frauenspezifischer' Aufgaben beschränkt; das Lob, das Scherer in ihrem Beitrag Steffi Schön ausspricht, bringt dies paradigmatisch zum Ausdruck: Sie habe „ihrem Mann Jürgen, dem stellvertretenden Parteivorsitzenden, mit Beginn der ersten Montagsdemonstration in Leipzig treu zur

Seite [gestanden], im beliebten Treffpunkt ‚Georg-Schumann-Str.' unzählige Kameraden versorgt und sich um ihren Spitznamen als ‚Mutter des Landesverbandes' wahrlich verdient gemacht" (ebd.).

Bisher besetzten Frauen nur selten verantwortungsvolle Führungspositionen in der NPD; von den 36 bei der Landtagswahl in Mecklenburg-Vorpommern für die NPD antretenden Personen war nur eine weiblich; ebenfalls nur eine Frau ist unter den NPD-Kandidaten, die bei der niedersächsischen Kommunalwahl im September 2006 insgesamt 18 Mandate gewonnen haben.

Hinsichtlich der männlichen Geschlechterrollen finden sich wenig explizite Aussagen in den Veröffentlichungen der NPD; im Kontext historischer ‚Heldenfiguren', die der Verehrung der NPD anheimfallen, finden sich klassisch als ‚männlich' angesehene Eigenschaften wie ‚standhaft', ‚mutig' und ‚tapfer'. Bezüglich der Vorstellungen der Rolle der Frau heißt es in der Grundsatzschrift der NPD-nahen Gemeinschaft Deutscher Frauen ‚Die Frau in der nationalen Bewegung', dass „eine deutsche Frau einem deutschen Mann zur Seite gestellt ist – ihm also von Natur aus gleichgestellt ist" (GDF 2002: 10). Diese wenig präzise Aussage schließt den Weg von Frauen in die Berufstätigkeit nicht explizit aus, eine Ermunterung, Lebensentwürfe jenseits der Mutterrolle zu suchen, findet jedoch nicht statt. Letztere hat einen großen Stellenwert beim Thema ‚Familie', das in den NPD-Schriften besonders umfangreich behandelt wird.

Weil für die NPD „die klassische Familie als Fundament völkischen Gemeinschaftslebens" (Aktionsprogramm o. J.: 33) gilt, sind zunächst alle gleichgeschlechtlichen Lebensweisen als defizitär charakterisiert. Die NPD beklagt den ‚Kindermangel' (gemeint sind gemäß der völkischen Ideologie ‚deutsche Kinder'), weshalb sie Schwangerschaftsabbrüche nur in sehr eng begrenzten Ausnahmefällen für zulässig erachtet; bei der Entscheidung eines Paares für oder gegen Kinder geht es der NPD in erster Linie um das „biologische Überleben des deutschen Volkes" (ebd.: 29). Die Forderung nach einem ‚natürlichen Frauenbild' beinhaltet auch die Verpflichtung der deutschen Frau, „für den Erhalt der eigenen Art" zu sorgen. Verweigert sie sich den „eigenen, naturgegebenen Pflichten", heißt es in der GDF-Grundsatzschrift, „dann macht sie sich im schwersten Maße mitschuldig am Untergang des eigenen Volkes".

Bei den Landtagswahlen in Sachsen und Mecklenburg-Vorpommern wählten 12 Prozent der Männer und 6 Prozent der Frauen (Sachsen) bzw. 10 Prozent und vier Prozent (Mecklenburg-Vorpommern) die neonazistische NPD. Die Unterstützung für die Partei gründet bei einem Teil der Frauen in der expliziten Übereinstimmung mit einer Programmatik, die für eine Aufwertung der Mutterrolle eintritt, bei anderen Frauen sind die Aussagen zur Geschlechterpolitik vergleichsweise bedeutungslos, während Übereinstimmung mit den völkisch-nationalistischen Aussagen der NPD den Ausschlag für die Unterstützung gibt.

Mit dem im September 2006 gegründeten Ring Nationaler Frauen (RNF) sollen in größerem Maße als bisher Frauen für eine Mitarbeit in der NPD gewonnen werden; dies trüge nicht nur zur Imageverbesserung der neonazistischen Szene bei, sondern auch zu dessen Stabilisierung, da sich häufiger Paare finden, die sich derselben Sache verpflichtet fühlen. Ob die Erwartung mancher RNF-Frauen aufgeht, in der Partei mehr Einfluss nehmen zu können, bleibt freilich abzuwarten.

Welches Geschlechterbild vertritt die NPD?

Die reine Lehre der völkischen Ideologie, zu der sich die NPD in ihrem Parteiprogramm bekennt, propagiert ein Geschlechterbild, das mittlerweile in der Partei selbst teilweise als überholt angesehen wird und gewisse Modifikationen erlebt hat. Hinzu kommt, dass die Lebensrealitäten vieler rechter Frauen in mancherlei Hinsicht nicht der propagierten Ideologie entsprechen, die das Parteiprogramm und andere offizielle Verlautbarungen der Partei empfehlen.

Das völkische Weltbild geht von einer strengen Trennung von männlich und weiblich und – damit einhergehend – der Lebens- und Arbeitsbereiche aus. Nach dieser biologistischen Aufteilung fallen den Frauen etwa die Gestaltung des Heims, Kindererziehung und „Brauchtumsvermittlung" zu, Männern dagegen ökonomische Absicherung, Verteidigung von Familie und Heimatland sowie die politische Gestaltung der Gesellschaft. Jede Abweichung von diesem binär organisierten Modell, jede Aufweichung der Grenzen wird als unnatürlich und damit nicht wünschenswert angesehen.

Wenn auch einige in der NPD dieses rückwärtsgewandte Modell empfehlen, so stellt sich die Partei doch den Anforderungen einer mittlerweile völlig anderen Realität und versucht, Kompromisse zu formulieren und zu publizieren. Diese bestehen im Wesentlichen in einer weniger strengen Aufteilung der Arbeitsbereiche für Männer und Frauen sowie einer grundlegenden Forderung nach „Gleichberechtigung" in einer spezifisch rechten Interpretation: Die NPD geht davon aus, dass strukturelle und konkrete Benachteiligungen von Frauen in der deutschen Gesellschaft auf allen Ebenen behoben sind und es gilt, diesen Zustand zu bewahren, etwa gegen die Einflüsse muslimischer

Kultur, die als Bedrohung der Gleichberechtigung der deutschen Frauen angesehen wird.

Konkrete Rollenbilder formuliert die Partei nicht, doch hinsichtlich ihres Männerbildes kann aus der Gesamtheit der programmatischen Äußerungen der NPD gefolgert werden, dass der Mann weiß, deutsch, körperlich gesund und heterosexuell sein soll, dass er im Normalfall berufstätig ist und seinen Wehrdienst mit Begeisterung abgeleistet hat. Positive Identifikationsfiguren fehlen hier weitgehend, wenn man von der strafrechtlich relevanten Verehrung von NS-Tätern absieht. Frauen sind im Idealbild der NPD ebenfalls weiß, deutsch, heterosexuell und körperlich gesund, sie sind aber nur in Ausnahmefällen berufstätig und haben eventuell ihren Wehrdienst oder einen entsprechenden Sozialdienst geleistet. Gemeinsam sollte beiden Geschlechtern die Ablehnung von Selbstverwirklichung und „Egoismus" sowie eine Fokussierung auf Familie und Kinderproduktion sein, da beide Geschlechter für die Erhöhung der Geburtenrate, im Jargon der NPD „Erhalt des deutschen Volkes" genannt, verantwortlich sind. Und hier erst ergeben sich gravierende Unterschiede: Während ein ‚nicht-egoistischer' Mann für seine Familie arbeitet, bleibt eine ‚nicht-egoistische' Frau mit den Kindern zu Hause, zudem wird der Frau eine „natürliche, frauliche Regung" hin zu Familie und harmonischem Alltag unterstellt, Männern dagegen nicht.

Jedoch nimmt die NPD es als gegeben, dass es auch Frauen gibt, die zumindest temporär nicht mit der Pflege und Aufzucht von Kindern beschäftigt sind. Für diese soll laut NPD ebenso wie für Männer das „Leistungsprinzip" im Berufsleben gelten. Das beinhaltet, dass Maßnahmen zur Frauenförderung abgelehnt und die strukturellen Benachteiligungen, die sich aus dem patriarchalen System für Frauen ergeben, geleugnet werden. Einzig die Forderung nach gleichem Lohn für gleiche Arbeit von Männern und Frauen sieht die NPD als berechtigt und als staatliche Aufgabe an. Quotierungen und Gender Mainstreaming dagegen, sei es im Berufsleben oder in der Parteipolitik, werden strikt abgelehnt, da die NPD davon ausgeht, dass diese nur dazu führen, dass massenweise unqualifizierte Frauen auf den Arbeitsmarkt drängen oder politische Ämter einnehmen, die lieber Kinder kriegen und sich um diese kümmern sollten. Abgelehnt werden damit einhergehend pädagogische Maßnahmen, die auf die grundsätzliche Auflösung von unterschiedlichen Zuschreibungen an Mädchen und Jungen abzielen. Die Einteilung der Welt in männliche und weibliche Zuständigkeitsbereiche wird in der Ideologie der NPD dadurch aufgeweicht, dass Männer und Frauen grundsätzlich die gleiche Befähigung für alle anfallenden Aufgaben – bis auf das Austragen der Kinder – haben. Deshalb kann es alleinerziehende Väter geben, die eine ähnliche Förderung erhalten sollen wie Mütter, sowie berufstätige Frauen, die ihre Familien ernähren – wobei die Berufstätigkeit von Frauen jedoch niemals auf Kosten der Kindererziehung gehen soll. Ideal oder auch nur normal jedoch ist für die NPD diese Umkehr der Rollenverteilung nicht, sie wird vielmehr als eine Folge des kapitalistischen Wirtschaftssystems und seiner Anforderungen gesehen und gilt als Zustand, den aufrecht zu erhalten nicht wünschenswert ist. Für beide Geschlechter, sofern sie ‚deutsch‘ sind, wünscht also die NPD eine Veränderung der bestehenden ökonomischen Zwänge, die als „Befreiung" hin zur traditionell-völkischen Rollenaufteilung gesehen wird.

Cordelia Heß

Welches Männerbild vertritt die NPD?

Die NPD ist eine Männerpartei. In ihr bestimmen seit ihrer Gründung Männer den Kurs der Partei und stellen eine deutliche Mehrheit der Mitglieder. Das diskursiv konstruierte Männerbild der Parteizeitung versammelt Adjektive wie ‚aufrecht‘ und ‚standhaft‘, ‚felsenfest‘ und ‚treu‘, ‚mutig‘ und ‚vaterlandstreu‘, ‚ehrlich‘ und

‚einsatzfreudig', ‚selbstlos' und ‚tapfer', ‚anständig' und ‚ordentlich' sowie ‚kameradschaftlich' und ‚volkstreu' – Eigenschaften, die in ihrer Summe in der Charakterisierung als ‚deutsch' aufgehen. Man(n) sieht sich selbst als ‚Held' und ‚Retter', gelegentlich auch als ‚Richter' (beispielsweise in der NPD-Forderung „Todesstrafe für Kinderschänder").

Da die Ideologie der Ungleichheit zentraler Bestandteil extrem rechter Weltanschauung ist, liegt es nahe, diese nicht nur hinsichtlich Kulturen, Nationen und ‚Rassen' zur Anwendung zu bringen, sondern auch der Forderung nach der Gleichstellung der Geschlechter ablehnend gegenüberzutreten. Deren Ablehnung verbindet sich nicht mit einer expliziten Höherwertigkeit des Mannes, sondern mit der Behauptung einer wesensmäßigen Differenz von Mann und Frau, die biologisch begründet und damit gesellschaftlich nicht aufhebbar sei. Im Rahmen der daraus abgeleiteten Forderung nach einer ‚artgerechten Rollenaufteilung' steht dem Mann die öffentliche Sphäre – Wirtschaft, Politik, Militär, Justiz, Medien, Wissenschaft – offen. Lebensentwürfe, die männliche Rollenvorstellungen jenseits des Bildes vom (erfolgreichen) Geschäftsmann, gewandten Politiker, tapferen Soldaten beziehungsweise opferbereiten (Straßen-)Kämpfer für das Vaterland anbieten, sind in den von der NPD verbreiteten Medien de facto nicht existent.

Als verbreitete Variante findet sich das Bild militarisierter Männlichkeit – insbesondere im Rahmen der glorifizierenden Darstellung ehemaliger Soldaten der Wehrmacht und der Waffen-SS. In den Biographien werden positiv konnotierte Charakterisierungen soldatischen und militärischen beziehungsweise ‚männlichen' Handelns – so etwa ‚schneidig', ‚gestählt' oder auch ‚unsentimental' – als Ausweis ‚deutschen Soldatentums' vorgeführt. Zur vergangenheits- wie gegenwartsbezogenen Repräsentation militarisierter Männlichkeit gehören ebenso die häufig gewaltverherrlichenden Cover und Liedtexte von RechtsRock-Bands.

Das Bild des Mannes als Beschützer der ‚deutschen Nation', der ‚deutschen Familie' und der ‚deutschen Ehre' lässt sich am

Nachruf auf den im Jahr 2003 verstorbenen ehemaligen Jungvolk-
führer, dem späteren Mitglied der Sozialistischen Reichspartei,
Deutschen Reichspartei und NPD-Vorstandsmitglied Wolfgang
Nahrath idealtypisch nachvollziehen. Darin wurde „sein felsen-
fester Glaube an Deutschland, sein unbeirrbares Pflichtgefühl,
seine Härte – auch gegen sich selbst" (DS 4/2003: 15) betont.
Im Gegensatz dazu agierte seine „tapfere und tüchtige, im Stillen wirkende Frau". Beide zusammen pflegten die „vorbildliche
deutsche Ehe [...] zweier gleichgearteter Menschen [...], denen
bewusst ist: Sinn der Ehe ist Zeugung und Aufzucht gesunder
Kinder". Nahrath war 30 Jahre lang Bundesführer der 1994 verbotenen Wiking-Jugend. Zu seiner „umfassenden Lebensleistung
in Familie, Beruf, politisch-weltanschaulichem Einsatz" gehörten
auch seine fünf Kinder und vierundzwanzig Enkelkinder.

Aufgrund der Idolisierung der Familie – bestehend aus Mann,
Frau und Kindern – als ‚Keimzelle des Volkes' findet sich bei der
NPD keine Akzeptanz für gleichgeschlechtliche Lebensweisen.
Zwar gibt es selbstverständlich auch in den Reihen der NPD
homosexuelle Männer, es ist jedoch nicht opportun, diese
sexuelle Orientierung offen zu zeigen oder auszuleben. Die
Ablehnung der Homosexualität reicht von der Diffamierung als
„abnormal" und „amoralisch" (NPD-Funktionär Ingo Stawitz)
beziehungsweise als „Krankheit" (NPD-Aktivist Lars Käppler)
bis hin zur Haftbarmachung für eine nach Ansicht der NPD
zu niedrige Geburtenrate: „Der Verzicht auf die Fortpflanzung
ist die Absage an die eigene Zukunft und widerspricht dem
Lebenswillen des Volkes" (kandidatenwatch.de/lars_kaeppler-
352-3895.html, eingesehen am 15.06.2007). Weil daher das
„Gesunde und Natürliche" gefördert werden soll, finden sich
unter den NPD-Forderungen die Wiedereinführung des § 175
Strafgesetzbuch ebenso wie scharfe Angriffe auf alle Ansätze zur
rechtlichen Gleichstellung homosexueller Lebensgemeinschaf-
ten beziehungsweise zur Einrichtung von sozialpädagogischen
Unterstützungsangeboten (NPD-Fraktionsvorsitzende Manuela
Tönhardt, Bezirksversammlung Berlin-Lichtenberg). Vereinzelt

wird im Kontext männerbündischer Konzepte Homosexualität zwar akzeptiert, aufgrund des fehlenden Beitrages zum ‚Fortbestand der Nation' in solchen Fällen allerdings eine Verdopplung des Militärdienstes gefordert.

Das in der NPD dominierende Männerbild fordert den heterosexuellen, als Familienoberhaupt und Ernährer agierenden Mann, der aufrecht, unbeugsam und opferbereit für die ‚Interessen des deutschen Volkes' eintritt. Dieses Männerbild ist für solche Männer attraktiv, die sich angesichts der seit Jahrzehnten vollziehenden Veränderungen im Geschlechterverhältnis nicht nur unwohl fühlen, sondern diese rückgängig machen möchten. Die NPD vertritt ein solches Versprechen, den Männern den ‚ihnen zustehenden' Platz und die damit verbundenen ‚natürlichen Vorrechte' in der Gesellschaft wieder zu verschaffen, offensiv.

Rena Kenzo, Fabian Virchow

Wie ist das Verhältnis der NPD zur Emanzipation der Frauen?

In jüngster Zeit gibt es mit dem Ring Nationaler Frauen (RNF) erneut den Versuch, extrem rechts gesinnte Frauen organisiert zusammenzufassen. Dieser Ansatz wird innerhalb der NPD zum Teil als Kritik an patriarchalen (Partei)Strukturen begriffen; manche Parteikader sprechen abfällig von ‚nationalen Emanzen'. Andererseits sprechen rechte, aber auch bürgerliche und antifaschistische Medien sowie einige extrem rechte Frauen von einem ,nationalen Feminismus'. Wie aber steht die NPD zur Emanzipation von Frauen?

Die NPD-Frauen der späten 1970er Jahre – einer Hochphase der feministischen Bewegung – sahen sich selbst im Kontrast zu „militanten Frauenbewegungen und wüstem Emanzipationsgeschrei" (DS 6/1977: 5) oder „emanzipationssüchtige[n], männerfeindliche[n], frustrierte[n] Geschöpfe[n]" (DS 7/ 1977: 4). Gemäß der NPD-Ideologie muss sich die (weiße) ,deutsche Mutter' nicht emanzipieren. Sie wird verherrlicht und über alle anderen Frauen gehoben: „Mutter, das ist mehr als ein so genanntes emanzipiertes Frauenzimmer" (DS 12/1976: 5). Es muss nur der „Begriff Hausfrau oder Mutter […] endlich wieder den Rang erhalten, der ihm in der natürlichen Ordnung zukommt, erst dann ist der Weg frei zur echten, wahren Volksgemeinschaft" (DS 6/1977: 5). Kinderlose ,deutsche Frauen' finden seitens der NPD nur eine Würdigung, wenn sie durch überdurchschnittliche Aktivitäten für die ,deutsche Volksgemeinschaft' aufgefallen sind. So hieß es über die NS-Fliegerin Hanna Reitsch, sie war eine „tapfere, mütterliche (sic!), sensible deutsche Frau" (DS 10/ 1979: 7). Ihr wird verziehen, dass sie ihre berufliche Karriere einem Mutterdasein vorgezogen hat.

Emanzipation/Emanzen und Feminismus/Feministinnen – per se in der linken Politik verortet – sind Feindbilder der extremen Rechten, die kontinuierlich abgewertet und angegriffen wurden und werden: „Fingerkauende ,Politlesben' sind die Aushängeschilder der linken ,Fortschrittlichen'" (DS 7/1976: 7). Das Ziel von Feministinnen sei es, „Zwietracht zwischen Männern und Frauen zu säen" (DS 10/1999: 16). Emanzen trügen „Schuld an der Zerrüttung der Familie. Sie tragen Mitschuld an vielen Problemen und den unsozialen Zuständen in der gegenwärtigen Zeit" (npd-goettingen.de, 30.12.2004).

Die verbalen Abwertungen gehen bis zur Pathologisierung: So ist Gender Mainstreaming in den Augen der NPD „eben nichts anderes als eine Neurose, eine krankhafte psychische Störung gewisser Meinungsmacher" (berlin.npd.de, 16.01.2007). Am 31.

Mai 2007 stellte die NPD-Fraktion auf der Bezirksverordneten-
versammlung von Berlin-Lichtenberg dementsprechend einen
Antrag, sofort alle Gender-Mainstreaming-Programme einzu-
stellen: ‚die weibliche Frau und der männliche Mann' sollen
somit erhalten bleiben.

Rechtsextremisten sind am Erhalt konservativer Geschlechterrollen und -bilder sowie biologisch begründeter Geschlechter-
unterschiede und Herrschaftsstrukturen interessiert. Emanzipation und Feminismus sind für die NPD ‚Totalangriffe' auf
die Rolle des ‚deutschen Mannes', der ‚deutschen Frau' und auf
die ‚deutsche Familie', die als „Grundlage für das Leben in der
Volksgemeinschaft" (DS 10/1979: 4) idealisiert wird. Eine Vielfalt an möglichen weiblichen und männlichen Lebensentwürfen
wird als „jede Gemeinschaft gefährdende ‚Selbstverwirklichung'"
(NPD-Parteiprogramm 1997/2004) abgelehnt und als Ursache
des Geburtenrückgangs diagnostiziert. Dies wiederum wird
als Bedrohung für den Bestand des deutschen Volkes bewertet
und aus diesem Grund bekämpft. Auch der RNF haut in diese
Kerbe. In dem von der RNF-Bundessprecherin Gitta Schüßler
ausgearbeiteten Papier ‚Gleiche Rechte, verschiedene Pflichten'
heißt es: „ein gemeinsames Feindbild verbindet! […] Für uns
nationaldenkende, rechte Frauen steht Volk und Heimat an erster
Stelle. Und zwar das deutsche Volk und das deutsche Vaterland
– mit seiner Muttersprache. Was ihm schadet, lehnen wir ab.
Feminismus schadet, Gender auch […] Feminismus in seiner
radikalen Form ist […] kinderfeindlich und damit schädlich für
unser Volk. […] Man könnte auch sagen, der Feminismus negiert
grundlegende Naturgesetze, diese Fehler […] sollten wir nicht
machen. Im Interesse der Erhaltung unserer eigenen Art" (ring-
nationaler-frauen.de/politik.html, 21.06.2007). Der RNF spricht
von einem durch ihn gewollten und geprägten ‚Postfeminismus',
einer Zeit nach dem (jetzigen abzulehnenden) Feminismus. Das
der Begriff ‚Postfeminismus' durch feministische Theoretikerinnen
wie Judith Butler bereits inhaltlich besetzt wurde, ignoriert dabei
der RNF geflissentlich.

Organisationsversuche und Propagierung größerer Entfaltungsmöglichkeiten für Frauen in der NPD sollten nicht verwechselt werden mit echter Emanzipation, das heißt der seit den 1970er Jahren aus der Neuen Frauenbewegung und der aus ihr hervorgegangenen feministischen Bewegungen und Strukturen formulierten Kritik an Rollen- und Herrschaftsstrukturen. Deren Arbeit richtet sich bis heute oft gegen jegliche Formen von Rassismus und Diskriminierung, weshalb feministische Strukturen auch immer wieder Zielscheibe von extrem rechten Drohungen, Beleidigungen und Einschüchterungsaktionen wurden. Anfang der 1980er Jahre erreichten diese Aktionen in Westdeutschland einen Höhepunkt. In Hassbriefen, Anrufen und Schmierereien wurden die Zeitschrift ‚Emma‘, das Frauenhaus in Berlin sowie Frauenbuchläden in Wiesbaden, München und Wuppertal rassistisch beschimpft, Frauen mit dem Tod bedroht, Lesben sollten vergewaltigt werden. Im März 1985 überfielen bewaffnete Neonazis die Hamburger Frauenwoche.

Wenn Frauen in politischen oder unpolitischen Zusammenhängen eigene Gruppierungen oder Organisationen gründen, sind diese nicht per se feministisch. Dennoch kann die Schaffung von eigenen Strukturen in Parteien als Kritik der Frauen an den bestehenden patriarchalischen (Partei-)Strukturen gewertet werden – auch die in der NPD. Die NPD-Frauen ordnen ihre Kritik an den eigenen patriarchalen Parteistrukturen größtenteils ihrer Ideologie unter. Sie sind darauf bedacht, sich nicht der Gefahr auszusetzen, aus den eigenen Reihen als ‚Emanzen‘ bezeichnet zu werden. Dies ist einer der Gründe, warum sie Frauenquoten, Gleichstellungseinrichtungen und Gender Mainstreaming als politische Mittel zur Erlangung von Geschlechtergerechtigkeit in der Gesellschaft und ihrer eigenen Partei ablehnen. Teils glauben die Frauen, dass das ‚Leistungsprinzip‘ in ihren Strukturen gleichermaßen für Frauen wie für Männer gilt. Andererseits stellen sie fest, dass im eigenen Parteiapparat Mandate, Kandidaturen und gut bezahlte Jobs mehrheitlich

von ihren männlichen und nicht immer leistungsstärkeren
Kameraden besetzt sind.

Rena Kenzo

Was machen die Frauen in der NPD?

Frauen sind in der NPD seit deren Gründung 1964 aktiv, blieben bislang aber – wie in allen anderen Parteien in Deutschland
– immer eine Minderheit in ihrer Partei. In der Anfangsphase
der NPD sahen diese (Ehe-)Frauen ihre Hauptaufgabe in der
Unterstützung der männlichen Partei-Funktionäre. Dennoch
hatten zwischen 1966 und 1968 Gertraude Winkelvoss (Niedersachsen), Martha Kruse (Bremen) und Anneliese Bläsing (Hessen)
Landtagsmandate für die NPD inne. In den 1970er Jahren, die
in Westdeutschland unter anderem von der Studentenbewegung
und der Neuen Frauenbewegung geprägt waren, übernah-
men NPD-Frauen zunehmend Ämter in Kreis- und Landesverbänden oder als Geschäftsführerinnen. Im März 1976 leitete die
Gründung der ersten NPD-Frauengruppe eine ganze Reihe von
weiteren Frauenaktivitäten ein, zu denen Kongresse, Tagungen,
Referate, Frauengruppen und Arbeitskreise zählten. Bei regionalen
Parteiveranstaltungen traten Rednerinnen auf. Auf Bundesebene
war 1976 Eva-Maria von Wolzogen Frauenreferentin und 1977
Marlene Erber für den Ausschuss ‚Familie, Gesundheit, Schutz des
Lebens' zuständig. Dr. Wilhelmine Steffens referierte als Leiterin
des Bundesarbeitskreises ‚Umwelt- und Lebensschutz' als einzige
NPD-Frau nicht ausschließlich über frauenpolitische Themen.

Die Partei-Frauen warben offen für die NPD. Sie waren der
Überzeugung, dass sie als Frauen „eine politische Idee – eben
die Nationaldemokratie – besser an den Mann (an die Frau)"

bringen können (DS 7/1976: 7). Entsprechend warb Maria Pfläs-
terer jahrelang für das 1976 gegründete NPD-Organ ‚Deutsche
Stimme' (DS), dem Nachfolger der ‚Deutschen Nachrichten',
die Anzeigen ein. Viele Anzeigenkundinnen unterstützten mit
ihren Werbeanzeigen die DS. Der Anteil der Autorinnen in der
Zeitung stieg indes erst ab dem Jahr 2000 geringfügig an.

Die 1970er und 1980er Jahre brachten für die NPD wichtige
personelle Veränderungen: nach Jahrzehnten aktiver Mitarbeit
schieden bislang sehr engagierte Aktivistinnen und Gründungs-
frauen durch hohes Alter und Tod aus. Dies brachte der Partei
mitunter erhebliche finanzielle Vermächtnisse ein, doch der
Generationswechsel konnte personell vom weiblichen Partei-
Nachwuchs nicht aufgefangen werden. Da in dieser Zeit der
gesellschaftliche Widerstand gegen die Aktivitäten der NPD
erstarkte, ließen sich möglicherweise junge Sympathisantinnen
dadurch von offener Parteiarbeit abschrecken.

In den 1990er Jahren fand zwischen der NPD und den Frauen
der extrem rechten Skingirl Front Deutschland (später: Skingirl
Freundeskreis Deutschland, SFD) eine Annäherung statt. Der
SFD wurde aus strategischen Gründen ab 2000 als Gemeinschaft Deutscher Frauen (GDF) weitergeführt. Die ältesten
SFD/GDF-Frauen verfügen heute über 15-20 Jahre Erfahrung
in der politischen Arbeit am extrem rechten Rand. Mädchen
und Frauen mit DDR-Sozialisation schlossen sich der GDF
und der NPD an. Im Jahr 2006 gründeten Gitta Schüßler und
GDF/NPD-Frauen den Ring Nationaler Frauen (RNF). Die in
diesem Rahmen geplanten Kommunikationsseminare für Frauen
erinnern an die 1970er Jahre der links-feministischen Szene,
sollten doch auch dort Frauen in die Lage versetzt werden, ihre
Anliegen offensiv zu vertreten.

Ob die zunehmenden Aktivitäten von Frauen in der ‚Männerpartei' NPD ihnen dauerhaft mehr Einfluss und Anerkennung
bringen werden, ist noch nicht ausgemacht. In der Geschichte der
NPD gab es bis 2007 in den insgesamt neun Landesparlamenten, in
denen die NPD vertreten war, 74 männliche Landtagsabgeordnete.

Die – in der Entwicklung der NPD – nunmehr vierte weibliche
Landtagsabgeordnete, Gitta Schüßler aus Sachsen, konstatierte:
„Es gibt genug intelligente und gut ausgebildete Frauen [...],
die national denken und sich unserer Partei verbunden fühlen.
Wie kann es dann sein, dass der Großteil unserer Mandatsträger
Männer sind?" (DS 8/2006: 20). Die NPD-Frauen nutzen den
Ruf der NPD als „Männerpartei", um Machtansprüche an ihre
Parteikameraden zu stellen. Die NPD-Männer wiederum stellen
sich den Frauen offiziell nicht in den Weg. Doch Äußerungen
einzelner NPD-Funktionäre machen deutlich, wo manche den
Platz ihrer Parteikameradinnen sehen. So dankte der NPD-
Fraktionsvorsitzende Udo Pastörs nach dem Wahlkampf in
Mecklenburg-Vorpommern „unsere[n] Frauen, die im Stillen
Unglaubliches geleistet haben. Das fing an von der Bewirtung
und dem Gutzureden unserer Kameraden und Kameradinnen,
die aktiv draußen im Wahlkampf standen. Und das hörte auf
beim Wäschewaschen für die Kameraden" (Zapp, 20.09.2006).
Bei diesem Wahlkampf kandidierte für die NPD nur eine Frau
neben 35 männlichen Direktkandidaten. Ergebnis: Die NPD-
Fraktion im Schweriner Landtag besteht nur aus Männern. In
Sachsen unterstützen zwei Sekretärinnen, eine Bürgerbeauftragte
und eine Sachbearbeiterin die NPD-Fraktion, 15 Männer fungieren hingegen als Parlamentarische Berater, Geschäftsführer,
Pressesprecher, technische Mitarbeiter und Sachbearbeiter.

2007 mutmaßte Anja Zysk, bis zu ihrem Rücktritt einzige
weibliche Landesvorsitzende der NPD, ob ihre „Demontage
nicht auch geschlechtliche Hintergründe hat. Vielleicht haben
einige Leute in der NPD ja ein Problem damit, einer Frau auf
gleicher Augenhöhe gegenüberzutreten oder sogar unter ihr zu
arbeiten" (Offener Brief vom 10.01.2007). Ihr Nachfolger soll
ihr gegenüber geäußert haben, dass Frauen sich besser „aus der
Politik heraushalten und Kinder kriegen" sollten (ebd.).

Dennoch gibt es weibliche und männliche NPD-Mitglieder,
die einen Vorteil darin sehen, Frauen bei der Besetzung von
sozialen Themen, zur Verbesserung der Außenwirkung und zur

Demonstration der vermeintlich gewaltfreien NPD einzusetzen. Chancen für die Übernahme von Funktionen könnten sich zudem für die NPD-Frauen dadurch ergeben, dass sich in der Vergangenheit männliche NPD-Kader durch den Verdacht auf Besitz von Kinderpornografie, durch Straftaten oder Parteiaustritt als Kandidaten oder Abgeordnete disqualifizierten.

Rena Kenzo

Was verbirgt sich hinter dem Ring Nationaler Frauen (RNF)?

Trotz der Tatsache, dass die NPD augenscheinlich stark männerdominiert ist, hat die eigenständige Organisierung von Frauen innerhalb der Partei in den letzten Jahren zugenommen. Seit Mitte der 1990er Jahre wurden vereinzelt regionale Frauengruppen von NPD und Jungen Nationaldemokraten (JN) gegründet (z.B. JN-Mädelbund NRW, NPD-Frauengruppe Hannover), die allerdings parteiintern kaum in Erscheinung getreten sind. Am 16. September 2006 gründeten 31 Frauen den Ring Nationaler Frauen (RNF) als bundesweite Frauenorganisation der NPD. Unter den Gründungsmitgliedern, die auf dem Anwesen der sachsen-anhaltinischen Aktivisten Enrico Marx und Judith Rothe in Sotterhausen zusammengekommen waren, befanden sich auch parteilose Frauen aus dem Spektrum der so genannten Freien Kräfte, die gezielt einbezogen werden sollen. Als „Dachverband" für „sämtliche nationale Frauen" möchte der RNF „Ansprechpartner für politisch interessierte Frauen sein und die möglicherweise existierende Hemmschwelle, in die Partei einzutreten, abbauen" (ring.nationaler-frauen.de, 21.03.07).

Auffällig sind die Verbindungen zum neonazistischen Spektrum, viele Mitglieder sind auch in der Gemeinschaft deutscher Frauen (GDF) oder im Umfeld der Heimattreuen Deutschen Jugend (HDJ) aktiv.

Die treibenden Kräfte des RNF sind bekannte NPD-Aktivistinnen. Die Bundessprecherin Gitta Schüßler ist sächsische Landtagsabgeordnete und schulpolitische Sprecherin der Fraktion, Pressesprecherin Stella Palau ist Mitglied im Berliner Landesvorstand und vertritt den RNF im Bundesvorstand der Partei. Auch Carola Holz, die neue Landesvorsitzende von Sachsen-Anhalt, ist Mitglied des Rings. Das übergeordnete Ziel des RNF besteht darin, „auf Anliegen weiblicher Nationalistinnen aufmerksam zu machen, den Klischees der Medien entgegenzuwirken und auch als Sprachrohr der nationalen Frauen – nach innen und nach außen – zu dienen" (ebd.). Neben der Vernetzung und der Ermutigung ‚nationaler Frauen', sich politisch zu engagieren, sieht der RNF seine zentrale Aufgabe darin, Stellung zu allgemeinpolitischen und aktuellen Fragen zu beziehen und mittels Pressemitteilungen, Rundbriefen, Netzpräsenz, Flugblättern und Infoständen intensive Medien- und Öffentlichkeitsarbeit zu betreiben. Inhaltlich entsprechen die Positionen des RNF weitgehend der Programmatik der NPD, es werden jedoch auch detaillierte eigene Stellungnahmen zu frauenpolitischen Themen – zum Beispiel unter dem Motto ‚Müttergehalt statt Elterngeld' – ausgearbeitet.

Von Seiten der Partei wurde die Gründung des RNF offiziell begrüßt: Der NPD-Multifunktionär Peter Marx betonte auf der Gründungsversammlung die besondere Bedeutung der Frauen für die Partei und hob hervor, dass die NPD keine männliche Domäne sei, was sich auch in der steigenden Zahl weiblicher Mitglieder zeige. Auch die RNF-Frauen unterstreichen, es wäre ein Vorurteil, dass Frauen in der NPD keine Chance hätten.

Nichtsdestoweniger sind der Gründung des RNF längerfristige Bemühungen um die Stärkung von Frauen in der Partei vorausgegangen (junge Welt, 13.09.2006). Die Zielsetzung, mehr Frauen für die Parteiarbeit zu gewinnen, begünstigt auch eine zunehmende

Einflussnahme von Frauen innerhalb der NPD. Die Gründung des RNF ist damit von doppeltem Vorteil: Auf der einen Seite ist die Existenz des RNF eine gewinnbringende Maßnahme für die Partei, da die stärkere Einbindung von Frauen zu einer Imageverbesserung im Sinne eines ‚gewaltfreien Rechtsextremismus' führt, wodurch mehr Frauen erreicht und neue Wählerinnen und Wähler geworben werden können. Auf der anderen Seite dient der RNF der Vernetzung und Stärkung der schon aktiven Frauen, wobei die bisherigen Vernetzungsbestrebungen nur teilweise von Erfolg gekrönt sind: Dem Gründungstreffen blieben nicht nur viele bekannte Aktivistinnen aus dem Kameradschaftsspektrum fern, sondern auch Parteifunktionärinnen wie Doris Zutt (Bundesvorstand) oder die damalige Hamburger Landesvorsitzende Anja Zysk. Ob es dem RNF langfristig gelingen wird, nicht nur seine Zielsetzung der verstärkten Zusammenarbeit ‚nationaler Frauen' weiter auszubauen, sondern auch als offizielle Frauenorganisation der NPD an Bedeutung zu gewinnen, wird sich zeigen.

Ein ernstzunehmendes Anzeichen dafür, dass der RNF mehr ist als eine von NPD-Funktionären gesteuerte Werbemaßnahme zur Imageaufbesserung der Partei (blick nach rechts 20/2006), besteht in der zunehmenden regionalen Verankerung. Der laut Eigenangaben starke Mitgliederzuwachs und die Gründung zahlreicher Regionalgruppen und Landesverbände (z.B. in Sachsen, Berlin, Sachsen-Anhalt, Berlin und NRW) zeigen, dass es dem RNF gelingt, gezielt Frauen anzusprechen, die sich bereits der Bewegung verbunden fühlen. Die jüngsten Wahlerfolge von RNF-Frauen in Sachsen-Anhalt sowie die zunehmenden Aktivitäten von Landesverbänden und Regionalgruppen – unter anderem die Organisation von Infoständen und Kinderhüpfburgen auf den Sommerfesten der ‚Nationalen Bewegung' in Sachsen-Anhalt, der NPD in NRW und Sachsen oder dem Sachsentag der JN – weisen darauf hin, dass insbesondere die regional verankerten Anstrengungen des RNF nicht nur als symbolische Politik zu werten sind. Es handelt sich vielmehr um eigenständiges Engagement von ‚nationalen Aktivistinnen', die die ‚Familienfreundlichkeit' der NPD betonen, aber auch für die politischen Positionen der Partei einstehen. Dem RNF scheint es damit zu gelingen, den Einfluss von Frauen in der NPD zu stärken und Frauen vermehrt an die Partei anzubinden. Er leistet damit einen nicht unerheblichen Beitrag dazu, die extreme Rechte zu stabilisieren und das Image eines ‚akzeptablen Rechtsextremismus' erfolgreich zu vermitteln.

Gabi Elverich

Welchen Stellenwert räumt die NPD der Familie ein?

Als „Familie" begreift die NPD eine heterosexuelle Lebensgemeinschaft von Deutschen, deren Zweck es ist, Kinder in die Welt zu setzen und großzuziehen und deren Arbeitsbereiche sich an einer „rollentypischen" Aufteilung orientiert. Die Möglichkeit, dass in dieser Gemeinschaft mehr als zwei Generationen zusammenleben, ist implizit gegeben, ihr wird aber keine Priorität eingeräumt. Diese (heterosexuelle Klein-)Familie soll die Grundlage der ‚Volksgemeinschaft' bilden und nimmt daher in der Ideologie der NPD einen zentralen Platz ein.

Ihre Familienpolitik richtet sich deutlich an derjenigen des nationalsozialistischen Deutschlands aus, deren Grundlagen die Politisierung des Familienlebens, einzelne geburtenfördernde Maßnahmen und die Beschränkung aller finanziellen Unterstützungen auf völkisch definierte deutsche Familien war. Die Bereiche Familien-, Bevölkerungs- und Arbeitsmarktpolitik mit dem gemeinsamen demographischen Ziel der Erhöhung der Geburtenrate genießen eine hohe Priorität in der publizistischen Tätigkeit der NPD-Landesverbände und vor allem des Ring Nationaler Frauen (RNF). Auch hierbei sind Spannungen zwischen offizieller Parteipolitik und internen Debatten ebenso wie zwischen Ideologie und Praxis zu beobachten, da besonders die Berufstätigkeit von Müttern offiziell als rein ökonomischer Zwang, von einzelnen Frauen jedoch als individuelles Recht verstanden wird.

Ausgangspunkt der Familienpolitik der NPD ist nicht in erster Linie die individuelle Familie, sondern die völkisch definierte Volksgemeinschaft: „Unser Volk hat eine Zukunft, wenn die Lebens- und Überlebenskräfte unseres Volkes wieder geweckt werden, indem man ihm eine Zukunftsvision gibt", schreiben die beiden Mitglieder des sächsischen Landtags, Gitta Schüßler und Dr. Johannes Müller in der NPD-Broschüre ‚Die demographische Katastrophe stoppen!' (2006) und fahren fort: „Die Familienpolitik hat demzufolge mit allen Mitteln auf ein starkes Geburtenwachstum zu setzen; sie wird damit von selbst zur Bevölkerungspolitik". Daher fordert die NPD ein Kindergeld von 500,– Euro pro deutschem Kind sowie ein zinsfreies „Familiengründungsdarlehen", das stark an das nationalsozialistische „Ehestandsdarlehen" erinnert und dessen Rückzahlung sich mit der Geburt jedes weiteren Kindes vermindert. Ferner möchte die NPD ein Hausfrauen- und Müttergehalt einführen, das mit jedem weiteren Kind steigt und die Rentenversorgung nicht berufstätiger Mütter sichern soll. Weiterhin sollten die Familien nach Ansicht der Partei mehr Zeit für die Kinderbetreuung aufwenden. Sie stellen, wie es die NPD in ihrem Parteiprogramm formuliert, „die kleinste Gemeinschaft innerhalb unseres Volkes" dar. Sie sind nicht nur „Träger des biologischen Erbes", sondern auch „lebendes Bindeglied überlieferter Traditionen". Die Erziehung in der Krippe oder dem Kindergarten wird hingegen eher als schädlich begriffen. Stattdessen möchte die NPD finanzielle Ausgleiche schaffen, die die Kinderbetreuung in der Familie erleichtern sollen. Diese Gratifikationen kämen dann, entsprechend der bevölkerungspolitischen Zielsetzung, auch

Alleinerziehenden zugute. Benachteiligt werden hingegen von der Partei migrantische Familien beziehungsweise solche mit Migrationshintergrund, die keinerlei Leistungen erhalten sollen. Diskriminiert werden zudem kinderlose als auch homosexuelle Lebensformen. Während letztere als widernatürlich betrachtet und als „erhöhtes Gesundheitsrisiko" deklariert werden, fordert die NPD eine Verschärfung der bestehenden Bevorzugung verheirateter Paare im Zuge des Ehegattensplitting, das bei langjähriger Kinderlosigkeit jedoch auszusetzen sei.

Die Verdrängung von Frauen aus dem Arbeitsmarkt über die spezifische Förderung von Müttern ist, wie auch seinerzeit im Nationalsozialismus, kein vorrangiges Ziel, sondern eher ein ‚positiver' Nebeneffekt der Bevölkerungspolitik. Denn die Vereinbarkeit von Beruf und Familie erscheint bei der NPD als bloße „Forderung der kapitalistischen Wirtschaft", nicht als legitimer Wunsch. Entsprechend ist auch der Begriff „Selbstverwirklichung" durchgehend negativ besetzt. Dennoch ist sich die NPD sehr wohl bewusst, dass in vielen Familien die ökonomische Notwendigkeit besteht, dass beide Elternteile erwerbstätig sind. Genau diese Situation sollen staatliche Maßnahmen beseitigen, indem der Staat gewissermaßen das zweite Einkommen stellt, wenn die Mutter keiner Lohnarbeit nachgeht. Dieselbe finanzielle Förderung soll alleinerziehenden Müttern und Vätern zugute kommen, ist jedoch nicht für die Möglichkeit eingeplant, dass Väter zu Hause bleiben, während deren Ehefrau beziehungsweise Partnerinnen einer Lohnarbeit nachgehen.

Während die Geschlechterbilder der NPD eine gewisse Modernisierung erkennen lassen, ist die Familienpolitik sehr traditionell. Die Fokussierung auf die ‚Kinderproduktion' führt dazu, dass biologistische Modelle der Arbeitsteilung aufgewertet und gleichzeitig weibliche Berufstätigkeit oder Partnerschaften ohne Kinder abgewertet werden. Da die NPD die Familie in ihrer eigenen Definition als „Keimzelle des Volkes" ansieht, legt sie großes Gewicht auf die Kindererziehung. Sie orientiert sich dabei an der konservativen Vorstellung, die dem Staat eine möglichst geringe Rolle, der Familie jedoch die Hauptverantwortung hierbei zuweisen möchte. Die NPD postuliert pauschal einen Wunsch von Müttern, mindestens drei Jahre mit ihren Kindern zu Hause zu bleiben, weshalb sie sich für finanzielle Ausgleiche hierfür, jedoch gegen Krippenplätze ausspricht. Alle anderen Vorstellungen werden als egoistisch und „volksfeindlich" diffamiert.

Cordelia Heß

IX. Infrastruktur und Ressourcen

Bundesverband, Landes- und Kreisverbände, Stützpunkte, Arbeits-
gemeinschaften – die (Infra)Struktur der Kleinpartei NPD ist
über Jahrzehnte gewachsen. Allerdings ist sie bis heute nicht in
allen Ländern gleich stark aufgestellt und in vielen Regionen ist
sie nach wie vor nicht verankert.

Seit den ersten bescheidenen Wahlerfolgen 1999 und dem
gescheiterten Verbotsverfahren gelingt es der Partei langsam, aber
kontinuierlich ihre Basis zu erweitern. Dies lässt sich anhand der
‚Rechenschaftsberichte' an der Zahl der Mitglieder nachvollziehen.
Während die NPD 1990 noch 6701 Mitglieder zählen konnte,
sank diese Zahl unter dem Parteivorsitzenden Günther Deckert bis
1996 auf 3240 ab. Erst unter dem neuen Vorsitzenden Voigt kehrte
sich der Trend um. 2001 waren bereits wieder 6102 Menschen mit
einem Parteibuch ausgestattet. Allerdings kostete sie das im gleichen
Jahr eingeleitete und 2003 eingestellte Verbotsverfahren Anhänger.
4652 waren Ende 2003 noch Mitglied; doch seitdem steigt diese
Zahl wieder an: 2004 waren es 4918, im Jahr 2005 6379 und
im März 2007 verkündete Ulrich Eigenfeld, beim Vorstand der
NPD zuständig für das Amt Parteistruktur und Verwaltung, dass
die Partei nunmehr 7000 Mitglieder habe (DS 03/2007: 11).

Diese Anhänger versucht die NPD zu schulen, stellen sie doch jene Humanressource da, die die Interessen der Partei vor Ort am Info-Tisch, bei öffentlichen Veranstaltungen mittels der ‚Wortergreifungsstrategie' oder im privaten Rahmen vertreten sollen. Dafür setzt die NPD auf verschiedene Medien zur Selbstschulung wie die Parteizeitung ‚Deutsche Stimme', die Zeitschrift ‚Hier & Jetzt' und weitere von der Partei beziehungsweise dem Deutsche Stimme Verlag herausgegebene Publikationen. Zumeist dezentral richtet sie darüber hinaus Seminare und Vortragsabende aus, in der Regel in den Hinterzimmern von Wirtshäusern und unter Absicherung gegen unliebsame Besucher durch den parteieigenen Ordnerdienst. Länger schon ist die NPD darauf bedacht, diese Situation zu verändern und durch den Ankauf von Immobilien eigene Zentren einzurichten, die als Stütz- und Anlaufpunkte fungieren können.

Das Geld für ihre politische Arbeit erhält die NPD aus Mitgliedsbeiträgen, Spenden und durch die staatliche Parteienfinanzierung. Jeder Partei, die zu Wahlen antritt, steht letztere gemäß Parteiengesetz zu, sofern eine bestimmte Prozentzahl an Stimmen erzielt werden konnte: bei der Europa- und Bundestagswahl mindestens 0,5 Prozent oder ein Prozent bei einer der jeweils letzten Landtagswahlen. Als zweiter Indikator wird der Umfang der Zuwendungen natürlicher Personen herangezogen, das heißt die eingezahlten Mitglieds- und Mandatsträgerbeiträge sowie rechtmäßig erlangte Spenden. 1 376 678, 48 Euro erhielt die NPD 2006 auf dieser Grundlage als staatliche Teilfinanzierung.

Die finanzielle Ausstattung der Landtagsabgeordneten erlaubt der NPD zudem die Einrichtung von Bürgerbüros, mit denen sie sich als bürgernah vermarkten kann und versuchen will, Wähler und Sympathisanten enger an die Partei zu binden. 2005 eröffnete das sächsische Mitglied des Landtags (MdL) Gitta Schüßler ein Bürgerbüro in Meerane, während ihre Kollegen Peter Klose in der Zwickauer Innenstadt und René Despang in Dresden-Pieschen ihre Büros haben. Holger Apfel residiert mit seiner Bürgeranlaufstelle in der NPD-Landesgeschäftsstelle, die zugleich auch Bundesgeschäftsstelle der Jungen Nationaldemokraten ist. In Mecklenburg-Vorpommern fungiert das Wahlkreisbüro der NPD-Abgeordneten Udo Pastörs und Stefan Köster in Lübtheen als Bürgerbüro und in Ueckermünde das Wahlkreisbüro des NPD-Abgeordneten Tino Müller.

Bereits der Einzug in den Dresdner Landtag erhöhte wahrnehmbar den Output der Partei an Flugblättern und Gratiszeitungen, in denen sie ihre Weltanschauung darlegt – ergänzt wird dieses Repertoire durch Broschüren. Die Wahl in den Landtag zu Schwerin 2006 hat den Aktionsradius der NPD und die Ausstattung mit Fraktionsgeldern noch einmal erweitert.

Bedacht ist die Partei derzeit darauf, ihre Infrastruktur in jenen Bundesländern auszubauen, in denen sie bei den nächsten Wahlen antreten will – dafür und für etwaige Landtagsmandate schult sie bereits ihre Mitglieder.

Wie ist die NPD aufgebaut?

„Organisierter Wille bedeutet Macht" lautet eine Parole der NPD, mit der sie eine Führungsposition in der bundesdeutschen extremen Rechten beansprucht. Bestimmt ist die organisatorische Struktur durch den Artikel 21 Grundgesetz sowie durch das 1967 verabschiedete Parteiengesetz, das die demokratische Ordnung der Parteien in der BRD reglementiert.

Theoretisch verläuft die Willensbildung im vertikalen Aufbau von der Mitgliederbasis zur Führungsspitze, wobei Parteitagen formal der größte Entscheidungseinfluss auf Elitenauswahl, Satzung und Programmatik zukommt.

An der Parteispitze steht der Parteivorstand. Er bestimmt lt. § 20 der Satzung der NPD „die Richtlinien der Politik und der gesamten Parteiarbeit". Der Vorstand besteht aus dem Vorsitzenden, drei Stellvertretern und 15 weiteren Mitgliedern. Sie werden alle zwei Jahre gewählt und zeichnen für unterschiedliche Aufgabenbereiche wie Recht, Außenpolitik oder die 'Verbindung zu Freien Kräften' – gemeint ist die Zusammenarbeit mit den Freien Kameradschaften – verantwortlich. Zum Vorstand gehören ferner kraft ihres Amtes die Vorsitzenden der Jungen Nationaldemokraten (JN) und des Nationaldemokratischen Hochschulbundes (NHB) sowie laut Beschluss auf dem 31. Bundesparteitag der NPD am 11./12. November 2006 alle Landesvorsitzenden der NPD. Das Präsidium, der geschäftsführende Vorstand, besteht aus dem Vorsitzenden, den Stellvertretern, dem Generalsekretär und laut § 21 den vom Vorstand aus seiner Mitte gewählten Leitern der Ämter.

Der regionale Aufbau aller Parteien ist durch das föderale System Deutschlands bestimmt. Sie haben ihre regionalen Gliederungen weitgehend der territorialen Struktur des Bundesgebietes angepasst. Formal ist die NPD in Landes-, Bezirks- und – so heißt es in der Satzung der NPD – als „kleinste selbstständig organisatorische Einheit [...] mit selbstständiger Kassenführung" in Kreisverbände gegliedert. Unterhalb dieser Ebene sind 'Ortsbereiche' und 'Stützpunkte' vorgesehen. Letztere existieren zwar nur in wenigen Städten, dennoch ist die NPD mit ihren inzwischen rund 7000 Mitgliedern mancherorts fest im kommunalpolitischen Geschehen verankert.

Die NPD verfügt neben den Parteiuntergliederungen über eine Reihe von Unterorganisationen. Integraler Bestandteil der Partei ist laut § 23 der NPD-Satzung die 1969 gegründete Jugendorganisation Junge Nationaldemokraten (JN); dennoch versucht diese immer wieder ihre Unabhängigkeit von der Mutterpartei zu behaupten und fungiert vor allem als Brücke zu den jugendlichen, vorwiegend in Kameradschaften organisierten Neonazis. Sie sind das spezifische Rekrutierungspotential der JN, die die NPD oft nicht erreicht. Die Jugendorganisation, seit dem 06. Oktober 2007 unter dem Vorsitz von Michael Schäfer, hatte laut Bundesamt für Verfassungsschutz 2005 und 2006 lediglich 350 Mitglieder.

Zwar ist sie in den letzten Jahren wieder aktiver geworden, von Bedeutung ist sie indes zurzeit nur in einzelnen Bundesländern wie Sachsen, im Umkreis so genannter Stützpunkte wie beispielsweise Wernigerode oder in bestimmten Regionen wie der um Verden und Rothenburg an der Wümme. Anfang Oktober 2007 wurde Michael Schäfer zum neuen Vorsitzenden gewählt.

Erfolgreich war der NHB in den Jahren nach seiner Gründung 1967 in Tübingen, doch sein Niedergang begann bereits Anfang der 1970er Jahre. 1998 wollte der neu gewählte Vorsitzende Alexander von Webenau den stets eng an die NPD gebundenen NHB neu beleben, doch weder ihm noch seinem Nachfolger Martin Laus gelang dies. Heute ist die Hochschulgruppe bedeutungslos.

Am 16. September 2006 gründeten Frauen aus der NPD und dem Spektrum der Freien Kameradschaften in Sotterhausen (Sachsen-Anhalt) den Ring Nationaler Frauen (RNF), der sich als parteiübergreifendes Sprachrohr aller „nationalen Frauen" versteht. Lediglich für die Übernahme von Aufgaben im Vorstand des RNF ist eine Mitgliedschaft in der NPD notwendig. Das Amt der Bundessprecherin hat Gitta Schüßler, Mitglied der sächsischen NPD-Landtagsfraktion, inne. Der RNF ist in Regionalgruppen untergliedert und verfügt über keine formale Machtposition gegenüber der NPD, sondern muss versuchen, seinen Einfluss informell geltend zu machen. Finanziert wird die Organisation ausschließlich durch Spenden und Zuschüsse der „Mutterpartei NPD", wie es in seinen Grundsätzen heißt.

Die Satzung der NPD sieht zudem die Einrichtung von Arbeitskreisen und Fachausschüssen mit beratender Tätigkeit vor. Die jeweiligen Vorsitzenden werden vom Parteivorstand berufen und entlassen. Bundesweit tätig sind der Arbeitskreis Christen in der NPD und die Kommunalpolitische Vereinigung (KPV) unter dem Vorsitz von Hartmut Krien, Sachbearbeiter der sächsischen NPD-Landtagsfraktion und Stadtrat des Nationalen Bündnis Dresden. Auch einige Landesvorstände wie der von Baden-Württemberg und Niedersachsen haben Kommunalpolitische Arbeitskreise gegründet. Entsprechende Einrichtungen auf kommunaler Ebene wie der Arbeitskreis Familie im NPD-Kreisverband Sächsische Schweiz sind jedoch eher eine Seltenheit.

Politische Bildungsarbeit soll das am 18. April 2005 in den Räumlichkeiten der sächsischen NPD-Landtagsfraktion gegründete Bildungswerk für Heimat und nationale Identität e.V. leisten. Zum Vorsitzenden wurde Peter Dehoust gewählt, Herausgeber der extrem rechten Zeitschrift ‚Nation & Europa'. Sein Stellvertreter ist Karl Richter, Leiter des Parlamentarischen Beratungsdienstes der NPD-Fraktion im Sächsischen Landtag. Mit Sitz in Dresden soll er laut einer Pressemitteilung „in seiner Wertorientierung dem Grundkonsens der NPD" folgen. Doch bisher sind weder öffentlich wahrnehmbare Veranstaltungen organisiert noch Publikationen veröffentlicht worden.

Hans-Peter Killguss

Wer finanziert die NPD?

„Durch unsere wohltätigen Gönner, auch aus der Hochfinanz, werden wir niemals pleitegehen", wird Holger Apfel, Vizechef der NPD, in der ‚Frankfurter Rundschau' vom 14. November 2006 zitiert. Die Zeitung musste wenig später jedoch kleinlaut dementieren. Der zuständige Redakteur sei einem Schwindler aufgesessen, der sich am Telefon als Holger Apfel ausgegeben habe. Auch die NPD selbst gab sich im Nachhinein empört: Das Telefonat habe es nicht gegeben und schon gar nichts sei dran an angeblichen Verbindungen zur ‚Hochfinanz'. Zum antikapitalistischen Selbstbild der Partei würde dies fürwahr nicht passen. Tatsächlich sind nennenswerte Geldspritzen aus der Großwirtschaft nicht nachweisbar und derzeit auch eher unwahrscheinlich.

Wie finanziert sich die Partei dann? Die Hauptquellen der finanziell chronisch klammen NPD sind die eigenen Anhänger, die über Mitgliedsbeiträge und Spenden zur Kasse gebeten werden. Der zweite große Posten sind Staatsgelder – Wahlkampfkostenerstattung, Parteienfinanzierung und Fraktionsmittel.

In den für die Partei schwierigen 1990er Jahren war die NPD mangels Wahlerfolgen fast ausschließlich auf die Hilfsbereitschaft ihrer Mitglieder und Anhänger angewiesen. Zwischen 1991 und 1997 hatte die NPD keinerlei Ansprüche auf staatliche Mittel. Dafür spülten Mitgliedsbeiträge jährlich umgerechnet rund 300 000,– Euro in die Kassen, hinzu kam ein jährliches Spendenaufkommen von um die 600 000,– Euro. Zusammen ergab das den Löwenanteil der jährlichen Einnahmen von etwa einer Million Euro. Inzwischen haben sich diese Zahlen zugunsten der Partei verändert: Es standen ihr beispielsweise 2005 (neuere Zahlen liegen noch nicht vor) 2,95 Millionen Euro zur Verfügung. Davon sind 500 000,– Euro aus Mitgliedsbeiträgen und 980 000,– Euro aus Spenden (Deutscher Bundestag 2007: 3).

Die meisten Spenden waren Kleinbeträge von Parteianhängern. Die etwas größeren Summen kamen allesamt von lange in NPD-Kreisen heimischen Rechtsextremen, so etwa von dem in Spanien lebenden Altnazi Rolf Hanno (24 000,– Euro), dem NPD-Schatzmeister Erwin Kemna (11 420,– Euro), dem rechten Autor Georg Banszerus (10 700,– Euro), von Parteichef Udo Voigt sowie den sächsischen NPD-Abgeordneten Holger Apfel, Uwe Leichsenring (inzwischen verstorben) und Johannes Müller.

Folgt man den Rechenschaftsberichten der extrem rechten Parteien, so zahlte jedes NPD-Mitglied im Jahr 2005 im Schnitt 79,39 Euro Mitgliedsbeitrag. Das ist ein Vielfaches der 10,71 Euro, die beispielsweise die Konkurrenz von der DVU von ihren Mitgliedern kassierte. Allerdings relativieren sich diese Zahlen im Vergleich zu nichtrechtsextremen Parteien: Bei den 2005 im Bundestag vertretenen Parteien lag der Wert zwischen 58,– Euro (CSU) und 151,– Euro (Die Linke).

Seit 1999 bekommt die NPD wieder Geld vom Staat – mit

steigender Tendenz. 1999 kamen nur 15 Prozent der jährlichen Einnahmen (300 000,– Euro) aus Steuergeldern. Seit den Wahlerfolgen stieg dieser Anteil kontinuierlich an – 2005 waren es 42 Prozent (1,2 Millionen Euro). Erstmals seit dem Beitritt der fünf neuen Länder 1990 nahm die NPD damit mehr Geld durch den Staat ein als durch Spenden (deren Anteil 2005: 33 Prozent).

Nicht unterschätzt werden dürfen die Gelder, die der NPD durch ihre Landtagsfraktionen seit 2004 zur Verfügung stehen. Diese Summen tauchen in den bisher zitierten Zahlen aus den jährlichen Rechenschaftsberichten des Bundestages nicht auf. Parteikader sind in den Fraktionen über Abgeordnetendiäten und Mitarbeitergehälter finanziell abgesichert und können sich gänzlich der Parteiarbeit widmen. Aus eigenen Mitteln könnte die NPD diese Kosten nicht abdecken. Die NPD-Fraktion in Sachsen hat einen Etat von 1,3 Millionen Euro im Jahr. In Mecklenburg-Vorpommern erhält die Fraktion rund 600 000,– Euro. Immer wieder werden auch Vorwürfe laut, dass Fraktionsmitarbeiter nicht nur mit Aufgaben der Landtagsfraktion betraut werden, sondern unerlaubterweise auch allgemein für die NPD arbeiten würden. So würden Kosten für Demonstrationen als Parlamentsarbeit dargestellt (Financial Times Deutschland, 29.06.2007).

Nicht nur politisch, sondern auch finanziell dürfte für die NPD der formal unabhängige Deutsche Stimme Verlag von Bedeutung sein. Dort erscheint neben der gleichnamigen Parteizeitung auch ein umfangreicher Versandkatalog für neonazistische Produkte (von Literatur über RechtsRock bis zum Parfüm ‚Nationalist'). Das einst marode Unternehmen hat seinen Umsatz seit 1996 vervielfacht. Im Jahr 2000 hatte der Verlag einen Spitzenumsatz von 3,3 Millionen Euro, inzwischen pendelt er sich bei 1,2 Millionen Euro ein (Staud 2005: 190).

Ein Schlaglicht auf die Finanzpraktiken der Partei warf auch ein handfester Skandal, der die Partei Ende 2006 erschütterte. Der frühere NPD-Chef in Thüringen, Frank Golkowski, soll in den Jahren 1997 und 1998 Quittungen über Spenden ausgestellt haben, die es in Wirklichkeit nie gegeben hat. Die Partei profi-

tierte, weil der Staat jeden gespendeten Euro um weitere 38 Cent
aufstockt. In der Summe habe die NPD so umgerechnet Hundert-
tausende Euro zu Unrecht erhalten. Die Bundestagsverwaltung
fordert 863 000 Euro von der Partei zurück (Berliner Zeitung
13.11.2006). Es wurde sogleich deutlich, dass dies ein herber
Rückschlag für die Partei ist. Ihre Schulden beliefen sich 2005
schon auf 1,3 Millionen Euro – ein nennenswertes Barvermögen
steht dem nicht gegenüber. So musste die Partei Personalkosten
drastisch kürzen und Mitarbeiter entlassen. Eine eilig einberu-
fene Spendensammlung brachte nicht den erwünschten Erfolg:
In Bettelbriefen („Aktion 100") wurden alle NPD-Mitglieder
gebeten, je 100 Euro an die Partei zu spenden. Letztlich kam
wohl nur ein Bruchteil der anvisierten Summe zusammen.

Christoph Schulze

Wie sieht der Propaganda-Apparat der NPD aus?

„Heimatrecht – Vielfalt der Kulturen erhalten! Deutschland uns
Deutschen!" oder „Solidarität! Keine soziale Politik ohne Nationalstaat!" – solche Parolen und Flugblätter der NPD werden
insbesondere in Wahlkämpfen in hohen Auflagen aufgehängt,
verklebt und verteilt. Die Partei verfügt über einen stetig besser
funktionierenden Propaganda-Apparat.

Gedruckt teils im osteuropäischen Ausland, werden die
‚Werbematerialien' erstellt und vertrieben durch die Berliner
Parteizentrale, durch die Parteiuntergliederungen oder sie können
über das Web bestellt werden, womit auch für Nicht-Mitglieder der Bezug leicht möglich ist. Zukünftig soll ein „virtueller

Werbemittelladen" das schon bestehende Online-Bestellwesen professionalisieren. Schon längst online ist der DS-Versand der Deutsche Stimme Verlags GmbH aus Riesa, der vor allem den Nationalsozialismus oder den Zweiten Weltkrieg verherrlichende Propaganda verkauft.

Derartige Rückwärtsgewandtheit kann täuschen, doch die NPD gehörte innerhalb der extremen Rechten schon immer zu den ersten Nutzern neuer Technologien. Seit Ende 1996 bedient sie sich des Webs und vom Volumen einer Visitenkarte bis zur gepflegten Webpräsenz mit diversen Dokumenten und Multimedia-Dateien sind 207 von 378 Parteiuntergliederungen dort vertreten (Stand Juli 2007). Ihnen ist gemein, mit aktuellen Meldungen in laufenden Diskursen präsent zu sein oder solche anstoßen zu wollen. Dabei steht die Website des Bundesvorstandes im Mittelfeld. Aktiver und dynamischer sind indes jene Landesverbände mit Parlamentsvertretungen und Fraktionsgeldern. Aus ihrer laufenden Arbeit heraus entstehen thematische Faltblätter und Broschüren mit bundesweit relevanten Bezügen zu Themen wie Mindestlohn, Hartz IV oder zur Privatisierung öffentlichen Eigentums, die alle auch online als PDF-Dateien lesbar sind. Zudem geben die beiden Landtagsfraktionen eine eigene Zeitung heraus. In Dresden erscheint der ‚Klartext' und in Schwerin ‚Der Ordnungsruf', mit denen die NPD ihre eigene Arbeit darstellt und die politischen Gegner zu diskreditieren versucht.

Fast alle NPD-Webpräsenzen verweisen auf den Medien-Server des NPD-Bundesvorstandes. Dort sind TV-Wahlclips und Materialien zur letzten Bundestagswahl ladbar sowie drei Varianten der ‚Schulhof-CD'. Laut jugendschutz.net gehört diese Adresse insbesondere wegen der CDs zu den am meisten verlinkten Seiten der extremen Rechten.

Die permanente Sicht- und Verfügbarkeit der Propaganda im Web hat neben der Außen- vor allem eine Binnenwirkung, vermittelt sie doch Stärke und Protest gegenüber den „Etablierten". Die Möglichkeiten des neuen Mediums führten in den letzten zwei Jahren zu immer neuen ‚Innovationen' bei der NPD.

Während die NPD im Web zunächst nur mit der ‚Schulhof-CD‘ und ihren Wahlkampf-Clips präsent war, startete der derzeitige hessische Landesvorsitzende Marcel Wöll im September 2006 das Videoprojekt ‚Kritische Nachrichten der Woche‘. Die an die Tagesschau angelehnte Propaganda-Sendung erschien zuletzt monatlich. Mittlerweile stellen Aktivisten der NPD und andere Rechtsextreme auch Video-Mitschnitte von Veranstaltungen und Parlamentsreden sowie Videos ihrer Aufmärsche und Podcasts, wie beispielsweise das vorgelesene Parteiprogramm, ins Netz.

Neben ihren eigenen Websites forciert die NPD auch solche, bei denen nicht gleich deutlich wird, dass sie von der Partei kommen. Die Seite ‚Gib8.org‘ der Kampagne des „Nationalen Widerstandes" anlässlich des G8-Gipfels in Heiligendamm enthält kein Logo der NPD, doch der Domain-Inhaber sowie der Verantwortliche, David Petereit und Enrico Hamisch, sind beide NPD-Aktivisten aus Mecklenburg-Vorpommern.

Die gedruckten Publikationen der NPD richten sich zunächst an die eigenen Parteimitglieder und Anhänger und werden zudem in öffentlichen Kampagnen eingesetzt. Seit 1976 erscheint, mittlerweile monatlich, die ‚Deutsche Stimme‘ als Organ der NPD, über die gemäß §19e der Satzung der NPD die Beschlüsse der Parteitage bekannt gemacht werden sollen. Nach Eigenangaben hatte die Zeitung im Januar 2007 eine Auflage von 35 000 Stück. Davon werden laut ‚Deutsche Stimme‘ rund 10 000 im Abonnement bezogen, 6000 verkauft und der Rest gratis verteilt. Seit der Übernahme des Parteivorsitzes durch Udo Voigt erscheint die Zeitung in deutlich modernisierter Aufmachung, der Inhalt ist indes der alte geblieben. Neben der Monatszeitung veröffentlichen verschiedene Landes- beziehungsweise Regionalverbände noch eigene Printmedien: der Landesverband Rheinland-Pfalz publiziert die Schülerzeitung ‚Schinderhannes‘ und die Jungen Nationaldemokraten (JN) Verden-Rotenburg publizieren die Schülerzeitung ‚Der Rebell‘. Andere Verbände geben zumeist vierseitige A4-Faltblätter im Zeitungsstil heraus, deren Veröffentlichungsintervalle sich deutlich unterscheiden.

Die teils in über 10 000er-Auflage produzierten regionalen Propaganda-Blätter werden kostenlos an die Haushalte verteilt. Seit 2006 publizieren die JN Sachsen zudem das Magazin ‚Hier & Jetzt‘, das Debatten aus der rechtsextremen Szene aufgreift, aber auch gesellschaftlich-politische Themen vor ihrem ideologischen Hintergrund auf gehobenem Niveau anschneidet. Neu aufgelegt vom Bundesvorstand der JN wurde im Frühsommer 2007 die eigentlich schon im 16. Jahrgang verlegte Zeitschrift ‚Der Aktivist‘. Das „Zentralorgan der Jungen Nationaldemokraten" (Untertitel) dient ebenso wie die Publikation ‚Hier & Jetzt‘ der inhaltlichen Schulung der NPD-Jugend.

Inwiefern jedoch die Propaganda der NPD flächendeckend vertrieben oder ob sie zukünftig sogar weiter ausgebaut wird, hängt nicht nur von Finanzierungsmöglichkeiten ab, sondern vor allem davon, ob die NPD den nach wie vor bestehenden Mangel an „begabten Nachwuchskräften" beheben kann. Denn obwohl die Partei alle technischen Möglichkeiten auszuschöpfen und innovativ aufzutreten versucht, schafft sie es bisher nur punktuell, Kontinuität und Aktualität ihrer Medienangebote zu wahren.

Henning Buse

Was macht der NPD-Ordnungsdienst?

„Der Ordnungsdienst-Mann achtet auf die Einhaltung der Auflagen, die nationalen Veranstaltungen gemacht werden. Er sorgt für die innere Disziplin". In der Juli-Ausgabe 2006 widmete sich die NPD-Zeitung ‚Deutsche Stimme‘ dem parteieigenen Bundesordnungsdienst (OD) der NPD. Die braune Wachtruppe unter der Führung von Manfred Börm aus Handorf bei Lüneburg wurde dabei auch vor Kritik aus den eigenen Reihen in Schutz genommen: „Die Kameraden des Parteiordnungsdienstes haben die rechte Gesinnung. In soldatischer Pflichterfüllung versehen sie ihren Dienst an der und für die Gemeinschaft". Nicht nur bei Journalisten und politischen Gegnern sind die Männer in den weißen Hemden und schwarzen Hosen gefürchtet, auch innerhalb der rechten Szene gelten Börm und sein OD als „militant und unberechenbar". Aber die NPD betont, „der OD-Mann" handele „weisungsgebunden". Ebenso sei Voraussetzung für die Aufnahme in den OD, „die Grundlagen unserer Weltanschauung anzukennen und sein Leben danach auszurichten", hieß es in der ‚Deutschen Stimme' weiter. In der Regel sind die Mitglieder des Bundesordnungsdienstes der NPD zwischen 18 und 30 Jahre alt. Sie werden in konspirativen Schulungscamps „umfassend ausgebildet". So sollen die Neonazis in den blütenweißen Hemden lernen, „die Hasstiraden ihrer Gegner, die Gegner Deutschlands sind", von sich abprallen und sich „Verleumdungen ehrvergessener Systemknechte zur Ehre anrechnen" zu lassen. Vermummten Antifaschisten dagegen darf der Bundesordnungsdienst „offen die Stirn bieten". Von den Mitgliedern wird Gehorsam erwartet, Internes darf nicht nach draußen dringen. Befehligt wird die braune Truppe seit etwa 2001 von Manfred Börm, als sein Stellvertreter tritt Andreas Theißen aus Lübtheen auf. Beide waren bereits Funktionäre der Wiking-Jugend (WJ), einer militanten Organisation, die im nationalsozialistischen Sinne Kinder und Jugendliche mit Zeltlagern, Gewaltmärschen und Messerproben erzogen hat und 1994 verboten wurde.

Seit Gründung des NPD-Ordnungsdienstes in den 1960er Jahren sorgten dessen Mitglieder durch aggressives Auftreten und gewalttätige Aktionen immer wieder für Aufsehen. 1969, nur fünf Jahre nach Gründung der NPD, verursachte der damalige Bundesbeauftragte für den NPD-Ordnerdienst Klaus Kolley mitten im Wahlkampf mit einer Gewaltaktion negative Schlagzeilen. Als Ordnerleiter der NPD schoss Kolley in der Kasseler Stadthalle zwei jugendliche Gegendemonstranten nieder. Er wurde zu eineinhalb Jahren Freiheitsstrafe verurteilt.

Auch der Leiter des Ordnerdienstes im NPD-Landesverband Nordrhein-Westfalen, Udo Holtmann, zeigte einen Hang zur Militanz. Als 1970 im Ruhrgebiet ein rechtsradikaler Geheimbund aufflog, der sich Europäische Befreiungsfront nannte, verfügte Holtmann, der später als V-Mann des Bundesamtes für Verfassungsschutz enttarnt wurde, über enge Kontakte zu ihm. Bei Hausdurchsuchungen wurden etliche Waffen und 1000 Schuss Munition gefunden. Im Visier der militanten Neonazis hatte ein Treffen des damaligen Bundeskanzlers Willy Brandt mit dem Ministerpräsidenten der DDR, Willi Stoph, in Kassel gestanden. Die Duisburger Rechtsextremismusexperten Alfred Schobert und Martin Dietzsch gehen davon aus, dass „alle zwanzig Mitglieder der Europäischen Befreiungsfront" NPD-Mitglieder waren und der Ordnungsdienst als Rekrutierungsfeld" gedient hatte. Udo Holtmann, der 1969 die Leitung des OD übernommen hatte, erinnert sich an den Idealismus seiner Truppe: „Der Kampf um das Reich und die deutsche Lebensfreiheit geht weiter, der Geist des OD ist auch der Geist der jungen Kämpferinnen und Kämpfer von heute".

In den 70er und 80er Jahren wurde es ruhig um den OD. 1992 fand zum ersten Mal eine wahrnehmbare Reorganisation des NPD-Ordnerdienstes statt. Nach Angaben des Verfassungsschutzes veranstalteten 25 Neonazis im ehemaligen rechtsextremen Schulungszentrum in Hetendorf in der Lüneburger Heide ein „Ordnerlager", um den Rudolf-Hess-Marsch im bayerischen Wunsiedel vorzubereiten. 1996 folgte eine weitere Schulung, diesmal im baden-württembergischen Ehningen. Dann forderten 1997 die Jungen Nationaldemokraten in ihrem Organ ‚Der Aktivist' zum Eintritt in den OD auf: „Wenn wir also unser Volk retten wollen, so müssen wir diesen Kampf bedingungslos aufnehmen und zwar auf allen Ebenen und in allen Lebensbereichen. [...] Organisiert Euch im Ordnerdienst der NPD/JN!". Seit 2003 ist der Bundesordnungsdienst über eine Postfachadresse in Lüneburg zu kontaktieren. Unter der Führung von Manfred Börm treten Ordnerkräfte regelmäßig bei NPD-Großveranstaltungen

auf. Ausgestattet mit Funkgeräten, Knopflautsprechern und
Lederhandschuhen versuchen sie immer wieder, Gegner einzuschüchtern. Einzelne Journalisten werden von Ordnern aus
öffentlichen Veranstaltungen entfernt, es wird gedroht: „Wir haben
eine Akte über dich!". Und sie notieren sich die Privatadressen
von Medienvertretern. Börms Bild von einer schlagkräftigen
Einsatztruppe findet Zuspruch in Neonazi-Kreisen, im Internet-
Forum heißt es: „Wir brauchen wieder einen organisierten
Ordnerdienst, der zerbricht, was sich uns in den Weg stellt".
Zahlreiche verurteilte Straftäter in den Reihen des OD setzen
solche Parolen in die Tat um. Beim Wahlkampfauftakt der NPD
in Schleswig-Holstein 2004 schlugen Ordner auf eine am Boden
liegende Gegendemonstrantin ein. OD-Chef Börm warf Steine
auf flüchtende Gegner.

Andrea Röpke

Warum kauft die NPD Grundstücke und Gebäude?

Immer wieder macht der Kauf von Immobilien durch die NPD
Schlagzeilen. Mit dem Ankauf eigener Immobilien will die NPD
langfristig Infrastrukturen schaffen, die dem Zugriff der Behörden
weitgehend entzogen sind. Auf privatem Grund können rechts-
radikale Feiern ungestört durchgeführt werden. Immobilien
verschaffen Neonazis zudem wachsende ökonomische Unabhängigkeit. Über eigene Versandgeschäfte, Bekleidungsläden,
Lokale, Werbeagenturen, Kleidungsshops, Druckereien oder
Handwerksbetriebe lassen sich von ihnen dominierte Strukturen
aufbauen.

Neonazi-Häuser fungieren „als Schutzräume nach innen und als Kontakträume nach außen", urteilt Dr. Stephan Bundschuh vom Informations- und Dokumentationszentrum für Antirassismusarbeit in Düsseldorf. Nach dem Willen rechter Strategen sei es Ziel, „dominierte Freiräume" zu schaffen, in denen sie ihre „Gegenmacht wider den Staat" etablieren können. Bereits 1991 setzte sich der Nationaldemokratische Hochschulbund (NHB), die Studentenorganisation der NPD, mit dieser Idee auseinander. „Schafft befreite Zonen!", titelte der NHB und forderte Immobilienkäufe zur Erringung „räumlicher Hegemonie". 1999 griff der ehemalige NPD-Vordenker Steffen Hupka das Thema in der NPD-Zeitung ‚Deutsche Stimme' unter der Überschrift „Befreite Zonen – aber wie?" auf. Hupka betonte, „Nationalisten wollen nicht aus der Gesellschaft aussteigen, sondern sie beeinflussen und verändern". „Befreite Zonen" sollen, so Hupka, nicht nur „materielle Basis unseres Kampfes", sondern auch „Nachschubbasis" und „Heimatfront" sein.

Im Dezember 2003 gingen 500 Neonazis in Berlin auf die Straße, um unter dem Motto „Freiräume schaffen – Nationale Zentren erkämpfen" eigene, von ihnen dominierte Jugendzentren zu fordern. Inzwischen verfügen Neonazis über Immobilien, die als regionale Jugendtreffs dienen, wie das „Nationale Wohnprojekt" des hessischen NPD-Landesvorsitzenden Marcel Wöll im Butzbacher Stadtteil Hochweisel. In Teilen der Nachbarschaft gelten Wöll und seine Kameraden bereits als „freundlich und hilfsbereit". Anwohner berichten, dass ansässige Eltern ihre Kinder „mit dem Auto zum NPD-Treff bringen". Auch in Steinbrücken im Mansfelder Land registrieren Anwohner wohlwollend „Arbeitseinsätze" der Neonazis vor Ort, Widerstand regt sich nicht.

Eigener Grundbesitz bedeutet für die NPD Hypothek und Kreditwürdigkeit, was deren finanziellen Handlungsspielraum nachhaltig erweitern kann. Den Verfassungsschutzbehörden waren im Juni 2007 bundesweit 26 Objekte bekannt, die „aufgrund der Prominenz des Besitzers oder ihrer Nutzung als Treff- oder Veranstaltungsort eine gewisse Relevanz" haben. Unabhängige

Experten gehen aber davon aus, dass Neonazis bereits über
weitaus mehr Großimmobilien verfügen. Zu den bekanntesten
gehört die NPD-Parteizentrale in Berlin, ein durch eine Erbschaft finanzierter Gebäudekomplex im Stadtteil Köpenick. Auf
Erbschaften spezialisiert scheint der Hamburger Neonazi Jürgen
Rieger, der mittlerweile im Bundesvorstand der NPD sitzt. Er
verfügt bundesweit direkt und über die in London ansässige
‚Wilhelm Tietjen Stiftung für Fertilisation Ltd‘ über mindestens
zehn Immobilien.

Hinzu kommen ‚nationale Ansiedlungen‘ wie im Landkreis
Ludwigslust (Mecklenburg-Vorpommern). In Ludwigslust haben
sich zahlreiche NPD-Funktionäre niedergelassen. Sie nutzen
Privatanwesen auch für Parteizwecke. Das Geschäftshaus des
Schweriner NPD-Fraktionsführers Udo Pastörs in Lübtheen dient
als „Bürgerbüro“, auf dem Familienanwesen werden Feiern abge-
halten, beispielsweise eine Sommersonnenwende im Juni 2007.
Das Privatgelände eines NPD-Kreisvorsitzenden bietet Platz für
Zeltlager der neonazistischen Heimattreuen Deutschen Jugend.
Im Gutshaus des NPD-Vorständlers Thomas Wulff fanden bereits
Kameradschaftstreffen statt.

Im thüringischen Fretterode finden Kameradschaftsabende
im Gutshaus von Thorsten Heise, NPD-Bundesvorstand, statt.
In Bayern werden Anwesen von Neonazis für die Durchführung
von Konzerten und anderen Szene-Veranstaltungen genutzt, wie
beispielsweise in Mittelskirchen, Erlangen oder Geiselhöring. Es
gibt bundesweit kaum eine Region, die nicht schon ins Visier
einzelner nationalistischer Aufkäufer geraten ist. Einige Kommunen begehen den Fehler, Ansiedlungen von Rechtsextremisten
totzuschweigen – die fortschreitende Organisierung der Szene
wird damit ignoriert. Auch die Bewertung der Immobilienkäufe, wie sie im Juni 2007 in einer länderübergreifenden Studie
vorgenommen wurde, gilt als umstritten. Demzufolge sei eine
„zentrale Steuerung oder strategische Nutzung, etwa durch die
NPD“ nicht zu befürchten, weil die Objekte in der Regel einzelnen
Personen gehören. Dagegen spricht die Tatsache, dass Privat-

eigentümer wie Jürgen Rieger, Udo Pastörs oder Andreas Thierry ihre Häuser durchaus für NPD-Zwecke öffnen. Für betroffene Kommunen sollten öffentliche Aufklärung und nachhaltige Prävention unerlässlich sein. Erfolge wie in Wunsiedel, Cham oder Delmenhorst, wo der Ankauf von Immobilien durch Neonazis scheiterte, zeigen, dass couragierte Aktionen die Strategien von Neonazis durchkreuzen können. Konstante Opposition und engagierte Ausschöpfung rechtlicher Möglichkeiten führen dazu, dass Neonazis das Interesse am Aufbau rechter Zentren verlieren. Obwohl vereinzelte Scheinkäufe die Öffentlichkeit schrecken, bleibt die rechtsextreme Strategie des Erwerbs nationaler Freiräume bestimmend.

Andrea Röpke

Wie schult die NPD ihre Aktivisten?

Die politische Bildung ihrer Mitglieder, Aktivisten und Funktionäre findet bei der NPD vorwiegend im Rahmen interner Schulungsveranstaltungen statt. Die Professionalisierung ihrer Bildungsarbeit ist daher ein zentrales Anliegen der Partei, wobei der in den vergangenen Jahren formulierte, hochtrabende Anspruch bisher nicht umgesetzt wird. Neben infrastrukturellen Neuerungen wurden wiederholt auch inhaltliche Offensiven versprochen. Letztere wird seit dem Jahr 2005 von dem Postulat einer Dresdner Schule beherrscht, das durch Mitarbeiter der dortigen Landtagsfraktion formuliert wurde.

Der Parteivorsitzende Udo Voigt beschreibt den Anspruch an die Bildungsarbeit der NPD dahingehend, „förderungsfähige und förderungswillige Nachwuchskräfte" als „Führungsnachwuchs" heranzubilden: „Zwangsläufig steht die weltanschauliche Festi-

gung unserer Mitglieder sowie Verbands- und Öffentlichkeitsarbeit
im Mittelpunkt unserer Ausbildung." Daher richte sich Bildungsarbeit in erster Linie nach innen; sie soll durch hauptamtliche
Bildungsreferenten in den Verbänden durchgeführt werden. Ein
Schulungszentrum werde aufgebaut (DS 2/2002: 17; DS 4/2004:
18). Ausgesuchte Kräfte sollen dort die Möglichkeit bekommen,
an Fortbildungen teilzunehmen.

Voigt folgt bei diesem Konzept den eigenen Erfahrungen als
langjähriger Bildungsleiter der NPD zwischen 1985 und 1992. In
dieser Zeit baute er im oberitalienischen Iseo eine systematische
Bildungsarbeit auf, die in der Partei einen herausragenden Ruf
und Vorbildcharakter hat. In Wochenseminaren wurden etwa
zehn ausgewählte Teilnehmer von drei Referenten ausgebildet.
Diese Parteischule haben laut Parteiangaben in sieben Jahren
rund 250 Personen durchlaufen. Udo Voigt wird „dieses bisher
in der NPD einmalige Bildungswerk" persönlich zugute gehalten;
etliche Funktionäre der zahlenmäßig schwachen mittleren NPD-
Generation sind so durch Voigts Hände gegangen. Folgerichtig
wird dem Aufbau des ‚Nationaldemokratischen Bildungszentrums'
(NBZ), das im Hinterhof der Bundesparteizentrale in Berlin-
Köpenick entsteht, seit Jahren zentrale Bedeutung zugemessen.
Der damalige Bildungsreferent beim Parteivorstand, Stefan Lux,
schrieb zum Baubeginn im September 2003, das Bildungszentrum
und eine ebenfalls in Planung befindliche ‚Nationale Zentral-
bibliothek' (NZB) sollten Einrichtungen werden, „die junge
Deutsche dazu befähigen, in der BRD eine geistige Revolution
zu entfachen. Durch gezielte Ausbildung werden diese Deutschen
in die Lage versetzt, strategisch, operativ, taktisch und politisch
richtig zu handeln. Dann sind sie in der Lage, die Organisation
zu führen und langfristig eine geistige Wende ins Leben zu rufen"
(DS 10/2003: 11).

Der derzeitige Bildungsreferent im Bundesvorstand, der ehemalige Waldorflehrer Andreas Molau, verlegte nach seiner Wahl
im November 2006 seinen Arbeitsschwerpunkt nach Berlin in die
Parteizentrale und damit in die unmittelbare Nähe des dortigen

Bildungszentrums. Trotz aller Ankündigungen ist von einer Er-
öffnung des Zentrums oder sonstigen Aktivitäten bis Ende Juni
2007 nichts bekannt geworden. Hauptgrund dürfte die prekäre
Finanzlage der NPD sein.

Das vorherrschende Bildungsangebot in den regionalen
Verbänden der NPD bleibt einstweilen der ‚patriotische' oder
‚nationale' Stammtisch, auf dem meist einmal monatlich ein
Thema in einem Referat aufbereitet und diskutiert wird oder
bei denen kulturelle Veranstaltungen wie Liederabende geboten
werden. Gelegentliche Kritik aus den eigenen Reihen wirft ein
scharfes Licht auf die Situation: „Während Musikabende regen
Zulauf haben, werden Schulungen schwach besucht oder müssen
sogar ausfallen." Die Referenten hielten „Erbauungsvorträge",
die keiner geistigen Entwicklung dienlich seien. An der Basis
herrsche „Bildungsverweigerung", befriedigende Antworten auf
Sachfragen blieben aus (DS 8/2003: 2).

Wachsende Bedeutung auf kommunaler Ebene erhält in der
jüngsten Zeit die Kommunalpolitische Vereinigung der NPD
(KPV), die schon im September 2003 gegründet wurde. Sie fördert
das strategische Moment, durch starke kommunale Vertretungen
den Einzug der NPD in Landesparlamente und den Bundestag
vorzubereiten. Daher werde die KPV daran arbeiten, „vorzeigbare
Kandidaten" aufzubauen. Durch Schulungen sollen die Kandidaten gesichtet und auf ihre Aufgaben vorbereitet werden. Auch
die Vernetzung der Kommunalvertreter zählt KPV-Vorsitzender
Hartmut Krien zu den dringenden Aufgaben (niederbayern.npd.
de, 15.05.2007).

Im Mai 2005 proklamierte der Landtagsabgeordnete Jürgen
W. Gansel die Existenz einer Dresdner Schule, einer „Denk- und
Politikschule einer selbstbewussten Nation", die als „Personen-
geflecht" um die sächsische Landtagsfraktion der NPD entstanden
sei. Er bringt diesen Kreis als vorderste Front gegen die etablierte
politische Klasse in Stellung: „Wer den politischen Kampf gegen
die volks- wie staatszersetzende BRD-Nomenklatura aufnehmen
will, muß die Frankfurter Schule als deren Ideengeberin erkennen

und eine geistig-politische Gegenfront aufbauen" (Gansel 2005). Im Geiste dieser Dresdner Schule soll das am 18. April 2005 gegründete Bildungswerk für Heimat und nationale Identität e. V. (i. G.) Seminare und Vorträge organisieren. Das Bildungswerk unter dem Vorsitz von Peter Dehoust will sich mittelfristig als NPD-nahe Stiftung etablieren.

Ulli Jentsch

X. Bündnispartner

Die NPD ist fest in die bundesdeutsche und internationale extreme Rechte eingebunden. Doch heute ist sie nicht mehr eine neben den vielen hundert Gruppen, Organisationen und Parteien dieses Spektrums – seit ihrem anhaltenden Erfolg auf der Straße und bei Wahlen ist die NPD zum Gravitationszentrum der Szene rechts von der Union geworden. Dazu beigetragen hat auch das taktische Auftreten der Partei.

Gezielt hat sie in den letzten Jahren Kooperationen und Bündnisse geschmiedet. Führungskadern der Freien Kameradschaften stellte sie eine reale Mitwirkung bei der Gestaltung der Parteiarbeit in Aussicht – einige sitzen nun im NPD-Parteivorstand, im Schweriner Landtag und in verschiedenen kommunalen Gremien. Die DVU lockte sie mit dem Angebot, bei Wahlen nicht mehr zu konkurrieren. Geschickt entledigte sich die NPD so des Kontrahenten in jenen Bundesländern, in denen sie massiven Infrastrukturaufbau betreibt. Dort kann sie nun als einzige ‚Alternative‘ auftreten, die Aktivisten der Freien Kameradschaften häufig als willige Helfer an ihrer Seite.

Weite Teile der deutschen extremen Rechten, ob aus anderen Organisationen, Debattierzirkeln, Zeitungsprojekten oder von Seiten der vergangenheitsverklärenden Erlebnisgeneration, zollen der NPD für ihre Gesprächs- und Kooperationsbereitschaft Respekt und zeigen sich ihr gegenüber aufgeschlossen. Neben der Offerte, auch Nicht-Mitglieder bei Wahlen auf NPD-Listen kandieren zu lassen sowie dem gemeinsamen, vor allem von den jungen Neonazis geführten „Kampf um die Straße", hat der „Kampf um die Köpfe" zur Akzeptanz beigetragen. Die NPD lässt auf ihren Veranstaltungen bewusst auch Redner zu, die nicht der Partei angehören. Seit 2003 organisiert die ‚Deutsche Stimme' jährlich einen Freiheitlichen Kongress, auf dem neben NPD-Funktionären weitere Vertreter der extremen Rechten aus dem In- und Ausland sprechen.

„Ich kann ihnen versichern, dass der Erfolg der NPD in Sachsen 2004 führende australische Nationalisten tief bewegt hat", berichtete etwa Dr. Jim Saleam, Generalsekretär der Partei Australia First, in der Parteizeitung (DS 02/2006: 3). Obwohl sich die NPD als nationalistische Partei versteht und das ethnisch definierte „deutsche Volk" unter Ausschluss von „Volksfremden" in einer „Volksgemeinschaft" homogenisieren möchte, agiert und kooperiert sie auf internationalem Terrain mit anderen neofaschistischen und neonazistischen Organisationen und Parteien. Der kleinste gemeinsame Nenner dieser ‚nationalistischen Internationale' ist das Streben nach ‚weißer Vorherrschaft' und der Vertreibung ‚Nicht-Weißer' in Nordamerika, Europa und Australien.

Allerdings akzeptieren nicht alle Parteien und Organisationen in der bundesdeutschen Rechten den Führungsanspruch beziehungsweise das einnehmende Auftreten der NPD. Burschenschaften und Vertriebenenverbände, bei denen die NPD eine gezielte Einflussnahme versucht, aber auch die Führung der Partei Die Republikaner sind darauf bedacht, ihre Selbstverortung im demokratischen Verfassungsrahmen durch Abgrenzungskurse gegen die NPD zu untermauern. Manche Zusammenarbeit ihrer Mitglieder mit der NPD zeigt indes, dass nicht alle die Frontstellung akzeptieren. Selbst die so genannte Neue Rechte, die sich gerne als ‚konservativ' geriert, sieht sich zur Distanzierung veranlasst, sind doch beispielsweise einige ehemalige Redakteure der Wochenzeitung ‚Junge Freiheit' heute bei der NPD aktiv und Kader der Partei nutzen Veranstaltungen des rechtskonservativen Think-Tank Institut für Staatspolitik zur Schulung ihrer Positionen.

Nichtsdestotrotz, die Bündnisse und die betonte Offenheit der NPD gegenüber dem selbst erklärten Nationalen Widerstand haben dafür gesorgt, dass sich die sonst so zerstrittene extreme Rechte zunehmend hinter der Partei versammelt.

Hat das Bündnis mit der DVU Bestand?

Bei den jüngst zurückliegenden Wahlen trat die NPD regelmäßig im Bündnis mit der Deutschen Volksunion (DVU) an. Nicht nur mit den neonazistischen Kameradschaften, sondern auch mit der DVU sucht die NPD in der ‚Volksfront von rechts' den offenen Schulterschluss. Zahlreiche Beobachter zweifeln am langfristigen Bestand dieses Bündnisses, da beide Parteien eine spannungsreiche und wechselvolle Geschichte verbindet.

Seit die DVU im Zerfallsprozess der nach 1969 rapide aus-einanderfallenden NPD gegründet wurde (Stöss 2005: 53), schwankt das Verhältnis beider Organisationen zueinander zwischen Konkurrenz und Kooperation. Die DVU existiert als Verein seit 1971, als Partei – zunächst unter der Bezeichnung Deutsche Volksunion – Liste D – seit März 1987. Die Partei gilt gemeinhin als ‚Phantompartei' mit wenig eigenständig wirkenden Strukturen, straff und autokratisch von ihrem Vorsitzenden Gerhard Frey geführt. Frey, Verleger der ‚National-Zeitung', verfügte zumindest in der Vergangenheit über hohe finanzielle Ressourcen, die die Partei regelmäßig in die Lage versetzten, bei Wahlkämpfen flächenmäßig massiv Propagandamittel zu verbreiten. Ihren bislang größten Erfolg erzielte sie mit dieser Wahlkampfstrategie bei der Landtagswahl 1998 in Sachsen-Anhalt. Aus dem

Stand erhielt die DVU damals 12,9 Prozent der Zweitstimmen. Doch ihre anschließende parlamentarische Arbeit erwies sich als ein Desaster (Holtmann 2002), so dass die Partei bei der folgenden Landtagswahl gar nicht erst kandidierte.

Seltene Präsenz im Landtagsplenum und fehlendes Engagement einmal gewählter DVUler schienen lange ein festes Merkmal der Mandatsträger dieser Partei zu sein. Ihre Inhalte verbreitet die DVU vorwiegend über eigene Medien, vor allem die ‚Nationalzeitung'. Daneben werden einschlägige Literatur und Devotionalien vertrieben. Diese offenbar finanziell sehr lukrativen Aktivitäten brachten Frey und der DVU in der Neonaziszene und in der NPD immer wieder den Vorwurf ein, eigentlich hauptsächlich private Profitinteressen zu verfolgen.

Bereits bei ihrer ersten Teilnahme an einer Wahl – zur Bremischen Bürgerschaft 1987 – trat die DVU gemeinsam mit der NPD an. Laut Hoffmann (1999: 240) verabredeten seinerzeit beide Parteien, dass die DVU jeweils in Bremen und bei der Europawahl, die NPD hingegen bei den Landtagswahlen Rheinland-Pfalz und Baden-Württemberg antreten solle. Doch das Bündnis hielt nicht allzu lang und in den 1990er Jahren gab es wieder konkurrierende Wahlantritte, die beiden Parteien schadeten. Im Januar 2005 haben NPD und DVU mit einem „Deutschlandpakt" eine langfristige Zusammenarbeit vereinbart und den wechselseitigen Verzicht auf Landtagskandidaturen in bestimmten Bundesländern institutionalisiert. Bei Bundestags- und Europawahlen öffnen die antretenden Parteien ihre Listen für Bewerber aus der Partnerorganisation. Ob dieses Bündnis auch in Zukunft Bestand haben wird, hängt von verschiedenen Faktoren ab. Denkbar sind mehrere Szenarien: So ist es vorstellbar, dass namentlich einzelne NPD-Landesverbände gegenüber der Berliner Führung darauf drängen, bei Landtagswahlen entgegen den bisherigen Absprachen doch unter eigenem Namen anzutreten. Eine entsprechende Stimmung machen Beobachter in Thüringen aus, wo 2008 Landtagswahlen stattfinden und dem sehr regen NPD-Landesverband bessere Chancen attestiert werden. Welche

Auseinandersetzungen dies innerhalb der NPD oder im Verhältnis zur DVU provozieren würde, lässt sich derzeit kaum sagen. Denn nach dem eher bescheidenen Wahlergebnis für die DVU bei den Bürgerschaftswahlen in Bremen 2007, wo die Partei aufgrund des spezifischen bremischen Wahlrechtes zwar weiter mit einem Sitz in der Bürgerschaft vertreten ist, ihr Wahlziel von fünf Prozent aber klar verfehlt hat, könnten sich in der NPD die Stimmen mehren, die zur Aufgabe oder Modifikation des Bündnisses drängen. Abzuwarten ist ferner die Entwicklung in Brandenburg, wo die DVU bereits zweimal in Folge in das Landesparlament einziehen konnte und – im Gegensatz zu früheren DVU-Fraktionen in anderen Bundesländern – ihr der Versuch einer kontinuierlichen parlamentarischen Arbeit nicht abgesprochen werden kann. Auch hier könnte der NPD-Landesverband, der gerade in letzter Zeit massiv Strukturaufbau betrieben hat, auf einen Antritt unter eigener Fahne drängen. Bislang hielt auch in diesem Bundesland der „Deutschlandpakt", bei der Bundestagswahl 2005 führte der brandenburgische DVU-Landtagsfraktionschef Sigmar-Peter Schuldt die Landesliste der NPD an.

Neben Bruch, Modifikation oder Beibehaltung des Bündnisses in der aktuellen Form wäre auch eine allmähliche Verschmelzung oder eine Fusion beider Parteien möglich. Vieles wird letztlich wohl davon abhängen, welchen Weg die DVU eines Tages nehmen wird, wenn ihr 1933 geborener Vorsitzender Gerhard Frey aus Altersgründen seine patriarchalische und autoritäre Kontrolle der Partei nicht mehr ausüben kann.

Christoph Kopke

Will die NPD die Republikaner beerben?

Grundvoraussetzung für eine Erbschaft ist ein Toter. Die 1983 gegründete Partei Die Republikaner (REP) zuckt zumindest noch. Zwar nur noch in einigen Regionen, besonders in Süddeutschland, und nicht mehr sehr stark, doch noch würde den Totenschein kein Arzt unterschreiben. Die NPD weiß aus ihrer wechselvollen Geschichte, dass auf ‚himmelhoch jauchzend' schnell ein ‚zu Tode betrübt' folgen kann. Und umgekehrt natürlich auch.

Seit einigen Jahren versucht die NPD mit Erfolg, die Krise der REP so zu verschärfen, dass sie zum Ende der Partei führt. Inzwischen hat die NPD die frühere Stellung der REP als erfolgreichste Partei der extremen Rechten übernommen. Waren die REP zur Zeit des Parteivorsitzes von Franz Schönhuber noch unstreitig die hegemoniale Kraft innerhalb des extrem rechten Lagers und die Entwicklung der REP wesentlich eine Erfolgsgeschichte, so dominiert nun die NPD.

Bereits die erste Wahlteilnahme der REP überhaupt, an der Landtagswahl in Bayern 1986, erbrachte mit 3,0 Prozent ein Resultat, das aufhorchen ließ. Gleichzeitig kam die NPD auf magere 0,5 Prozent. In (West-)Berlin hatten die Alliierten Wahlteilnahmen der NPD regelmäßig verhindert. In diese Lücke stießen am 29. Januar 1989 die REP mit einem Überraschungscoup. Die bei den Wahlen zum Abgeordnetenhaus erzielten 7,5 Prozent bedeuteten das beste Ergebnis einer Partei der extremen Rechten seit der Blütezeit der NPD in der zweiten Hälfte der sechziger Jahre. Im Juni 1989 erhielt die Partei Franz Schönhubers bei der Wahl zum Europaparlament 7,1 Prozent. Erstmals in der Geschichte der Bundesrepublik war es damit einer Partei der extremen Rechten gelungen, die Sperrklausel auf Bundesebene zu überwinden. In Baden-Württemberg, dem zweiten Stammland der REP neben Bayern, erzielten sie bei der Landtagswahl

1992 10,9 Prozent – mehr hatte nur einmal eine Partei dieses Spektrums, die 1952 verbotene Sozialistische Reichspartei (SRP), 1951 in Niedersachsen erhalten. Der Wiedereinzug in den Landtag von Baden-Württemberg 1996 mit 9,1 Prozent bedeutete gleichzeitig, dass es erstmals einer Partei der extremen Rechten der Bundesrepublik glückte, länger als eine Legislaturperiode in einem Landesparlament vertreten zu sein. Von diesem Glanz ist nichts geblieben; heute verfügen die REP nur noch über einige Mandate auf kommunaler Ebene.

Im gleichen Jahr 1996 befand sich die NPD am Rande des Zerfalls. Der damalige Parteivorsitzende Günter Deckert hatte seit seinem Amtsantritt 1991 die Partei immer tiefer in die Krise geführt. Mit nur noch rund 3000 Mitgliedern auf Bundesebene, hoffnungslos überaltert und ohne finanzielle Ressourcen rechnete kaum jemand damit, dass sich die NPD jemals wieder erholen und eine Rolle jenseits eines Sektendaseins in der politischen Landschaft spielen könnte.

Heute denkt niemand mehr an diese Prognosen. Die NPD hat die REP tatsächlich beerbt, auch wenn diese noch existieren. Sie ist nach Mitgliedern und Aktionsfähigkeit die stärkste Partei der extremen Rechten. Sie ist die einzige Partei des Lagers, die in einem nennenswerten Umfang Jugendarbeit betreibt. Sie ist im Gegensatz zu ihren Konkurrenten in großen Teilen des Landes, besonders in Ostdeutschland, mit Verbänden vertreten. Die Wahlergebnisse weisen eine für sie eindeutig positive Tendenz auf und die finanzielle Situation gestattet ihr – trotz unerwarteter Rückschläge – eine zumindest mittelfristige Planung der politischen Arbeit und von Wahlkämpfen. All dies galt einstmals für die REP.

Allmählich finden zur NPD auch Vertreter jener Menschengruppe, von denen der damalige REP-Vorsitzende Franz Schönhuber gesagt hatte: „Die respektablen Leute kommen erst mit dem Erfolg." Etliche dieser „respektablen Leute" haben den Weg zur NPD von den REP gefunden. In der Regel wurde dieser Schritt mit Posten belohnt. Der heutige sächsische Landesvorsitzende und Landtagsabgeordnete der NPD, Winfried Petzold, war beispielsweise 1991–93 Vorsitzender der REP im Freistaat. Die langjährige sächsische REP-Landesvorsitzende Kerstin Lorenz wechselte 2004 zur NPD und wurde mit einem Posten als Bürgerbeauftragte bei der Landtagsfraktion belohnt. Dirk Abraham, Kreisvorsitzender der NPD im Weisseritzkreis, war 2004 stellvertretender Landesvorsitzender, erhielt dann einen Job bei der NPD im Landtag und trat schließlich im Mai 2005 über. Mitten im Bundestagswahlkampf 2005 wechselte der stellvertretende Landesvorsitzende Stefan Heller zur NPD. Dieser Trend beschränkt sich nicht auf Sachsen. Er ist dort besonders stark, wo die NPD selbst erfolgreich ist. Durch gezielte Kampagnen wie das ‚Hamburger Signal' oder das ‚Münchner Bekenntnis', mit dem mehrere hundert Mitglieder der REP für das Bündnis mit der NPD und DVU eintraten, sorgte die NPD dafür, dass sich der Entfremdungsprozess vieler REP-Mitglieder von ihrer Parteiführung beschleunigte.

Dies hatte auch inhaltliche Gründe. Die NPD erscheint vielen Anhängern der extremen Rechten als programmatisch konsequenter und deutlicher. Der Kurs der REP wird als ‚weichgespült' und besitzbürgerlich kritisiert, während die NPD in Zeiten der sozialen Krise auf einen völkischen Antikapitalismus setzt. Sie knüpft damit an Schönhuber an, der in seinen letzten Lebensjahren eine „sozialpatriotische" Ausrichtung forderte. Die NPD hat die REP beerbt, hat aber sofort die unbrauchbaren Teile des Erbes entsorgt.

Volkmar Wölk

Was verbindet die NPD mit den neonazistischen Kameradschaften?

Die Atmosphäre zwischen der NPD und den Freien Kameradschaften (FK) ist oft wenig solidarisch. In den vergangenen Jahren verhinderten jedoch die politischen Differenzen selten enge Kooperationen. „Es zählt, was eint", verkündet der Bundesvorsitzende Udo Voigt regelmäßig. Die NPD-Bundesführung und FK-Führer sehen in den Unterschieden längst auch Chancen. Auf dem Bundesparteitag in Berlin 2006 wählten die Delegierten einen der Vordenker der FK, Thorsten Heise, wieder in den Bundesvorstand. Sein Parteiauftrag: Verbindung zu den „freien Kräften". Mit selben Auftrag sitzt Thomas Wulff im Vorstand, der ebenso die FK-Strukturen aufgebaut hatte.

Längst hat die Parteispitze erkannt, dass die etwa 200 FK im vorpolitischen Raum Jugendliche und junge Erwachsene eher ansprechen als NPD-Strukturen. Die FK wirken attraktiver, denn in ihr sind militante Neonazis, aggressive Rechtsrocker und rechtsorientierte Jugendlich vereint, die Aufmärsche, Konzerte, Fußballturniere, Ausflüge und Partys ausrichten. Das Private geht ins Politische über, und eine solch enge, im Alltag verankerte Verbindung erleichtert die Identifikation des Einzelnen mit den politischen Inhalten und die Integration in das strukturelle Netzwerk. Neonazismus wird Fun und das Erleben Lifestyle. Jene Jugendliche und jungen Erwachsenen möchte die NPD für die Parteiarbeit und bei Wahlen gewinnen. Auf die Frage der ‚neu rechten' Wochenzeitung ‚Junge Freiheit' zum Verhältnis der NPD zu den FK antwortete Voigt 2004: „Wir versuchen neben Nationalliberalen und Nationalkonservativen eben auch die nationalsozialistische Strömung zu integrieren, da eine Abgrenzung nur dem politischen Gegner hilft".

Schon 2004 unterstützten FK-Strukturen, wie die mittlerweile

verbotenen Skinheads Sächsische Schweiz (SSS), die NPD bei
der Landtagswahl in Sachsen. Die lokalen Kameradschaften sind
mit überregionalem ‚Aktionsbüros' informell vernetzt. Über Jahre
blieben die FK, die sich bewusst in Abgrenzung zu den extrem
rechten Parteien auch „Freie Nationalisten" oder „Freie Kräfte"
nennen, der NPD fern. Ihr Führungspersonal, darunter Christian Worch, Wulff und Heise, hielt der NPD vor, strategisch zu
parlamentarisch und programmatisch zu legalistisch ausgerichtet
zu sein. Sie selbst verklären ihre ideologischen Traditionen und
politische Visionen selten, denn für sie ist der Nationalsozialismus
eine gesellschaftliche Alternative und die Organisationen SA und
SS kämpferische Ideale. Auf ihrer Website verkündeten die FK
Nationalen Sozialisten Magdeburg 2006: „60 Jahre nach der
Zerschlagung des Großdeutschen Reiches […] nach dem Verbot
der NSDAP, gibt es in Deutschland wieder junge Menschen, die
sich zum Nationalsozialismus bekennen" (nationale-sozialisten.
com, 10.03.2006).

Mitte der 1990er Jahren begannen Worch, Wulff und Heise
das FK-Netzwerk aufzubauen. Der Grund: In den Jahren von
1992 bis 1995 hatten Innenministerien einige neonazistischen
Kleinstparteien und Gruppen verboten. Die Nationale Liste, die
Worch und Wulff führten, und auch die Freiheitliche Deutschen
Arbeiterpartei, der Heise angehörte, waren betroffen. Statt aber
wieder eine Partei zu gründen, riefen sie dazu auf FK aufzubauen
– getreu dem Motto „Organisierter Wille braucht keine Partei".

Fast zehn Jahre später sahen Wulff und Heise die Rolle der
Partei anders. Kurz vor der Wahl in Sachsen machten sie zusammen mit dem FK-Kader Ralph Tegethoff ihren Eintritt in
der NPD öffentlich. Ein politisches Signal für die FK-Szene.
Nach „vertrauensbildenden Gesprächen", schrieben sie in der
„Erklärung zum Eintritt in die NPD" am 17. September 2004,
wäre eine „zukunftsorientierte Möglichkeit der Zusammenarbeit" erkennbar geworden. Das Verhältnis war zuvor durch das
NPD-Verbotsverfahren belastet gewesen. Wieder warfen FKler
der Partei vor, zu moderat zu sein, und fragten sich, ob die NPD

noch zur „nationalen Bewegung" gehöre. Das Auffliegen von V-Männern in der NPD bei dem Verfahren erschwerte die Beziehung zusätzlich. „Gereifter" sei jedoch die NPD aus dem Verfahren herausgekommen, erklärten Wulff, Heise und Tegethoff und betonten, „die Partei" gehöre zum „nationalen Widerstand" und ihr „Kampf auf parlamentarischer Ebene" sei ebenso „wichtig" wie der „dazu parallel verlaufenden Kampf auf der Straße".

Seitdem helfen FK der NPD zunehmend bei Wahlen. Doppelmitgliedschaften sind nicht mehr unüblich. Das Miteinander verläuft in den 16 Bundesländern je nach Zuneigung der NPD- und FK-Kader unterschiedlich. In Mecklenburg-Vorpommern gehört der FK-Kader Tino Müller zur NPD-Fraktion. Weitere FKler sind bei der Fraktion angestellt. Nachdem sich in Hamburg der Neonazi-Anwalt Jürgen Rieger als NPD-Landeschef durchgesetzt hatte, sahen die FK sogleich die Möglichkeit zu einer „konstruktiven Zusammenarbeit". In Niedersachen gelang es dem NPD-Spitzenkandidaten Andreas Molau, die FK für die Unterstützung bei der Landtagswahl 2008 zu gewinnen. Selbst Worch, der die NPD scharf wegen ihrer moderaten Politik kritisiert, konnte er überzeugen. Enge Kooperationen bestehen in Sachsen, Thüringen und Schleswig-Holstein. In Sachsen-Anhalt wenden sich die FK – wie die Nationalen Sozialisten Magdeburg im Juli 2007 – der NPD-Jugend, den Jungen Nationaldemokraten, zu. Die Kameradschaften der Autonomen Nationalisten – eine Strömung im FK-Spektrum – halten mehr Distanz zur NPD. Offen inszenieren sie sich als militanter und radikaler. Die AN marschieren aber dennoch mit der Partei auf, ob in Berlin, Brandenburg oder Nordrhein-Westfallen.

Die Kontaktfreude der Bundesführung führt in der Partei allerdings auch zu Verunsicherung. „Konservative" NPDler befürchten, dass der Gestus der FK den Bemühungen der NPD, ein bürgerlicheres Image zu erlangen, zuwiderlaufe. Doch die Parteispitze schätzt das Mobilisierungskapital der FK und dessen Attraktivität für Jugendliche.

Andrea Röpke, Andreas Speit

Sind Skinheads nützliche Idioten
der NPD?

Diese grob vereinfachte Frage ließe sich auch andersherum stellen: Sind NPD-Leute nützliche Idioten extrem rechter oder neonazistischer Skinheads? Tatsächlich besteht zwischen Partei und Skinheadkultur ein dynamisches Wechselverhältnis. Die Fragen von Nähe und Distanz und wer wen funktionalisiert, hängen häufig von lokalen Begebenheiten und Kräfteverhältnissen ab.

Skinheads sind keine homogene Szene. Neben rechten bis neonazistischen Skinheads gibt es auch antifaschistische Anhänger dieser Jugendkultur, die mit der NPD nichts zu tun haben wollen. Das Selbstverständnis als Skinhead unterliegt einer beständigen Transformation. Die subkulturelle Abgrenzung martialischer Skinhead-Banden der 1980er und 1990er Jahre, die sich nicht von Parteien der extremen Rechten vereinnahmen lassen wollten, ist im heutigen Konstrukt der „nationalen Bewegung" aufgeweicht. Versatzstücke der Skinheadkultur dienen extremen Rechten heute mehr als Attitüde, denn als Ausdruck der Verbundenheit mit dem Skinhead-„Way of Life". Insbesondere seit der Modernisierung der Partei ab Mitte der 1990er Jahre fanden viele extrem rechte Skinheads Anschluss an die NPD und stiegen nicht selten in Funktionen auf. Bekannte Namen sind zum Beispiel die heutigen Parteivorstandsmitglieder Jens Pühse und Thorsten Heise. Bei den meisten ging dies einher mit äußerlicher Entradikalisierung und zunehmender Distanz zur Saufkultur der Skinheads. An der Frage, was und wer überhaupt (noch) Skinhead ist, scheiden sich in der Szene die Geister.

Die NPD erkannte früh die überragende Bedeutung des White Noise, der Musik der rechten Skinheads, als Mittel der Sozialisierung und Politisierung von Jugendlichen und erschloss diesen professionell. Führende RechtsRock-Unternehmen werden von Parteifunktionären betrieben und verzeichnen jährliche Umsätze von bis zu einer Million Euro, wie zum Beispiel der Wikinger-Versand des NPD-Funktionärs Siegfried Birl oder der WB-Versand von Thorsten Heise. Von der NPD organisierte große RechtsRock-Events wie das Fest der Völker oder das Pressefest der Parteizeitung ‚Deutsche Stimme‘ zielen strategisch auf die Schaffung einer neonazistischen Erlebniswelt. So profiliert sich die NPD als Sprachrohr einer extrem rechten Jugendbewegung und öffnet sich eine weite jugendkulturelle Einflusssphäre.

Auch im „Kampf um die Straße" spielen Skinheads eine gewichtige Rolle. Über die Einschüchterung und Vertreibung politischer Gegner und Alternativkulturen schaffen sie Räume, in denen die NPD nachfolgend recht ungestört agieren kann. Dort wo das Terrain ‚umkämpft‘ ist, dienen Skinheads der Partei oft als Schutztruppen bei öffentlichen Auftritten.

Die Liaison mit den Skinheads hat für die NPD nur einen Haken: Sie steht vielerorts gewachsenen und überaus selbstbewussten Skinheadgruppen und Netzwerken gegenüber, die in der Lage sind, die NPD für ihre Zwecke zu nutzen. So sind manche NPD-Verbände und deren Versammlungen nur schützender struktureller Rahmen für von Skinheads dominierte Neonazigruppen, die weitgehend eigene Interessen verfolgen und die Partei als Mittel zum Zweck sehen.

Die NPD vollzieht einen Spagat. Zum einen ist sie um jugendkulturelle Authentizität bemüht und dient sich einer vulgären, martialischen und sich antibürgerlich gerierenden Subkultur an. Zum anderen ringt sie um Anerkennung in bürgerlichen und rechtskonservativen Kreisen. Diese Doppelstrategie hat Bruchstellen. Die NPD in Rheinland-Pfalz kündigte im Landtagswahlkampf 2005 beispielsweise an, das Bundesland mit einer „Welle von Konzerten" zu überziehen, doch schon das Auftaktkonzert geriet zum Fiasko: Am Einlass sorgten NPD-Ordner für Unmut, als sie Besucherinnen/Besucher zwangen, allzu offensichtliche neonazistische Symbole zu verdecken; schließlich stürmten Skinheads die Bühne, um das dort hängende schwarz-rot-goldene

Banner durch ein schwarz-weiß-rotes zu ersetzen. Es kam zu einer Schlägerei mit den Ordnern, das Konzert wurde abgebrochen. Die rheinland-pfälzische NPD führte im Folgenden lieber (wieder) Liederabende in geschlossener Gesellschaft durch.

Mancher Kreis- oder Regionalverband sieht sich vor der Aufgabe, die Skinheads möglichst schnell zu disziplinieren und auf Parteilinie zu bringen. Der Landesvorsitzende der hessischen NPD Marcel Wöll, bis vor wenigen Jahren selbst Skinhead, beklagt heute das „Problem der Subkulturen in unserer Bewegung" und fordert die „Überwindung der Subkultur". Einige Skinheads, die noch vor kurzem der hessischen NPD auf Aufmärschen folgten, suchen sich nun neue Erlebnisräume beispielsweise in Hooligancliquen und Rockerclubs.

Wenngleich also die Integration der Skinheads in die Partei aus jugendpolitischer und wirtschaftlicher Sicht für die NPD eine Erfolgsgeschichte ist, so blockiert sie eine weitere Akzeptanz in bürgerlichen Kreisen. In Orten, in denen Skinheads die NPD ‚brauchen', dienen sie der Partei oft als nützliche Idioten. Dort, wo die NPD die Skinheads ‚braucht', werden manche Parteifunktionäre und Ortsgruppen zu nützlichen Idioten derer von Suff, Gewalt und sozialer Verwahrlosung geprägten Parallelwelt. Manch NPD-Funktionär/in „aus der Bewegung" mag darin seine/ihre Erfüllung finden. Für die intellektuellen und die bürgerlich orientierten Kräfte der Partei stellt dies jedoch ein anhaltendes Problem dar.

Michael Weiss

Was hat die NPD mit RechtsRockern zu tun?

„Guten Abend, ihr Strauchdiebe! Macht mir 'ne Riesenfreude, mal in Schlesien zu spielen, hätte ich ja nicht für möglich gehalten. Heute in Mücka, demnächst mal in Breslau, aber, wenn wir wieder in Breslau sind, wa' meine Herrschaften?!", begrüßte Michael ‚Lunikoff' Regener am 27. November 2004 die rund 1000 Besucher in der völlig überfüllten Diskothek Wodan im sächsischen Mücka. Es war das erste Konzert mit seiner neuen Band Die Lunikoff Verschwörung; wegen seiner alten Gruppe Landser lief zu dieser Zeit ein Prozess gegen ihn, an dessen Ende er wegen Bildung einer kriminellen Vereinigung zu drei Jahren und vier Monaten Haft verurteilt wurde. Möglich gemacht hatte den Abend die Jugendorganisation der NPD, die Jungen Nationaldemokraten (JN), die das Konzert als politische Veranstaltung deklariert hatte und den wenige Wochen zuvor gewählten sächsischen NPD-Landtagsabgeordneten Klaus-Jürgen Menzel zu Beginn sprechen ließ.

Das Verhältnis zwischen der NPD und den RechtsRock-Bands war nicht immer so entspannt wie an jenem Abend. Lange Jahre wurde die Partei von den zumeist glatzköpfigen Rechtsrockern als legalistisch, wenig radikal, bürgerlich oder gar spießig abgelehnt. Angesichts des Wandels der Partei, in dessen Verlauf sich die NPD dem subkulturellen Milieu öffnete, sahen beide Seite neue Optionen der Zusammenarbeit. 1999 fragte das später verbotene neonazistische Magazin ‚Hamburger Sturm' Udo Voigt, ob er sich vorstellen könne, „daß eine oder mehrere deutsche Bands für die NPD eine ähnliche Rolle spielen" könnten wie die „britische Kult-Band Skrewdriver", die „zeitweilig viel zum Erfolg der National Front beigetragen" hatte. „Wenn deutsche Gruppen", antwortete Voigt, „sich in Zukunft dazu überwinden könnten, sich positiv über die NPD zu äußern, Musik für die NPD machen würden oder sich in ihren Beiträgen für die NPD engagieren würden, könnte ich mir durchaus vorstellen, daß ihnen diese Schlüsselfunktion zukommen könnte." Für die ‚Popstars‘ der Bewegung, die Band Landser, war die NPD zu dieser Zeit „leider die einzige überhaupt noch wählbare Partei für den revolutionären Flügel des nationalen Deutschlands". „Leider deshalb", so erklärten Landser 1999 weiter im deutschen ‚Blood & Honour‘-Magazin, „weil wir als SN [SN = NS, Nationalsozialisten, Anm. der Autoren] einige Seiten dieser Partei mit großer Enttäuschung betrachten." Im Jahre 2004 war die Enttäuschung verflogen: Michael Regener trat publicitywirksam in die NPD ein. Der Aufbau der parteieigenen Infrastruktur war zu dieser Zeit schon lange angelaufen. Alleine beim Rechtsrock-Label Pühse Records von Jens Pühse, das 1998 unter Beibehaltung des Namens im Deutsche Stimme Verlag der NPD aufging, erschienen bis zum 30. Juni 2007 45 CDs. 2001 organisierte das Parteiorgan ‚Deutsche Stimme‘ erstmals ein Pressefest, bei dem nicht die Redebeiträge, sondern vor allem die auftretenden RechtsRock-Bands im Mittelpunkt standen – rund 1500 Besucher kamen nach Grimma, um sie zu sehen. Seitdem stieg die Teilnehmerzahl kontinuierlich. Nach Königslutter reisten 2002 rund 1800, 2003 in Meerane 3800, in Mücka 2004 ca. 5000 und 2006 in Dresden knapp 7000 Personen an. Für die dort auftretenden Musiker ist das Fest oft ein Highlight ihrer Karriere, da derartig große Zuschauerzahlen in der Szene eine Ausnahme sind.

Seit 2002 beziehungsweise 2003 organisiert zudem die thüringische NPD den ‚Thüringentag der nationalen Jugend‘ in wechselnden Städten des Landes sowie das Festival ‚Rock für Deutschland‘ in Gera. Auch hier besteht das Programm der angemeldeten und genehmigten Veranstaltungen aus Redebeiträgen sowie den Auftritten verschiedener Bands. Alljährlich ziehen sie mehrere Hundert Neonazis als Zuschauer an.

2004 veröffentlichte die NPD im sächsischen Landtagswahlkampf eine Gratis-CD mit einer Auflage von 25 000 Stück unter dem Titel ‚Schnauze voll? Wahltag ist Zahltag‘, zu der teils prominente Rechtsrock-Bands Lieder beisteuerten – Lunikoff, Sturmwehr, Nordwind oder Noie Werte aus Stuttgart, zu deren Besetzung in früherer Zeit schon der baden-württembergische NPD-Funktionär Michael Wendland zählte. Das anschließende hohe Wahlergebnis beflügelte nicht nur die Partei, sondern das gesamte neonazistische Spektrum einschließlich der RechtsRockszene(n). In Sachsen stieg in den folgenden Monaten die Zahl extrem rechter Musikveranstaltungen sprunghaft an; 22 der insgesamt 78 Veranstaltungen in Land in 2005 fanden unter dem Label der NPD statt. Auch in anderen Bundesländern übt sich die Partei in der Legalisierung der ansonsten häufig verbotenen Konzerte. Im Herbst 2005 erreichte die Zusammenarbeit zwischen NPD und RechtsRock-Bands mit der in einer Auflage von 200 000 Exemplaren herausgegebenen ‚Schulhof-CD‘ zum NPD-Bundestagswahlkampf einen neuen Höhepunkt. Diesmal waren Lieder unter anderem der Bands Carpe Diem, Odem und Agitator vertreten. Ein Jahr später setzte die NPD ein weiteres deutliches Zeichen an die Szene. Unter dem Motto „Freiheit für Lunikoff – Lasst unsere Kameraden raus" organisierte der Berliner Landesverband am 21. Oktober 2006 einen Marsch zur JVA Tegel, in der dieser einsitzt. Dort wandte sich der NPD-Parteivorsitzende Voigt betont jovial an die jungen Neonazis: „Ich weiß, ihr seid heute hierhergekommen, nicht um Reden zu hören, sondern um Musik zu hören und um zu dokumentieren: Freiheit für Lunikoff! Freiheit für alle Nationalisten!". Es folgten die Auftritte von Kategorie C, Faktor Widerstand und Agitator, deren Konzert mit der Verhaftung des Sängers endete. Nach Angaben der Polizei hatte er gegrölt: „Ich bin froh, ein Nazi zu sein!"

Die Musik der RechtsRocker ist heute *das* Rekrutierungsmittel für den Nachwuchs der NPD. Die Songs mit ihren rassistischen, nationalistischen und antisemitischen Botschaften greifen bestehende Vorurteile bei Jugendlichen und jungen Erwachsenen auf und verleihen ihnen eine Ausdrucksform. Die Musiker der Rechtsrock-Bands, die sich landläufig als Teil eines so genannten

,Nationalen Widerstandes' begreifen, arbeiten dabei – teilweise
gezielt in Form von Kooperationen – der NPD zu. Sie kompo-
nieren und spielen die Begleitmusik für den zweiten Aufstieg der
neonazistischen Partei.

Christian Dornbusch, Michael Weiss, Jan Raabe

Welche internationalen Kontakte
hat die NPD?

Die von der NPD und den JN unterhaltenen Kontakte ins Aus-
land haben unterschiedliche Intensitätsgrade. In der Parteizeitung
,Deutsche Stimme' finden sich regelmäßig Berichte über die
Aktivitäten von neofaschistischen Organisationen im Ausland.
Über die Situation in Russland schreibt vor allem Constantin von
Hoffmeister, der Teilnehmer eines neofaschistischen Treffens in
Moskau war; mit dessen Organisator Anatoli Iwanow führte der
NPD-Funktionär Molau wenig später ein Interview (DS 8/2006:
3). Regelmäßig nehmen Funktionäre der NPD als Gäste und
Redner an Aufmärschen, Tagungen und Veranstaltungen des
neofaschistischen Spektrums im Ausland teil. Im Sommer 2005
nahm der ehemalige NPD-Landtagsabgeordneten Klaus Menzel an
einem Nazi-Musikfestival in Schweden teil – dort war die NPD-
Jugend auch schon Gast eines Zeltlagers schwedischer Neonazis.
Als so genannter Leiter des Auslandsdokumentationsdienstes
der extrem rechten Ukrainian National Assembly – Ukrainian
National Self Defence (UNA-UNSO) stellt der Potsdamer DVU-
Stadtverordnete Günther Schwemmer ein wichtiges Bindeglied
zu „ukrainischen Nationalisten" dar. Zu den bilateralen Besuchen
zählte 2005 auch die erstmalige Teilnahme der NPD – repräsen-

tiert durch einen von Peter Marx betreuten Informationsstand
– am Parteifest des französischen Front National (FN). Vielfältige
Verbindungen existieren nach Spanien: Im Juli 2006 nahm Dr.
Peter Malborn, NPD-Mitglied und Übersetzer aus Bonn, als
Seminarleiter an der Sommeruniversität der Democracia Nacional
in Valencia teil; regelmäßig entsendet die NPD eine Delegation
zur traditionellen Gedenkveranstaltung der Falangisten zu den
Todestagen ihres Gründers José Antonio Primo de Rivera und des
einstigen spanischen Diktators Francisco Franco. Im November
2006 bekräftige Jens Pühse dabei in Madrid die „Notwendigkeit
einer Zusammenarbeit europäischer Nationalisten und erinnerte
an die langandauernde Waffenbrüderschaft und Freundschaft des
spanischen und deutschen Volkes" (DS 01/2007: 13). Diese ‚Waffenbrüderschaft' bestand in der Unterstützung der faschistischen
Putschisten im spanischen Bürgerkrieg durch die vom NS-Regime
illegal entsandte Legion Condor und umgekehrt im Einsatz der
División Española de Voluntarios an der Ostfront. Aus der unter
dem Namen División Azul (Blaue Division) bekannten Division
gingen später zwei Waffen-SS-Kompanien hervor. 2005 hatte
Udo Voigt auf dem Gedenkmarsch in Spanien den „Geist dieser
Soldaten Europas" angerufen, um mit ihm „ein neues Europa
der Vaterländer zu formieren" (DS 12/2005: 9). Als wichtigen
Kontakt zu den spanischen Neonazis präsentiert die NPD in
ihren Publikationen zudem Enrique Ravello, Herausgeber der
Zeitschrift ‚Tierra y pueblo', dessen Großonkel in der División
Azul waren.

Neben der wohlwollenden Würdigung des Gründers und
Anführers der nationalistischen und antisemitischen rumänischen Eisernen Garde, Corneliu Zelea Codreanu (1899-1938)
(DS 8/2002: 20), pflegt die NPD eine enge Kooperation mit der
rumänischen Gruppe Noua Dreapta, deren Vertreter in der Vergangenheit mehrfach bei NPD-Veranstaltungen als Redner auftraten
und in der Parteizeitung zu Wort kamen. Im Gegenzug sprach
beispielsweise Jens Pühse am 24. Juni 2007 auf einer Gedenk-
feier zur Gründung der Eisernen Garde in Bukarest.

Auch im Rahmen verschiedener von der NPD organisierter international ausgerichteter Tagungen wurden die Kontakte zu anderen neofaschistischen Organisationen gepflegt; an der ‚Europäischen Sommeruniversität' der NPD im Saarland nahmen beispielsweise im Jahr 2005 als offizielle Vertreterin des FN Marie Christine Jobert sowie für die spanische Falange Alberto Torosano teil (DS 10/2005). Die NPD-Jugendorganisation hat bereits mehrere ‚Europäische Kongresse der Jugend' abgehalten. Die für den 21. April 2007 in Lissabon geplante internationale Konferenz ‚Tag der nationalen Jugend' konnte zwar nicht stattfinden, die NPD traf sich jedoch zu Gesprächen mit der Partei der Nationalen Erneuerung und der Juventude Nacionalista.

Einen engeren Organisationszusammenhang stellt für die NPD auf europäischer Ebene die Europäische Nationale Front (ENF) dar. Diese steht nicht bewusst in Konkurrenz zur extrem rechten Fraktion im Europäischen Parlament ‚Identität, Souveränität, Tradition', doch sind im ENF bisher nur Organisationen Mitglied, die nicht Teil der Fraktion sind: neben der NPD die Noua Dreapta aus Rumänien, La Falange aus Spanien, Forza Nuova aus Italien sowie Hrisi Avgi beziehungsweise die Sammlungsbewegung Patriotiki Symmachia aus Griechenland.

An den Treffen der ENF nahmen aber auch die Organisationen Renouveau Français (Frankreich), Juventude Nacionalista (Portugal), Nationale Alliantie (Niederlande), British National Party (Großbritannien), Partei National Orientierter Schweizer (Schweiz), Nordiska Verbundet und Nationaldemokraterna (Schweden) sowie Personen aus der Freiheitlichen Partei Österreichs teil. Die 2003 gegründete ENF tritt für ein „Europa der Vaterländer", für den „Schutz unserer Kultur, unserer Traditionen und unserer christlichen Wurzeln" sowie der „traditionelle(n) Familie" ein. Einwanderung, die Mitgliedschaft Israels und der Türkei in der Europäischen Union und die angeblich stattfindende „kulturelle Globalisierung" werden abgelehnt. Die Präsidentschaft der ENF wechselt regelmäßig. Im ersten Halbjahr 2007 hatte sie der Auslandsbeauftragte des NPD-Vorstands, Gerd Finkenwerth, inne. Entsprechend fand das siebte Treffen der ENF im Februar 2007 in Riesa statt. Im Mittelpunkt des Bündnisses steht vor allem die Zementierung der internationalen Zusammenarbeit, die sich in regelmäßigen Treffen und gegenseitigen Besuchen manifestiert; gelegentlich werden auch Unterstützungsaktionen organisiert. Obwohl von allen Seiten in diesem Rahmen immer wieder betont wird, dass es nie wieder einen ‚Bruderkrieg‘ – gemeint ist der Zweite Weltkrieg – geben dürfe, endet die Verbrüderung dort, wo historische oder territoriale Streitfälle bestehen. Dies betrifft neben der ‚Südtirol-Frage‘ vor allem jene ehemaligen deutschen Ostgebiete, die heute aufgrund internationaler Abkommen zum Staatsgebiet Polens gehören. Diese will die NPD ‚zurückholen‘ – nicht nur die polnische extreme Rechte wird indes nicht freiwillig auf Teile ihres Landes verzichten wollen.

Christian Dornbusch, Fabian Virchow

Droht ein Bündnis mit Islamisten?

Die Haltung der NPD zum Islam ist durch zwei Merkmale gekennzeichnet: auf nationaler Ebene wird er als fremde Kultur abgelehnt, global jedoch als Verbündeter im Kampf gegen westliche Werte, die USA, Israel und das Judentum hofiert. Beide verbindet zudem ihr Antikommunismus. Positive Rezeption erfährt der radikale Islamismus, moderate Ausprägungen des Islam und muslimische Integrationsbestrebungen in Deutschland stoßen hingegen auf Ablehnung. Im Islam, dessen „rassische Hauptträger" Jürgen W. Gansel als „Orientalen" definiert, sieht die Partei ein Vehikel, um „die deutsche Volkssubstanz" zu erhalten. Durch seinen eigenen Abgrenzungswillen trage er als „positive Integrationsbremse" zum „ethnobiologischen Erhalt der Deutschen" bei, da er die Muslime absondere und so ihrer späteren „Rückführung" zuarbeite (Jürgen W. Gansel).

Außenpolitisch vertritt die NPD eine ethnische Raumordnung und sieht sich mit Islamisten in einer Front gegen „Zionisten und Imperialisten". Strategisch sollen sich die nationale und die islamische Revolution ergänzen. Mit der „Befreiung" des „deutschen Bodens" und der „heiligen islamischen Erde" soll auch die Migration rückgängig gemacht werden. Hier sieht sich die NPD in Übereinstimmung mit Islamisten: „Je gläubiger die Muslime sind, desto stärker ist ihr Bestreben, in ihre Heimatländer zurückzukehren", formulierte Shaker Assem, Sprecher der islamistischen Gruppe Hisb ut-Tahir im Februar 2003 in der NPD-Zeitung ‚Deutsche Stimme' (DS 02/2003: 3).

Verständigungsmöglichkeiten bietet beiden auch der Glaube an einen kulturellen Formenzwang. Ebenso wie für eine streng reglementierte islamische Identität gebe es auch eine dem deutschen „Volksgeist" (Herder) entsprechende Form. Für die NPD findet dieser seinen Ausdruck im völkischen Konzept einer „Kulturnation" anstelle der modernen „Staatsnation". Der NPD-Funktionär Andreas Molau betonte gegenüber dem islamistischen Internetportal Muslim Markt seinen Respekt für den Islam als „gewachsene Kultur" und die Feindschaft gegenüber dem „alle Kultur zerstörenden Amerikanismus".

Grundsätzliche Überschneidungen finden sich bei der NPD und Islamisten ferner hinsichtlich ihrer autoritär-traditionellen Weltanschauung auf Basis von ‚Gemeinschaft' anstelle von ‚Gesellschaft'. Während der Islamismus die Gesellschaft in einer konservativ-patriarchalischen ‚Umma' erstarren lassen will, ist es das Ziel der NPD, mit ihrer ‚nationalen Volksgemeinschaft' die Gesellschaft auf eine ethnisch definierte Partikularität zu reduzieren. Entsprechend dominieren bei beiden konservative familienpolitische Vorstellungen und klare Zuweisungen von Geschlechterrollen. Beide glauben an die Überlegenheit der eigenen ‚Kultur' gegenüber der ‚Zivilisation'.

Geschichtsrevisionismus dient sowohl der NPD als auch

dem Islamismus zur Untermauerung eines antisemitischen und verschwörungstheoretischen Weltbildes. Die klassische antisemitische Identifikation der Kapitalzirkulation mit ‚den Juden' wird in beiden Lagern vertreten. Die NPD will die historische Schuld der Deutschen am Zweiten Weltkrieg und am Holocaust negieren; der Islamismus versucht zudem, ein Argument für die Existenz des Staates Israel zu entkräften. Wissenschaftliche Studien konstatieren eine „Islamisierung" des Antisemitismus (Klaus Holz). So finden Holocaustleugner, die in westlichen Staaten nur innerhalb der extremen Rechten wahrgenommen werden, in islamischen Ländern weitaus mehr Beachtung.

Insbesondere die iranische Regierung wird in jüngster Vergangenheit als „Speerspitze im Kampf um eine gerechtere Weltordnung" (Karl Richter; DS 07/2006: 1) gepriesen. Die NPD begrüßte eine vom Iran ausgerichtete revisionistische Konferenz (11./12. Dezember 2006) in Teheran. Im gleichen Jahr reichte Andreas Molau eine Zeichnung beim Teheraner Holocaust-Karikaturenwettbewerb ein. Der Antisemitismus der NPD kann sogar die Ausländerfeindlichkeit überlagern: „Was ist für unser Selbstbewußtsein schädlicher, die Pflichtlektüre des Tagebuchs der Anne Frank in den Schulen oder eine muslimische Schülerin mit Kopftuch?" fragte 2004 der heutige NPD-Landesvorsitzende Hamburgs, Jürgen Rieger, in einem Artikel in der ‚Nordischen Zeitung'.

Bereits in der Vergangenheit wurde im Rahmen deutscher Großmachtstrategien nach Verbündeten in islamischen Ländern gesucht. Während des Nationalsozialismus agitierte das Deutsche Reich unter Muslimen vor allem gegen Großbritannien und die Sowjetunion. Zur Kollaboration kam es im arabischen Raum, Nordafrika und auf dem Balkan. Besonders die jüdische Einwanderung nach Palästina wurde zum Gegenstand antisemitischer Propaganda. Alfred Rosenberg erklärte, in Palästina wolle das Judentum „ein neues Aufmarschgebiet für Weltbewucherung" schaffen. In den 1980er Jahren wurden militante Neonazis im Libanon militärisch ausgebildet, auch der Neonaziführer Michael Kühnen sah in den arabischen Völkern seine Bündnispartner.

Das Konfliktpotential zwischen Islamisten und der NPD liegt indes vor allem im universalen Missionsanspruch der Religion einerseits und dem völkischen Rassismus der NPD andererseits. Deutschland ist für die NPD entweder Teil des christlich-abendländischen Kulturerbes oder Heimstätte eines germanischen Heidentums. Nach dieser Raumordnung gilt der Islam in Europa als „Feindreligion" und seine Anhänger als „Landbesetzer" (Jürgen W. Gansel). Daher agitiert die NPD auf lokaler Ebene gegen den Bau von Moscheen und fordert auf ihren Wahlplakaten für stereotyp dargestellte muslimische Frauen eine „Gute Heimreise".

Volker Weiß

XI. Verbotsdebatte

Die Forderung nach einem Verbot der NPD begleitet diese durch ihre nun über 40-jährige Geschichte. Schon anlässlich ihrer ersten (Wahl-)Erfolge in der zweiten Hälfte der 1960er Jahre traten zahlreiche gesellschaftliche Kräfte, darunter die DGB-Gewerkschaften, für ein Verbot der Partei ein. Nicht selten wurde dabei auf den Artikel 139 des Grundgesetzes Bezug genommen, der die von den Alliierten erlassenen Rechtsvorschriften zur ‚Befreiung des deutschen Volkes vom Nationalsozialismus und Militarismus‘, darunter beispielsweise das Verbot der NSDAP, ins geltende Recht übernimmt. Danach gelten Organisationen mit nazistischem Charakter als verboten und sind durch den Staat aufzulösen. Die Bundesrepublik hat im internationalen Verkehr die weitere Gültigkeit des Artikel 139 betont, so 1973 in einer Erklärung gegenüber der UNO und durch Hans-Dietrich Genscher und Lothar de Maiziére im Zusammenhang mit dem 1991 in Kraft getretenen 2+4-Vertrag.

Nahm die Verbotsdebatte insbesondere im Wahlkampf zum Bundestag 1969 konkrete Formen an, so blieb sie jedoch ohne konkrete Umsetzung; verschiedene Beobachter schlussfolger(te)n daher, dass die öffentliche Diskussion Druck auf die NPD ausüben und ihr Wähler abspenstig machen sollte (Hoffmann 1999: 96 ff.). In der Folgezeit wurde die Verbotsforderung dann mit Nachdruck nur noch von wenig einflussreichen Akteuren,

264   XI. Verbotsdebatte

so etwa der Vereinigung der Verfolgten des Nazi-Regimes/Bund der Antifaschisten und Antifaschistinnen (VVN/BdA), vertreten. Erst mit der Wiederbelebung der NPD und der Erweiterung ihrer Handlungsmöglichkeiten durch den Zulauf von Neonazis aus dem Spektrum der militanten extremen Rechten mehrten sich erneut die Stimmen, die in einem Verbot einen geeigneten Beitrag zur Schwächung des Neonazismus sehen.

Nicht zuletzt motiviert durch das kritische Echo, das fortgesetzte neonazistische Gewalttaten im Ausland fanden, entschlossen sich im Jahr 2000 die Bundesregierung, der Bundestag und der Bundesrat mit jeweils eigenen Anträgen ein Verbotsverfahren in Gang zu setzen. Am 30. Januar 2001 wurde von der Bundesregierung unter Bundeskanzler Gerhard Schröder (SPD) ein Antrag beim Bundesverfassungsgericht (BVerfG) eingereicht, mit dem Ziel die Verfassungswidrigkeit der NPD feststellen zu lassen und damit ein Verbot der Partei zu erreichen. Zwei Monate später folgten der Bundestag, der in seinen Antrag vor allem mit der Wesensverwandtschaft der NPD mit der NSDAP argumentierte, und der Bundesrat, der unter Bezugnahme auf Artikel 21 Abs. 2 Grundgesetz i.V.m. § 13 Nr. 2, §§ 43 ff. Bundesverfassungsgerichtsgesetz das Verbot der NPD beantragte und damit auch das Verbot, Ersatzorganisationen zu schaffen oder bestehende Organisationen als Ersatzorganisationen fortzusetzen; schließlich sollte das Vermögen der Partei zu gemeinnützigen Zwecken eingezogen werden.

Die NPD, die mit einem Verbotsverfahren zunächst nicht gerechnet hatte, reagierte einerseits mit größerer Zurückhaltung hinsichtlich ihrer öffentlichen Auftritte, andererseits mit einer Kampagne gegen die Verbotsanträge. Mit der juristischen Vertretung der NPD wurde unter anderem der Holocaust-Leugner Horst Mahler betraut.

Noch bevor die Phase der mündlichen Verhandlung beginnen konnte (5. Februar 2002), setzte das BVerfG das Verfahren aus, weil deutlich wurde, dass seit vielen Jahren zahlreiche V-Leute der Geheimdienste an führenden Stellen der NPD tätig waren (beispielsweise Wolfgang Frenz und Udo Holtmann in Nordrhein-Westfalen) und die Innenministerien sich weigerten, deren Namen zu nennen beziehungsweise diese aus der NPD zurückzuziehen. Am 18. März 2003 wurde das Verfahren vom BVerfG aus Verfahrensgründen eingestellt. Das Verfahrenshindernis lag nach Ansicht der Sperrminorität der Verfassungsrichter in der Durchsetzung der NPD mit V-Leuten der Verfassungsschutzämter. Die Frage, ob es sich bei der NPD um eine verfassungswidrige Partei handelt oder von einer Wesenverwandtschaft mit der NSDAP auszugehen ist, wurde nicht geprüft.

Auch wenn in der NPD über die Spitzel in den eigenen Reihen eine heftige Diskussion entbrannte, war der Ausgang des Verfahrens für sie ein großer Erfolg. Sie verfügt nicht nur weiterhin über das Parteivermögen und den Immobilienbesitz, gibt zahlreiche Publikationen heraus, kassiert Wahlkampfkostenerstattung sowie Millionen Euro für die beiden Landtagsfraktionen und führt regelmäßig Aufmärsche und andere Veranstaltungen durch, sondern kann sich auch sicher sein, dass ein erneuter Verbotsversuch in weiter Ferne liegt. Die dilettantische Durchführung des Verbotsverfahrens hat die NPD politisch gestärkt und innerhalb der extremen Rechten aufgewertet.

Gegen ein Verbot der NPD werden – aus ganz unterschiedlichen Interessen – ernst zu nehmende Einwände vorgebracht (Leggewie, Meier 2002); ein solches Vorgehen sei undemokratisch, zeige keine Wirkung oder dränge die NPD in den Untergrund und trage dadurch zu einer Eskalation bei. Nach den Wahlerfolgen der NPD auf Länderebene 2004 und 2006 und dem verstärkten offensiven und kämpferischen Auftreten der Partei mehren sich dennoch die Stimmen, die die Einreichung eines erneuten Verbotsantrages beim Bundesverfassungsgericht befürworten. Eine von zahlreichen Personen und Organisationen getragene Kampagne ‚nonpd – NPD-Verbot jetzt!' sammelte im Jahr 2007 über 150 000 Unterschriften für ein erneutes Verbotsverfahren.

Der BVerfG-Präsident Hans-Jürgen Papier hält ein Verbot der NPD noch immer für möglich, denn das Scheitern im ersten

Anlauf sei keine Vorentscheidung für ein künftiges Verfahren. Sein Stellvertreter Winfried Hassemer hat als eine Erfolgsbedingung eines zweiten Verbotsverfahrens den Rückzug beziehungsweise die ‚Abschaltung‘ der Spitzel aus/in den Führungsgremien der Partei gefordert.

Verbot und Nichtverbot sind auch Signale an die Öffentlichkeit. Solange die Verfassungsorgane die Möglichkeit haben, eine Partei wie die NPD zu verbieten und nicht davon Gebrauch machen, signalisieren sie, dass das Auftreten der Neonazis vielleicht nur das Auftreten einer missliebigen politischen Minderheit ist, dass es sich dabei um mehr oder weniger fragwürdige Meinungen handelt, die jedoch zu tolerieren und im Rahmen der Gleichbehandlung mit anderen Parteien sogar zu fördern sind. Ein Verbot würde deutlich machen, dass die NPD mit ihrer rassistischen und antisemitischen Politik nicht zu tolerieren ist.

Haben nicht auch Neonazis ein Recht auf Meinungsfreiheit?

Im Grundgesetz besitzt das Recht auf Meinungsfreiheit seit jeher eine hohe Priorität, die durch das Bundesverfassungsgericht (BVerfG) in seiner ständigen Rechtsprechung gefestigt worden ist. Zugleich galt aber ein starker Konsens, ‚streitbare Demokratie‘ zu sein: Den Feinden der Freiheit sollte die Möglichkeit verwehrt sein, ebendiese Freiheit abzuschaffen. Nach den beiden Parteiverboten (der rechtsextremen Sozialistischen Reichspartei (SRP) 1952 sowie der linksextremen Kommunistischen Partei Deutschland (KPD) 1956) durch das BVerfG stellten sich die Akteure in beiden Lagern jedoch zunehmend darauf ein, die in den Verbotsbegründungen des Gerichts festgelegten engen Grenzen zur Verfassungswidrigkeit nicht mehr zu überschreiten, um vor Verboten sicher zu sein. Mit dem von den staatlichen Stellen der „Verfassungswidrigkeit" vorgelagerten Begriff der „Verfassungsfeindlichkeit" dehnten diese die Grenzen ihrer präventiven und informativen Tätigkeit aus, riskierten dabei allerdings, in juristische Streitfälle zu geraten, die nicht immer mit ihrem Sieg endeten. Inzwischen ist die Strategie im gesamten rechtsradikalen Lager charakterisiert durch verbale Verstellung beziehungsweise Täuschung, die von einem der neurechten intellektuellen Wortführer mit dem Begriff „politische Mimikry" gerechtfertigt wird: Nur durch diese Verstellungskunst könne sich die politische Rechte dem Würgegriff einer vermeintlich linken Tyrannei „politischer Korrektheit" entziehen. Nur ganz wenige Rechtsextremisten, wie etwa der zeitweilige Neonazi-Führer Michael Kühnen, haben diese Grenzen bewusst überschritten, um durch die dann fälligen Strafen beziehungsweise Verbote mediale Aufmerksamkeit auf sich zu ziehen, die ihnen sonst wegen ihrer geringen Anhängerzahl nie zuteil geworden wäre. Das Recht auf Meinungsfreiheit hat im Wesentlichen dort seine Grenzen, wo es sich um Aufrufe zur Gewalt, um ehrverletzende Äußerungen, um die Leugnung des Holocaust oder um das Zur-Schau-Stellen von NS-Symbolen handelt. Wie hoch das BVerfG die Meinungsfreiheit auch für Rechtsextremisten bewertet, hat es beispielsweise in seiner Entscheidung vom 23. Juni 2004 über die Aufhebung eines Versammlungsverbots gegen die NPD in Bochum dokumentiert, obwohl dort mit rechtsextremistischen, gegebenenfalls antisemitischen, jedoch nicht unmittelbar strafbewehrten Äußerungen zu rechnen war.

Die rechtlich unbefriedigende Situation, dass oftmals empörende rechtsextremistische Äußerungen wegen des hohen Wertes der Meinungsfreiheit von Staats wegen geduldet werden müssen, haben immer wieder zu Vorschlägen geführt, wie man diese Äußerungen dennoch unterbinden könne. So gibt es über das bereits erwähnte Konzept der ‚Streitbaren Demokratie' hinausgehend

die eher globale Forderung, Neonazismus beziehungsweise Antisemitismus nicht als Meinung, sondern als Verbrechen einzustufen,
das abzuurteilen sei. Differenzierter haben andere den Gedanken
ins Spiel gebracht, dass „ein apriorisches Verbot neonazistischer
Politik nur im Rahmen einer dezidiert ‚einseitigen' Verfassungs-
änderung zu bewerkstelligen" sei, weil das Grundgesetz „gezielte
politische Diskriminierung" ausschließe (Leggewie/Meier 1995:
315). Doch sehen die beiden Verfasser selbst, dass damit wohl
nur kleinste Splittergruppen erfasst werden könnten, die zudem
noch medial ungebührlich aufgewertet würden – einmal ganz
abgesehen davon, dass eine solch einseitige bewusst antinazistische
Verfassungsdurchbrechung keine Gewähr für eine klare juristische
Abgrenzung im Streitfall geben würde.

Über solche juristisch ambivalenten Überlegungen hinaus hat
die Zivilgesellschaft jedoch eigene Möglichkeiten der Auseinandersetzung mit Akteuren aus dem rechten Lager: Nach dem Motto
„freie Meinungsäußerung – ja; grenzenlose Meinungsverbreitung
– nein!" kann sie die Räume für die Verbreitung einschlägiger
Meinungen eng machen. Das hieße dann, unter Opportunitäts-
aspekten sehr sorgfältig zu prüfen, welcher Platz rechtsextremen
Gedanken in der öffentlichen Berichterstattung eingeräumt werden muss – und nicht einfach eine Tendenz zur skandalorientierten
Boulevardisierung hinzunehmen, wie sie sich derzeit als Reflex auf
die Provokationen der sächsischen NPD einschleicht. Meinungen
aus dem öffentlichen Aufmerksamkeitsbogen hinauszudrängen,
die sich selbst bereits außerhalb des Verfassungsbogens gestellt
haben, ist legitim, muss aber von einer ständigen kritischen und
öffentlichen Auseinandersetzung mit diesen begleitet sein. Diese
ist vor allem mit jenen Teilen des rechten Lagers zu führen, die
mit rundgeschliffenen, weich gemachten Formulierungen weniger
provozieren, als vielmehr die politische Agenda in der Mitte der
Gesellschaft zu beeinflussen trachten. Die Auseinandersetzung
mit solchen Parolen etwa in den Bereichen der Identitäts- und
Integrationspolitik, der Menschenrechtsorientierung oder inneren
Sicherheitspolitik würde über die Kritik hinaus auch hilfreich

sein für die Selbstvergewisserung, die jede Zivilgesellschaft über ihre fundamentalen Werte und Normen ständig nötig hat. Die Erfahrungen der Weimarer Republik zeigen, dass dann auch juristische Verbote kaum mehr helfen, wenn eine Zivilgesellschaft keine Kraft mehr hat, sich gegen freiheitsfeindliche und totalitäre Angriffe zu wehren.

Wolfgang Gessenharter

Welches waren die rechtlichen Bedingungen im NPD-Verbotsverfahren?

„Das (Verbots-[*d. Autor*])Verfahren kann nicht fortgeführt werden, weil der von der Antragsgegnerin sinngemäß gestellte Antrag auf Einstellung des Verfahrens nicht die nach § 15 Abs. 4 Gesetz über das Bundesverfassungsgericht (BVerfGG) für eine Ablehnung erforderliche Mehrheit gefunden hat. Eine Mehrheit von vier Richtern ist der Auffassung, dass ein Verfahrenshindernis nicht besteht. Drei Richter sind der Auffassung, dass ein nicht behebbares Verfahrenshindernis vorliegt." Mit diesem schwer zu verstehenden Kernsatz des Beschlusses des Zweiten Senats des Bundesverfassungsgerichts vom 18. März 2003 wurde das von Bundesregierung, Bundestag und Bundesrat 2001 eingeleitete Verbotsverfahren eingestellt.

Die Einstellung hatte die NPD beantragt, nachdem bekannt geworden war, dass V-Leute verschiedener staatlicher Stellen umfangreich und teilweise jahrzehntelang in Führungspositionen der Partei tätig gewesen waren. Für die Ablehnung dieses Einstellungsantrages wäre eine qualifizierte Mehrheit von mindestens sechs Richtern der zweiten Kammer notwendig gewesen. Bei einem

Verhältnis von drei Richtern für die Einstellung zu vier Richtern gegen eine solche wurde das Verfahren beendet. Die Notwendigkeit einer solchen qualifizierten Mehrheit ergibt sich aus dem Bundesverfassungsgerichtsgesetz, das für bestimmte einschneidende Freiheitseingriffe eine besondere Hürde errichtet.

Bereits die Entscheidung, ob eine Partei verfassungswidrige Ziele verfolgt, wird aus guten Gründen nicht der Regierung oder dem Bundestag/-rat, sondern allein dem Bundesverfassungsgericht überlassen. Dieses ‚Parteienprivileg' dient dem Schutz der Parteien, damit eine unbequeme und missliebige Kraft nicht auf kaltem Wege ausgeschaltet werden kann.

Politische Parteien haben in der bundesdeutschen Verfassung eine hervorgehobene Stellung. Sie werden in Art. 21 Abs. 1 Grundgesetz (GG) als verfassungsrechtlich notwendig für die politische Willensbildung des Volkes anerkannt und stehen im Rang verfassungsrechtlicher Institutionen. Sie sind die politischen Handlungseinheiten, derer die Demokratie bedarf, um die Wähler zu politisch aktionsfähigen Gruppen zusammenzuschließen und ihnen so überhaupt erst einen wirksamen Einfluss auf das staatliche Geschehen zu ermöglichen (BVerfGE 11: 266, 273). Sie sollen zwischen dem Bürger und den Staatsorganen vermitteln, damit der Wille der Bürger auch zwischen den Wahlgängen verwirklicht werden kann (BVerfGE 20, 56, 101; 52, 63, 82 f.). Parteien spielen daher im Sinne der Verfassung sowohl bei der demokratischen Willensbildung als auch bei der staatlichen Entscheidungsfindung eine entscheidende Rolle (BVerfGE 85, 264, 285). Aus dieser verfassungsrechtlich anerkannten Rolle der Parteien folgt eine erhöhte so genannte Schutz- und Bestandsgarantie. Die Notwendigkeit einer qualifizierten Mehrheit der Richter für die Fortsetzung eines Verbotsverfahrens nach einem Einstellungsantrag ist eine Folge dieser besonderen Bedeutung, die Parteien verfassungsrechtlich zugemessen wird.

Nach den Verboten der Sozialistischen Reichspartei 1951 und der Kommunistischen Partei Deutschlands 1956 erfolgte in der Bundesrepublik bislang kein weiteres Parteienverbot.

1993 wurden zwei Verbotsanträge gegen die neonazistischen Parteien Freiheitliche Deutsche Arbeiter Partei und Nationale Liste gestellt. Das Verfassungsgericht wies die Anträge gegen beide Gruppierungen mit der Begründung zurück, es handele sich bei beiden nicht um Parteien im verfassungsrechtlichen Sinn. Damit war der Weg für ein Vereinigungsverbot (Februar 1995) durch die zuständigen Innenministerien frei. Entsprechend wurden seitdem weitere neonazistische Gruppierungen durch Bundes- beziehungsweise Länderinnenministerien verboten. Solche Vereinigungsverbote unterliegen wesentlich geringeren verfassungsrechtlichen Voraussetzungen.

Eine Partei kann verboten werden, wenn sie nach ihren Zielen oder nach dem Verhalten ihrer Anhänger kämpferisch aggressiv versucht, zentrale verfassungsrechtliche Werte zu beeinträchtigen oder zu beseitigen oder den Bestand der Bundesrepublik Deutschland zu gefährden. Zentrale Werte sind laut Bundesverfassungsgericht zum Beispiel die Achtung vor den im Grundgesetz konkretisierten Menschenrechten, die Gewaltenteilung, das Mehrparteienprinzip und die Chancengleichheit für alle politischen Parteien mit dem Recht auf verfassungsmäßige Bildung und Ausübung einer Opposition. Ein Verbot ist möglich, wenn diese politischen Zielsetzungen so weit im Handeln der Partei oder eines erheblichen Teils ihrer Anhänger zum Ausdruck kommen, dass man von einem planvoll verfolgten politischen Vorgehen sprechen kann.

Auch wenn man ein Verbot der NPD für richtig und notwendig erachtet, überzeugt allerdings die in einem Sondervotum dargelegte Begründung der drei Richter, die als „qualifizierte Minderheit" die Einstellung bewirkten. Wenn nachgewiesen ist, dass der Staat Jahrzehnte über verschiedene V-Leute massiven Einfluss auf die beziehungsweise in den Führungsebenen der Partei hatte, ist es nicht auszuschließen, dass er maßgeblichen Einfluss auf ihr Programm und ihre Praxis genommen hat. Es kann daher nicht ausgeschlossen werden, dass die eigentlichen Verbotsgründe unter Einflussnahme der beteiligten staatlichen Stellen geschaffen wurden.

Nachdenklich stimmen muss vielmehr, dass immerhin vier Verfassungsrichter der Ansicht waren, diese Umstände könnten außer Betracht bleiben. Wäre eine entsprechende staatliche Steuerung jedoch anzunehmen, so verlöre die Partei als quasi ‚fremdgesteuerte Organisation' gegebenenfalls ihre Parteiqualität, die Verbotsanträge wären zurückzuweisen, ein Verbot nach dem Vereinsgesetz wäre dann jedoch möglich.

Ließe man den Einfluss staatlicher Stellen auf die NPD bei der Entscheidung über das NPD-Verbot außer Acht, so würde dies ermöglichen, dass staatliche Stellen eine Partei ‚von innen' auflösen, indem sie den Parteistatus zerstören. Der eigentliche Skandal am Scheitern des Verbotsverfahrens ist daher, dass insbesondere die Verfassungsschutzämter über viele Jahre partnerschaftlich mit Personen aus der Führungsebene der Partei zusammengearbeitet haben, erhebliche Mengen Geldes direkt von den Ämtern in die Parteikassen gelangten und damit eine Förderung der Partei erfolgte. Die Mehrheit der Richter der zweiten Kammer hält dies indes für unbedenklich.

Erschreckend ist auch, dass nach der Entscheidung des Verfassungsgerichts nicht unmittelbar die Weichen gestellt wurden, nunmehr die Voraussetzungen für ein Verbot zu schaffen. Die verschiedenen Dienste und Ämter müssten hierzu ihre V-Leute abziehen beziehungsweise die Zusammenarbeit einstellen. Danach wäre ein neuer Verbotsantrag erfolgversprechend. Das Argument, lieber dulde man eine verbotswürdige Partei, als die Informationen der V-Leute zu verlieren, kann kaum überzeugen. Denn immerhin steht der Verdacht im Raum, staatliche Stellen beteiligten sich maßgeblich an Bestrebungen, die demokratische Ordnung in Deutschland abzuschaffen.

Alexander Hoffmann

Würde ein Verbot der NPD schaden?

In den öffentlichen Diskussionen um Sinn oder Unsinn eines Verbotes der NPD wird häufig eingewandt, dass ein Verbot das Problem ‚Rechtsextremismus' nicht aus der Welt schafft und die Neonazis nach dem Verbot ihre Tätigkeit in anderen Gruppen fortsetzen oder neue Organisationen gründen würden. Insofern sei ein Verbot weitgehend wirkungslos.

Tatsächlich kann von einem Verbot nicht erwartet werden, dass die Anhänger dadurch ihre Weltanschauung ändern und zu überzeugten Demokraten werden; ein Verbot zielt vielmehr auf die Möglichkeit des öffentlichen und legalen Auftretens einer Partei oder Organisation und soll die ungestörte Verbreitung von volksverhetzender Propaganda und die Rekrutierung weiterer Mitglieder beziehungsweise Unterstützer erschweren.

Von den Organisationsverboten, die es seit Anfang der 1980er Jahre in der Bundesrepublik gegeben hat, waren in der Regel – im Vergleich zur heutigen NPD – kleine, zuweilen sogar nur regional tätige neonazistische Gruppierungen betroffen. Bei einigen von ihnen führte das Verbot zu einem vollständigen Zerfall der Struktur, bei der Mehrheit der Verbote setzte das Führungspersonal seine neonazistischen Aktivitäten in anderen Gruppen oder individuell fort. Auch kam es zur Entwicklung wenig formalisierter Netzwerke von lokal oder regional tätigen Neonazi-Gruppen als ‚Lerneffekt', die es staatlichen Stellen erschweren soll, weitere Verbote auszusprechen.

Dass diese Verbote das neonazistische Spektrum nicht nachhaltig zurückgeworfen haben, lag zum einen daran, dass in diesem Spektrum ausreichend Kader vorhanden waren, die auch ohne formalen Organisationsrahmen weitere politische Aktivitäten entwickeln konnten, und zum anderen an der geringen Bereitschaft staatlicher Stellen, die Fortführung verbotener Organisationen zu sanktionieren.

Im Falle der NPD ist zudem daran zu erinnern, dass die politische Stigmatisierung und die immer wieder im Raum stehende Forderung nach dem Verbot der Partei abschreckende Wirkung insbesondere auf Sympathisanten im öffentlichen Dienst ausgeübt haben. Im Falle Westberlins war die Tätigkeit der NPD sogar durch Anordnungen der Westalliierten systematisch eingeschränkt: seit 1969 war die Abhaltung der Landesparteitage, ab Mitte 1974 aller öffentlichen Kundgebungen sowie ab 1975 auch die Teilnahme an Wahlen zum Abgeordnetenhaus und ab April 1977 jegliche öffentliche Tätigkeit untersagt. Einige der Verbote, die in regelmäßigen Abständen durch die Berlin Kommandatura Orders (BK/O) erneuert wurden, trafen auch den 1972 gegründeten Berliner JN-Landesverband. Die BK/Os wurden auf Ersuchen der Regierenden Bürgermeister von den Westalliierten erlassen und über die Senatsverwaltung des Inneren der NPD zugeleitet – einschließlich der Hinweise auf die hohen Strafen bei Nichtbefolgung. Diese Maßnahmen zwangen die NPD dazu, ihre Parteitage weitgehend auf das Bundesgebiet zu verlagern, und führten auf Seiten der NPD zu beträchtlichem Zusatzaufwand bei der Verbreitung von Propagandamaterial.

Hinsichtlich der möglichen Auswirkungen eines Verbotes der gegenwärtigen NPD ist zunächst auf die veränderte Konstellation gegenüber den Verboten der Kleinorganisationen zu verweisen. Die NPD verfügt über eine bundesweite Struktur und einen kompletten Propagandaapparat; sie ist in zwei Landtagen vertreten und nutzt die ihr dort zur Verfügung gestellten Ressourcen zur Beschäftigung ihrer Kader und zur systematischen Stabilisierung und politischen Beeinflussung ihres Sympathisantenumfeldes. Unter Nutzung des ‚Parteien-Privilegs‘ führen die NPD beziehungsweise ihre Parteizeitung öffentliche Versammlungen durch und verbreiten in großem Stil RechtsRock-Musik.

In der jetzigen Situation würde ein Verbot der NPD den Neonazismus, ja die gesamte extreme Rechte beträchtlich zurückwerfen. Der Partei beziehungsweise dem politischen Spektrum würden erhebliche finanzielle Mittel entzogen; die derzeit von der Partei und den Landtagsfraktionen bezahlten Kader müssten ihren Lebensunterhalt anderweitig sichern und stünden nur mehr begrenzt politischer Tätigkeit zur Verfügung. Die Durchführung öffentlicher Versammlungen, auf denen es regelmäßig zu rassistischen und antisemitischen Äußerungen kommt, wäre ebenso erschwert wie die legale Ansprache von Jugendlichen.

Im Spektrum der extremen Rechten würde die derzeit dynamischste organisatorische Kraft zunächst nicht weiter agieren können; aufgrund der bundesweiten Struktur als Partei sind Hunderte von neonazistischen Aktivisten in ihren Funktionen in Landes- und Ortsverbänden sowie in Nebenorganisationen identifizierbar, deren Nachfolge- und Fortsetzungsaktivitäten also erkennbar und – politischer Wille vorausgesetzt – unterbindbar wären, sofern sie organisatorische Gestalt annehmen. Der erneute Aufbau einer Struktur, die der jetzigen NPD vergleichbar ist, wäre nicht in wenigen Jahren zu schaffen.

Gelegentlich wird behauptet, die NPD würde aus Verboten insofern politischen Nutzen ziehen, als sie sich als Märtyrerin präsentieren könnte. Tatsächlich nutzt die NPD jede Gelegenheit, dies zu tun: ob NPD-Mitglieder wegen Gewalttaten oder wegen der Verbreitung volksverhetzender Propaganda verurteilt werden – die Inszenierung als ‚unschuldige Opfer staatlicher Willkür‘ folgt auf dem Fuße. Auch während des jüngsten NPD-Verfahrens war dies zu beobachten, ohne dass damit allerdings in nennenswertem Umfang neue Unterstützer oder Mitglieder gewonnen werden konnten. Im Gegenteil: die Zahl der Parteiangehörigen sank und stieg erst wieder an, nachdem das Bundesverfassungsgericht erklärt hatte, das Verfahren nicht weiterverfolgen zu wollen. Auch wenn nicht auszuschließen ist, dass es im Falle eines Verbotes zu Solidarisierungseffekten kommt, so dürften diese gegenüber der abschreckenden Wirkung eines strafbewehrten Verbotes gering sein.

Insgesamt würde ein Verbot der NPD aufgrund der damit einhergehenden Beschlagnahme des Parteivermögens (unter anderem Immobilien), der Einstellung der Parteizeitung, des Ausbleibens

staatlicher Wahlkampfkostenerstattung und Fraktionsmittel sowie
der reduzierten Möglichkeit der legalen öffentlichen Agitation,
die extreme Rechte als Ganzes erheblich treffen.

Fabian Virchow

Drängt ein Verbot die NPD
in den Untergrund?

Zu den befürchteten Folgen eines Verbotes der NPD gehört
die Entstehung eines neonazistischen Untergrundes. Manche
sprechen gar von der Gefahr der Entstehung einer ‚Braunen
Armee Fraktion', also einer mit terroristischer Gewalt agierenden
Gruppe. Immerhin fand der heutige NPD-Funktionär Jürgen
Rieger bereits vor einigen Jahren entsprechend deutliche Worte:
„Warten Sie es doch ab: Wenn der erste Reporter umgelegt ist, der
erste Richter umgelegt ist, dann wissen Sie, es geht los. Reporter,
Richter, Polizist, Sie!"

Auch staatliche Verbote oder Einschränkungen können die
Verbreitung volksverhetzender Propaganda oder die Durchführung nicht angemeldeter, klandestin vorbereiteter Aktionen
letztlich nie völlig verhindern. Dies zeigt sowohl das Beispiel
der NPD in Berlin, wo die Partei trotz restriktiver Auflagen
seitens der Alliierten ihr Propagandamaterial verbreitete, als
auch der Umgang der neonazistischen Szene mit dem Verbot
der Aufmärsche zu Ehren von Rudolf Heß im Zeitraum 1994
bis 2000: Um dem staatlichen Verfolgungsdruck auszuweichen,
wurde der Aktionszeitraum erweitert, im Ausland demonstriert
oder zu dezentralen Aktionen gewechselt. Allerdings war der
von der neonazistischen Szene zu erbringende Aufwand bei

vergleichsweise mageren Resultaten beträchtlich höher als zuvor und die Bereitschaft selbst langjähriger Aktivisten, sich zu einem vermutlich im Gefängnis endenden Aufmarschversuch auf den Weg zu machen, nahm deutlich ab.

Ein NPD-Verbot schränkt mit der Illegalisierung der Organisationsstrukturen insbesondere den Organisationsgrad der neonazistischen Bewegung ein. Zwar ist ein Ausweichen eines Teils der Aktivisten auf die sogenannten Freien Kameradschaften wahrscheinlich, da diese weiterhin politisch handlungsfähig wären. Dem von der NPD gewählten Motto „Der organisierte Wille bedeutet Macht" entspricht die Idee lose vernetzter Grüppchen jedoch nicht. Auch stellt die Organisationsform Kameradschaft nur für einen Teil der NPD-Mitglieder und -Unterstützer eine annehmbare Form politischer Arbeit dar.

Hinsichtlich der Befürchtung einer durch ein Verbot eintretenden Radikalisierung der neonazistischen Szene im Sinne verstärkter Gewaltanwendung und klandestiner Strukturen ist zunächst festzuhalten, dass es eine solche nach den bisherigen Organisationsverboten nicht gegeben hat. Sie kann jedoch für den Fall eines NPD-Verbotes nicht völlig ausgeschlossen werden. Bereits in der jüngeren Vergangenheit hat es vereinzelt fanatische Täter gegeben, die – wie etwa Kay Diesner – unter Einsatz von Waffen gezielt Gewalttaten begangen haben; in der gesamten Szene herrscht ein hohes Gewaltpotenzial und die Verfügbarkeit von Schusswaffen dürfte keine Seltenheit sein (BT-Drucksache 16/6151, 2007).

Sicherlich bedürfte es seitens neonazistischer Akteure keiner besonders aufwändigen Maßnahmen, um etwa die Zahl der Sachbeschädigungen an Einrichtungen des Staatsapparates und der politischen Linken signifikant zu erhöhen (z.B. Steinwürfe in Scheiben von Büros der Linkspartei), schließlich hat es solche Strukturen bereits in organisierter Form gegeben: 2001 wurden die Skinheads Sächsische Schweiz (SSS), die über zahlreiche Verbindungen zur NPD verfügte, verboten und als kriminelle Vereinigung verurteilt.

Die Entstehung eines größeren, organisierten terroristischen Untergrunds ist jedoch insofern unwahrscheinlich, als dies ebenfalls Strukturen voraussetzt, deren Schaffung und Aufrechterhaltung in der Illegalität sehr aufwändig wäre. Zwar gelang es in der Vergangenheit vereinzelt, von der Polizei gesuchte Verdächtige oder Straftäter zu verbergen, in etlichen anderen Fällen, insbesondere bei den Auschwitzleugnern in der zweiten Hälfte der 1990er Jahre, zogen diese es jedoch vor, sich ins Ausland abzusetzen. Für die dauerhafte Unterbringung und Versorgung einer größeren Zahl von klandestin operierenden Neonazis ist die Szene einerseits zu polizeibekannt und andererseits zu geschwätzig. Nur ein sehr kleiner Personenkreis der gegenwärtig etwa 7000 NPD-Mitglieder beziehungsweise der darüber hinausgehenden Neonazi-Bewegung wäre zudem bereit, die mit einer Untergrundtätigkeit verbundenen Umstände – etwa das Führen eines Doppellebens, die Gefahr der Entdeckung und (langjährigen) Inhaftierung, gegenseitiges Misstrauen – wirklich zu akzeptieren.

Fabian Virchow

XII. Der NPD
entgegentreten

Die NPD wird in absehbarer Zeit nicht von alleine verschwinden. Und auch der Erfolg eines neuerlichen Verbotverfahrens, das in den letzten Monaten immer wieder gefordert wird, ist nicht sicher – wenn nicht zuvor die vom Bundesverfassungsgericht indirekt formulierten Bedingungen nach Offenlegung und Rückzug der Geheimdienstmitarbeiter im Parteiapparat der NPD erfüllt würden. Die Bekämpfung der NPD und der von ihr vertretenen menschenfeindlichen Politik ist daher eine gesellschaftliche Aufgabe, zu der viele Akteure in ihrem alltäglichen Handeln einen Beitrag leisten können.

Eine andere Gesellschaft ist das Ziel der NPD, eine ‚Volksgemeinschaft‘ für gefügige Deutsche ‚deutschen Blutes‘ – Migranten/Ausländer, aber auch politisch Andersdenkende, Homosexuelle oder einfach Individualisten hätten in dieser ‚Gemeinschaft‘ ebenso wenig einen Platz wie Menschen, die ihres eigenen Glückes Schmied sein wollen. Denn die Möglichkeiten der Verwirklichung von Lebensentwürfen in der ‚Volksgemeinschaft‘ ist der Ideologie der NPD zufolge bestimmt durch die angebliche ‚Ungleichheit des Menschen‘; der eine taugt demnach zum Straßenkehrer, der andere zum General. Schon jetzt ist die Ausgrenzung ‚anderer‘ an jenen Orten spürbar, an denen die

NPD sozial und politisch verankert ist und die gesellschaftliche Stimmung mitprägt.

Das demokratische und antifaschistische Engagement – ob im beruflichen oder im privaten Kontext – sollte sich freilich nicht von blindem Aktionismus leiten lassen. Denn nicht überall ist die NPD gleich stark, nicht überall tritt sie in derselben Art und Weise öffentlich auf und versucht, sich durch perfide Methoden Heranwachsenden anzudienen, und nicht überall sind ihre Kader eloquent genug, um eine Meinungsführerschaft zu beanspruchen. Zudem gibt es zahlreiche Beispiele, wo großen Ankündigungen seitens der NPD wenig konkrete Aktivitäten folgten. Eine konkrete Bedingungsanalyse und eine genaue Bewertung der Situation vor Ort sollten dem Handeln also zugrunde gelegt werden.

Notwendigkeiten und Möglichkeiten, sich gegen die NPD zu wenden, bestehen an vielen Orten – ob im beruflichen Alltag oder an der Schule und Universität, ob im öffentlichen Raum oder im Privaten, ob einzeln oder als Gruppe im Rahmen eines Bündnisses gegen die extreme Rechte oder bei der Gewerkschaft. Eine Möglichkeit besteht darin, der NPD bei Gegenkundgebungen oder -demonstrationen entgegenzutreten. Gefordert ist jedoch auch jeder Einzelne in der direkten Konfrontation, wenn Aktivisten der Partei versuchen, auf einer öffentlichen Veranstaltung das Wort an sich zu reißen oder der Vereinskamerad beim Bier offen für die NPD wirbt. Gerade auf diese Aktivisten, die vertrauten Mitbürger, setzt die Partei in starkem Maße. Als Nachbar, Kollege, Mitschüler, Kommilitone oder eben Vereinskamerad werden sie zumeist nur in dieser Rolle wahrgenommen, während ihre politische Meinung dann oftmals nicht mehr wirklich ernst genommen wird. Doch sie sind beides – persönlicher Bekannter und Anti-Demokrat.

Zu spüren bekommen das vor allem jene Menschen, die zum Feindbild der NPD gehören – Menschen, die oftmals auch schon in der Mehrheitsgesellschaft ausgegrenzt und an den Rand geschoben werden. Sie trauen sich unter Umständen nicht, samstagabends auf die Kirmes zu gehen, eine bestimmte

Kneipe oder Diskothek zu besuchen oder sie meiden auf dem Weg nach Hause jene Plätze, wo sich Neonazis aufhalten. Werden Migranten, politisch Andersdenkende, Homosexuelle, Punker, Hip-Hoper oder einfach Menschen, die nicht in das Weltbild von Neonazis passen, von diesen überfallen, muss das ernst genommen werden. Die Tat darf nicht relativiert und die Täter nicht als lediglich ‚alkoholisierte Jugendliche' verharmlost oder als Einzeltäter dargestellt werden. Vor allem dürfen die Opfer diese Übergriffe nicht vergessen werden – ihnen muss zuvorderst Solidarität entgegengebracht werden.

Die NPD ist ein manifester Ausdruck des in der Bevölkerung bestehenden extrem rechten Einstellungspotentials. Ihr gelingt es zum Teil, die bestehenden Vorurteile aufzugreifen, zu verstärken und dann als ‚Retter' aufzutreten. Begegnet werden muss der Ideologie der NPD und anderer Neonazis daher bereits dort, wo rassistische, nationalistische und antisemitische Stereotypen und Einstellungen laut geäußert werden – der NPD kann damit nachhaltig der Erfolg entzogen werden.

Welchen Stellenwert hat der kommunale Kontext?

Gelegentlich findet sich in der öffentlichen Diskussion um den gesellschaftlichen Umgang mit der NPD die These, dass die Partei ohnehin wieder – wie bereits Anfang der 1970er Jahre – verschwinden und sich die Integrationskraft der demokratischen Parteien erweisen werde. Eine solche Sichtweise übersieht, dass die Wahlerfolge der NPD wie jüngst in Mecklenburg-Vorpommern nicht denkbar sind ohne die Bereitschaft zu fremdenfeindlichen beziehungsweise rechtsextremistischen Einstellungen in mindestens einem Drittel der deutschen Bevölkerung. Aus diesem Drittel kommt ein Großteil der Wählerschaft der NPD, die zum Beispiel in Sachsen nahezu zehn Prozent der abgegebenen Stimmen erreichte und nach Umfragen dieses Potenzial auch weitgehend stabilisieren konnte. Wenn die NPD dauerhaft zu einer vernachlässigbaren politischen Größe reduziert werden soll, dann kommt es darauf an, auch die Teile der Bevölkerung, die mit Ideologemen der NPD sympathisieren, national wie lokal durch eine demokratische politische Kultur zu beeinflussen und zu verändern.

Dabei ist zunächst darauf zu verweisen, dass weniger ein prekärer sozioökonomischer Status (von Modernisierungsverlieren) für Art und Ausmaß rechtsextremer Einstellungen verantwortlich ist, sondern sehr viel mehr soziopolitische Orientierungen. Wie eine Studie des Otto-Stammer-Instituts der Freien Universität Berlin gezeigt hat, ist für die Anfälligkeit der Individuen für extrem rechtes Gedankengut bedeutsam, wie diese die aus ihrem sozialen Status resultierenden Probleme subjektiv verarbeiten; häufig geschieht dies nicht durch ein selbstbewusstes und nachhaltiges demokratisches Engagement, sondern durch Überantwortung des eigenen Schicksals an autoritäre Instanzen, die Macht und Stärke, Sicherheit und Ordnung verheißen. In diesem Sinne hat Rechtsextremismus „für Ich-schwache, ängstliche, unsichere Individuen eine hohe Funktionalität bei der Bewältigung von Problemen, weil er Orientierungshilfe, Sinnstiftung, persönliche Anerkennung und Aufwertung, Schutz, Risikobewältigung und Privilegiensicherung verspricht" (Fichter/Stöss/Zeuner 2005).

Je stärker also demokratische Überzeugungen ausgeprägt sind, desto geringer ist die Anfälligkeit für Rechtsextremismus. Diese demokratischen Überzeugungen machen die Individuen gegenüber rechtsextremen Orientierungen noch immuner, wenn sie mit aktiven, partizipatorischen Orientierungen verbunden sind. Diese sind aber primär von individuellen Sozialisationsund Lernprozessen und damit verbundenen erworbenen sozialen

Kompetenzen, Reflexionsvermögen oder autonomer Handlungsfähigkeit abhängig.

Ob und in welcher Weise es im Gemeinwesen zu Prozessen
der Teilnahme und Teilhabe kommt, ist daher entscheidend
für Art und Ausmaß des Rechtsextremismus beziehungsweise
seiner Eindämmung. Dies gilt erst recht für jene Regionen in
Ostdeutschland, in denen Erfahrungen demokratischer Partizipation nicht genügend entwickelt sind. Für diese Gemeinwesen
käme es darauf an, ob eine partizipatorische demokratische Kultur
und speziell die Aktivierung lokaler Demokratie in der Auseinandersetzung mit dem Rechtsextremismus gefördert wird. Am
Beispiel zweier sehr unterschiedlicher ostdeutscher Kleinstädte
ist dies vergleichend untersucht worden. Der Vergleich bezieht
sich einerseits auf eine Stadt, die dem Ideal einer konfliktlosen
Gemeinschaft folgt ('Steinfee') und den Konsens in der politischen Kommunikation mehr oder weniger voraussetzt, sowie
andererseits auf eine Stadt, in der Konsens in der öffentlichen
Kommunikation über Konflikte und durch die Einbeziehung
unterschiedlicher politischer Positionen, also eher durch aktive
Partizipation hergestellt wird ('Königsforst'). Während die Lokalpolitik in Steinfee davon ausgeht, dass Rechtsextremismus in der
Stadt „kein ernstes Problem" darstellt und die demokratische
Kultur eher ausgetrocknet erscheint, scheint die Herstellung von
Aufmerksamkeit über die offene Thematisierung von Rechts-
extremismus in Königsforst und ein konflikthafter öffentlicher
Umgang sich auch folgenreich auf die Lokalpolitik auszudehnen
und so die Stadtgesellschaft als demokratisches Gemeinwesen in
die Verantwortung gezogen zu werden.

Daraus ergeben sich drei Anforderungen, gegenüber der Ideologie und Praxis der NPD eine demokratische politische Kultur
insbesondere in der Kommune zu fördern. Erstens führt eine
solche Aktivierung demokratischer Stadtkultur über kurz oder
lang nicht nur zur Thematisierung der realen rechtsextremistischen
Lage, sondern auch zu öffentlichen und zivilgesellschaftlichen
Aktivitäten, häufig Bündnissen, durch die das Gemeinwesen

mit dem Rechtsextremismus und seinen prekären Wirkungen konfrontiert wird. Dies schließt die Auseinandersetzung über die Ideologie der NPD ein, die in ihrem völkischen Nationalismus für eine „nationale Volksgemeinschaft" (NPD-Parteiprogramm) eintritt, sich fremdenfeindlich und antisemitisch äußert und einerseits mit gewaltbereiten Szenen und neonationalsozialistischen Bündnispartnern zusammenarbeitet, sich andererseits aber zugleich ein sauberes, sozial fürsorgliches Biedermannsgesicht verordnet. Zweitens bedarf es zugleich der aktiven Teilhabe der Bürgerinnen und Bürger in ihren zentralen sozialen und politischen Angelegenheiten. Soziale und ökonomische Probleme müssen daher Gegenstand folgenreicher Erörterung sein können. Nur so kann der Nährboden dafür ausgetrocknet werden, dass zur Lösung sozialer Probleme ein Drittel fremdenfeindlichen Einstellungen zustimmen. Und schließlich ist es insbesondere für Jugendliche zentral, gegen das TINA (There Is No Alternative)-Prinzip, demzufolge man sowieso nichts machen könne, eigene soziale und Ausbildungsperspektiven auch vor Ort entwickeln zu können. Die Erziehung zu Autonomie und Handlungsfähigkeit beginnt früh: vom Kindergarten über die Schule bis zum Jugendfreizeitzentrum. Nur so können Jugendliche ab 12 oder 14 Jahren sinnvoll davon abgehalten werden, sich von rechtsextremen Szenen anziehen zu lassen.

Es hängt daher entscheidend von dem Alltagsleben einer Kommune – wie der Gesellschaft insgesamt – ab, ob Kinder, Jugendliche wie Erwachsenen Sinn darin sehen, sich aktiv und mit Erfolg in ihre Angelegenheiten einzumischen und selbst zu erfahren, dass Demokratie nicht aus Wahlakten alle vier Jahre, sondern aus als sinnvoll erlebter Teilnahme und Teilhabe daran interessierter Individuen besteht. Die Erfahrung, durch eigene Tätigkeit etwas bewirken zu können, erscheint so als beste Gewähr gegen die Überantwortung des eigenen Schicksals an eine Partei, die sich in ihrer ideologischen Verblendung an das hält, was historisch schon einmal gescheitert ist.

Hajo Funke

Was heißt eigentlich „die argumentative Auseinandersetzung in der Öffentlichkeit suchen"?

Vor dem Hintergrund der begrenzten Wirkung repressiver Maßnahmen wird häufig eine argumentative Auseinandersetzung angemahnt – doch was damit konkret im Umgang mit der NPD und anderen Neonazis gemeint ist, wird selten erläutert. Gegen Neonazis öffentlich zu argumentieren, ist in erster Linie ein Akt der öffentlichen Grenzziehung. Diese kann nicht das Ziel haben, Neonazis überzeugen zu wollen, da es im Rahmen einer einmaligen Begegnung kaum gelingen kann, den Panzer ihrer Vorurteile zu „knacken". Die Ablösung aus der rechtsextremen Szene ist – wie Aussteiger übereinstimmend berichten – ein langwieriger Prozess, in dem politische Widersprüche und persönliche Krisen zusammenfallen (Rommelspacher 2006). Die öffentliche Konfrontation – und hierin liegt ihre pädagogische Funktion – kann in einer solchen Situation den Rechtsextremen die Grenzen ihres Weltbilds aufzeigen und so mögliche Zweifel verstärken. Die Intervention zielt also vor allem auf jene unentschiedenen Menschen ab, die in aller Regel nicht zum festen Kreis der Rechtsextremen gehören, aber in Teilbereichen für deren Demagogie empfänglich sein können.

Der argumentative Schlagabtausch mit Neonazis setzt eine eigene gefestigte demokratische Position voraus, auf deren Basis den zumeist parolenhaften Meinungen der nicht geschulten Sympathisanten begegnet werden kann. Entgegen dem Klischeebild ‚dumpfer, alkoholisierter Glatzen' verfügt die NPD über eine klare Strategie und ein antidemokratisches Weltbild. Die Kenntnis der rechtsextremen Akteure und ihrer aktuellen Programmatik ist daher eine zentrale Grundvoraussetzung für jede argumentative

Auseinandersetzung. Der organisierte Rechtsextremismus übt sich in organisatorischen und programmatischen Versteckspielen, die in ihrer anti-demokratischen Substanz zu erkennen und aufzudecken sind. Rechtsextreme reden von „Recht und Ordnung", repräsentieren zugleich jedoch ein gewaltbereites Milieu, das die Verbrechen des Nationalsozialismus schönredet und immer wieder auch für aktuelle Gewaltdelikte verantwortlich ist. Sie kritisieren die Gentechnik, aber meinen die alte „Blut und Boden"-Ideologie. Sie postulieren einen Mindestlohn von 8,80 €, der zugleich ihre in diesem Zahlencode versteckte NS-Apologie transportiert.

Es gibt kaum ein Thema, das vor ihren Umdeutungsversuchen sicher ist. Aber ihr Umgang mit Problemen ist immer instrumentell. Es geht ihnen nicht um die sachliche Lösung der Probleme, sondern um ihre Ethnisierung im Rahmen einer völkischen Propaganda. Es sind diese Verknüpfungen im rechtsextremen Diskurs, die immer wieder auf ihren anti-demokratischen Wesenskern verweisen, der in der Auseinandersetzung offengelegt werden muss. Das rechtsextreme Versteckspiel aufzulösen heißt: Man darf ihnen keine aktuellen Probleme als Politikfeld überlassen, aber man muss diese Politikfelder immer wieder in ihrer Verknüpfung mit der demokratischen Frage artikulieren.

Wer mit der NPD im öffentlichen Raum konfrontiert ist, sollte sich darüber im Klaren sein, dass ihre ‚Wortergreifungsstrategie' gerade nicht auf den demokratischen Diskurs und den Austausch der Argumente im Gespräch abzielt. Durch die Hinnahme ihres öffentlichen Agierens soll vielmehr ein Prozess der Selbstlegitimierung eingeleitet werden, an dessen Ende die NPD als normaler politischer Akteur anerkannt werden soll. Die ‚Wortergreifungsstrategie' ist in erster Linie eine Strategie der öffentlichen Dominanz, um politische Gegner einzuschüchtern und deren öffentliche Wirksamkeit einzugrenzen. Verknüpft mit „Anti-Antifa-Aktivitäten" ist sie das Verbindungs- und Gegenstück zur Gewalt gegen politische Gegner.

Wo Rechtsextreme erfolgreich öffentliche Räume besetzen können, ist dies stets ein Signal für ein mangelndes Problembewusstsein (kommunaler) demokratischer Akteure. Wer sie wieder zurückdrängen will, sollte sich über eine Grundvoraussetzung der Auseinandersetzung im Klaren sein: „Braun" ist keine Farbe des demokratischen Parteienspektrums. Das bedeutet vor allem, dass es keine gemeinsamen Podien oder Veranstaltungen geben darf, bei denen die NPD als gleichberechtigter Partner auftreten und sich somit aufwerten kann. Wer sich außerhalb des menschenrechtlichen Konsenses verortet, muss auch wie eine Partei außerhalb des Verfassungsbogens behandelt werden. „Die NPD ist keine normale Partei. Ihre Mitglieder und Funktionäre sind keine gleichberechtigten Partner in der politischen Auseinandersetzung [...] Die NPD lehnt das Grundgesetz ab. Sie erkennt die allgemeinen Menschenrechte nicht an. Sie ist es, die sich damit ausgrenzt. Wer sich zur NPD bekennt, darf deshalb ausgeschlossen werden. Auch aus dem Sportverein, dem Männerchor, der Gewerkschaft" (Staud 2005: 210).

Für den Alltag heißt die Forderung nach einer argumentativen Auseinandersetzung: Rassistischen Parolen und rechtsextremen Positionen muss sicht- und hörbar widersprochen werden – ob im Unterricht, im Stadion, am Stammtisch, im Jugendclub oder im Gemeinderat. Wo dieser Widerspruch fehlt, wird das Schweigen als Zustimmung gewertet, und hier beginnt die „Normalisierung" rechtsextremer Einstellungen, an die Wahlerfolge und Organisationsstrategien der NPD und anderer organisierter Rechtsextreme anknüpfen können.

Peter Reif-Spirek

Was kann soziale Arbeit bewirken?

Der Beitrag der sozialen Arbeit in der Auseinandersetzung mit
dem gegenwärtigen Rechtsextremismus – und hier vor allem mit
Jugendlichen und jungen Erwachsenen – wird mit ihren Chancen
und Grenzen vor allem mit Blick auf zwei Perspektiven diskutiert. Das ist zunächst der präventive Ansatz, nach dem in den
Handlungsfeldern der sozialen und pädagogischen Arbeit über
Rechtsextremismus und damit auch die NPD aufgeklärt wird;
dann ist es die intervenierende pädagogische und soziale Arbeit
mit Jugendlichen und jungen Erwachsenen innerhalb der rechten
beziehungsweise rechtsextremen Szene. Damit ist vor allem der
Beitrag der Jugendarbeit gemeint, der nach dem Label „antifaschistische Jugendarbeit" in den siebziger und achtziger Jahren, dann
in den neunziger Jahren mit der „akzeptierenden Jugendarbeit"
und schließlich der „gerechtigkeitsorientierten Jugendarbeit"
spezifische Begründungen und Ausformungen erhalten hat. Vor
allem Krafeld (1996) hat die beiden letztgenannten Konzepte
für die Jugendarbeit entwickelt und erprobt.

Er rekurriert für die „akzeptierende Jugendarbeit" auf die
Grundprinzipien der sozialen und pädagogischen Arbeit, zu denen
u. a. gehören: Ansetzen an den Problemen, die die Jugendlichen
haben, nicht an den Problemen, die sie machen; akzeptierende
Jugendarbeit ist die personale Konfrontation mit dem tiefgrei-
fend Anderssein; rechtsextrem orientierte Jugendliche lernen
nicht durch Information, Aufklärung oder Belehrung, sondern
durch Erfahrungen und tragfähige Beziehungen. Dabei gelten als
Grundsätze der pädagogischen und sozialen Arbeit mit rechten
Jugendlichen unter anderem die Entwicklung von anderen, sozial
verträglichen Problembewältigungsmustern, die Konfrontation
mit anderen Wertorientierungen und Verhaltensweisen auf der
Basis von gegenseitigen Interesse und gegenseitiger Akzeptanz

sowie die Einmischung in die Versuche und Bemühungen der Jugendlichen nach gesellschaftlicher Integration und Anerkennung.

Dieser pädagogisch-sozialarbeiterische Ansatz wurde in mehrfacher Hinsicht kritisiert, weil er vor allem beziehungszentriert ist und keine Perspektive für eine präventive und partizipatorische Arbeit wie auch für erfolgreiche Distanzierungs- und Ausstiegsprozesse aus der rechten Szene bietet. Weiter wurde auf die fehlenden Grenzziehungen, die notwendige Durchsetzung von Regeln und auch gebotenen Konfrontationen durch die pädagogische Profession verwiesen; auch die „Instrumentalisierung" von sozialer Arbeit durch die Gesellungsformen von rechten Jugendlichen wurde thematisiert.

In der neueren Diskussion haben vor allem vier unterschiedlich akzentuierte Begründungsangebote und Evaluationsergebnisse aus Praxiszusammenhängen der sozialen und pädagogischen Arbeit eine profilierte Bedeutung erlangt. Borrmann hat wissenschaftlich begründete Handlungsleitlinien für die soziale Arbeit mit rechten Cliquen vorgelegt. Er versucht eine Brücke zwischen wissenschaftlichen Erkenntnissen und praxisrelevanten Handlungsvorschlägen zu schlagen und begründet eine auf Menschenrechten basierende Ethik der Disziplin und Profession Sozialer Arbeit. Sie hat demnach in der Arbeit mit rechten Cliquen als Menschenrechtsprofession eine normative Ausrichtung, „ethische Grundpositionen" (Borrmann 2005: 201), und macht die Legitimation ihrer Interventionen transparent. Möller hat Einstiegs- und Ausstiegsprozesse rechtsextrem orientierter Skinheads untersucht und Überlegungen für die pädagogische Praxis vorgelegt. Er verweist auf „die Anfänge des Affinitätsaufbaus zu einer rechtsextremen Orientierung bzw. auch zur Skinheadszene" (Möller 2006: 260) und markiert pädagogische Forderungen, zu denen gehören: „innovative und mutig-experimentierfreudige Ansätze" (ebd.: 267), Wissen über Einstiegsprozesse und -motive sowie Interesse an den vielschichtigen Bedeutungen von Jugendkulturen und eine jugendkulturübergreifende Arbeit.

Schließlich gibt es in der Jugendarbeit vor allem im Rahmen der Projektförderung der Bundesregierung („Jugend für Toleranz und Demokratie – gegen Rechtsextremismus, Fremdenfeindlichkeit und Antisemitismus" mit den Programmteilen CIVITAS, Entimon und Xenos in den Jahren 2002-2006) eine Vielzahl von Formaten, die im Spektrum von präventiven, intervenierenden und bildenden Angeboten sowie zivilgesellschaftlichen Ansätzen angesiedelt sind. Dazu zählen u.a. aufsuchende Jugendarbeit, Demokratie- und Toleranzerziehung, abenteuer- und erlebnispädagogische Angebote, Bildungsmaßnahmen und Beratungsangebote, Mediation und Streitschlichtung, Antiaggressions- und Antigewaltprogramme, Jungenarbeit, Medien- und Kulturarbeit, aber auch die lokale Vernetzungsarbeit und Entwicklung von lokalen Handlungs-/Aktionsplänen. Hier zeigen die Erfahrungen der letzten Jahre in der Sozial- und Jugendarbeit, dass es weniger um befristete Programme und Projekte als um langfristig angelegte Regelstrukturen und Professionalität (professionelle Kontinuität) für gemeinwesenorientierte Präventions- und Interventionskonzepte geht, wenn dauerhafte Lernprozesse und Erfolge erzielt werden sollen und soziale Arbeit auch ein sozialräumlicher Akteur sein soll (Lynen van Berg 2007).

Benno Hafeneger

Welchen Beitrag kann die politische Bildungsarbeit leisten?

Die schulische politische Bildung wie auch die außerschulische politische Jugend- und Erwachsenenbildung haben in der Geschichte der Bundesrepublik eine lange Tradition in der Auseinandersetzung mit dem jeweils zeitbezogenen Rechtsextremismus – und auch der NPD als einem parteipolitischen Zentrum dieses Lagers. Die außerschulische politische Bildung, auf die sich hier der Blick richtet, hat die Auseinandersetzung mit der NPD nicht parteizentriert begründet und entwickelt, sondern in die Thematisierung des Rechtsextremismus, von Fremdenfeindlichkeit, Rassismus und Antisemitismus mit all seinen Facetten eingebunden. Dabei hat die NPD aufgrund ihrer Dominanz im rechtsextremen Lager, ihrer inneren Entwicklungen (unter anderem Verjüngung, Radikalisierung, Integrationswirkung und Vernetzung im Lager, ideologische ,Modernisierung') und parlamentarischen Repräsentanz wiederum eine prominente Stellung.

Die Thematisierung des Rechtsextremismus folgt Linien der historisch-politischen Bildung und Aufklärungsangeboten von aktuellen Entwicklungen für interessierte Jugendliche und Erwachsene; von besonderer Bedeutung sind die Beratung, Fort- und Weiterbildung von haupt- und ehrenamtlichen Multiplikatoren (vor allem im pädagogischen und sozialen Bereich sowie aus der Zivilgesellschaft) und handlungsbezogene Settings (zum Beispiel „Argumente gegen Stammtischparolen"). Eine sich als subjektorientiert und selbstaufklärend verstehende politische Bildung hat keine anlassbezogene „Feuerwehrfunktion", sondern setzt „auf mittel- und langfristige Lern- und Veränderungsprozesse, lässt den Lernenden Raum, neue An- und Einsichten auszuprobieren, Um- und Abwege zu gehen, will Einstellungen, Orientierungen, Überzeugungen vermitteln, beeinflussen, initiieren, korrigie-

ren, problematisieren" (Ahlheim 2001: 25). Scherr betont die
Bedeutung des Lernfeldes „im Interesse der Deeskalation und
Prävention" (Scherr 2001: 8) sowie in der Herausbildung einer
ausländerfreundlichen, demokratischen und menschenrechtlichen Grundsätzen verpflichteten Einwanderungsgesellschaft.
Politische Bildung richtet sich als freiwilliges Angebot nicht an
überzeugte und organisierte – und damit aufklärungsresistente
– Rechtsextreme mit verfestigtem oder geschlossenem Weltbild.
Die vielfältigen Angebote und Lernformen der Träger erreichen
vor allem in präventiver wie auch intervenierender Absicht zwei
gesellschaftliche Gruppen: Jugendliche und Erwachsene mit
Vorurteilen, Stereotypen und fremdenfeindlichen Mentalitäten,
wie sie in unterschiedlichen Spielarten und Ausprägungen in der
„Mitte", im „Zentrum" der Gesellschaft, in politischen und medialen Diskursen anzutreffen und „normal" geworden sind; dann
politisch interessierte und engagierte Bürgerinnen und Bürger als
auch Multiplikatoren in Politik und Zivilgesellschaft, in Schule
und Jugendarbeit, in Verwaltung und Initiativen, in Polizei und
Justiz, die über Bildungsangebote weitere Informationen und
Aufklärung sowie Handlungsanregungen erwarten.

   Politischer Bildung geht es nicht (nur) um kurzfristige und
anlassbezogene Angebote, sondern – mit ihren Chancen und
Grenzen – immer auch um die vielschichtigen Ermöglichungs-
bedingungen von Rechtsextremismus und eine ursachenbezogene
Auseinandersetzung, um das Verstehen der politischen Kultur,
der gesellschaftlich vermittelten subjektiven Wahrnehmungs-
weisen und Deutungsmuster, und schließlich um die fundierte
„Initiierung von Lern- und Bildungsprozessen" (Scherr 2001: 28)
beziehungsweise die Auseinandersetzung „mit den gesellschaftlich
zirkulierenden Deutungsmustern, Vorurteilen und Feindbildern"
(ebd: 31). Träger der politischen Bildung und der disziplinären
Diskurse thematisieren nicht nur den ‚rechtsextremen Rand‘,
sondern mit Blick auf Ursachen auch die staatliche Asyl-, Einwan-
derungs-, Integrations- und Bildungspolitik sowie die politischen
und medialen Diskurse, die institutionell zur Ausprägung von

rechtsextremen und fremdenfeindlichen Einstellungen beitragen (können). Favorisiert wird – präventiv-aktivierend – eine politische und gesellschaftliche Entwicklung, die auf demokratische Partizipation und positive Anerkennungserfahrungen aller Bürgerinnen und Bürger zielt. Dies ist ein Beitrag zur demokratischen Kultur und Zivilgesellschaft, der gegenüber autoritären bis hin zu rechtsextremistischen Orientierungen immunisiert.

Benno Hafeneger

Die NPD – ein Thema für den Unterricht?

Darf, kann oder muss die NPD im schulischen Unterricht behandelt werden, und wenn ja, wie? Hat eine Auseinandersetzung mit der NPD dem Prinzip einer möglichst neutralen und wertfreien Betrachtung zu folgen oder ist es geboten, sie als eine Partei in den Blick zu rücken, deren Positionen prinzipiell inakzeptabel sind? Diese Fragen verweisen auf die Notwendigkeit einer grundsätzlichen Klärung des gesellschaftspolitischen Bildungsauftrags von Schulen. Dabei ist zu berücksichtigen, dass es nicht allein als Problem zu betrachten ist, wenn sich rechtsextreme Positionen außerhalb der demokratisch legitimen Formen und in eindeutig antidemokratischer Ausrichtung entwickeln. Eine Problematik und eine politische Herausforderung stellt auch die Tradierung beziehungsweise das Wiedererstarken rechtsextremer Tendenzen innerhalb der Demokratie dar, also von völkischem Nationalismus, Rassismus, Antisemitismus und NS-Verharmlosung in Verbindung mit einer Ideologie, die die Unterordnung des Einzelnen unter die Werte und Ordnungsprinzipien der „Gemeinschaft" fordert und in der Folge für obrigkeitsstaatliche und autoritäre Ordnungsmodelle plädiert.

1. Der gesellschaftspolitische Bildungsauftrag von Schulen ist in dem Anspruch der Bundesrepublik begründet, eine dem Wertekanon der Menschenrechte verpflichtete Demokratie zu sein. Folglich sind die Freiheit der Meinungsäußerung und der politischen Betätigung ebenso als Grundwerte zu betrachten wie der Schutz der Würde jedes Einzelnen und damit etwa das Verbot rassistischer Diskriminierung. Damit ist ein Spannungsverhältnis angezeigt, in dem sich Auseinandersetzungen über ein mögliches Verbot der NPD ebenso bewegen wie pädagogische Diskussionen über den angemessenen Umgang mit gegenwärtigem Rechtsextremismus. Diesbezüglich plädiere ich grundsätzlich für eine Vorgehensweise, die darauf setzt, für demokratische und menschenrechtliche Prinzipien mit genuin demokratischen Mitteln einzutreten. Einschränkungen der Meinungsfreiheit und Parteienverbote sind meines Erachtens nun keine genuin demokratischen Mittel, sondern im Kern Instrumente autoritärer Staatlichkeit.

2. Sanktionen, Tabus und Verbote sind auch keine genuinen Mittel einer demokratischen Politik und Pädagogik, sondern nicht mehr als Notbehelfe, die – und nur darauf kann hier eingegangen werden – auf die Grenzen pädagogischen Handelns verweisen und in der Regel sein Scheitern anzeigen. Im Gegenteil gilt: Pädagogik ist als Werteerziehung und als politische Bildung darauf angewiesen, einen Raum zu Verfügung zu stellen, in dem Schüler ihre Erfahrungen und Sichtweisen offen und ohne Furcht vor Sanktionen artikulieren können. Denn nur dann können demokratische Prinzipien als alltägliches Gestaltungsprinzip erfahren werden und sind die Bedingungen für eine dialogische Auseinandersetzung gegeben, in der die Bereitschaft erwartet werden kann, in eine kritische Diskussion unterschiedlicher Positionen, ihrer Begründungen und ihrer Implikationen einzutreten. Mit dem sogenannten „Überwältigungsverbot" ist politische Bildung zudem darauf verpflichtet, auf manipulative Mittel und den Versuch zu verzichten, Schüler von der fraglosen

Richtigkeit eigener Positionen überzeugen zu wollen. Was im gesellschaftlichen Diskurs kontrovers ist, kann und soll demnach auch in der politischen Bildung kontrovers diskutiert werden. Über die NPD kann folglich – auch in der Schule – kontrovers diskutiert werden. Das heißt aber nicht, dass darauf verzichtet werden kann, die politische und moralische Problematik des Rechtsextremismus zu verdeutlichen und rechtsextreme Ideologien als solche zu entlarven.

3. Es kann nicht sinnvoll ignoriert werden, dass – und dies haben zuletzt auch die Wahlergebnisse in Mecklenburg-Vorpommern und Sachsen gezeigt – die NPD für einen relevanten Anteil gegenwärtiger Schüler eine wählbare Partei darstellt. Vorliegende Studien weisen zudem darauf hin, dass rechtsextreme Meinungen und Einstellungen noch erheblich verbreiteter sind, als es in den Wahlerfolgen rechtsextremer Parteien deutlich wird. Insofern ist es auch konsequent, dass die NPD sich gezielt auch an rechte Jugendkulturen adressiert und sich dazu klassischer Methoden der Jugendarbeit und moderner Medien, wie im Fall der einschlägigen Schulhof-CD, bedient.

4. Die NPD als eine rechtsextreme Partei, die bemüht ist, sich innerhalb des rechtsstaatlich und strafrechtlich vorgegebenen Rahmens zu bewegen, stellt folglich in zweierlei Hinsicht eine Herausforderung für die politische und menschenrechtliche Bildung an Schulen dar: Zum einen ist es unabdingbar, sich mit den fremdenfeindlichen, nationalistischen, rassistischen und ordnungspolitischen Ideologemen auseinanderzusetzen, die die NPD vertritt, sowie mit den Meinungen und Einstellungen, den Vorurteilen und Feindbildern, an die die rechtsextreme Agitation appelliert. Zum anderen gilt es, Schüler zu befähigen, die Formen der rechtsextremen Propaganda, auch deren emotionale Dimensionen und deren Missbrauch jugendkultureller Tendenzen und Ausdrucksformen, zu durchschauen.

Beides erfordert eine offensive Thematisierung, in der Pädagogen bereit sind, sich dialogisch auf Jugendliche einzulassen, und in deren Rahmen sie eine kritische Auseinandersetzung mit den Ideologien, Strategien und den agitatorischen Mitteln des modernen Rechtsextremismus, also auch der NPD, eintreten. Dazu müssen Pädagogen in der Aus-, Fort- und Weiterbildung nicht nur methodisch, sondern auch themenbezogen qualifiziert werden. Denn es kann keineswegs vorausgesetzt werden, dass die Fachkräfte über hinreichendes Wissens über Rassismus und Rechtsextremismus einerseits, Menschenrechte und Demokratie andererseits verfügen.

Albert Scherr

Wie sollte der NPD im Parlament begegnet werden?

Im Landtag von Dresden und Schwerin ist die NPD ebenso vertreten wie in vier Bezirksvertretungen Berlins, in einer Reihe von Kreistagen sowie diversen Stadt- und Gemeinderäten. Die Abgeordneten der demokratischen Parteien werden damit zwangsläufig vor die schwierige Frage des Umgangs mit den Rechtsextremen gestellt. Für die demokratischen Fraktionen im sächsischen Landtag war von Beginn an klar, dass es mit der NPD keine herkömmliche parlamentarische Auseinandersetzung geben konnte.

Demokratischen Grundwerten wie Meinungsfreiheit, Toleranz und Weltoffenheit steht die NPD mit ihrer Ideologie diametral entgegen, weswegen ausgeschlossen ist, sie wie jede andere Oppositionspartei zu behandeln. Mit ihrer Fraktion und deren Mitgliedern beschränkt sich deshalb der Umgang auf das, was nach der Geschäftsordnung des Landtags unvermeidbar ist.

Trotz dieser wohl von allen anderen Fraktionen geteilten Einschätzung hat es im durch die Landtagswahl 2004 auf sechs

Parteien erweiterten sächsischen Parlament und wegen der völlig neuen Konstellation einer schwarz-roten Landesregierung einige Zeit gedauert, den richtigen Umgang mit der NPD zu finden. Ihr hingegen gelang es, im Gespräch zu bleiben. Auch, weil die NPD zunächst bei geheimen Wahlen von einzelnen Mitgliedern anderer Fraktionen unterstützt wurde.

Nach diesen negativen Erfahrungen der ersten Monate einigten sich alle demokratischen Fraktionen im Januar 2005 auf eine gemeinsame Erklärung, in der die Fraktionsvorsitzenden unmissverständlich klar machen, dass sie Abgeordnete „unverzüglich aus den jeweiligen Fraktionen ausschließen werden", wenn sie ihre Stimme für die NPD abgeben.

Auf Grundlage dieser Erklärung wurden auch konkrete Umgangsformen für das Alltagsgeschäft verabredet: Bei Plenardebatten zu Initiativen der NPD antwortet jeweils grundsätzlich ein Abgeordneter der Koalition und einer der Opposition, um zu signalisieren, dass eine argumentative Auseinandersetzung mit ihrer Ideologie stattfindet, nicht aber eine auf gleicher Augenhöhe. Ziel muss sein, stets den ideologischen Kern der NPD-Initiative aufzudecken. Mit anderen Worten: Wenn die NPD scheinbar harmlos über Familienkredite diskutieren will, muss deutlich herausgestellt werden, dass diese Kredite als untaugliche Maßnahme einer „Bevölkerungspolitik" zu betrachten sind, mit welcher die NPD den bis 2020 prognostizierten und von ihr alarmistisch als „Bevölkerungszusammenbruch" bezeichneten Rückgang der Bevölkerung in Sachsen verhindern will.

Voraussetzung für die Entlarvung der NPD ist aber eine intensive Auseinandersetzung mit ihrer Programmatik und deren ideologischen Grundlagen, denn der Zusammenhang zwischen vordergründiger Initiative und hintergründiger Ideologie ist nicht immer offensichtlich.

Doch dieser Umgang bringt auch Schwierigkeiten mit sich, denn die NPD versucht, daraus mit ihrer Form einer „konstruktiven Fundamentalopposition" Kapital zu schlagen. Sie stimmt Initiativen der anderen Fraktionen immer dann zu, wenn diese nicht grundsätzlich ihren eigenen Positionen widersprechen. Aus ihrer grundlegenden Ablehnung des „herrschenden liberal-kapitalistischen Systems und seiner Vertreter" macht sie aber gleichzeitig keinen Hehl. Sie bezeichnet sich als „Stachel im Fleisch der Systemparteien", stimmt aber Initiativen eben dieser Parteien zu, wenn es ihr taktisch sinnvoll erscheint.

Für dieses Verhalten wird sie unter Umständen von Teilen der Öffentlichkeit auch als „konstruktive" Kraft wahrgenommen, während andererseits ihre eigenen Initiativen immer abgelehnt werden und sie sich infolgedessen wiederum als „Opfer" der „Systemparteien" geriert. Daher ist es wichtig zu vermitteln, dass es bei der Ablehnung von NPD-Initiativen in erster Linie nicht um die konkrete Sachfrage geht, sondern dass die vorschlagende Partei und deren Ideologie abgelehnt werden.

In der Öffentlichkeit kann deshalb nur immer wieder betont werden, welche undemokratischen Ziele die NPD verfolgt, mit welchen gewaltbereiten Personengruppen diese Partei offen zusammenarbeitet und in welche unauflösbaren Widersprüche sie sich immer wieder verstrickt.

Vorsichtig sollte im Hinblick auf die Öffentlichkeit mit Reaktionen auf Provokationen der NPD umgegangen werden, die zum Waffenarsenal dieser Partei gehört. Emotionalen Gesten wie der Auszug aus dem Sitzungssaal sollten – wenn überhaupt – sparsam eingesetzt werden, da diese Reaktion von Teilen der Bevölkerung als „Flucht" gewertet werden könnte.

Begegnet werden kann dem Auftreten der NPD vielmehr mit der Geschäftsordnung, die vom Sitzungspräsidium rigoros zu handhaben ist. Zu warnen ist aber davor, wegen der NPD demokratische Rechte in Geschäfts- oder Hausordnungen einzuschränken oder aufzugeben. Neue Bannmeilen um Parlamente oder verschärfte Versammlungsgesetze sind ebenso wenig das Mittel, um die NPD daran zu hindern, ihre Parolen unter die Menschen zu bringen wie die generelle Sperrung von Räumen im Parlament für Veranstaltungen. Das schränkt letztlich nur den Spielraum demokratischer Kräfte ein.

Die NPD stellt die Demokratie grundlegend in Frage. Im Parlament können sich die Abgeordneten dieser Herausforderung stellen und auch gewinnen. Der indifferenten NPD-Wählerschaft kann damit hoffentlich signalisiert werden, dass diese Partei mit ihrer Ideologie keine wirkliche Alternative darstellt. Noch wichtiger ist es jedoch zu verhindern, dass sich menschenfeindliche Einstellungen, wie sie die NPD vertritt, weiter in der Gesellschaft ausbreiten. Deshalb braucht die Demokratie im Alltag die überzeugten Demokraten, die ein ums andere Mal für die Werte und das Menschenbild unserer Gesellschaft eintreten.

Martin Dulig

Wie kann der NPD auf der Straße begegnet werden?

Am Anfang steht Verunsicherung. Fast flächendeckend sind Bürger in Deutschland mit immer professioneller agierenden NPD-Kadern konfrontiert. In Großstädten bis hinunter zu kleinen Ortschaften treten so genannte Kameradschaften und NPD-Parteigliederungen mit Demonstrationen, „Mahnwachen", Infoständen, Stadtteil- und Kinderfesten, Konzerten, als Kandidaten im Wahlkampf und sich tolerant und gesprächsoffen gebende Veranstaltungsteilnehmer in Erscheinung. Eine demokratisch gesinnte Mehrheit macht es sich mit angemessenen Reaktionen und zivilgesellschaftlicher Gegenwehr oft schwer und braucht meist lange, um sich ihres politischen Instrumentariums bewusst zu werden. Dann aber sind die Ergebnisse oft verblüffend und es kann gelingen, dem rechtsextremen Vorstoß in die „Mitte der Gesellschaft" wirksam entgegenzutreten.

Ein erster Schritt ist es, an der eigenen Entschlossenheit zu arbeiten, die Präsenz von Rechtsextremisten im öffentlichen Raum nicht untätig oder unkommentiert zu dulden, ihnen all jene Protestformen entgegenzustellen, die einer souveränen Bürgerschaft zu Gebote stehen. Da Passivität im partizipativen Gemeinwesen als Unsicherheit oder gar Zustimmung gedeutet werden kann, werden Einwände bald verstummen, durch Gegenaktionen würden die Nazi-Aktivitäten erst aufgewertet und ihnen so jenes öffentliche Forum verschafft, welches ihnen eigentlich entzogen werden sollte. Auch die Erwartung vieler, die jeweilige Kommune oder ‚die Gerichte' würden den „braunen Spuk" schon verbieten, werden in der Regel schnell ernüchtert: solange die NPD keine verbotene Partei ist, unterliegt sie wie jede andere Partei einem verfassungsrechtlichen Privileg und auch jedes einzelne Mitglied dieser Partei oder der Kameradschaften hat die selben demokratischen Rechte wie jeder Einzelne ihrer Gegner. Wer die Einschränkung dieser Rechte fordert, arbeitet langfristig am Abbau seiner eigenen Freiheitsrechte. Genau deshalb besser nicht viel Zeit mit Gerichtsschelte verlieren.

In der Ablehnung rechtsextremer Umtriebe liegt gesellschaftlich ein „kleinster gemeinsamer Nenner", der mitunter sehr breite Bündnisse oder „Runde Tische" ermöglicht. Reibereien sind dabei zumeist unvermeidlich: Die örtliche Antifa-Gruppe will nicht mit CDU oder CSU zusammen auftreten, weil diese nach ihrer Meinung nicht mal den eigenen extrem rechten Rand erkennen und gesellschaftspolitisch Rassismus begünstigen. Umgekehrt verweigern die Konservativen die Mitarbeit, wenn die als „gewaltbereit" geschmähte Antifa oder die Linkspartei dabei sind, und fühlen sich schon vom Namen „Bündnis gegen Rechts" brüskiert. Wirkung kann ein Bündnis aber nur entfalten – und das gilt es sich in solchen Situation zu vergegenwärtigen –, wenn es

(a) möglichst breit ist und viele gesellschaftliche Gruppen an einen Tisch zusammenführt,

(b) die Bündnispartner verstehen, dass die Teilnahme nicht bedeutet, Meinungsverschiedenheiten jenseits dieser Single-Issue-

Zweckgemeinschaft nicht mehr auszutragen oder zu nivellieren, sondern

(c) dem Kampf gegen Rechtsextremismus die Entwicklung demokratischer Formen und einer fairen, aber offenen Streitkultur jenseits des Bündnisses, gewissermaßen im Alltag, zugrunde liegen muss.

Aktionsformen sind dann keine Grenzen gesetzt. Öffentliche Informationsveranstaltungen bieten zunächst den Bürgern eine Möglichkeit sich zu informieren, wer und was auf sie zukommt. Lokal agierende antifaschistische Gruppen verfügen dabei meist über umfangreiches Hintergrundwissen. Zu bedenken gilt es aber weiterhin, wer mit welcher Aktionsform am besten erreicht wird. Ein Straßenfest am eigentlichen „Austragungstag" wird Familien anziehen, eine Sitzblockade eher jüngere Menschen und eine Kundgebung politisch Engagierte. Ein Nebeneinander verschiedener Formen schließt sich nicht aus und mit innovativen Ideen kann auch dem dritten Aufmarsch von Rechtsextremen im eigenen Ort noch begegnet werden. Offen stehen alle Register diesseits des Gewaltverzichts, einschließlich Formen zivilen Ungehorsams.

In Weimar etwa wurde wegen eines Nazi-Aufmarsches das Deutsche Nationaltheater nebst Schiller-Goethe-Denkmal verhüllt, in Dresden beschallte eine riesige Lautsprecher-Anlage Tausende Teilnehmer einer NPD-Großveranstaltung mit der berühmten Schlussrede aus Chaplins ‚Der große Diktator', in Verden sammelten die Bürger Geld, um Nazi-Interessenten die lokale Stadthalle vor der Nase wegzuschnappen, und in Köln lachte die trotz des martialischen Namens lustige Clowns-Army die Nazis einfach aus.

Nicht immer müssen derartige Aktionen viel Geld kosten, doch umsonst sind sie in keinem Fall. Dabei gilt es, die organisierten demokratischen Akteure in die Pflicht zu nehmen und mit kreativen (Fundraising-)Methoden finanzielle Lücken zu schließen.

Nicht abschrecken sollten teilweise zähe Verhandlungen mit Polizei und lokalen Ordnungsbehörden, für die bei Genehmigun-

gen immer noch häufig die Maxime „Ruhe ist die erste Bürger-
pflicht" gilt und die Gegendemonstrationen, Kundgebungen oder
Ähnliches am liebsten nur weitab vom Geschehen genehmigen.
Hier sollten nicht vorgeschobene oder überängstliche Gefahren-
prognosen das eigene Handeln bestimmen, sondern der politische
Wunsch, Ablehnung im Wortsinne dort zu „demonstrieren", wo
sich Neonazis öffentlich tummeln.

Dabei stehen Selbstbewusstsein und Entschlossenheit demokratisch und human orientierter Bürger im Vordergrund, die sich
auch nicht scheuen, mit- und voneinander zu lernen oder sich
entsprechend beraten und informieren zu lassen.

Friedrich C. Burschel

Wie können Medien auf den Umgang der NPD mit der Presse reagieren?

Lüneburg im Juli 2007: Die NPD marschiert. An die 180 Neonazis laufen unter dem Motto „Gegen Demonstrationsverbote
– Meinungsfreiheit erkämpfen" auf. Kaum versammeln sie sich
in der niedersächsischen Stadt, pöbeln einige: „Scheiß Presse".
Andere drohen Journalisten: „Dich kriegen wir", Weitere versuchen Fotografen zu behindern. Pressefreiheit gehört hier am 14.
Juli für die NPD nicht zur Meinungsfreiheit. Eine Logik, die
programmatisch ist.

Am 17. September 2006 empfand die NPD die Presse trotz
ihres Einzuges in den Landtag Mecklenburg-Vorpommerns als
störend. Bei der Wahlparty verletzte ein Ordner prompt einen
Kameramann des NDR. Dass die Hemmschwelle sinkt, ist keine
Überraschung. Beim Deutsche Stimme Versand der NPD kann

der Szene-Rechtsratgeber ‚Mäxchen Treuherz' bestellt werden, in dem behauptet wird: „Wenn Sie […] fotografiert werden, sind Sie berechtigt, dagegen Notwehr zu leisten" (Deutsches Rechtsbüro o.J.: 398). So sehr die NPD für sich Sendezeiten bei Wahlkämpfen oder Beteiligungen bei Talkshows einfordert, so sehr bemüht sie sich, dass Details aus dem Parteileben, wie Auswahl von Kandidaten oder inhaltliche Kontroversen so wenig wie möglich öffentlich nachvollziehbar werden.

Auf dem 31. Parteitag am 11./12. November 2006 in Berlin begleiteten Ordner und ‚Pressehostessen' die Journalisten ständig. Kein Medienvertreter sollte ohne Aufsicht mit Delegierten sprechen. Als die Reden der Parteigranden zu Ende gingen, war die Presse unerwünscht. Mit Druck wurden sie hinauskomplimentiert. Solche Restriktionen seien „nicht hinnehmbar", erklärte Michael Konken, Vorsitzender des Deutschen Journalisten Verbandes gegenüber der ‚taz'. Dieser Umgang zeigt erneut, so Andrea Röpke, dass „die NPD keine Partei wie alle anderen Parteien" ist. Bedrohungen und auch Übergriffe erlebt die ‚Reporterin des Jahres 2006', die für den NDR, Panorama und die ‚taz' über die rechte Szene berichtet, bei Recherchen ständig. Die Medien gelten den Neonazis stets als „Feinde" – als „Systempresse". Mit diesem Verständnis baut die NPD selbst eine Front gegenüber der Presse auf.

Die journalistische Auseinandersetzung ist insofern immer eine doppelte Herausforderung: Um dem journalistischen Selbstverständnis und der presserechtlichen Sorgfaltspflicht gerecht zu werden, sollte ‚Rechtsextremismus' wie jedes Thema bearbeitet werden, und kann doch nicht wie andere Themen behandelt werden. Die NPD ist nicht verboten, sie bewegt sich aber jenseits der allgemeinen Menschenrechte.

Nach dem Erfolg der NPD in Sachsen und der DVU in Brandenburg 2004 begann in manchen Medien eine intensive Auseinandersetzung um das Thema ‚Rechtsextremismus'. Anlass war auch der Verlauf der Spitzenkandidaten-Runde in der ‚heute'-Sendung um 19:00 Uhr. Am Abend des 19. September schnitt die

Moderatorin Bettina Schausten dem NPD-Kandidaten Holger Apfel das Wort ab. Zuvor hatten die anderen Parteivertreter das Set verlassen. Schausten erklärte, sie wollte Apfel nicht die Bühne überlassen und betonte „das Vertrauen darauf [sie] entlarven sich selber, wenn man sie genauso behandelt wie alle anderen auch […] indem die Beschränktheit ihrer politischen Substanz jedem schnell offenbar werde, reicht nicht aus". In den Redaktionen setzt sich durch, dass nicht alle Medienformate das „Knacken" eines „Rechtesextremen" zulassen.

Bei einer Tagung der RBB-Arbeitsgruppe Gewalt im Mai 2005 betonten etliche Journalisten, dass sie das Thema „unterschätzt" hätten. In der Berichterstattung würden zudem „grundsätzliche strukturelle Probleme der Medien besonders deutlich sichtbar: Geldmangel, Zeitmangel, Stereotypien anstelle von Analysen, mangelnde Kontinuität". Konjunkturen hat das Thema immer wieder – aber diese treten meist erst auf, wenn es zu hohen Wahlergebnissen oder schlimmen Gewalttaten gekommen ist. In den Zyklen gehen nicht selten bereits gewonnene Erkenntnisse verloren. So wird gern die These vertreten, dass bei hoher Arbeitslosigkeit die Chancen der NPD gut seien, obwohl es hierfür keine eindeutigen empirischen Belege gibt. Mehrere Faktoren müssen indes zusammenfallen, dass Menschen sich nach „rechts" wenden.

Bei den „Infotagen: Rechtsextremismus" der ARD-ZDF-Medienakademie hinterfragten im Februar 2007 Journalisten das gängige Bild „Glatze, Bomberjacke, Springerstiefel", vermittelt es doch, dass vor allem männliche, gewaltbereite Jugendliche den ‚Rechtsextremismus' verkörpern würden. In Teilen der öffentlich-rechtlichen Sendeanstalten wird aber längst auch versucht, in Berichten vor bieder wirkenden Rechten zu warnen. Schulungen für Moderatoren und Redakteure, wie mit Vertretern der extremen Rechten journalistisch umzugehen ist, laufen indes nicht nur beim NDR.

„Werten wir sie mit Berichten auf oder machen wir uns einer Unterlassung schuldig, wenn wir nicht informieren?", lautet die immer von neuem diskutierte Frage. Kritische Beiträge, die organisatorische Hintergrundstrukturen oder ideologische Verharmlosungen aufzeigen, werten sie nie auf, meint Röpke.

Seit Juni 2005 erscheint in der ‚taz-nord' jede Woche die Kolumne ‚der rechte rand'. In der Kolumne lässt mir die Redaktion Raum, die verschiedenen Facetten des Themas – von rechten Esoterikern über ‚Deutschnationale' bis zu Neonazis – darzustellen. „Wir wollen nicht bloß den Ereignissen hinterherlaufen, sondern Strukturen und Strategien aufzeigt", erklärt Jan Kahlcke. Der Redaktionsleiter der ‚taz nord' betont: Weg vom Skandalisieren, hin zum Analysieren und hebt hervor: „Wir wollen den Rechtsextremen auch signalisieren: Wir bleiben dran, ihr bestimmt nicht durch Aktionen, wann wir über euch berichten".

Immer wieder deuten Bürgermeister und Polizisten an, dass die mediale Beachtung „den Rechten" zugute käme. Konkrete Wechselwirkungen zwischen Nichtberichten und keinem Szenezuwachs oder Verschweigen und geringem Wahlzuspruch können jedoch nicht belegt werden.

Gestiegene Neonazi-Aktivitäten veranlassten einige Redaktionen, sich selbst zu engagieren; so druckte etwa die ‚Thüringer Allgemeine' wegen eines Aufmarsches Bilder mit bunten Ampelmännchen, die den „Braunen" symbolisch entgegentraten, und der ‚Weser-Kurier' (WK) veröffentlichte eine Broschüre über die extreme Rechte in der Region. Im Internet finden sich Angebote wie npd-blog-org und ‚Mut gegen rechte Gewalt', welches das Wochenmagazin ‚Stern' mit unterstützt. Solche Aktionen verstimmen die NPD: Investigativer Journalismus stört sie zudem – Werbung ist ein solcher für sie nie.

Andreas Speit

Wie kann der NPD im Wahlkampf begegnet werden?

Die NPD plant ihre Wahlkämpfe heutzutage mit einem hohen Grad an Professionalität. Wie andere Parteien versucht sie dabei, ihre eigene Anhängerschaft zu mobilisieren, aber auch mit Info-Tischen, TV-Spots, Plakatwerbung und Flugblattaktionen potentielle Wähler anzusprechen. Und sie bemüht sich zunehmend, Wahlkampfveranstaltungen in Rathäusern oder anderen öffentlichen Gebäuden von Städten und Gemeinden abzuhalten. Mit diesem selbsterklärten ‚Kampf um die Rathäuser' will die Partei – ähnlich wie beim ‚Kampf um die Straße' – durch Beharrlichkeit einen Ermüdungseffekt bei den demokratischen Gegenkräften erzielen und eine schleichende Normalisierung rechtsextremer Präsenz im öffentlichen Raum erreichen. Folglich ist es ein positives Signal, wenn Kommunen die Inszenierung rechtsextremer Normalität in symbolträchtigen öffentlichen Räumen zu verhindern suchen. Vermieden werden sollte aber, öffentliche Gebäude pauschal zu ‚wahlkampffreien Zonen' und dadurch zu politikfreien Räumen zu machen. Damit hätte die NPD indirekt eine Selbstbeschneidung des Spielraums für die demokratischen Parteien erreicht und könnte sich zudem als Opfer ‚demokratischer Willkür' der ‚Systemparteien' inszenieren. Ratsamer ist eine offensivere Auseinandersetzung mit den raumgreifenden Strategien der Rechtsextremisten. Demokratische Politik und Zivilgesellschaft sollten öffentlich gegen die Vereinnahmung von Räumen zur Verbreitung antidemokratischer Gedanken protestieren. Signalisieren würde dies, dass NPD-Veranstaltungen keine Normalität des parlamentarischen Betriebs sind, denn diese Partei vertritt eine extrem rechte Programmatik, die dem Gleichheitsgebot des Grundgesetzes widerspricht. Darüber hinaus sollten Kommunen sich zutrauen, alle juristischen Mittel auszuschöpfen, um

Veranstaltungen rechtsextremer Gruppierungen in öffentlichen Räumen mit einer offensiven inhaltlichen Begründung vorzubeugen oder zu verhindern. Denkbar wäre dies beispielsweise mit einem antirassistischen Nutzungsvertrag für öffentliche und privatwirtschaftliche Räume. Mit entsprechenden Paragraphen kann eine politische Nutzung mit rechtsextremen, rassistischen und antisemitischen Inhalten ausgeschlossen werden. Der Vermieter wäre damit berechtigt, bei Zuwiderhandlung die Veranstaltung zu beenden. Ein derartiger ‚Muster-Raumnutzungsvertrag' ist über die Mobile Beratung gegen Rechtsextremismus in Berlin (MBR) zu beziehen.

Die NPD und assoziierte Rechtsextreme praktizieren auch in Wahlkämpfen die ‚Wortergreifungsstrategie'. Gelingt ihnen dies aufgrund mangelnder eigener Fähigkeiten oder der Professionalität der Veranstalter nicht, versuchen sie teilweise Veranstaltungen der politischen Gegner zu stören oder gar zu verhindern. Für einen möglichst reibungslosen Ablauf von (Wahlkampf-) Veranstaltungen ohne rechtsextreme Besucher oder Störer können die Veranstalter vor allem durch eine sorgfältige Vorbereitung sorgen. Das Versammlungsgesetz (VersG) bietet grundsätzlich die Möglichkeit, bestimmte Personen oder Personenkreise von öffentlichen Veranstaltungen in geschlossenen Räumen von der Teilnahme auszuschließen (§6 VersG). Bereits in Einladungen und Ankündigungen (Briefen, E-Mails, Aushängen) des Veranstalters sollte dabei mit einem Passus darauf hingewiesen werden, dass Rechtsextreme nicht erwünscht sind (MBR 2005: 4). Nach erfolgtem Hinweis kann die Veranstaltungsleitung die betreffenden Personen an der Teilnahme hindern, vorausgesetzt, sie werden erkannt. Daher empfiehlt es sich beim Einlass auf szenekundige Ordner zurückzugreifen. Leider zeigte der Wahlkampf zum Berliner Abgeordnetenhaus und zu den Bezirksverordnetenversammlungen der Stadt 2006, dass es unter Umständen wichtig ist, sich auch Gedanken zur Sicherheit der eigenen Wahlkampfhelfer zu machen. Wahlkampfaktivitäten wie Plakatierungen, Stände und Veranstaltungen sollten je nach Stärke und Aggressivität der

extrem rechten Szene in dem Bewusstsein vorbereitet werden, dass
die Ausübung von Gewalt gegen Vertreter aller demokratischen
Parteien zum Repertoire rechtsextremer Wahlkämpfe gehört.

Schließlich sollte jeder demokratische Kandidat und Wahlkampfhelfer mit Öffentlichkeitskontakt sich darüber bewusst
sein, dass es wichtig und nötig ist, sich inhaltlich mit den politischen Positionen und den Argumentationsmustern der extremen
Rechten auseinanderzusetzen und diesen entgegnen zu können.
Die Aufklärungs- und Überzeugungsarbeit der Demokraten an
Ständen oder auf Veranstaltungen sollte jedoch nicht den ideologisch gefestigten oder rhetorisch geschulten – und daher an einem
Dialog nicht interessierten – Rechtsextremen gelten, sondern
potenziellen NPD-Wählern, die einzelnen rechtsextremen Positionen zustimmen. Rassistische, antisemitische, sexistische und
andere menschenverachtende Äußerungen auf Veranstaltungen
oder an Wahlkampfständen sollten niemals unhinterfragt stehen
bleiben. Aktives Widersprechen auf der Grundlage fundierter
Argumente und die Vermittlung menschenrechts-orientierter
Werte im Rahmen einer demokratischen Streitkultur sind es-
sentieller Bestandteil der Auseinandersetzung mit der NPD und
assoziierten Rechtsextremen.

Katrin Reimer, Bianca Klose

Welche Aufgaben haben die Gewerkschaften?

Trotz ihres antifaschistischen Selbstverständnisses sind Gewerkschaften damit konfrontiert, dass es angesichts der Zumutungen des Neoliberalismus auch in ihren Reihen Unterstützung für extrem rechte Ideologie und Parteien gibt. Vor diesem Hintergrund ergeben sich zentrale Handlungsorientierungen für die Bildungsarbeit, das politische Selbstverständnis und die interne Werte- und Kommunikationskultur der deutschen Gewerkschaften.

Für Arbeitnehmer mit Prekarisierungserfahrung und/oder Existenzangst liegt Rechtsextremismus nicht von selber nahe. Es kommt vielmehr auf die Verarbeitung und Deutung von Erfahrungen und Ängsten an, vor allem wenn es um Probleme wie Arbeitslosigkeit, Out-Sourcing und Unterbietungskonkurrenz geht. Die erste Handlungskonsequenz liegt deshalb darin, den ‚Kampf um die Köpfe‘ ernster zu nehmen als bisher. Wenn Deutung wichtig ist, dann kommt es darauf an, zwischen richtigen und falschen, guten und schlechten, humanen und inhumanen Deutungen zu unterscheiden. Gewerkschafter führen dabei einen schwierigen Zweifrontenkampf: Gegen den Neoliberalismus mit seinen goldenen Kälbern Markt und Privatisierung, und zugleich gegen den Rechtsextremismus, der Sündenböcke bei Fremden und Schwachen sucht und nach dem starken Führer ruft. Die eigenen Deutungen müssen sich deutlich gegen beide Seiten absetzen.

Zwar ist der Rechtsextremismus insgesamt als ein Phänomen der Unterschicht zu verstehen, aber in der Mittelschicht neigen Gewerkschaftsmitglieder – in erster Linie die passiven – in erheblich größerem Umfang als Nicht-Mitglieder aus derselben Schicht zu rechtsextremen Einstellungen. Die Aufgabe für Gewerkschaften besteht also darin, die Abstiegs- und Existenzängste der Arbeitnehmermittelschicht ernst zu nehmen und nicht mit einem beschwichtigenden „Euch geht's doch noch gut" beiseitezuschieben. Dazu gehört auch, dass keine falschen Erwartungen der Statussicherung geweckt werden: Mit exklusiver Solidarität nach Art von Piloten und Ärzten wird die Gewerkschaft den Status ihrer bisherigen Kerngruppen angesichts von Globalisierung und Flexibilisierung nicht verteidigen können.

,Dumme Sprüche' rechtsextremer Art sind nicht harmlos. Sie verdienen keine Entschuldigung und Bagatellisierung, sondern Widerspruch, etwa beim abendlichen Bier in der gewerkschaftlichen Bildungsstätte. Dass dieser Widerspruch dem Spruch und nicht der Person als Ganzes gilt, sollte klar sein: Es ist ja auch Ausdruck des Ernstnehmens und damit des Respekts vor einer anderen Person, wenn man ihr bestimmte Sprüche nicht unwidersprochen durchgehen lässt.

Gewerkschaften sollten rechtsextremen Deutungen in ihrer Alltagsarbeit entgegentreten und dazu ihre – immer noch vorhandene – große Kompetenz als Bildungsinstitution nutzen. Ähnlich wie beim Gender Mainstreaming sollte die Abwehr von Rechtsextremismus eine Querschnittsaufgabe, ein in allen gewerkschaftlichen Aktivitäten und in der Alltagsroutine wirksames Prinzip sein. Dazu gehört weiterhin die Entwicklung und Verbesserung einer gewerkschaftsinternen Werte- und Kommunikationskultur, in der die Gleichwertigkeit von Migranten und Nicht-Migranten selbstverständlich ist.

Gewerkschaften sollten einen scharfen Trennungsstrich ziehen zwischen der Verteidigung von Mindeststandards gegen Unterbietungskonkurrenz und der rassistischen Umdeutung dieser Konkurrenz. Dazu gehört das Bestehen darauf, dass nicht die in Konkurrenz gesetzten Anbieter von Arbeitskraft, sondern die Veranstalter der Konkurrenz die Verursacher sind, die politisch zu bekämpfen und an die Zügel zu nehmen sind. Eine Stärkung der grenzüberschreitenden Gewerkschaftsarbeit in Europa wäre ein deutliches Signal gegen eine bloße nationalistische Verteidigungsstrategie und würde zudem eine Perspektive für die Anerkennung von sozialen Standards bieten, die nicht in den Denkfiguren der Standortkonkurrenz ausgetragen wird und an der Abschottung der ‚Wohlstandsinsel' Deutschland orientiert ist.

Was Gewerkschaften gegen Rechtsextremismus in ihren eigenen Reihen tun sollen: Sich klar positionieren, aufklären, die Passiven aktivieren und offen darüber reden. Gewerkschaften können nur dann gegen Rechtsextremismus wirksam sein, wenn sie sich deutlich als Wertegemeinschaften verstehen und nicht nur als Arbeitsmarktkartell oder gar als Dienstleistungsunternehmen zur individuellen Förderung ihrer Kunden/Mitglieder.

In der Bildungsarbeit sollen Gewerkschaften insbesondere auf Stärkung von Zivilcourage des/der Einzelnen Wert legen. Zugleich sollten die Gewerkschaften den Mitgliedern deutlicher machen als bisher, dass diese selbst mehr tun müssen für ihre Ansprüche, Erwartungen und Interessen – und dass die Gewerkschaft dafür die Mittel und Möglichkeiten bereitstellt, sie aber nicht als Konsumenten mit Leistungen bedient.

Um gegen den Zusammenhang zwischen autoritären Persönlichkeitsstrukturen und rechtsextremen Einstellungen anzugehen, sollen Gewerkschaften sich für Bildungsreformen einsetzen, die neben der fachlichen und beruflichen Qualifikation auch die eigene Urteilskraft und Kritikfähigkeit der zu Bildenden fördern, von der Kinderkrippe bis zur Hochschule.

Der Kampf gegen Rechtsextremismus erfordert breite zivilgesellschaftliche Allianzen. Bereits im Jahre 2000 hat der DGB festgestellt, dass auf die Aktionsfelder Medien, Schule/Bildungssystem und Parteien/Politik lokale und regionale Bündnisse und Gemeinschaftsinitiativen der Gewerkschaften mit anderen Gruppen, Bewegungen und Organisationen für das Ziel der Bekämpfung und Eindämmung des Rechtsextremismus notwendig und sinnvoll sind.

Michael Fichter

Welche Möglichkeiten bieten Polizei und Justiz in der Auseinandersetzung mit der NPD?

Bei der Frage des demokratischen Umgangs mit der NPD liegen mehrere Ansatzpunkte auf der Hand: Gegenöffentlichkeiten schaffen, mediale Kampagnen initiieren, Thematisierung in der Schul- und Erwachsenenpädagogik, Ausstiegshilfen bereitstellen und Reintegration im Rahmen sozialer Arbeit ermöglichen. Zu fragen bleibt, worin die Möglichkeiten von Polizei und Justiz bestehen.

Die starke Stellung der Parteien im Grundgesetz (GG) schützt die NPD als Partei und ihre Abgeordneten in den Parlamenten weitgehend vor staatlicher Repression. Dennoch gibt es wirkungsvolle rechtliche Ansatzpunkte, die das Verhalten der NPD und ihres Umfeldes einschränken und gegebenenfalls sanktionieren können. Artikel 21 Absatz 2 GG erklärt Parteien für verfassungswidrig, „die nach ihren Zielen oder nach dem Verhalten ihrer Anhänger darauf ausgehen, die freiheitliche demokratische Grundordnung zu beeinträchtigen oder zu beseitigen oder den Bestand der Bundesrepublik Deutschland zu gefährden". Die hohen Hürden für ein Parteienverbot haben sich einmal mehr gezeigt bei der Einstellung des Verbotsverfahrens gegen die NPD im Jahr 2003. Das Gericht hat das Verfahren nicht fortgesetzt, weil davon auszugehen war, dass eine Vielzahl von Agenten des Verfassungsschutzes die Funktionärsebene infiltriert hatte. Neben der Verbotsoption sieht das Grundgesetz aber auch vor, einzelne Personen unter bestimmten Bedingungen Grundrechte zu entziehen: Artikel 18 GG ermöglicht, obwohl davon bisher gegenüber Rechtsextremisten kaum Gebrauch gemacht wurde, die Verwirkung von Grundrechten, wenn einzelne Grundfreiheiten „zum Kampfe gegen die freiheitliche demokratische Grundordnung missbraucht" werden. Auch das Parteiengesetz einschließlich seiner Regelungen zur Parteienfinanzierung liefern Ansatzpunkte einer rechtlichen Kontrolle der Parteien und damit auch der NPD.

Das Strafrecht beinhaltet einige Paragraphen, die für die politische Arbeit der NPD und ihres Umfeldes von Bedeutung sind. Das Verbreiten von Propagandamitteln zur Fortführung verbotener NS-Organisationen und die Verwendung von Kennzeichen verfassungswidriger Organisationen sind strafbar (§ 86 und 86a Strafgesetzbuch (StGB)). Ebenso Volksverhetzung und Aufstachelung zum Rassenhass (§§ 130 und 131 StGB). Wenn man bedenkt, dass ein großer Teil der seit Jahren bekannt gewordenen Straftaten von Rechtsextremisten unter ‚Propagandadelikte' geführt wird, so zeigt sich hier die Berechtigung und die Wirksamkeit der strafrechtlichen Vorkehrungen.

Betrachten wir nun einige Arbeitsfelder der Polizei. Nach dem Legalitätsprinzip ist sie verpflichtet, Straftaten zu verfolgen. Politisch motivierte Delikte, die aus dem Umfeld der NPD-Anhängerschaft kommen, werden von den Staatsschutz-Abteilungen bei den Landeskriminalämtern und vom Bundeskriminalamt bearbeitet. Die Möglichkeiten reichen hier von der routinemäßigen Deliktsbearbeitung über die Erstellung von Lagebildern und statistischen Auswertungen bis hin zum Einsatz verdeckter Ermittler. Die Arbeit des Staatsschutzes unterscheidet sich vom Verfassungsschutz in einem wesentlichen Punkt: Der Verfassungsschutz beobachtet und sammelt Informationen über verfassungsfeindliche Bestrebungen ohne polizeiliche Befugnisse, der Staatsschutz arbeitet polizeilich und verfolgt politisch motivierte Straftaten. Neben der Strafverfolgung hat die Polizei nach den Polizeigesetzen der Länder eine weitere Aufgabe: die Verhinderung von Straftaten, etwa durch Razzien, Kontrollen und die gezielte Ansprache. Auf diese Weise kann zum Beispiel die Durchführung von rechtsextremen Skinhead-Konzerten verhindert oder erschwert werden. Es kann aber auch über einen längeren Zeitraum hinweg ein erheblicher Verfolgungsdruck auf die rechtsextreme Szene aufgebaut werden.

Öffentlich umstritten oder auch oft unverstanden ist der Einsatz der Polizei bei NPD-Demonstrationen und Kundgebungen, denn für manche entsteht der Eindruck, die Polizei schütze die Rechtsextremen oder paktiere mit ihnen. Es ist jedoch die Pflicht der Polizei, das Grundrecht auf Demonstration zu schützen, gerade auch dann, wenn der Veranstalter auf Gegendemonstrationen trifft. Im Fall der NPD werden häufig Versammlungen untersagt oder Mietverträge für Räume gekündigt und ebenso häufig geben dann die Verwaltungsgerichte der Versammlungsfreiheit den Vorzug. Auch in dieser politisch umstrittenen Konstellation ist die Polizei verpflichtet, die Durchführung zu gewährleisten.

Bei der Auslegung der Demonstrationsfreiheit gibt es sehr unterschiedliche Rechtsauffassungen der Gerichte – von den Verwaltungsgerichten bis hin zum Bundesverfassungsgericht. Für die Polizei und ihr Ansehen in der Öffentlichkeit kann das fatale Konsequenzen nach sich ziehen: Aufgrund ihrer Bindung an Recht und Gesetz und die Rechtsprechung muss sie auch unpopuläre Entscheidungen der Gerichte umsetzen.

Insgesamt gesehen haben Polizei und Justiz eine wichtige Funktion in der Auseinandersetzung mit der NPD: Sie sorgen für die Aufrechterhaltung der Rechtsordnung, sanktionieren Straftaten aus dem Umfeld und verdeutlichen, dass der Rechtsstaat keineswegs gewillt ist, Verstöße gegen die Rechtsordnung tatenlos hinzunehmen. Allerdings befindet sich die repressive Seite des Rechtsstaates in der Auseinandersetzung mit der NPD in einem Dilemma: Würde das Versammlungs- und Strafrecht verschärft, dann gibt die Demokratie immer auch ein Stück Liberalität preis. Polizei und Justiz sind das letzte Mittel gegen den Rechtsextremismus, Vorrang hat die politische Auseinandersetzung.

Hans-Gerd Jaschke

Warum steigen junge Rechtsextreme aus?

Nur relativ wenige Rechtsextreme steigen aus. Was wie ein Ausstieg aussieht, ist oft nur die Änderung der Erscheinungsform. So distanzieren sich viele mit zunehmendem Alter vom gewalttätigen Rechtsextremismus, die rechten Positionen werden jedoch beibehalten. Ausstieg meint aber eigentlich eine Revision bisheriger Überzeugungen aufgrund einer kritischen Auseinandersetzung mit sich selbst und der rechten Ideologie. Ein Ausstieg in diesem Sinne kommt in der Regel nur dann zu Stande, wenn die Widersprüche zwischen den Erwartungen und den konkreten Erfahrungen in der ‚Szene‘ nicht mehr weggeschoben und verdrängt werden können. Dazu müssen jedoch auch äußere Umstände kommen, die den Einzelnen wieder einen Weg in das soziale Umfeld eröffnen, von dem sie sich bislang in ihrem Hass so stark abgeschottet haben.

Der Ausstieg ist ein langer Prozess und beginnt zunächst oft mit unterschwelligen Spannungen aufgrund der Diskrepanz zwischen persönlichen Erfahrungen in der Szene und den hehren Ansprüchen von Kameradschaft, Treue, eigener Größe und Macht. Nach einer ersten Phase der Euphorie, wenn die jungen Rechtsextremen neu dazugestoßen sind, folgt oft Enttäuschung: Es gibt zahlreiche Konflikte zwischen den verschiedenen Fraktionen und Gruppierungen des Spektrums, aber auch innerhalb der Gruppen. Ständig wird gegenseitig Druck ausgeübt, denn jeder soll unentwegt seine Identifikation mit der gemeinsamen Sache beweisen. Gibt es Konflikte, so werden sie meist durch persönliche Diskreditierung ‚geklärt‘. Ein Aussteiger berichtete, dass dazu entweder das Gerücht verbreitet wird, jemand sei ein Spitzel oder er sei schwul. Das zieht immer. Neid, Missgunst und gekränkter Stolz unterlaufen vielfach die Kameradschaft. Das kann so weit gehen, dass es zwischen den ‚Kameraden‘ zu Gewalt bis hin zum

Totschlag kommt. Nicht weniger enttäuscht sind viele von ihren ‚Führern‘, auf die die jungen Rechten zunächst all ihre Hoffnungen gesetzt haben. Oft sind jene unfähig, opportunistisch und primär an ihren persönlichen Interessen orientiert. Sie benutzen ihre Gefolgsleute, um sie gegen andere Führer auszuspielen und schrecken nicht vor Verrat zurück.

Diese Enttäuschungen ergeben sich jedoch nicht nur aus Inkompetenz und gruppeninternen Rivalitäten, sondern auch aus einer spezifischen Leere im Rechtsextremismus. An die Stelle politischer Analysen treten Selbstvergewisserungsrituale. Die eigene ‚Größe‘ muss ständig bestätigt werden. Diese Selbstsuggestionen nützen sich jedoch mit der Zeit ab, so dass das Pathos bald als hohl und die Rituale als verlogen empfunden werden. Bei diesen Inszenierungen eigener ‚Größe‘ spielt der Nationalsozialismus eine wichtige Rolle, denn er bietet ein unerschöpfliches Reservoir für die Bebilderung von Allmachtsfantasien. Das Problem dabei ist jedoch, dass der Nationalsozialismus auch das Symbol für absolute Unmenschlichkeit und Zerstörung ist, weswegen bei aller Glorifizierung seine Verbrechen relativiert oder gar geleugnet werden.

Die Kluft zwischen dem eigenen Erleben und dem Schein von ‚Größe‘ und ‚Macht‘ kann immer größer werden. Viele erleben dies dann als Selbstentfremdung, denn das Selbst kann sich immer weniger auf seine Empfindungen verlassen. Das gilt vor allem auch dann, wenn sie selbst nicht den Idealen des ‚arischen Kämpfers‘ entspricht und ‚dunkle Flecken‘ in der eigenen Biografie existieren, so dass sie Teile von sich selbst ständig verbergen müssen.

Wenn die inneren Zweifel wachsen, beginnen sich die Rechten in der Regel auch eher für Menschen außerhalb ihrer Szene zu öffnen. Dann können sie durch Begegnungen mit anderen, die sie ernst nehmen, nachhaltig irritiert werden. Und sie beginnen zu ahnen, wie groß der Verlust an Mitmenschlichkeit aufgrund ihrer Abschottung von der Umwelt bisher war. Immer hatten sie sich in das monotone Braun einzupassen und der Gruppe unterzuordnen. Diese Gruppenzwänge hatten alle Lebendigkeit unterdrückt und das Interesse an der Umwelt abgetötet. Die Welt schrumpft in der rechten Szene auf „das Eigene" zusammen. Insofern verwundert es nicht, dass der Ausstieg von vielen zunächst als eine unglaubliche Befreiung erlebt wird. Endlich können sie wieder tun und lassen, was sie möchten und offen auf andere zugehen und so den Panzer aus Hass und starren Rollenmustern aufbrechen.

Schließlich kann die Konfrontation mit den Konsequenzen der eigenen Ideologie zu einer nachhaltigen Erschütterung der bisherigen Überzeugungen führen. Diese kann durch das Ausbleiben politischer Erfolge ausgelöst werden oder aber durch die Erfahrung von Zurückweisung durch die Gesellschaft, wenn diese deutlich macht, dass die Rechten keineswegs ihre Avantgarde oder gar ihre Elite sind, und sie im Gegenteil Gefahr laufen, aus der Gesellschaft ausgeschlossen zu werden.

Der Ausstieg selbst ist dann ein langer und mühseliger Prozess. Die Aussteiger müssen die Bindung an ihre bisherigen ‚Kameraden' aufgeben und sich aus den Verpflichtungen lösen, die sie im Kampf um ‚die Sache' eingegangen sind. Sie müssen sich ein neues soziales Umfeld, eine neue persönliche Perspektive aufbauen und nicht zuletzt müssen sie sich eingestehen, dass sie sich falsch entschieden und einen Großteil ihres bisherigen Lebens vergeudet haben. Dazu kommt die Angst vor einer ungewissen Zukunft, der sie sich oft nicht gewachsen fühlen. In dieser schwierigen Situation können Aussteigerprogramme helfen, eine neue Orientierung und neue Lebenszusammenhänge zu finden. Leider sind, wie eine aktuelle Befragung zeigt, die meisten dieser Programme jedoch nicht an einer inhaltlich-politischen Auseinandersetzung interessiert. Für sie steht die Eingliederung in ein ‚normales' Leben im Vordergrund, so dass rechtsextreme Einstellungen oft trotz ‚Ausstieg' weiter beibehalten werden.

Birgit Rommelspacher

Quellen

Apfel, Holger (Hrsg.) (1999): „Alles Große steht im Sturm". Tradition und Zukunft einer nationalen Partei. Stuttgart.

Deutscher Bundestag: NPD-Verbotsantrag vom 29.03.2001.

Deutsches Rechtsbüro (o. J.): Mäxchen Treuherz und die juristischen Fußangeln. Rechtsratgeber für den politischen Aktivisten zur Verwirklung von Grundrechten und Rechtsstaatlichkeit. Oberboihingen.

Eichberg, Henning (1978): Nationale Identität. Entfremdung und nationale Frage in der Industriegesellschaft. München.

Gansel, Jürgen W. (2005): Wesen und Wollen der „Dresdner Schule". Erklärung vom 3. Mai 2005, veröffentlicht auf: npd.de, am 14.02.2006.

GDF (Gemeinsch. dt. Frauen) (2002): Die Frau in der nationalen Bewegung (o.O.).

Molau, Andreas (1993): Alfred Rosenberg. Der Ideologe des Nationalsozialismus. Eine politische Biographie. Koblenz.

Molau, Andreas (1995): Opposition für Deutschland. Widerspruch und Erneuerung. Berg am See.

NPD (o. J.): Politisches Lexikon, unter Inhalte auf npd.de.

NPD (2003): Europaprogramm 2003. ohne Ort.

NPD-Parteivorstand (1999): Das strategische Konzept der NPD, in: Apfel, Holger (Hrsg.): „Alles Große steht im Sturm". Tradition und Zukunft einer nationalen Partei. Stuttgart, S. 356-360.

NPD-Parteivorstand (o. J.): Aktionsprogramm für ein besseres Deutschland, Berlin (Erstfassung ca. 2002, aktuelle überarbeitete Fassung ca. 2005).

NPD-Parteivorstand (2002): Strategische Leitlinien zur politischen Arbeit der NPD. Berlin.

NPD-Parteivorstand (2004): Parteiprogramm, 10. Aufl. (1. Aufl. 1997). Berlin.

NPD-Parteivorstand (2006): Argumente für Kandidaten und Funktionsträger. Eine Handreichung für die öffentliche Auseinandersetzung. Berlin.

Rosenberg, Alfred (1922): Der staatsfeindliche Zionismus, auf Grund jüdischer Quellen erläutert. Hamburg.

Scherer, Ellen-Doris (1999): Frauen in der NPD, in: Apfel, Holger (Hrsg.): „Alles Große steht im Sturm". Tradition und Zukunft einer nationalen Partei. Stuttgart, S. 310-313.

Schwab, Jürgen (1999): Deutsche Bausteine. Grundlagen nationaler Politik. Riesa.

Voigt, Udo (1999a): Der Bundesorganisationsleiter Holger Apfel, in: Apfel, Holger (Hrsg.): „Alles Große steht im Sturm". Tradition und Zukunft einer nationalen Partei. Stuttgart, S. 330.

Voigt, Udo (1999b): Mit der NAPO auf dem Weg in das neue Jahrtausend, in: Apfel, Holger (Hrsg.): „Alles Große steht im Sturm". Tradition und Zukunft einer nationalen Partei. Stuttgart, S. 469- 475.

Literaturverzeichnis

Ahlheim, Klaus (2001): Pädagogik mit beschränkter Haftung. Politische Bildung gegen Rechtsextremismus. Schwalbach/Ts.

Ahlheim, Klaus (Hrsg.) (2003): Intervenieren, nicht resignieren. Rechtsextremismus als Herausforderung für Bildung und Erziehung. Schwalbach/Ts.

Alter, Peter (1985): Nationalismus. Frankfurt/M.

Antifa-Kommission des KB (Hrsg.) (1980): Wie kriminell ist die. NPD? Analysen, Dokumente, Namen. Hamburg.

Antifaschistisches Autorenkollektiv (1996): Drahtzieher im braunen Netz. Ein aktueller Überblick über den Neonazi-Untergrund in Deutschland und Österreich. Hamburg.

Antifaschistisches Autorenkollektiv Berlin (1992): Drahtzieher im braunen Netz. Der Wiederaufbau der NSDAP. Berlin/Amsterdam.

Antifaschistisches Pressearchiv und Bildungszentrum Berlin (apabiz) et al. (2007): Berliner Zustände. Ein Schattenbericht zu Diskriminierung, Rassismus und Rechtsextremismus. Berlin.

Antifaschistisches Pressearchiv und Bildungszentrum Berlin (apabiz) (2007): Die Nationaldemokratische Partei Deutschlands (NPD). Eine Handreichung zu Programm, Struktur, Personal und Hintergründen. Berlin, download: apabiz. de/aktuell/NPD.pdf

Arbeitsstelle Neonazismus & Argumente und Kultur gegen Rechts e.V. (2005): Argumentationshilfe gegen die „Schulhof-CD" der NPD. Eine Handreichung. Düsseldorf/Bielefeld, download unter News: arbeitsstelle-neonazismus.de.

Arbeitsstelle Neonazismus & Argumente und Kultur gegen Rechts e.V. (2006): Argumentationshilfe gegen die Neuauflage der „Schulhof-CD" der NPD. Düsseldorf/Bielefeld, download unter News: arbeitsstelle-neonazismus.de.

Balibar, Etienne (1990): Gibt es einen Neo-Rassismus?, in: Ders.; Wallerstein, Immanuel: Rasse, Klasse, Nation. Ambivalente Identitäten. Hamburg, S. 23-39.

Becker, Reiner (2007): Ein normales Familienleben. Interaktion und Kommunikation zwischen „rechten" Jugendlichen und ihren Eltern. Schwalbach/Ts.

Begründung (2000): Begründung des Verbotsantrages der Bundesregierung vom 27. Oktober 2000 (vollständige Fassung), download unter: extremismus.com/dox/gruende.pdf.

Beier, Katharina/Bogitzky, Jenny/Buchstein, Hubertus/Feike, Katharina/Fischer, Benjamin/Freyber, Pierre/Strüwing, Mathias/Wiedemann; Tim (2006): Die NPD in den kommunalen Parlamenten Mecklenburg-Vorpommerns. Greifswald.

Benz, Wolfgang (1997): Nationalsozialistische Deutsche Arbeiterpartei (NSDAP), in: Benz, Wolfgang/Graml, Hermann/Weiß, Hermann (Hrsg.): Enzyklopädie des Nationalsozialismus. Stuttgart, S. 601-606.

Borrmann, Stefan (2005): Soziale Arbeit mit rechten Jugendcliquen. Wiesbaden.

Brähler, Elmar/Decker, Oliver (2004): Einstellungen zu Juden und Amerikanern, Einschränkungen der Bürgerrechte, Militäraktionen und Ausländerängste in Deutschland, in: psychosozial, Heft II, 27. Jg., S. 115-127.

Brandstetter, Marc (2006a): Die NPD im 21. Jahrhundert. Eine Analyse ihrer aktuellen Situation, ihrer Erfolgsbedingungen und Aussichten. Marburg.

Brandstetter, Marc (2006b): Die vier Säulen der NPD, in: Blätter für deutsche und internationale Politik, Heft 9, S. 1029-1031.

Brauns, Miriam/Fehn, Karsten (2002): Parteiverbotsverfahren nach Art. 21 Abs. 2 GG und NPD-Verbotsantrag, in: Ooyen, Robert Chr. Van/Möllers, Martin H. W. (Hrsg.): Die Öffentliche Sicherheit auf dem Prüfstand. 11. September und NPD-Verbot. Frankfurt/M., S. 131-173.

Bröder, Friedrich J. (1969): Deutsche Nachrichten. Ein Sprachrohr des Rechtsradikalismus. Eine Studie zur Propagandatechnik und -methode. Mainz.

Bündnis 90/Die Grünen (Hrsg.) (2007): Grenzen lokaler Demokratie. Zivilgesellschaftliche Strukturen gegen Nazis im ländlichem Raum. Berlin.

Cremet, Jean (2000): Eine „Partei neuen Typs"? Die NPD zwischen NS-Nostalgie und Nationalbolschewismus, in: Blätter für internationale Politik, Nr. 7, S. 1079-1087.

Cremet, Jean: Kein Kameraden, in: blick nach rechts, 08.02.2001, S. 7.

Decker, Oliver/Brähler, Elmar/Geißler, Norman (2006): Vom Rand zur Mitte – Rechtsextreme Einstellungen und ihre Einflussfaktoren in Deutschland. Berlin.

Demokratische Aktion (Hrsg.) (1968): Verbot oder Auflösung der NPD? Warum die „Demokratische Aktion" nicht das Verbot, sondern die Auflösung der NPD fordert, München.

Deutscher Bundestag: Bekanntmachung von Rechenschaftsberichten politischer Parteien, Jahre 1990 bis 2005.

DGB- Bildungswerk e. V. (Hrsg.) (1999): Die NPD und ihr nationalrevolutionäres Umfeld: Materialien zur neueren ideologischen Entwicklung, 2. Aufl., Frankfurt/M.

Diner, Dan (2002) Feindbild Amerika. Über die Beständigkeit eines Ressentiments. München.

Döring, Uta (2006): „National befreite Zonen". Zur Entstehung und Karriere eines Kampfbegriffs, in: Klärner, Andreas/Kohlstruck, Michael (Hrsg.): Moderner Rechtsextremismus in Deutschland. Hamburg, S. 177-206.

Döring, Uta (2007): „Angstzonen/national befreite Zonen" aus medialer und lokaler Perspektive, unv. Dissertationsschrift, Fakultät I Geisteswissenschaften der Technischen Universität. Berlin.

Dornbusch, Christian/Raabe, Jan (Hrsg.) (2002): RechtsRock. Bestandsaufnahme und Gegenstrategien. Hamburg/Münster.

Dudek, Peter/Jaschke, Hans-Gerd (1984): Entstehung und Entwicklung des Rechtsextremismus in der Bundesrepublik. Zur Tradition einer politischen Kultur, Band 1. Opladen.

Dudek, Peter/Jaschke, Hans-Gerd (1984): Entstehung und Entwicklung des Rechtsextremismus in der Bundesrepublik. Zur Tradition einer politischen, Kultur. Band 2. Dokumente und Materialien. Opladen.

Elchlepp, Dietrich/Heiner, Hans-Joachim (1969): Zur Auseinandersetzung mit der NPD. Aktionen und Argumente gegen den Rechtsradikalismus. München.

Erb, Rainer (1999): DVU und NPD im brandenburgischen Wahlkampf, in: Deutschland Archiv. Zeitschrift für das vereinigte Deutschland, 32. Jahrgang 1999, S. 947-952.

Falter, Jürgen W. (1980): Wählerbewegungen vom Liberalismus zu rechtsextremen Parteien. Ein Forschungsbericht am Beispiel des NSDAP-Aufstiegs 1928-1933 und der NPD-Erfolge 1966-1970, in: Albertin, Lothar (Hrsg.): Politischer Liberalismus in der Bundesrepublik. Göttingen, S. 92-124.

Falter, Jürgen W. (1994): Wer wählt rechts? Die Wähler und Anhänger rechtsextremistischer Parteien im vereinten Deutschland. München.

Falter, Jürgen W./Jaschke, Hans-Gerd/Winkler, Jürgen R. (Hrsg.) (1996): Rechtsextremismus. Ergebnisse und Perspektiven der Forschung (Politische Vierteljahresschrift Sonderheft 27/1996). Opladen.

Fascher, Eckhard (1994): Modernisierter Rechtsextremismus? Ein Vergleich der Parteigründungsprozesse der NPD und der Republikaner in den sechziger und achtziger Jahren. Berlin.

Fichter, Michael/Kreis, Joachim/Stöss, Richard/Zeuner, Bodo (2005): Projekt ‚Gewerkschaften und Rechtsextremismus'. Abschlussbericht, download unter polwiss. fu-berlin.de/projekte/gewrex/gewrex_anfang.htm.

Fischer, Jörg (2001): Das NPD-Verbot. Berlin.

Flad, Henning (2006): Zur Ökonomie der rechtsextremen Szene – Die Bedeutung des Handels mit Musik. In: Klärner, Andreas/Kohlstruck, Michael (Hrsg.): Moderner Rechtsextremismus in Deutschland. Hamburg, S. 102-115.

Flemming, Lars (2005): Das NPD-Verbotsverfahren. Vom „Aufstand der Anständigen" zum „Aufstand der Unfähigen". Baden-Baden.

Fraktion Bündnis 90/ Die Grünen im Sächsischen Landtag: Die NPD-Fraktion im Sächsischen Landtag: Strategie und Ideologie. Dresden.

Funke, Hajo (2002): Paranoia und Politik. Rechtsextremismus in der Berliner Republik. Berlin.

Gertoberens, Klaus (Hrsg.) (2004): Die braune Gefahr in Sachsen. Personen, Fakten, Hintergründe. Dresden.

Götz, Wolfgang; Bossle, Lothar (1969): Parolen und Realitäten. Die NPD in Fragen und Antworten, Mainz.

Hafeneger, Benno (1997): Sozialstruktur der extremen Rechten. Mandatsträger der „Republikaner" und der NPD am Beispiel der hessischen Kommunalparlamente. Schwalbach/Ts.

Hafeneger, Benno (2006a): Rechte Jugend – jugendlicher Rechtsextremismus auf dem Lande, in: Sozial Extra, Volume 30, Heft 9, September 2006, S. 34-37.

Hafeneger, Benno (2006b): „Rattenfänger von Hameln". Rechtsextreme Jugendarbeit in Stadt und Land, in: deutsche jugend, 54. Jg. Heft 12, S. 509-511.

Hansen, Henning (2007): Die Sozialistische Reichspartei. Aufstieg und Scheitern einer rechtsextremen Partei. Düsseldorf.

Hartleb Florian (2007): Das intellektuelle Sprachrohr der NPD? Die Deutsche Stimme in Geschichte und Gegenwart, unveröffentlichtes Manuskript.

Heitmeyer, Wilhelm (1999): Sozialräumliche Machtversuche des ostdeutschen Rechtsextremismus. Zum Problem unzureichender politischer Gegenöffentlichkeit in Städten und Kommunen, in: Kalb, Peter E./Sitte, Karin/Petry, Christian (Hrsg.): Rechtsextremistische Jugendliche – was tun? Weinheim/Basel.

Heni, Clemens (2007): Salonfähigkeit der Neuen Rechten. Nationale Identität. Antisemitismus und Antiamerikanismus in der politischen Kultur der Bundesrepublik Deutschland 1970-2005. Marburg.

Hirschfeld, Uwe/Kleinert, Ulrike (Hrsg.) (2000): Zwischen Ausschluß und Hilfe. Soziale Arbeit und Rechtsextremismus. Leipzig.

Hoffmann, Uwe (1999): Die NPD. Entwicklung, Ideologie und Struktur. Frankfurt/M. et al.

Hollander, Paul (1992) Anti-Americanism: Critiques at Home and Abroad, 1965-1990. New York.

Holtmann, Everhard (2002): Die angepassten Provokateure. Aufstieg und Niedergang der rechtsextremen DVU als Protestpartei im polarisierten Parteiensystem Sachsen-Anhalts. Opladen.

Holz, Klaus (2005): Die Gegenwart des Antisemitismus. Islamistische, demokratische und antizionistische Judenfeindschaft. Hamburg.

Honneth, Axel (1992): Kampf um Anerkennung. Zur moralischen Grammatik sozialer Konflikte. Frankfurt/M.

Hormel, Ulrike/Scherr, Albert (2005): Bildung für die Einwanderungsgesellschaft. Berlin.

Hufer, Klaus-Peter (2006): Argumente am Stammtisch. Erfolgreich gegen Parolen, Palaver, Populismus. Bonn.

Jaschke, Hans-Gerd (2000): Rechtsstaat und Rechtsextremismus, in: Wilfried Schubarth/Stöss, Richard (Hrsg.): Rechtsextremismus in der Bundesrepublik Deutschland. Eine Bilanz. Bonn, S. 314-332.

Kellershohn, Helmut (Hrsg.) (1994): Das Plagiat. Der völkische Nationalismus der Jungen Freiheit. Duisburg.

Klärner, Andreas; Kohlstruck, Michael (Hrsg.) (2006): Moderner Rechtsextremismus in Deutschland. Hamburg.

Klingemann, Hans D. (1971): Politische und Soziale Bedingungen der Wählerbewegungen zur NPD. Fallstudie Baden-Württemberg, in: Wildemann, Rudolf (Hrsg.): Sozialwissenschaftliches Jahrbuch für Politik. Band 2, München, Wien, S. 563-602.

Kohlstruck, Michael (2002): Rechtsextreme Jugendkultur und Gewalt. Berlin.

Kohlstruck, Michael (2004): Fundamentaloppositionelle Geschichtspolitik – Die Mythologisierung von Rudolf Heß im deutschen Rechtsextremismus, in: Fröhlich, Claudia/Heinrich, Horst-Alfred (Hrsg.): Geschichtspolitik. Wer sind ihre Akteure, wer ihre Rezipienten. Stuttgart, S. 95-109.

Korff, Gottfried (1991): Symbolgeschichte als Sozialgeschichte? in: Warneken, Bernd

Jürgen (Hrsg.): Massenmedium Straße. Zur Kulturgeschichte der Demonstration. Frankfurt/M., S. 17-36.

Krafeld, Franz-Josef u. a. (1996): Die Praxis akzeptierender Jugendarbeit. Konzepte – Erfahrungen – Analysen aus der Arbeit mit rechten Jugendcliquen. Opladen.

Kühnl, Reinhard/Rilling, Rainer/Sager, Christine (1969): Die NPD. Struktur, Ideologie und Funktion einer neofaschistischen Partei. Frankfurt/M.

Laue, Sabine (1993): Die NPD unter dem Viermächtestatus Berlins – Verhandlungsmasse zwischen den Großmächten. Egelsbach.

Leggewie, Claus/Meier, Horst (Hrsg.) (2002): Verbot der NPD oder mit Nationaldemokraten leben? Franfurt/M.

Lenk, Kurt (2005): Rechtsextreme „Argumentationsmuster", in: Aus Politik und Zeitgeschichte, Heft 42, S. 17-22.

Liepelt, Klaus (1967): Anhänger der neuen Rechtspartei. Ein Beitrag zur Diskussion über das Wählerreservoir der NPD, in: Politische Vierteljahresschrift, 8. Jg., S. 237-271.

Lynen van Berg, Heinz/Pallocks, Kerstin/Steil, Armin (2007): Interventionsfeld Gemeinwesen. Evaluation zivilgesellschaftlicher Strategien gegen Rechtsextremismus. Weinheim/München.

Lynen von Berg, Heinz; Tschiche, Hans-Joachim (Hrsg.) (2002): NPD – Herausforderung für die Demokratie? Berlin.

Maier, Hans/Bott, Hermann (1968): Die NPD. Struktur und Ideologie einer „nationalen Rechtspartei". München.

Mallmann, Klaus-Michael/Cüppers, Martin (2006): Halbmond und Hakenkreuz. Das „Dritte Reich", die Araber und Palästina. Darmstadt.

Markovits, Andrei S. (2004): Amerika, dich haßt sich's besser. Antiamerikanismus und Antisemitismus in Europa. Hamburg.

Mecklenburg, Jens (Hrsg.) (1996): Handbuch Deutscher Rechtsextremismus, Berlin.

Mecklenburg, Jens (Hrsg.) (1999), Braune Gefahr. DVU, NPD, REP: Geschichte und Zukunft. Berlin.

Miteinander e.V. (Hrsg.) (2007): Streiten mit Neonazis? Zum Umgang mit öffentlichen Auftritten von Rechtsextremisten. Magdeburg.

Mobile Beratung gegen Rechtsextremismus in Berlin (MBR) et al. (2006): Wir haben die Wahl! Empfehlungen zum Umgang mit rechtsextremen Organisationen im Wahlkampf. Berlin, download unter: mbr-berlin.de/Materialien/94.html.

Mobile Beratung gegen Rechtsextremismus in Berlin (MBR)/Kulturbüro Sachsen e.V./Netzwerk Demokratie und Courage Sachsen (2005): Umgang mit rechtsextremen Besucher/innen bei öffentlichen und nicht-öffentlichen Veranstaltungen. Berlin, download unter: mbr-berlin.de/Materialien/77.html.

Möller, Kurt (2006): Einstiegsprozesse rechtsextrem orientierter Skinheads, in: deutsche jugend, Jg. 54, Heft 6, S. 259-267.

Mudde, Cas (1995): Right-wing extremism analyzed. A comparative analysis of the ideologies of three alleged right-wing extremist parties (NPD, NDP, CP'86), in: European Journal of Political Research, Volume 27, No. 02, S. 203-224.

Müller, Leo A. (1989): Republikaner, NPD, DVU, Liste D. Göttingen.

Münchmeier, Richard (1998): Was ist Offene Jugendarbeit? – eine Standortbestimmung, in: Deinet, Ulrich/Sturzenhecker, Benedikt (Hrsg.): Handbuch Offene Jugendarbeit. Münster, S. 13-23.

Neubacher, Bernd (1996): NPD, DVU-Liste D, Die Republikaner. Ein Vergleich ihrer Ziele, Organisationen und Wirkungsfelder. Köln.

Niethammer, Lutz (1969): Angepasster Faschismus. Politische Praxis der NPD. Frankfurt/M.

Noll, Adolf/Plitt, Werner/Ridder, Winfried (1970): die NPD. Programmatik und politisches Verhalten. Bonn.

Ooyen, Robert Chr. Van (2002): Kaltes Parteienverbot – das NPD-Verfahren im rechtspolitischen Rückblick des FAP-Beschlusses. In: Ooyen, Robert Chr. Van/ Möllers, Martin H. W. (Hrsg.): Die Öffentliche Sicherheit auf dem Prüfstand. 11. September und NPD-Verbot. Frankfurt/M., S. 121-129.

Ostendorf, Berndt (2004): Die sogenannte Amerikanisierung Deutschlands. Eine Bilanz der Erfahrungen nach 40 Jahren, in: ejournal.thing.at/Essay/usgerm.html, eingesehen am 30.06.2007.

Pfahl-Traughber, Armin (1999): Der „zweite" Frühling der NPD zwischen Aktion und Politik, in: Backes, Uwe/Jesse, Eckhard (Hrsg.): Jahrbuch Extremismus & Demokratie, 11. Jg., Baden-Baden, S. 146-166.

Pfeiffer, Thomas (2007): Menschenverachtung mit Unterhaltungswert: Musik, Symbole, Internet – Rechtsextremismus als Erlebniswelt. In: Pfeiffer, Thomas/ Glaser, Stefan (Hrsg.): Erlebniswelt Rechtsextremismus. Menschenverachtung mit Unterhaltungswert. Schwalbach/Ts., S. 36-52.

Prüfstand (o.J.): Auf dem Prüfstand der Demokratie. Zur Analyse und geistigen Auseinandersetzung mit der NPD. Mainz o.J. [um 1967]

Ptak, Ralf (1996): Wirtschaftspolitik und die extreme Rechte. Betrachtungen zu einer wenig behandelten Frage, in: Mecklenburg, Jens (Hrsg.), Handbuch deutscher Rechtsextremismus, Berlin, S. 901-922.

Ptak, Ralf (1999): Die soziale Frage als Politikfeld der extremen Rechten. Zwischen marktwirtschaftlichen Grundsätzen, vormodernem Antikapitalismus und Sozialismus-Demagogie, in: Mecklenburg, Jens (Hrsg.), Braune Gefahr, Berlin, S. 97-145

Rabinovici, Doron/Speck, Ulrich/Sznaider, Natan (Hrsg.) (2004): Neuer Antisemitismus? Eine globale Debatte. Frankfurt/M.

Reich, Franziska; Krause, Dieter (2005): NPD – Bieder, brav und brandgefährlich, in: Stern, Nr. 5, S. 46-58.

Richards, Fred H. (1967): Die NPD. Alternative oder Wiederkehr? München/ Wien.

Rommelspacher Birgit (2006): „Der Hass hat uns geeint". Junge Rechtsextreme und ihr Ausstieg aus der Szene. Frankfurt/M.

Röpke, Andrea (2005): „Retterin der weißen Rasse". Rechtsextreme Frauen zwischen Straßenkampf und Mutterrolle. Braunschweig.

Röpke, Andrea (2005): „Wir erobern die Städte vom Land aus!" Schwerpunktaktivitäten der NPD und Kameradschaftsszene in Niedersachsen. Braunschweig.

Röpke, Andrea/Speit, Andreas (Hrsg.) (2004): Braune Kameradschaften. Die neuen Netzwerke der militanten Neonazis. Berlin.

Röpke, Andrea/Speit, Andreas (Hrsg.) (2005): Braune Kameradschaften. Die militanten Neonazis im Schatten der NPD, 2., veränderte und aktualisierte Auflage. Berlin.

Scherr, Albert (2001): Pädagogische Interventionen. Gegen Fremdenfeindlichkeit und Rechtsextremismus. Schwalbach/Ts..

Schmidt, Giselher (1968): Ideologie und Propaganda der NPD, in: Aus Politik und Zeitgeschichte, Beilage zur Wochenzeitung Das Parlament, Nr. B7/68, S. 4-22.

Schmidt, Giselher (2001): Rassistisch, gewaltbereit. Die NPD und ihre „Deutsche Stimme", in: Liberal. Vierteljahreshefte für Politik und Kultur, 43. Jg., S. 26-29.

Schmitz-Berning, Cornelia (2000): Vokabular des Nationalsozialismus. Berlin/New York.

Schmollinger, Horst W. (1984): Die Deutsche Reichspartei, in: Stöss, Richard (Hrsg.) (1984): Parteien-Handbuch. Die Parteien der Bundesrepublik Deutschland 1945 bis 1980, Band I: AUD bis EFP. Berlin, S. 1112-1191.

Schmollinger, Horst W. (1984): Die Nationaldemokratische Partei Deutschlands, in: Richard Stöss (Hrsg.), Parteien-Handbuch. Die Parteien der Bundesrepublik Deutschland 1945-1980. Opladen, S. 1922-1994.

Schneider, Gerhard (1997): Geschichtsbild, in: Bergmann, Klaus et al. (Hrsg.): Handbuch der Geschichtsdidaktik, 5. Aufl., Seelze-Velber, S. 290-293.

Schobert, Alfred (2000): ‚Kulturrevolution‘ im Neonazismus der 80er Jahre. Antiamerikanismus, Antisemitismus und die Mär von der arabischen Welt als natürlichem Alliierten der Deutschen, in: Archiv Notizen des DISS, Nr. 1, S. 4-9.

Schobert, Alfred (2000): Gewalt und Geborgenheit – Rechte „Raum"-Diskurse, in: Widersprüche. Zeitschrift für sozialistische Politik im Bildungs-, Geborgenheits- und Sozialbereich, Nr. 78, Heft 4, S. 85-95.

Schulze, Rudolf (2004): Zur Kritik der aktzeptierenden Jugendarbeit mit rechtsradikalen Jugendlichen. Bremen.

Smoydzin, Werner (1967): NPD. Geschichte und Umwelt einer Partei. Analyse und Kritik. Pfaffenhofen/Ilm.

Sozialdemokratische Partei Deutschlands (Hrsg.) (2006): Hetzer, Schläger, Demagogen. Ideologie und Strategie der NPD. Berlin.

Speit, Andreas (2005): Mythos Kameradschaft, Gruppeninterne Gewalt im neonazistischen Spektrum. Braunschweig.

Sprado Werner (2002): NPD. Strategie und Taktik einer verfassungsfeindlichen Partei. In: Lynen von Berg, H./Tschiche, H.-J. (Hrsg.): NPD – Herausforderung für die Demokratie? Berlin, S. 31-44.

Statistisches Bundesamt (2006): Statistisches Jahrbuch 2006. Für die Bundesrepublik Deutschland. Wiesbaden.

Staud, Toralf (2005): Moderne Nazis. Die neuen Rechten und der Aufstieg der NPD. Köln.

Steglich, Hendrik (2005): Die NPD in Sachsen. Organisatorische Voraussetzungen ihres Wahlerfolgs 2004. Göttingen.

Stöss, Richard (2001): Ideologie und Strategie des Rechtsextremismus, in: Schubarth, Wilfried/Stöss, Richard (Hrsg.): Rechtsextremismus in der Bundesrepublik Deutschland. Eine Bilanz. Opladen, S. 101-130.

Stöss, Richard (2005): Die NPD – Erfolgsbedingungen einer rechtsextremen Partei, in: Jahrbuch für Antisemitismusforschung, 14 Jg., S. 41-59.

Striegel, Sebastian (2007): Schutzgemeinschaft Deutscher Acker, in: Gen-ethischer Informationsdienst, 23. Jh, Heft 181, S. 56-58.

Strobl, Rainer/Würtz, Stefanie/Klemm, Jana (2003): Demokratische Stadtstrukturen als Herausforderung. Stadtgesellschaften im Umgang mit Rechtsextremismus und Fremdenfeindlichkeit. Weinheim/München.

Uwer, Thomas/Osten-Sacken, Thomas von der/Woeldike, Andrea (Hrsg.) (2003): Amerika. Der ‚War on Terror" und der Aufstand der Alten Welt. Freiburg.

Virchow, Fabian (2006): Gegen den Zivilismus. Internationale Beziehungen und Militär in den politischen Konzeptionen der extremen Rechten. Wiesbaden.

Virchow, Fabian (2006): Dimensionen der „Demonstrationspolitik" der extremen Rechten in der Bundesrepublik Deutschland, in: Klärner, Andreas/Michael Kohlstruck (Hrsg.): Moderner Rechtsextremismus in Deutschland. Hamburg, S. 68-101.

Virchow, Fabian (2007): Die extreme Rechte als globalisierungskritische Bewegung? In: Niederbacher, Arne/Bemerburg, Ivonne (Hrsg.): Die Globalisierung und ihre Kritik(er). Wiesbaden, S. 215-232.

Wolfrum, Edgar (2002): Geschichte als Waffe. Vom Kaiserreich bis zur Wiedervereinigung. Göttingen.

Zeuner, Bodo/Gester, Jochen/Fichter, Michael/Kreis, Joachim/Stöss, Richard (2007): Gewerkschaften und Rechtsextremismus. Münster.

Autorenverzeichnis

Robert Andreasch, *1973, Studium der Humanmedizin, Soziologie, Sozialpsychologie und Pädagogik, arbeitet an der Ludwig-Maximilians-Universität München und als freiberuflicher Journalist, zahlreiche Beiträge über die extreme Rechte in Süddeutschland für Printmedien sowie Radio und Fernsehen.

Reiner Becker, *1971, Dr. phil., studierte Politikwissenschaft, Soziologie und Philosophie in Göttingen und Marburg, derzeit wissenschaftlicher Mitarbeiter am Institut für Erziehungswissenschaften der Philipps-Universität Marburg, jüngste Veröffentlichungen ‚Ein normales Familienleben. Interaktion und Kommunikation zwischen rechten Jugendlichen und ihren Eltern' (2007) und gemeinsam mit Benno Hafeneger ‚Rechte Jugendcliquen. Zwischen Unauffälligkeit und Provokation. Eine Studie' (2007).

David Begrich, *1972, ist Mitarbeiter der Arbeitsstelle Rechtsextremismus bei Miteinander e.V. in Magdeburg und beschäftigt sich vor allem mit neonazistischen Gruppierungen, veröffentlichte mit Christian Dornbusch und Jens Raabe 2007 ‚RechtsRock – Made in Sachsen-Anhalt'.

Gideon Botsch, *1970, Dr. phil., Politikwissenschaftler, wissenschaftlicher Mitarbeiter am Moses-Mendelssohn-Zentrum, Universität Potsdam, Forschungsschwerpunkt ‚Antisemitismus- und Rechtsextremismusforschung'. Jüngste Veröffentlichung ‚Rechtsextremismus in Brandenburg. Handbuch für Analyse, Prävention und Intervention', herausgegeben mit J.H. Schoeps, C. Kopke und L. Rensmann, Berlin, 2007.

Friedemann Bringt, *1972, Sozialpädagoge, Fachreferent und Projektleiter der Mobilen Beratungsteams im Kulturbüro Sachsen e.V. gegen Rechtsextremismus, verschiedene Veröffentlichungen zum Thema, u.a. zusammen mit Lorenz Korgel: Wahrnehmen – Deuten – Handeln. Strategien im Umgang mit Rechtsextremismus (2005).

Roland Brust, *1979, Student der Politikwissenschaft an der Freien Universität Berlin.

Friedrich C. Burschel, *1972, Historiker und Politologe, von 2003 – 2006 Leiter der ‚Netzwerkstelle gegen Rechtsextremismus' bei Radio LOTTE Weimar, als dessen Redaktionsleiter er neben seiner Tätigkeit als freier Publizist in München fungiert. Er ist u.a. Mitautor von ‚Nur ein Toter mehr ... Alltäglicher Rassismus in Deutschland und die Hetzjagd von Guben'.

Henning Buse, *1967, Journalist mit Schwerpunkt ‚Extreme Rechte und Internet' & Netzpolitik, Herausgeber vom ‚informationsdienst für antifaschismus und antirassismus (idafar)'.

Christian Dornbusch, *1970, Promotionsstipendiat der Friedrich-Ebert-Stiftung an der Heinreich-Heine-Universität Düsseldorf, Arbeitsschwerpunkt Jugend- und Kultursoziologie sowie Rechtsextremismus, schreibt regelmäßig für die Zeitschrift ‚Der Rechte Rand', veröffentlichte 2006 gemeinsam mit Hans-Peter Killguss ‚Unheilige Allianzen. Black Metal zwischen Satanismus, Heidentum und Neonazismus' und 2007 mit Jan Raabe und David Begrich ‚RechtsRock – Made in Sachsen-Anhalt'.

Uta Döring, *1961, Dr. phil, Studium der Politischen Wissenschaften und Geschichte in Freiburg und Berlin, wissenschaftliche Mitarbeiterin im International Knowledge Network for Sustainable Development (IKN-Network) an der TU-Berlin in Kooperation mit der UMC Potsdam – University of Management and

Communication (FH), jüngste Veröffentlichung: ,Angstzonen. Rechtsdominierte Orte aus medialer und lokaler Perspektive', Wiesbaden 2007.

Martin Dulig, *1974, studierte Erziehungswissenschaften und Sozialpädagogik in Dresden, seit 2004 Abgeordneter des Sächsischen Landtags, Vorsitzender der SPD-Landtagsfraktion, stellvertrentender Vorsitzender des Netzwerks für Demokratie und Courage e.V.

Gabi Elverich, *1972, Lehramtsstudium in Göttingen, Promotion zum Thema Demokratische Schulentwicklung als Interventionsstrategie gegen Rechtsextremismus, Forschungsnetzwerk Frauen und Rechtsextremismus, politische Bildungsarbeit mit den Schwerpunkten Antidiskriminierung, Rechtsextremismus und Demokratieentwicklung.

Michael Fichter, *1946, promovierter Politikwissenschaftler, Mitarbeiter der Arbeitsstelle Nationale und Internationale Gewerkschaftspolitik am Otto-Suhr-Institut für Politikwissenschaft der FU Berlin. Lehre und Forschung zur Europäisierung und Globalisierung der Arbeitsbeziehungen.

Hajo Funke, *1944, Professor für Politik and Kultur am Institut für Politische Wissenschaft, Freie Universität Berlin, veröffentlichte 2002 ,Paranoia und Politik. Rechtsextremismus in der Berliner Republik' (Berlin) 2006 ,Gott Macht Amerika. Ideologie, Religion und Politik der us-amerikanischen Rechten' (Berlin).

Wolfgang Gessenharter, *1942, emerit. Professor für Politikwissenschaft an der Helmut-Schmidt-Universität Hamburg, zuletzt veröffentlicht ,Der Schmittismus der ,Jungen Freiheit' und seine Unvereinbarkeit mit dem Grundgesetz', in: Stephan Braun & Ute Vogt (Hrsg.): Die Wochenzeitung ,Junge Freiheit', Wiesbaden, 2007.

Claudia Globisch, *1977, wissenschaftliche Mitarbeiterin am Institut für Soziologie der Universität Erlangen, letzte Veröffentlichung ,Gegenwärtige linke und rechte Semantiken zwischen Antisemitismus, antisemitischem Antizionismus und Israelfeindschaft', in ,Die Natur der Gesellschaft. Verhandlungsband des 33. Kongresses der Deutschen Gesellschaft für Soziologie in Kassel 2006', herausgegeben von Karl-Siegbert Rehberg, Frankfurt/M., 2007.

Benno Hafeneger, *1948, Dr. phil., Professor für Erziehungswissenschaft an der Philipps-Universität Marburg; letzte Veröffentlichungen ,Rechte Jugendcliquen. Zwischen Unauffälligkeit und Provokation' (2007) zusammen mit Reiner Becker, sowie ,Zivilgesellschaftliches Engagement gegen die extreme Rechte in Hessen' (2007), zusammen mit M. Frölich, C. Kaletzsch und H. Oppenhäuser.

Alexander Häusler, * 1963, Sozialwissenschaftler, wiss. Mitarbeiter der Arbeitsstelle Neonazismus an der FH-Düsseldorf, aktuelle Veröffentlichungen ,Kommunales Integrationskonzept Oberhausen', herausgegeben von der Stadt Oberhausen, 2007, sowie ,Rechtspopulismus im Mantel einer Bürgerbewegung', herausgeben vom Migrationsrat der Stadt Oberhausen, 2007.

Cordelia Heß, *1977, promovierte Historikerin, derzeit Lehrbeauftragte an der Universität Hamburg, Mitarbeit im ,Forschungsnetzwerk Frauen und Rechtsextremismus', Mitherausgeberin und -autorin von ,Braune Schwestern? Feministische Analysen zu Frauen und Rechtsextremismus' (2005).

Alexander Hoffmann, *1965, Rechtsanwalt aus Kiel mit den Schwerpunkten Straf-, Polizei-, Presserecht und aktiv in antifaschistischen Initiativen, ist seit zehn Jahren mit versammlungsrechtlichen Fragen und Nebenklagen im Kontext neonazistischer Aktivitäten befasst.

Hans-Gerd Jaschke, *1952, Dr. phil, seit 1996 Professor für Politikwissenschaft an der FHVR Berlin, zwischenzeitlich 2002-2007 Leiter FB Rechts- und Sozialwissenschaften an der Deutschen Hochschule der Polizei Münster, letzte Veröffentlichungen ‚Politischer Extremismus‘, Wiesbaden 2006 sowie ‚Perspectives of Police Science in Europe‘, mit T. Björgö, F. del Barrio Romero, C. Kwanten, R. Mawby, M. Pagon, Bramshill, United Kingdom, 2007.

Ulli Jentsch, *1964, freier Journalist und Bildungsarbeiter, seit 2001 Mitarbeiter, derzeit als Projektleiter, des ‚Antifaschistischen Pressearchiv und Bildungszentrum Berlin‘ (apabiz), diverse Artikel zur Thematik ‚extreme Rechte‘, zuletzt ‚Spurensuche: Rechte Symbole im Straßen- und Stadtbild‘, in Polis, Nr. 1, 2007.

Helmut Kellershohn, *1949, Oberstudienrat an einem Moerser Gymnasium, Mitarbeiter am Duisburger Institut für Sprach- und Sozialforschung (DISS), diverse Veröffentlichungen zur Neuen Rechten und zum Neokonservatismus.

Rena Kenzo, *1966, Autorin und Journalistin, arbeitet seit Jahren speziell zu Mädchen und Frauen in der extremen Rechten in Deutschland und international.

Hans-Peter Killguss, *1975, Studium der Erwachsenenbildung und der Politikwissenschaft in Köln, arbeitet in der antirassistischen Jugendbildungsarbeit, derzeit im gewerkschaftlichen Verein ‚Mach meinen Kumpel nicht an!‘, veröffentlichte 2006 gemeinsam mit Christian Dornbusch ‚Unheilige Allianzen. Black Metal zwischen Satanismus, Heidentum und Neonazismus‘.

Andreas Klärner, *1970, Dr. phil., Soziologe, derzeit wissenschaftlicher Mitarbeiter am Max-Planck-Institut für demografische Forschung, letzte Veröffentlichungen: ‚Moderner Rechtsextremismus in Deutschland‘ (2006), herausgegeben gemeinsam mit Michael Kohlstruck, sowie ‚Rechtsextremismus, die soziale Frage und Globalisierungskritik' (2006), gemeinsam mit Thomas Grumke.

Bianca Klose, *1973, Studium der Politologie, Soziologie und Germanistik, seit 2001 Leiterin der ‚Mobilen Beratung gegen Rechtsextremismus in Berlin (MBR)' und seit 2003 Geschäftsführerin des ‚Vereins für demokratische Kultur e.V.', konzipierte und veröffentlichte zuletzt die Broschüre ‚Integrierte Handlungsstrategien zur Rechtsextremismus-Prävention und -Intervention bei Jugendlichen. Hintergrundwissen und Empfehlungen für Jugendarbeit, Kommunalpolitik und Verwaltung' (2006).

Christoph Kopke, *1967, Politikwissenschaftler, wissenschaftlicher Mitarbeiter am Moses-Mendelssohn-Zentrum, Universität Potsdam, Forschungsschwerpunkt ‚Antisemitismus- und Rechtsextremismusforschung', jüngste Veröffentlichung ‚Rechtsextremismus in Brandenburg. Handbuch für Analyse, Prävention und Intervention', herausgegeben mit J.H. Schoeps, G. Botsch und L. Rensmann, Berlin, 2007.

Felix Krebs, *1964, Facharzt für Anästhesiologie, schreibt seit Ende der 1980er Jahre für antifaschistische Zeitschriften wie ‚Antifaschistische Nachrichten' (Köln), ‚Antifa Infoblatt' (Berlin), ‚Der Rechte Rand' (Hannover) und war Autor in ‚… und er muss deutsch sein … Geschichte und Gegenwart der studentischen Verbindungen in Hamburg', herausgegeben von Anke Beyer et al. (2000).

Ralf Ptak, *1960, Dr., Wirtschafts- und Sozialwissenschaftler, lehrt Volkswirtschaftslehre an der Universität zu Köln, jüngste Veröffentlichung: ‚Grundlagen des Neoliberalismus', in: Christoph Butterwegge, Bettina Lösch und Ralf Ptak: Kritik des Neoliberalismus, Wiesbaden 2007.

Jan Raabe, *1965, Dipl. Sozialpädagoge, Arbeitsschwerpunkt rechte Jugendkulturen und Musik, tätig in der Jugendarbeit, Referent für Argumente & Kultur gegen rechts e.V., veröffentlichte 2007 gemeinsam mit Christian Dornbusch und David Begrich ‚RechtsRock – Made in Sachsen-Anhalt‘.

Peter Reif-Spirek, *1959, Politologe, stellv. Leiter der Landeszentrale für politische Bildung Thüringen, diverse Veröffentlichungen, u.a. ‚Rechtsextremismus, Geschichtsrevisionismus und Gedenkstättenpädagogik‘, in: Wolfgang Benz und Peter Reif-Spirek (Hrsg.): Geschichtsmythen. Legenden über den Nationalsozialismus. Berlin 2003.

Katrin Reimer, *1973, Diplom-Psychologin, bis März 2007 Mitarbeiterin der ‚Mobilen Beratung gegen Rechtsextremismus‘, derzeit Promotion zur Weiterentwicklung antirassistischer Bildungsarbeit. Verschiedene Veröffentlichungen zu Strategien gegen die extreme Rechte, zuletzt mit Timm Köhler ‚Bildungsbaustein – Gegenargumente zu recht(sextrem)en Parolen mit Hinweisen für verschiedene Zielgruppen und Situationen‘, in Friedrich-Ebert-Stiftung und Forum Berlin (Hrsg.): Bildungsmodul zur Auseinandersetzung mit dem Rechtsextremismus, 2007.

Birgit Rommelspacher, *1945, Professorin für Psychologie mit dem Schwerpunkt Interkulturalität und Geschlechterstudien an der Alice Salomon Hochschule Berlin (www.birgit-rommelspacher.de), veröffentlichte 2006 „Der Hass hat uns geeint“. Junge Rechtsextreme und ihr Ausstieg aus der Szene‘.

Andrea Röpke, *1965, Politologin, freie Journalistin mit dem Schwerpunkt Rechtsextremismus u.a. für ‚Panorama‘, ‚Monitor‘ und ‚Kontraste‘, gab gemeinsam mit Andreas Speit ‚Braune Kameradschaften‘ (2005, 2006) heraus und veröffentlichte jüngst: ‚Stille Hilfe für braune Kameraden. Das geheime Netzwerk der

Alt- und Neonazis' (2006), ‚Retterin der weißen Rasse. Rechtsextreme Frauen zwischen Straßenkampf und Mutterrolle' (2006).

Albert Scherr, *1958, Prof. Dr. habil. an der Pädagogischen Hochschule Freiburg, neuere Veröffentlichungen u.a.: Bildung für die Einwanderungsgesellschaft, Berlin 2005 sowie ‚Ich habe nichts gegen Juden, aber …' Ausgangsbedingungen und Perspektiven der Bildungsarbeit gegen Antisemitismus. Berlin 2007.

Christoph Schulze, *1979, Student der Kommunikationswissenschaft, schreibt freiberuflich als Journalist über die extreme Rechte in Brandenburg.

Andreas Speit, *1966, Diplom-Sozialwirt, Freier Journalist, taz-Kolumnist zum Thema ‚extreme Rechte' und regelmäßig Autor für ‚taz', ‚jungle world', ‚Freitag', ‚blick nach rechts' und ‚Der Rechte Rand'. Zusammen mit Andrea Röpke Herausgeber von ‚Braune Kameradschaften. Die militanten Neonazis im Schatten der NPD' (2005) sowie der Monographie ‚Mythos Kameradschaft. Gruppeninterne Gewalt im neonazistischen Spektrum' (2006). Weitere Veröffentlichungen: ‚Mythos …' (2005) und ‚Rechtsextremismus in Norddeutschland' (2007).

Michael Sturm, *1972, Studium der Geschichte, Politikwissenschaft und Germanistik (M.A.) an der Universität Göttingen, wissenschaftlicher Mitarbeiter am Historischen Seminar der Universität Leipzig, freier Mitarbeiter am Geschichtsort Villa ten Hompel in Münster, Westfalen, verschiedene Veröffentlichungen zur Polizei- und Protestgeschichte der Bundesrepublik.

Fabian Virchow, *1960, Dipl.-Soziologe, Dr. rer. pol., Lehrbeauftragter und Vertretung einer Professur für Friedens- und Konfliktforschung an der Philipps-Universität Marburg, veröffentlichte 2006 ‚Gegen den Zivilismus. Militär und Internationale Beziehungen in der Weltanschauung der extremen Rechten' sowie ‚Dimensionen der ‚Demonstrationspolitik' der extremen Rechten in der Bundesrepublik' in dem von Andreas Klärner und Michael Kohlstruck herausgegebenen Sammelband ‚Moderner Rechtsextremismus' sowie zahlreiche Aufsätze zum Thema ‚extreme Rechte' in wissenschaftlichen Zeitschriften wie ‚Civil Wars', ‚Patterns of Prejudice' und ‚Peace & Change'.

Thomas Weber, *1981, Student der Politikwissenschaft und Soziologie, freier Mitarbeiter bei Miteinander – Netzwerk für Demokratie und Weltoffenheit in Sachsen-Anhalt e.V.

Michael Weiss, *1966, arbeitet für das Antifaschistische Pressearchiv und Bildungszentrum (apabiz) in Berlin, schreibt regelmäßig über die extreme Rechte mit Schwerpunkt rechte Jugendkulturen, veröffentlichte 2002 ‚Deutschland im Herbst' im Sammelband ‚RechtsRock. Bestandsaufnahme und Gegenstrategien'.

Volker Weiß, *1972, Literaturwissenschaftler und Historiker, Promotionsstipendiat des Evangelischen Studienwerks e.V. Villigst und Mitglied des Villigster Forschungsforums zu Nationalsozialismus, Rassismus und Antisemitismus e.V., jüngste Veröffentlichung der mit Sarah Speck herausgegebene Sammelband ‚Herrschaftsverhältnisse und Herrschaftsdiskurse, Essays zur dekonstruktivistischen Herausforderung kritischer Gesellschaftstheorie', Berlin 2007.

Paul Wellsow, *1977, Politikwissenschaftler, Mitarbeiter einer Abgeordneten im Thüringer Landtag, Erfurt.

Volkmar Wölk, *1952, lebt als wissenschaftlicher Mitarbeiter einer Landtagsabgeordneten und Publizist im sächsischen Grimma. Zahlreiche Buchbeiträge und Zeitschriftenartikel zur extremen Rechten, regelmäßige Mitarbeit am Magazin ‚Der Rechte Rand'.